LA SOLEDAD DEL REY

José García Abad

LA SOLEDAD DEL REY

¿Está la monarquía
consolidada 25 años
después de la Constitución?

la esfera ⊕ de los libros

Primera edición: enero de 2004

Quinta edición: marzo de 2004

© José García Abad, 2004

© La Esfera de los Libros, S.L., 2004

Avenida de Alfonso XIII, 1, bajos

28002 Madrid

Teléf.: 91 296 02 00 Fax: 91 296 02 06

Pág. web: www.esferalibros.com

Diseño de cubierta: Nacho Moreno

ISBN: 84-9734-160-0

Depósito legal: M. 11.148-2004

Fotocomposición: IRC, S. L.

Fotomecánica: Star-Color

Impresión: Huertas

Encuadernación: Huertas

Impreso en España - *Printed in Spain*

Índice

A Carmen Arredondo, mi mujer,
con quien sólo me faltaba compartir un libro.

PREFACIO Y AGRADECIMIENTOS

C reo que el amable lector merece algunas explicaciones antes de internarse en las páginas de este libro que espero no se interpreten como *excusatio no petita, acusatio manifiesta*.

Mi propósito ha sido muy sencillo: tomar el pulso a la monarquía española y participar mis conclusiones tal como han sido concebidas. Un objetivo tan claro, el propio del periodista documentado, del historiador cuidadoso o del politólogo honrado, no necesitaría justificación alguna si el objeto de la investigación fuera otro. No ocurre así, sin embargo, al tratarse de la Corona, que sigue siendo un tabú en la España del siglo XXI.

Estimo que la monarquía española está sobreprotegida como una delicada planta de invernadero, lo que no es una buena cosa para la institución. No se escribe sobre ella con la franqueza con que se abordan otras cuestiones políticas, y sólo se habla de la misma en voz baja, como si se temiera por su salud.

He escrito este libro en este preciso momento, veinticinco años después de que la Constitución Española estableciera la monarquía parlamentaria como forma de Estado, con el convencimiento de que ya es hora de que se hable de ella abiertamente, sin ningún tipo de autocensura ni encubrimiento, como corresponde a la madurez ciudadana y buena salud de las instituciones.

La pregunta que me he hecho y que he formulado a cuantos han tenido la amabilidad de recibirme ha sido si la monarquía está definitivamente consolidada. La conclusión que he obtenido es que sí, por el momento. Una provisionalidad que no debe alarmarnos, pues es la que afecta a todas las instituciones, a todas las convenciones humanas, desde los sistemas de representación ciudadana hasta la organización territorial del Estado. Todas las instituciones políticas y también la monarquía están sometidas a la prueba de su utilidad pública. No es bueno sustraerlas a la crítica, el mejor estímulo para su perfeccionamiento, ni mucho menos a la desinformación que, en lugar de protegerlas, las aleja de los ciudadanos y las asfixia por falta de oxígeno. Así se lo hice notar, al inicio de mis investigaciones, a Asunción Valdés, entonces directora de Comunicación de la Casa de Su Majestad el Rey, durante un grato almuerzo en el restaurante madrileño Las Cuatro Estaciones, del que es socio el rey don Juan Carlos. «Mi propósito —le aseguré entonces— no es meter el dedo en el ojo de nadie, pero tampoco ocultar nada relevante».

El rey don Juan Carlos ha prestado impagables servicios a este país: ha sido la llave de la Democracia y la ha salvado en momentos de peligro. Su popularidad, inmensa y justamente ganada, ha generado multitud de «juancarlistas» de corazón, que no es exactamente lo mismo que monárquicos de cabeza. El Monarca es, sin embargo, un ser humano, a veces demasiado humano y, como es natural, ha cometido errores como cualquier hijo de vecino; ninguno significativo en su papel constitucional, que ha respetado escrupulosamente y que ha ejercido con algo más que profesionalidad: lo ha bordado con virtuosismo de gran artista. Una de mis conclusiones es que los errores cometidos en el plano personal —casi siempre referidos a su mala mano para seleccionar amistades— no se habrían producido o habrían tenido menores consecuencias si la prensa hubiera informado sobre ellos. Los errores personales se remitirían en cualquier otra persona al ámbito de la intimidad, pero un rey tiene la desgracia de serlo las veinticuatro horas del día, y su vida privada se confunde con la pública.

En todo caso esta monarquía que empieza con Juan Carlos I no debiera terminar con él. La monarquía pretende ser de larga duración y concluida la etapa de este Rey excepcional cabe preguntarse cuál será el futuro de la institución. Ésa es la pregunta que me he formulado, muy consciente de que no es una cuestión acuciante, que el reino de don Juan Carlos, si no se producen circunstancias imprevisibles, tiene por delante un largo recorrido. Estimo que el cuarto de siglo transcurrido, con la cifra redonda del XXV aniversario de la Constitución, es una buena ocasión para reflexionar sobre este tema serenamente y, desde luego, sin las angustias que se producirían en el momento en que debieran cumplirse las previsiones sucesorias.

Éste es también el momento de expresar mis agradecimientos. He hablado con muchas personas que se han sometido generosamente a mis preguntas, que he procurado no tuvieran carácter de interrogatorio formal, sino el surgido de una charla amistosa. En la mayoría de los casos, mis interrogados han optado por ambos procedimientos sucesivos: una charla desinhibida, con frecuencia en el transcurso de un almuerzo o tomando una copa, y a continuación una entrevista formal publicable.

El lector encontrará al final de este libro tales charlas y la constancia de una general adhesión a la monarquía y, sobre todo al rey don Juan Carlos. Debo decir que he encontrado una actitud más abierta por parte de la izquierda que por parte de algunas personalidades de la derecha que, por razones que se analizan en el libro, se muestran más reticentes y, con algunas excepciones, han preferido el anonimato. He recogido las opiniones de gente de la universidad: las del rector de la Complutense de Madrid, Carlos Berzosa; las del decano de Ciencias Políticas de esta universidad, Francisco Aldecoa; y las de Javier Pérez Royo, catedrático de Derecho Constitucional en la Universidad de Sevilla, que ha estudiado a fondo la monarquía parlamentaria. También he recabado opiniones de personalidades que han contribuido al asentamiento de la nueva monarquía, como Gregorio Peces-Barba, ponente constitucional y primer presidente del Congreso de los Diputados en la primera legislatura del PSOE, en cuya condición tomó juramento a don Felipe como Príncipe de Asturias; así como de José Federico de Carvajal, primer presidente del Senado con los socialistas. Transcribo también las charlas sostenidas con otros veteranos políticos que actualmente ocupan altos puestos de representación en el Congreso de los Diputados: Gabriel Cisneros, del

Partido Popular, que estudió con el Rey; y Narcís Serra, del PSC-PSOE, quien fuera vicepresidente de Gobierno con Felipe González. Otros políticos entrevistados han sido: Pascual Maragall, presidente de los socialistas catalanes, así como Francesc Homs y Marc Puig, emergentes políticos de Convergencia i Unió. El lector puede encontrar igualmente una buena representación del mundo sindical: Cándido Méndez, secretario general de UGT; José María Fidalgo, su homólogo en CCOO; y Antonio Gutiérrez, veterano sindicalista que lideró durante muchos años esta misma organización. Recojo igualmente los puntos de vista de Joaquín Garrigues Walker, infatigable misionero liberal y prestigioso hombre de negocios, así como los del general Sabino Fernández Campo, dieciséis años al servicio directo de Su Majestad. Del mismo modo me he entrevistado con Julio Feo, el primer jefe del gabinete de Felipe González, quien junto con Sabino estableció las reglas de juego de la monarquía parlamentaria en convivencia con un Gobierno socialista. Extraordinariamente útil fue mi charla con Joaquín Bardavío, experimentado periodista y uno de los historiadores que ha seguido con más atención y cariño la larga marcha de la monarquía.

He mantenido conversaciones con otras personas que han optado por la charla sin cuestionarios, permitiéndome el aprovechamiento de sus opiniones en el contexto de capítulos determinados: Iñaki Anasagasti, el veterano político del PNV; Xavier Trías, el no menos veterano nacionalista catalán; o Santiago Carrillo, que desempeñó un papel esencial en el asentamiento de la monarquía, entre otros. Me han sido también de gran utilidad mis charlas con José María López de Letona, que estuvo a punto de ser el primer ministro del Rey si hubiera salido adelante la misteriosa «Operación Lolita» y que ha sido gobernador del Banco de España, ministro y presidente de Banesto. Hablé con Nicolás Franco, que desempeñó un papel fundamental en la Transición; con José Luis Leal, que compartió sus primeros estudios con el Rey en Las Jarillas y actualmente preside la patronal bancaria; con Julián García Vargas, dos veces ministro con el PSOE; con Carlos Romero, ministro de Agricultura durante un largo periodo; y con Eduardo Sotillos, primer portavoz del Gobierno socialista. Además de muchos otros que han preferido que no los mencione. A todos ellos agradezco su generosa colaboración.

Naturalmente me puse también en contacto con la Casa de Su Majestad el Rey, primero con su directora de Comunicación, Asunción Valdés como ya he dicho, y después con el nuevo jefe de la Casa, Alberto Aza. Éste escuchó amablemente mi petición de mantener una detenida conversación con él, pero declinó con tanta amabilidad como firmeza. Con idénticas amabilidad y firmeza rehusó mi propuesta Rafael Spottorno, secretario general de la Casa en el equipo anterior.

Finalmente, aunque mi agradecimiento no es menor, me complace expresarlo a las personas que me han ayudado a materializar este proyecto: en primer lugar a Carmen Arredondo, mi mujer, sin cuya colaboración logística y sus prudentes sugerencias este libro se habría eternizado y empobrecido. Mi compañera, Rosa del Río, directora de *El Nuevo Lunes*, me ha ayudado en la corrección de los textos y ha aportado sugerencias de fondo muy interesantes. Debo muchos datos a la tarea de campo realizada por la redacción de la revista *El Siglo*, que me honro en dirigir, especialmente la aportada por su subdirectora, Inmaculada Sánchez, y por las redactoras que suelen ocuparse de la monarquía en la revista: Vera Castelló, Virginia Miranda y Ana Pardo de Vera. Valiosísima ha sido igualmente la colaboración infatigable de mi secretaria, Tina Para, quien con su laboriosidad y capacidad de organización me ha salvado del bloqueo.

Ni que decir tiene que los errores que pudieran haberse deslizado son de mi completa e intransferible responsabilidad.

Capítulo I

UN REY EN UN PAÍS SIN MONÁRQUICOS

Juan Carlos I, el rey de España, se lo dice a todo el mundo con su desenfado característico: «Aquí hay que ganarse el sueldo todos los días, si no te botan». Una lección sabia, la de la profesionalidad, en el libro no escrito sobre el oficio de un monarca moderno, sobre todo cuando el país en el que reina no ha sido dotado por Dios con monárquicos. Aquí, en España, hay juancarlistas por seducción, pero accidentalistas en cuestiones de forma de Estado; monárquicos por devoción o cálculo; juancarlistas republicanos; juancarlistas porque Franco así lo quiso; monárquicos de la Reina como reacción, mayormente femenina, ante el donjuanismo de don Juan Carlos, que en realidad se llama don Juan. Lo de Juan Carlos se lo impuso Franco para poderle hacer «primero», cabeza de la monarquía del 18 de julio. Aquí proliferan los adictos, incluso los devotos a la figura del titular de la Corona, pero muy pocos son monárquicos *tout court*, que dirían los franceses, monárquicos de doctrina, monárquicos de pura raza como Dios manda, como Luis María Anson.

Qué difícil es ser Rey con esta tropa, qué complicado es conducirse como un Soberano moderno que no cuenta con leales súbditos, sino con ciudadanos quisquillosos, y que ni siquiera es Soberano, porque en este reino, como en toda monarquía parlamentaria, la soberanía reside en el pueblo. Santiago Carrillo, que se ha convertido en el más esforzado defensor de la institución, me confiaba lo que a su vez le había confiado don Juan Carlos: sus serias dudas sobre la existencia de monárquicos en España. Yo me permití contestarle: «Hombre, Santiago, eso lo sabe todo el mundo.» Y Carrillo me replicó con toda razón: «Eso es verdad, pero hombre, que lo diga el Rey...»

La preocupación de don Juan Carlos por la amplitud del juancarlismo y la escasez de auténticos monárquicos es reconocida abiertamente por él en sus conversaciones con José Luis de Vilallonga, que se proclama monárquico de don Juan Carlos y socialista: «No, José Luis, no es que la existencia del "juancarlismo" me disguste; íntimamente me siento muy halagado, pero me preocupa. Me preocupa porque un hombre, un rey, puede hacerse querer muy rápidamente. A veces basta poca cosa, un gesto que impresiona, una palabra pronunciada en el momento justo… Qué sé yo… Pero una monarquía no arraiga en el corazón de un país de la noche a la mañana. Se necesita tiempo. Y el tiempo pasa tan rápido… Mi tarea consiste en obrar de forma que los españoles vuelvan a reanudar la tradición monárquica […]. Y yo tengo que llegar a demostrar a los españoles que la monarquía puede ser útil al país […]. Si Dios me da vida, continuaré trabajando para que los españoles acepten que esa persona a la que llaman familiarmente "Juan Carlos" encarna una institución, y que es esa institución la que cuenta. De momento hago todo lo que puedo para que mi hijo, el Príncipe de Asturias, siga el consejo que me dio el general Franco: "Alteza, haced que los españoles os conozcan." Y espero que don Felipe se haga querer por los españoles tanto como al parecer me quieren a mí. Eso es todo lo que pido.»[1]

No hay que olvidar que estas palabras, por las que don Juan Carlos expresa su fehaciente deseo de transformar el juancarlismo en monarquismo, y sus esperanzas, que no seguridades, puestas en don Felipe, están publicadas en 1993, casi veinte años después de su proclamación como Rey y en el inicio de una década que no puede calificarse como prodigiosa para la monarquía.

Su hijo, el Príncipe de Asturias, no parece haber asimilado plenamente esta lección a pesar de que pasa por ser el heredero mejor

---

[1] José Luis de Vilallonga, *El Rey. Conversaciones con don Juan Carlos I de España*, Plaza & Janés Editores, Barcelona, 1993.

preparado de Europa, afirmación, por cierto, bastante exagerada; tampoco parece muy dispuesta su esposa, la reina Sofía, a plantearse su función en términos de profesionalidad, a pesar de que ha sido definida de forma un tanto tópica como «una gran profesional». La «profesionalidad» es una categoría que también el Rey atribuye a su mayestática esposa como mérito superlativo y que a ella le rechina un tanto, pues está convencida de que es reina por naturaleza, una soberana entroncada en milenios de realeza. Desde semejante concepción purista de derecho divino, los reyes no son unos profesionales, sino raros especímenes de sangre azul, una extraña deriva mutante de humanos que sólo en apariencia son tales. La Reina siente circular por sus venas la sangre centenaria de los reyes de Alemania, Bélgica, Bulgaria, Inglaterra, Rumanía, Yugoslavia, Rusia, Luxemburgo, Suecia, Dinamarca, Noruega, Holanda y hasta alguna gota de los griegos. Muy pocas, pues los soberanos de este país fueron germanos por los cuatro costados. Ella se considera una reina para siempre, dotada de una naturaleza perenne a prueba de cualquier circunstancia que pudiera depararle el destino: como la muy previsible de que su hijo sea llamado al trono o la más imprevisible, pero no totalmente descartable, de la proclamación de la República. Aun destronada ella seguiría siendo reina. La monarquía griega no fue, precisamente, un ejemplo de pulcritud democrática: aliada de las castas más privilegiadas, de la derecha dura y del predominio militar sobre el poder civil, marchó de golpe en golpe institucional hasta caer víctima de un enfrentamiento con los golpistas militares, los coroncles a los que se había aliado. Su castigo fue implacable: la instauración por medio de un limpio referéndum popular de una república democrática.

El Rey es, sin embargo, otra cosa. Tiene más pedigrí que su regia esposa y, aunque a veces lo reivindica —«Hombre, sí, yo sucedo a Franco, pero de quien soy heredero es de diecisiete reyes de mi familia»—, sabe distanciarse del fundamentalismo de su esposa con una expresión muy castiza: «Yo en cambio soy producto de mil leches.» Sin embargo, don Juan Carlos, a quien nadie le discute su profesionalidad, incluso su arte, empieza a ser cuestionado aunque todavía *soto voce*. Precisamente ahora, cuando tras veintiocho años de antigüedad en el cargo ha superado con éxito los peligros más aparentes: las fuerzas residuales del antiguo régimen que se resistían a desaparecer —las ataduras de Franco—, el golpe de Estado del 23-F y la alternancia pacífica en el gobierno de la derecha, la izquierda y de nuevo la derecha. El Rey, todavía en la cumbre de su popularidad, empieza a sufrir algún desgaste en su caché, un deterioro de su imagen que se ha venido produciendo en la opinión pública informada a lo largo de la última década, durante la que parece que se ha relajado en exceso. Las causas están a la vista de quien quiera verlas y tienen nombres y apellidos: Mario Conde, Javier de la Rosa y Manuel Prado y Colón de Carvajal, entre otros que mencionaremos más adelante. También hay logotipos de empresas: Banesto, Kio y un amplio número de patrocinadores que tienen que ver con la obsesión freudiana del Monarca de hacerse con un capitalito, el síndrome Escarlata O´Hara en *Lo que el viento se llevó*: «Juro por Dios, que nunca más volveré a pasar hambre.»

A las imprudencias financieras del Monarca, a la deficiente elección de sus amigos, muchos de los cuales han terminado en la cárcel o están en camino (entre ellos José María Ruiz Mateos, Manuel Prado y Colón de Carvajal, Javier de la Rosa, Mario Conde, los Albertos, Zourab Tchkotoua y últimamente Mario Caprile), hay que añadir otras relajaciones que han trocado la imagen de sobriedad con la que inició su reinado en una apariencia de lujo y frivolidad. La acertada decisión inicial de prescindir de una corte de nobles —«Ya sé que hay gente que nos reprocha que llevemos un tren de vida poco ostentoso, pero prefiero un tren de vida quizás demasiado sencillo a ver brotar a mi alrededor un embrión de corte impropio de nuestra época»— se ha desvanecido. El «embrión de corte impropio de nuestra época» se ha sustituido por otra corte de amigotes de la *jet set*, propia de nuestra época pero aún menos edificante que la que rodeara a su abuelo y de la que huía virtuosamente el rey Juan Carlos.

También han podido contribuir al deterioro de la imagen real ciertas aventuras amorosas que, si bien son fácilmente disculpadas por una sociedad que quizás sea de las más permisivas del mundo, resultan embarazosas cuando desbordan el ámbito privado y condicionan la cosa pública, como habrá ocasión de detallar a lo largo del libro que tiene usted en sus manos. Un ejemplo: el relevo de un ministro moribundo, el cese del secretario de la Casa del Rey, José Joaquín Puig de la Bellacasa... La versión que diera el Monarca de su despido fulminante es significativa. Don Juan Carlos había explicado al cesante que el jefe de la Casa le había puesto entre la espada y la pared: «Señor: o Su Majestad cesa a Puig o me veré obligado a presentar mi dimisión.» Esta versión circuló por el *Madrid enterado*, así como el profundo resentimiento del cesado hacia su antiguo jefe. El enredo se desenredó más tarde gracias a la intermediación de Jaime Peñafiel, muy introducido en el mundillo monárquico, quien reunió al jefe y al secretario general en un almuerzo en el Club 31, en el que el periodista, con suma discreción, una vez que rompió el hielo se abstuvo de participar, facilitando que ambos se sinceraran sin testigos. La discreción de Peñafiel llegó hasta lo heroico en un periodista: tragarse una información preciosa silenciando las verdaderas razones del cese de Puig de la Bellacasa. En su libro de memorias sólo hace una alusión velada al asunto: «La salida del ilustre diplomático fue traumática para él (...) y en el transcurso de una comida organizada por mí en el restaurante Club 31 de Madrid, no quedó claro cuáles habían sido los motivos del cese de Puig de la Bellacasa y que había lesionado gravemente su relación de gran amistad con Fernández Campo, que nada tuvo que ver en tan doloroso asunto.» [2] En realidad, don Juan Carlos cesó a su secretario general porque se lo exigió Marta, su amiga de entonces, cuando llegaron a sus oídos las críticas expresadas por Puig de la Bellacasa a que la relación

---

[2] Jaime Peñafiel, *A golpe de memoria*, La Esfera de los Libros, Madrid, 2002.

entre ambos no se llevara más discretamente. También tuvo consecuencias políticas la publicación de las «confesiones» del Rey a José Luis de Vilallonga.

A la vista de la deriva real observada en la última década cabe pensar si don Juan Carlos introdujo a raíz de su actuación en el 23-F una nueva cláusula en el matrimonio de conveniencia con la Democracia: «Yo no me meto en política y vosotros dejadme que viva mi vida.» Al real deterioro, que tiene una fecha de arranque, 1993, principio de una década turbadora, ha contribuido también el cambio político que se ha producido en España con la llegada al poder de José María Aznar y el Partido Popular. La decadencia del Gobierno del PSOE durante su último trienio, el trienio negro, que no fue el peor pero sí en el que se pasaron al cobro algunas facturas enojosas, ha afectado también al Monarca. Las relaciones del Rey con Felipe González fueron excelentes y se extendieron del plano político al personal. El Rey, extravertido y ligero, con un cierto *côté de frivolité*, según me lo calificó confidencialmente un ex ministro, se entendía bien con el sevillano seductor, con quien tanto disfrutaba intercambiando los últimos chistes verdes; una confianza siempre en guardia pues, a pesar de su aparente espontaneidad, ambos están dotados de retorcidos colmillos.

Los socialistas, republicanos de nacimiento, se hicieron juancarlistas de corazón; se esforzaron en atender cálidamente al Monarca, con quien presidente y ministros despachaban con frecuencia. Julio Feo, secretario entonces de la Presidencia, y Sabino Fernández Campo, que ocupaba el puesto de secretario de la Casa de Su Majestad el Rey, se inventaron, mano a mano, las reglas del juego de la nueva convivencia entre sus respectivos superiores. Con el ascenso de los socialistas al palacio de La Moncloa se liquidaba oficialmente la Transición y se archivaba un modelo político en el que el Rey reinaba pero también gobernaba. Él había nombrado a Suárez, con quien protagonizó la procelosa marcha hacia la democracia; y el breve Gobierno de Calvo Sotelo, que no alcanzó los dos años, estuvo marcado por la resaca del golpe de Estado del 23-F, cuando don

Juan Carlos se vio obligado a desempeñar un indeseado protagonismo en el «borboneo» de militares levantiscos. Por otro lado, el fervoroso monarquismo de toda la vida de don Leopoldo no contribuía al eclipse de su Rey y Señor. Este modelo ya no servía con González: había que dar consistencia práctica a lo que estaba escrito en la Constitución, urgía poner letra y música, a veces letra pequeña y gramática parda, al complicado papel de un monarca parlamentario. La relación entre Felipe González y don Juan Carlos había desbordado el ámbito funcional para penetrar en el de la amistad personal. González hizo la vista gorda ante los negocietes y escapadas reales e incluso llegó a realizar alguna importante negociación en beneficio de la Familia Real: envió a su hombre de confianza, Julio Feo, a gestionar cerca del Gobierno griego la devolución de los bienes de la familia de doña Sofía, que habían sido confiscados cuando el rey Constantino fue destronado. Al secretario de la Presidencia le llevó un año la realización de este cometido, que le obligó a emprender frecuentes viajes a Londres y Atenas y a mantener un contacto frecuente con don Juan Carlos, la Reina y su hermano Constantino. El Rey pagó a su primer ministro con la misma moneda: cuando en los últimos años de su Gobierno la prensa acosaba a González, Juan Carlos accedió a introducir en su mensaje navideño un toque de atención a los periodistas para que moderaran su crítica.

El triunfo electoral de José María Aznar, con quien el Rey compartía escasa química y a quien motejaba en privado de «desaborío», «estirao», «bigotes», etc., representó un cambio brusco en la temperatura de las relaciones entre la Casa Real y el Gobierno. Pasó instantáneamente, como en una ducha escocesa, del calor sevillano al frío de la meseta. El nuevo Presidente no perdió ocasión de marginarle, menospreciarle e incluso «ningunearle», mientras su esposa, Ana Botella, con ínfulas de primera dama, disfrutaba con suplantar a la Reina o restarle protagonismo. La última afrenta recibida por el Monarca fue la de verse forzado a asistir a la *real* boda de Ana Aznar Botella. Analizaré con detalle las razones profundas de la actitud del líder de la derecha, más allá de la anécdota, pero podemos adelantar aquí algunas motivaciones aparentes: la prepotencia de un gobernante que se había venido arriba y quizás un cierto antimonarquismo o antiborbonismo de corte falangista, según observaciones que he recogido y que, al parecer, comparte el Monarca.

Quizás tales cicatrices, que empiezan a hacer mella en la nueva monarquía, no sean percibidas más que por una minoría cualificada, pues el Monarca se beneficia de un pacto implícito de silencio de la prensa. Sin embargo, la experiencia demuestra que la extensión de una imagen en forma de mancha de aceite, desde los cenáculos minoritarios, el círculo de los enterados, hasta el público en general, sólo es cuestión de tiempo. También es cuestión de tiempo la rescisión del pacto implícito de silencio de la prensa, una complicidad que, ahora se ve, más que salvar al Rey ha estado a punto de condenarlo. Si la prensa hubiera informado puntualmente, como es su obligación, de los malos pasos del Monarca y del Príncipe, algunos asuntos, ciertas aventuras empresariales y unas cuantas imprudencias no habrían adquirido tamaña dimensión. El silencio de la prensa ha podido generar en el entorno real una sensación de inmunidad propiciadora del descuido. La complicidad mediática no ha hecho ningún favor ni al Monarca ni al Príncipe ni a las infantas ni a la monarquía. La transparencia informativa sigue siendo la mejor garantía del buen funcionamiento de las instituciones y una obligación para con los ciudadanos, que son los que pagan las facturas. La transparencia es la condición imprescindible para que el público juzgue sin juzgados, emitiendo la sentencia inapelable sobre lo adecuado y lo impresentable.

Sin embargo, el mayor peligro no se inscribe entre los que acabo de enunciar, aunque todos sean dignos de consideración y contribuyan a agravarlo. El riesgo más grave para el futuro de la institución tampoco procede de la involución, al estilo del 23-F, ni de la revolución, el asalto de las masas al palacio de Invierno o de Verano, a La Zarzuela o a Marivent, sino de algo más insidioso y pertinaz, de efectos lentos pero implacables: las dudas que se van incubando sobre la necesidad de la monarquía, incluso sobre su mera utilidad y, por tanto, sobre la razón de ser del cargo que su titular ocupa. Es éste un peligro que no amenaza con sobresaltos inmediatos, que no es todavía evidente, que ni siquiera es una cuestión acuciante en el debate público, pero que se inscribe en un proceso que probablemente se irá acelerando en los próximos años. Me atrevo a profetizar que si la monarquía cae no será ni con sangre ni con exilios. La institución podría languidecer simplemente por el desinterés público, por el cansancio del «respetable» ante el espectáculo de esa nueva corte estrafalaria que se ha ido enracimando con el Monarca, de las camarillas que se arriman a la Corona con el fin de utilizarla en su beneficio. Incluso cabe la posibilidad, aunque ésta sea más remota dada la manifiesta predisposición de los reyes a mantenerse en el trono por difíciles que sean las circunstancias, de que la monarquía fenezca por desasistimiento de los protagonistas, víctimas del aburrimiento del oficio.

No es probable que las faltas aludidas sean causa justa para el despido del Monarca, que cuenta con un caudal de popularidad aparentemente inextinguible, pero estimo que si no reacciona ante los peligros que le acechan, su *auctoritas*, la base del poder real o mejor dicho de su influencia, que es la forma en la que el poder real se manifiesta, irá achicando sus valores y con ello su eficacia como la forma de Estado más conveniente. Como advirtió Sabino Fernández Campo al Monarca —y así le fue a Sabino—, no hay que confiarse demasiado a la popularidad, ya que puede cambiar de signo rápidamente. Proclamado Alfonso XII rey en 1875 a lomos del caballo de Pavía, pero con una amplia aceptación popular, el joven Monarca fue recibido con entusiasmo desbordante por la multitud. Encantado don Alfonso por las delirantes aclamaciones, se dirigió a uno de los que le vitoreaban con más entusiasmo. El buen hombre le aclaró perfectamente las ideas: «Esto no es nada comparado con el entusiasmo con que echamos de España al putón de su augusta madre.»

Existe un cierto riesgo de que la institución no se mantenga en pie más allá de la vida de don Juan Carlos, a quien Dios guarde muchos años, si no se rectifican algunas conductas: la del Rey, sus imprudencias financieras y sus malas compañías, pero también la del Príncipe y la de sus yernos. No benefician a la Corona ni el estrambótico estilo de vida de Jaime de Marichalar, ni los negocios de intermediación de Urdangarín y de otros familiares del Monarca. Si no se moderan estas conductas, en un momento indeterminable podría recobrar vigencia el comentario que hiciera el almirante Aznar, último presidente de Alfonso XIII, al proclamarse la II República: «España se acostó monárquica y se levantó republicana.» Con una diferencia: hoy no nos acostamos demasiado monárquicos. La infanta Eulalia, hermana de Alfonso XII, una personalidad inteligente y más que moderna, adelantada a su tiempo, hacía al final de su vida una reflexión muy lúcida: «En estos casi tres cuartos de siglo, abdicaron en España mi madre Isabel II y el liberal Amadeo de Saboya, y dejó el trono Alfonso XIII. Si ello me ha enseñado que ninguna corona se ciñe lo suficiente para no caerse, he aprendido también que nada hay irremediable, ni fatal, ni eterno en las humanas agitaciones.» [3]

Tres cuartos de siglo después de que aquel Aznar constatara el despertar republicano, los españoles siguen privados del sentimiento monárquico. Quizás le sirva al Rey de consuelo que tampoco puede decirse en justicia que los españoles sean abiertamente republicanos. Juan Carlos I, rey por la gracia de Franco y no por derecho divino privativo del dictador, Caudillo por la gracia de Dios, reina en democracia en razón de los servicios prestados al país, pero en política los servicios prestados, los méritos de guerra, no son suficientes si se albergan dudas sobre sus condiciones para seguir prestándolos en el futuro. No estaba totalmente desprovisto de razón

---

[3] Eulalia de Borbón, *Memorias de doña Eulalia de Borbón, infanta de España*, Editorial Juventud, Barcelona, 1967.

Heribert Barrera, el líder de Esquerra Republicana de Cataluña, cuando dijo en el debate de la ponencia constitucional: «Pretender que España debe ser monárquica por agradecimiento me parece propio de una mentalidad arcaizante, me recuerda las leyendas medievales del caballero que salvaba a la doncella del dragón y, en recompensa, obtenía su mano y su dote.» [4]

Si la Corona no desempeña bien su trabajo y empieza a ser pieza de escándalo, lo que en su día, a la muerte de Franco, fue una solución, puede devenir en un problema que ni siquiera alcanzaría la grandeza de los grandes problemas. La institución podría pender del resultado de una pugna entre la dignidad democrática por un lado y, por otro, la inercia, el miedo al cambio y la economía institucional. Su destino podría estar marcado, pues, por un frío análisis coste/beneficio, cuyo resultado, si fuera negativo, podría provocar la lenta desaparición de un órgano innecesario. Es un proceso que si bien, insisto, todavía no se manifiesta rotundamente, puede ser observado en ciertos síntomas reveladores.

En este país sin monárquicos, Juan Carlos I es Rey, como he anticipado, por la consagración de un matrimonio de conveniencia entre el Monarca y la Democracia. Conserva la Corona por la sencilla y notable razón de que, muerto Franco, los franquistas no habrían tolerado la proclamación de una república. En el fondo, Franco tenía razón al afirmar que la monarquía que él había instaurado no le debía nada al pasado. Tampoco los demócratas le debemos mucho a ese pasado, a una institución que murió por sus propios merecimientos. Juan Carlos comprendió que el Reino diseñado por el dictador tendría las piernas muy cortas y, desde luego, que de poco servía apoyarse en los monárquicos, una minoría selecta pero de escasa implantación social. Su principal mérito no consistió, como sostienen algunos, en renunciar al poder casi absoluto que le otorgaba su condición de monarca «orgánico», pues no era difícil intuir

---

[4] Diario de Sesiones del Congreso de los Diputados de 8 de mayo de 1978.

que a pesar de su apariencia de dictador coronado, sería de hecho un regente manejado por los franquistas, una corona para las cinco flechas imperiales de un régimen cuyas posibilidades de consolidación eran perfectamente descriptibles. Era un desempeño inviable en un país moderno dotado de una economía desarrollada y habitado por una ciudadanía tan madura como la francesa, la inglesa o la alemana. Su gran acierto fue percibir con la nariz borbónica de la que está generosamente dotado, que su única oportunidad residía en llegar a ser rey parlamentario, y a ello se aprestó con coraje y habilidad. Más valía reinar con atribuciones muy limitadas, al estilo europeo —«El Rey reina pero no gobierna», que decía Thiers, historiador y político francés—, que gobernar a contrapelo de los tiempos y por tanto con los días contados.

La Constitución de 1978 borró el estigma de que nuestro Monarca fuera Rey por la gracia de Franco, eliminó la infamante distinción de encabezar la monarquía del 18 de julio, «católica, social y representativa». A partir de la promulgación de nuestro texto legal básico, todos los derechos del Rey partían de la Constitución Española y se desarrollaban en ella. Ningún derecho podía invocar el Monarca en nombre de la dinastía histórica —«yo y mi derecho»— tras un paréntesis de cuarenta y cuatro años, desde que el 14 de abril de 1931, su abuelo Alfonso XIII huyera de España desplazado por una ola de entusiasmo republicano.

Sin embargo, los constituyentes no pudieron orillar, por un elemental instinto de conservación, dos hechos espurios que en el plano de los principios inocularon un déficit democrático que, afortunadamente, no tendría importantes efectos prácticos. Los principios son los principios y no hay que menospreciar a los virus que a veces se introducen en ellos, pero la realidad de aquellos años era la que era: un azaroso caminar al borde del abismo. La primera deficiencia aludida fue que las fuerzas democráticas no pudieron hacer entonces lo más ortodoxo: un referéndum sobre la forma de Estado. La segunda consistió en que el Monarca no jurara la Constitución, sino que se limitara a sancionarla, con lo que los constituyentes aceptaban que don Juan Carlos era Rey desde su proclamación en 1975 por obra, gracia y herencia del dictador. De hecho, las capitulaciones, no escritas por obvias, de ese matrimonio de conveniencia entre el Rey y la Democracia se basaban sobre el reconocimiento de la legitimidad previa del Monarca, sin el cual no habría podido avanzar la Reforma.

El espíritu del nuevo régimen surgido de la Constitución de 1978, quizás con la notable excepción del partido mayoritario, la Unión de Centro Democrático, enlazaba más propiamente con la II República que con la monarquía de Alfonso XIII. Las circunstancias aludidas surtieron, siempre en el terreno de los principios, algún efecto colateral, como la amnesia sobre el periodo republicano, el lapso, desgraciadamente breve, más democrático de la historia de España. La República fue colocada entre corchetes o condenada a la muerte histórica sin epitafio; se convirtió en tabú, en un término políticamente impronunciable. La izquierda llegó aún más lejos: Gregorio Peces-Barba, el primer presidente del Congreso de los Diputados de la era socialista superó el posibilismo juancarlista hasta rozar la apologética monárquica y sostener que la monarquía no sólo es conveniente, sino que puede ser más democrática que la República. Más a la izquierda, Santiago Carrillo, que había bautizado desde el exilio al Rey como «Juan Carlos I el Breve», se envainó la bandera republicana y prometió al Monarca que si era leal con la democracia, su reinado duraría mil años. El Rey, agradecido, hizo el siguiente comentario sobre el líder comunista, recogido por Vilallonga: «A veces insiste en hacerme saber que él no es monárquico. Y yo le respondo riendo: "Es posible, don Santiago, pero tendría usted que rebautizar su partido y llamarlo el Real Partido Comunista de España. A nadie le extrañaría."»

Paradójicamente, una parte de la derecha, la derecha extrema a la que hay que diferenciar de la extrema derecha, la derecha sociológica de curso legal que sólo admite la democracia ante el hecho incontrovertible de que Franco ha muerto, es mucho más crítica con don Juan Carlos, a quien en el fondo no perdona su «traición» al

Caudillo. Del comportamiento de la otra derecha, la que tripula José María Aznar, ya hemos hablado, y sólo cabe matizar en este momento que las malas relaciones de este presidente con La Zarzuela no parecen formar parte del acervo de su partido, y es poco probable que se repitan si en las elecciones de 2004 el PP, ya sin Aznar a la cabeza, vuelve a ganar. Lo cierto es que por primera vez en la historia, el Soberano no ha jugado sus cartas en beneficio de la derecha. No me he topado con ningún personaje en la izquierda, socialista o comunista, ugetista o de Comisiones Obreras, que me formulara objeciones serias contra el Rey. El concejal de Izquierda Unida de Orcasitas, López Rey, reconoció a Manuel Vázquez Montalbán su admiración por Juan Carlos a raíz de una gira por el sur de Madrid del Rey, que quería conocer de primera mano la forma de vida en las zonas más pobres de la capital. «Lo que puedo decir de las veces que he hablado con el Rey es que he visto a cualquier delegado provincial convertido en un tontaina chulo, hablo ya del aspecto, y el Rey en concreto, pues podría ir un poco de chulo porque es rey y quedan pocos, no sé cómo decirte, pero se comportaba como un tío normal, como tú o como yo. Y no creo que a cualquier jefe de Estado le pueda llegar un concejal del pueblo y decirle: "Bueno y con usted ¿qué pasa?" Así, tranquilamente. Y yo lo que sí he notado en él es que no se altera, lo asume todo sin pestañear. Una cosa que si me agradó de él, y no es que me dé un orgasmo de placer admitirlo, es que a la puerta del Centro Cultural de Orcasitas, cuando entramos, le dije: "Mire, usted, don Juan Carlos, este follón que hemos montado hay que conseguir que sirva para algo." Y él me dijo textualmente: "Aunque sólo sirva para que de una puñetera vez se entere todo el mundo de que no todo el mundo vive igual, ya merece la pena."» Y López Rey concluye: «Ya ves tú: un rey en el sur de Madrid traído por un comunista a fines del siglo más revolucionario.» [5]

---

[5] Manuel Vázquez Montalbán, *Un polaco en la corte del rey Juan Carlos*, Santillana, Madrid, 1996.

Pero volvamos al curioso modelo de monarquía inventado por los constituyentes de 1978, que partía del reconocimiento implícito de la legalidad franquista, hacía guiños a la dinastía histórica y desembocaba en una monarquía parlamentaria que prevé incluso la posibilidad de erradicarla. En efecto, la Constitución reconoce, implícitamente, que don Juan Carlos es Rey desde noviembre de 1975 y arbitra a través del artículo 57 un anclaje con sus antepasados al aceptarle como «legítimo heredero de la dinastía histórica», una herencia que había sido confiscada con impecable legalidad por la II República al declararla fuera de la ley y anular los derechos del «rey perjuro» y de sus sucesores. Esta aparente contradicción entre la Constitución, como fuente de todas las atribuciones reales, y el reconocimiento de don Juan Carlos como heredero histórico ha desencadenado apasionadas polémicas sobre la validez de ciertas normas dinásticas preconstitucionales, como las establecidas sobre los matrimonios de sangre real o los títulos de nobleza.

Sin embargo, la opinión de la inmensa mayoría de los constitucionalistas es que no hay más fuente de derecho para el Monarca que lo que manda la Constitución de 1978, que como la de 1812, «La Pepa», la más liberal de la monarquía [6], establece que la soberanía reside en el pueblo, a diferencia de la de 1876 [7], aprobada tras la Restauración y vigente hasta la II República (con el paréntesis de la dictadura de Primo de Rivera), que proclamaba que la soberanía la comparte el Rey con las Cortes. En efecto, en la de 1978 —Título preliminar, artículo 1.2— está escrito que «la soberanía nacional

---

[6] El artículo 3 de la Constitución de Cádiz establecía: «La soberanía reside esencialmente en la Nación, y por lo mismo pertenece a ésta exclusivamente el derecho de establecer las leyes fundamentales.»

[7] El preámbulo de la Constitución del 30 de junio de 1876, la de la Restauración, proclama: «Don Alfonso XII, por la Gracia de Dios, Rey constitucional de España, a todos los que las presentes vieren y entendieren, sabed: "Que en unión y de acuerdo con las Cortes del Reino actualmente, hemos venido en decretar y sancionar la siguiente Constitución de la monarquía española."»

reside en el pueblo español, del que emanan los poderes del Estado». La soberanía procede, pues, en exclusiva del pueblo, y una prueba irrefutable de ello es el derecho de éste a erradicar la monarquía. El artículo 57, el del reconocimiento de la herencia histórica, es poco más que un cortés homenaje personal, un detalle de los constituyentes con don Juan Carlos. De no ser así, de haber reconocido aquéllos que los derechos de éste partían de la herencia, la Constitución Española y la monarquía serían muy distintas de lo que son y tales derechos dinásticos irreversibles figurarían en el frontispicio de la Constitución o en su título preliminar, y no en el lejano artículo 57, en el que lo que se aborda es la línea sucesoria que arrancaba de don Juan Carlos. Pero ahí está el dichoso artículo que ha sido fuente de equívocos y ha dado pie a las tesis de algunos monárquicos a ultranza que, con todos los respetos, estimo desprovistas de contenido jurídico y consecuencias políticas. El Rey es en el fondo un empleado de la nación, un alto empleado con categoría de jefe del Estado, pero empleado al fin y al cabo, que debe desempeñar su tarea con frecuencia como bombero, decorosa función, por cierto, de la que el Monarca se enorgullece justamente.

En realidad es la Reina quien más esfuerzos ha desplegado para adherir alguna brizna del pasado a la nueva Corona. El Rey ya los desplegó en lo que consideró más importante generando un hecho consumado: la designación de su hijo Felipe como Príncipe de Asturias y por tanto heredero del trono. Condicionó así a los constituyentes que debían fijar el orden sucesorio y se adelantó a la renuncia a los derechos dinásticos de don Juan, quien en clave monárquica seguía siendo reconocido como el rey Juan III y don Juan Carlos como Príncipe de Asturias. Fue un trágala real, y en lógica monárquica un pecado de lesa dinastía. La abdicación de don Juan no cambiaba el cuadro institucional, aunque lo redondeara y fuera muy apreciada por los monárquicos devotos que se debatían entre dos señores, tarea difícil según consta en el Evangelio. El traslado al Panteón Real del monasterio de El Escorial de los restos de Alfonso XIII, de los de la reina Victoria Eugenia y de los de don Juan, que sólo reinó después de morir, tienen el mismo significado, muy decorativo y levemente simbólico, pues como dice Rafael Borrás en el arranque de su libro: «Vivos o muertos, los Borbones regresan siempre a España.»[8] Son, por cierto, los últimos traslados al pudridero real, pues como confiesa la Reina a Pilar Urbano: «No hay sitio ya. Están llenos todos los cajones.»[9]

Es humano que el Rey se afane en dotar de algún aroma tradicional a una institución un tanto arcaica que casa mal con la estricta racionalidad democrática. Se entiende que don Juan Carlos haya tratado de bordear, legalmente por supuesto, su condición de Rey «inventado», aunque según la Reina, que no termina de asimilar lo que es una monarquía parlamentaria, don Juan Carlos no es el «invento», sino el «inventor» del modelo. Ha habido que tragarse también el hecho consumado de la prioridad de los varones en la lista sucesoria, en contradicción flagrante con la igualdad de derechos entre los sexos proclamada en la Constitución de 1978. Y ha habido que aceptar que haya colado en este texto una alusión a su legitimidad histórica y algún préstamo de la Constitución de 1876, la de la Primera Restauración borbónica fabricada por Cánovas: la atribución al Rey del mando supremo de las Fuerzas Armadas, un artículo que ha dado pie a algún equívoco, que si bien benefició a la democracia ante el golpe del 23-F, podría llevarnos en el futuro a la tragedia, como desarrollaré en otro capítulo.

Sin embargo, hay que reconocer que éstas son concesiones menores comparadas con la limitación de los poderes del Rey y con nuestro derecho a despedirle. La monarquía de don Juan Carlos es una convención con vocación de permanencia, pero puede revisarse mañana si llega el momento en que los españoles deciden elegir no sólo a su Gobierno, sino también a su jefe de Estado. Se

---

[8] Rafael Borrás Betriú, *Los últimos Borbones: de don Alfonso XIII al príncipe Felipe*, Flor del Viento Ediciones, Barcelona, 1999.

[9] Pilar Urbano, *La Reina*, Plaza & Janés, Barcelona, 2001.

interponen para ello —artículo 168 de la Constitución— lógicas cautelas, pues no es prudente liquidar la monarquía por capricho. Para cambiar la forma de Estado, la Constitución exige el mismo procedimiento que para transformar la totalidad del texto legal o su Título Preliminar: el voto favorable de los dos tercios de cada una de las cámaras, la disolución de las mismas y la convocatoria de nuevas elecciones, de donde deberá salir nuevamente una mayoría favorable de dos tercios del Congreso y del Senado, y después someter la propuesta al pueblo español en referéndum.

Que el reinado de don Juan Carlos sea producto de una convención no le quita legitimidad alguna; lo relevante es que el pueblo soberano —y no Franco ni la historia— ha decidido que sea Rey de una monarquía democrática. La historia ofrece interesantes lecciones que no favorecen precisamente a la dinastía. Los Borbones aparecen en este país con Felipe V, en la vuelta de esquina del siglo XVIII, tras la guerra de Sucesión, una guerra privada entre dos pretendientes: Felipe, duque de Anjou, y el archiduque Carlos de Austria. En esta guerra el pueblo, los súbditos, contaban muy poco. [10] Posteriormente, a principios del siglo XIX, Carlos IV y Fernando VII se intercambiaron un singular autogolpe por medio de una abdicación mutua diseñada por Napoleón, lo que permitió a éste colocar en el trono español a su hermano José I, *Pepe Botella*. Fernando VII, recobrada la Corona, anuló la Constitución liberal de 1812, «La Pepa», y restableció el gobierno absoluto. Al final de sus días asestó un golpe de Estado sucesorio a favor de su hija Isabel y contra su hermano Carlos, lo que generaría una serie de guerras fratricidas que marcarían la historia decimonónica y que

---

[10]   Felipe V, hijo del delfín de Francia, y nieto de Luis XIV, juró como Rey en 1701. Le disputó la Corona el archiduque Carlos de Austria en la llamada guerra de Sucesión (1701-1714), que terminó con el Tratado de Utrecht (1713), por el que España cedió Gibraltar y Menorca a Inglaterra, y el Tratado de Rastadt (1714), por el que renunció a sus posesiones en Flandes.

prolongarían sus efectos hasta la sublevación de Franco y nutrirían las raíces del nacionalismo vasco y de ETA. Afortunadamente, gracias a aquel golpe dinástico, matrimonio de conveniencia de la Corona con los liberales, España marchó por la senda constitucional cien años. Isabel II aplicaría con denuedo su potestad de disolver las cámaras en razón de sus avatares de cama, mientras los militares alternaban el poder por medio de pronunciamientos. Isabel II fue enviada al exilio en septiembre de 1868, cuando triunfa la revolución, la Gloriosa. Tras numerosos avatares, el más importante el de la regencia sin rey de Serrano, las Cortes Constituyentes convocadas al efecto, y reunidas el 16 de noviembre de 1870, proceden a algo insólito: someten a votación la elección de un monarca. Gana Amadeo de Saboya por el voto de 191 diputados a favor sobre un total de 311. Alfonso de Borbón, quien en 1875 sería proclamado Rey como Alfonso XII, recibe dos votos. Tras el reinado relámpago de Amadeo de Saboya —770 días—, se proclama la I República en febrero de 1873. La República cayó por efecto de otro golpe de Estado, protagonizado en dos tiempos por los generales Martínez Campos y Pavía. Finalmente, ya en pleno siglo XX, Alfonso XIII propició otro golpe de Estado al patrocinar la dictadura del general Primo de Rivera. Conclusión de esta rápida galopada: la historia de los últimos Borbones es la historia de los golpes de Estado. No hubo un solo monarca desde Fernando VII que no se valiera de un atropello constitucional. Con estos antecedentes, apoyarse en los derechos de la dinastía histórica es una broma que sólo puede aceptarse como expresión de cariñoso agradecimiento a don Juan Carlos, que nos salvó del dragón y fue el motor del cambio, o para decirlo con las palabras empleadas por Carrillo en conversaciones con el autor, fue «el verdadero jefe del partido de la reforma».

Las convenciones que han cambiado las legitimidades dinásticas han sido frecuentes a lo largo de la historia. La monarquía, sometida a las leyes del azar, no habría prevalecido en ningún país sin aceptar pragmáticamente los saltos que las circunstancias aconsejaban. En la muy tradicional Inglaterra, por ejemplo, los notables del reino, descontentos del absolutismo de Jacobo II, le destronaron e importaron de Holanda una nueva dinastía más razonable, encabezada por Guillermo de Orange. Cabe preguntarse si la monarquía está definitivamente consolidada en España o si ha sido un paréntesis —el juancarlismo— obligado por las circunstancias, el precio de una transición hecha pacíficamente por medio de la reforma —de la ley a la ley— que se perfecciona con su desaparición. Mi opinión personal es que está definitivamente consolidada... por el momento. Que el momento se prolongue indefinidamente depende en parte de la Casa Real y especialmente de su jefe, el Rey, y de su heredero el Príncipe de Asturias.

La monarquía democrática parece una contradicción de términos que sólo se podría aceptar sobre el buen entendimiento de que cuanta más democracia, menos monarquía, y viceversa. Las monarquías prometen para el pasado, aunque hay que reconocer que se equivocaron quienes anunciaban su rápida extinción, entre ellos el rey Faruk, que había profetizado: «Al final del siglo XX sólo quedarán cinco reyes: la Reina de Inglaterra y los cuatro reyes de la baraja.» La nuestra nos ha servido de escudo en los momentos difíciles, pero el paso del tiempo es implacable y no deja títere con cabeza. Hoy, paradójicamente, la institución depende de que no pase nada, de que nos olvidemos de ella, pero corre el peligro obvio de que nos olvidemos demasiado. Cuando ocurren hechos traumáticos que crispan la sociedad, como la guerra de Iraq, la institución aparece en todas sus contradicciones: no puede actuar por sus limitaciones constitucionales, y su ausencia del debate público es utilizada en su contra como prueba de insensibilidad o de complicidad. Recuérdese la gran paradoja de que fuera la izquierda más radical y los «separatistas» quienes reclamaran con más énfasis una intervención del Monarca contra la alineación española con Estados Unidos, algo que contradice su histórica lucha contra el «borboneo» anticonstitucional practicado por sus antepasados.

Observando la actitud del PNV frente al Rey en aquella ocasión y las declaraciones de Iñaki Anasagasti, muy moderado en com-

paración con otros líderes nacionalistas, es de temer que en la dinámica independentista en la que se ha metido el Gobierno vasco, la
institución monárquica sea golpeada con saña. Sin embargo, de mis
conversaciones con nacionalistas vascos, y de forma especial con los
catalanes, deduzco que el Rey puede ser útil aplicando su popularidad y ejerciendo la función moderadora que le atribuye la Constitución. Remito al lector a los capítulos «Los vascos y el pacto con
la Corona» y «Los catalanes y el Rey».

Don Juan Carlos sigue gozando de la simpatía general por su
brillante hoja de servicios y por su talante personal. Su comportamiento como Rey constitucional ha sido impecable, aunque en
otros terrenos más personales su conducta no haya sido siempre
ejemplar. La actuación del Rey en los funerales celebrados en Torrejón por los sesenta y dos militares muertos en el accidente del Yako-
lev y las lágrimas, los besos y los abrazos prodigados por la Reina a
sus familiares fueron admirables y compensaron el frío distanciamiento del presidente del Gobierno y el bloqueo de su ministro de
Defensa. En el mundo en que vivimos, desconcertado por la violencia y la desintegración social, los reyes pueden cumplir una función
balsámica. La monarquía se beneficiará también de la resistencia
natural al cambio de una sociedad razonablemente satisfecha así
como del recuerdo del trágico destino de la II República. El hecho
de que la mayor parte de la culpa de esta tragedia no sea atribuible
a la República sino a una rebelión militar integrista no hace desaparecer el miedo metido en la médula espinal de los españoles.

Son todos ellos factores importantes que trabajan por la continuidad de la institución, y más en unos momentos en los que prima
la seguridad sobre otras justas reivindicaciones, en una época en la
que pintan bastos en todo el mundo. Sin embargo, haría mal el Rey
en confiar ciegamente en sus buenas cartas sin ver que le están cre-
ciendo enanos de los que me ocuparé en los siguientes capítulos.
Superada la etapa épica, el desmontaje del franquismo y el aborto
del golpe de Estado del 23-F, sobre el que todavía no se ha dicho
todo, ha atravesado durante la última década una época «mercan-

til», que si bien no es *horribilis* como la de la reina de Inglaterra, tampoco ha sido maravillosa. Afortunadamente, gracias a las virtudes que acrisola la edad, al supuesto escarmiento de algunos escándalos financieros que han podido ser letales y a la constatación de los riesgos que comportan las amistades peligrosas —las malas compañías de las que nos prevenían nuestras madres—, es de esperar que el Monarca se apreste a vivir más moderadamente. El problema de los reyes es que no pueden separar la vida pública de la privada, son monarcas las veinticuatro horas del día y ejercen su oficio en todas las circunstancias. En realidad no tienen vida privada. Son ciertamente seres humanos y el cargo no les obliga a la santidad, pero se espera de ellos una cierta ejemplaridad. El reciente relevo en la Casa de Su Majestad, la sustitución de Fernando Almansa, colocado allí por sugerencia de Mario Conde, por un experimentado funcionario con más conchas que un galápago, puede representar un buen augurio, como lo es que Aznar abandone La Moncloa. Me malicio que éste tiene un conocimiento exacto de los pecados del Rey, y el Rey sabe que los sabe, lo que explicaría muchas cosas.

Por otro lado, el Príncipe heredero, que en su día, cuando cumplió la mayoría de edad, se percibía como la mejor garantía de futuro, se ha convertido en un foco de incertidumbre. Hoy es perceptible una inflexión en su imagen, todavía incipiente pero que va tomando cuerpo, que está trocando el estereotipo de príncipe azul por otro no exento de frivolidad. El Príncipe de Asturias no pareció comulgar con la tradición monárquica, ni en la elección de sus novias ni en la de sus amigos, entre los que predominan los ociosos niños de papá o los especímenes más pijos que han ido configurando una pequeña corte aún menos edificante que la paterna. Es lamentable que haya sido la habilidad como «palanganero» de Su Alteza la carta de acceso al heredero de la Corona. Hay que decir en descargo del Príncipe que su ociosidad, madre de todos los vicios, es estructural y en cierta manera constitucional, pues nuestra ley suprema no le atribuye función alguna. Ahora que la esperanza de vida es tan alta y que, Dios lo quiera, su augusto padre puede vivir muchos años, no es fácil llenar su tarea de contenido; lo que no ha sido óbice, ciertamente, para que se le edificara un formidable palacio lujosamente amueblado a nuestra plebeya costa. Su noviazgo con Letizia Ortiz, persona sensata y solvente profesional, puede representar el fin de una etapa frívola en la vida del Príncipe y una mejora sustancial de su imagen.

El Rey, es innecesario insistir en ello, es muy popular y estoy seguro de que ganaría cualquier referéndum, aunque presumo que con un porcentaje creciente de los que no saben o no contestan, en definitiva de los más bien indiferentes. Pero los méritos del padre —a diferencia de algunos deméritos— no son trasladables a su hijo, que había consolidado una imagen excesivamente frívola con un punto de prepotencia. Una anécdota como la de su empeño en dejar muy claro que la ruptura con Eva Sannum no había sido motivada en razones de Estado —la actitud contraria habría sido un principesco detalle— sino por su real gana, es ilustrativa. Uno no puede por menos que sonreírse recordando a aquellos que en su día propiciaron la «Operación Abdicación» del rey Juan Carlos en benéfico del príncipe Felipe, a quien se consideraba libre de las debilidades de Su Majestad. Muy por el contrario, mucho me temo que, si no se realizaran las esperanzas alimentadas por la próxima boda en lo que se refiere a un cambio del estilo de vida del heredero, llegado el caso habría que pedirle al rey Juan Carlos que tenga la cortesía de no abdicar ni en caso de muerte.

Por otro lado tenemos los matrimonios de las infantas —casadas feliz y respectivamente con un empleado de banca y un balonmanista—, bodas muy normalitas y modernas, perfectamente respetables, faltaría más, pero que además de generar toda una subcorte de gente que utiliza su relevancia para prosperar en los negocios a costa de la imagen de la Corona, plantean incertidumbres institucionales indeseables. El rey de España tiene reconocidas funciones más importantes que las de algunos colegas europeos. La Constitución le atribuye un papel moderador mal definido pero que, a pesar de su ambigüedad, o precisamente por ella, representa una considerable fuente de poder e influencia. ¿Podemos imaginarnos, sin preocupación, que por circunstancias imprevisibles reinen en el futuro en España la infanta Elena y Jaime de Marichalar? O peor aún: ¿que este último personaje sea llamado a la jefatura del Estado como regente ante una trágica circunstancia que afectara a su esposa? La boda con Letizia Ortiz hace más improbable el peligro.

Cuando me refería a la relación coste/beneficio de la monarquía no sólo pensaba en los dineros que nos cuesta —abordaré más adelante el análisis sobre la baratura o carestía de la misma y sobre su escasa transparencia—, sino que también cavilaba sobre este otro balance no cuantificable que afecta al patrimonio de la institución como «fondo de comercio», capítulo en el que, en los balances empresariales, se engloba el valor de la imagen. ¿Forman parte de los pequeños síntomas que se vislumbran la creciente proliferación de banderas republicanas en las manifestaciones? Parece que la enseña tricolor se está convirtiendo en un símbolo de protesta, aunque de difícil interpretación, una todavía vaga reacción ante un determinado estado de cosas de discutible autenticidad. Conviene tomar nota, desde luego, que a diferencia de la presencia de esta bandera desde siempre —en ejercicio de la libertad de ser republicano, como me decía un portavoz de La Zarzuela—, lo nuevo de su irrupción masiva en las últimas movilizaciones es la juventud de sus portadores: ya no la enarbolan sólo, ni principalmente, republicanos nostálgicos.

Capítulo II

Un Rey mudo, pero no sordo

A ningún jefe de Estado, salvo a los monarcas parlamentarios, se les priva de voz ni por supuesto de voto. Parece como si el reino de los reyes no fuera de este mundo. En realidad su situación es más penosa que la de un mudo, pues se ven obligados a hablar por boca ajena y a veces por boca de ganso. La única libertad que se les tolera, en el límite de sus atribuciones constitucionales, es la de hablar por gestos, como los sordomudos. El conde de Romanones, político perspicaz y experimentado, refiriéndose al infante sordomudo, don Jaime, veía semejante tara como una ventaja: «Un rey que ni oye ni puede hablar es un rey perfecto. ¿Qué más podemos desear?»

Para colmo de penas, el Rey, a quien con sinónimo excesivo se le denomina Soberano, es declarado solemnemente «irresponsable» en la norma de todas las normas: la Constitución Española. Uno se pregunta cómo lo pueden soportar. Pero lo soportan muy bien. La dimisión entre los reyes se prodiga menos que entre los políticos, elegidos en las urnas para un periodo limitado. Ha habido en la historia reciente dimisiones —en el verbo que sólo se conjuga para ellos, abdicaciones— por razones de amor, como la decidida por el rey Eduardo VII de Inglaterra en 1936, enamorado de la estadounidense Wallis Warfield Simpson, doblemente divorciada, hasta el extremo de devolver la Corona recién heredada de su padre Jorge V. Es un ejemplo que no ha tenido necesidad de imitar el actual Príncipe de Gales. Carlos de Inglaterra, con auxilio del tiempo, del que parece disponer en abundancia dada la longevidad de su augusta madre, espera que la sociedad británica vaya asimilando, como lo más natural del mundo, su devoción por Camila Parker, mientras cruza los dedos para que las apariciones del fantasma de Lady Di no lo impidan.

En nuestra dinastía histórica, los dos hijos mayores de Alfonso XIII —Alfonso y Jaime— se vieron obligados a renunciar a sus derechos: el primero por enamorarse perdidamente de una mujer de baja cuna, o al menos ése fue el pretexto invocado por el Monarca en el exilio, en quien también pudo pesar que don Alfonso padeciera de hemofilia, una enfermedad de sangre azul. En 1933 renunció el primogénito don Alfonso en beneficio de su hermano Jaime, al expresar su propósito de casarse, sin el obligado permiso paterno, con la esplendorosa cubana Edelmira Sampedro, hija de un plantador de caña. Alfonso XIII forzó también la renuncia de su segundo hijo, Jaime, que era sordomudo, quedando Juan, el siguiente hijo varón, «el infante sano», como apunta maliciosamente Indalecio Prieto, elevado a la categoría de Príncipe de Asturias.

A partir de la promulgación en 1978 de la Constitución Española, el Príncipe de Asturias puede casarse con quien quiera, aunque no con cualquiera, según expresión que acuñaría con éxito el profesor Jorge de Esteban, aplicada al noviazgo del Príncipe con Eva Sannum. En efecto, el Rey con las Cortes —no basta con la voluntad del Rey— pueden oponerse. Ha habido renuncias *amoris causa*, pero nadie ha dimitido, que yo sepa, porque no pueda soportar el peso de la Corona. Se dio el curioso caso de la renuncia por un día del rey Balduino de Bélgica, porque su conciencia le impedía refrendar una ley sobre el aborto, pero hay que situar semejante expediente en el capítulo de las tretas jurídicas y no en el de las renuncias serias. A nadie se le obliga a ser rey, pero algunos están dispuestos a arriesgar la vida por seguir siéndolo, para ocupar un puesto sin apenas atribuciones, para seguir desarrollando una responsabilidad «irresponsable». Es el caso, sin ir más lejos, de nuestro rey Juan Carlos, que se jugó la vida durante la Transición, el golpe del 23-F y la intentona frustrada prevista para el 27 de octubre de 1982, la víspera de las elecciones que llevarían a los socialistas al poder.

El oficio de rey parlamentario es, en efecto, difícil de comprender en España, donde la experiencia histórica reciente es muy rica pero no integra la figura de un rey democrático. Los más viejos del lugar han vivido, además del actual, tres regímenes: la dictadura de Franco conformada como reino sin rey; la II República, en la que, obviamente, no había ni reino ni rey; y la monarquía de Alfonso XIII, constitucional pero no estrictamente parlamentaria tal como la entendemos ahora, ni mucho menos democrática, y que había perdido incluso la condición de constitucional desde que patrocinara la dictadura del general Primo de Rivera.

En lo que a Juan Carlos I se refiere, las señales que emite no admiten una interpretación simple. En efecto, es Rey por nombramiento del dictador que intentó garantizar con un monarca instaurado —Franco se saltó a conciencia el eslabón de don Juan— el futuro de su régimen. Justamente por romper tan indeseable como improbable designio, el Rey se vio obligado a intervenir en política más que su abuelo, que fue justamente destronado por ello, por «borbonear» en exceso, aunque con el más laudable de los propósitos. Juan Carlos intervino, sí, pero no contra la democracia como hiciera su abuelo, sino para establecerla. Como me decía Santiago Carrillo, «el Rey fue el verdadero jefe del partido de la reforma y gracias a él se pudo desmontar el régimen franquista pacíficamente». Y el 23 de febrero de 1981, Juan Carlos se vio obligado a intervenir decididamente más allá de sus atribuciones constitucionales por razones de fuerza mayor: era el único que podía abortar el golpe, pues el Ejecutivo y el Legislativo estaban secuestrados por Tejero y, sobre todo, porque los militares aceptaban su autoridad como procedente de Franco. «A sus órdenes, Señor, pero es una pena: qué gran oportunidad se ha perdido», confiesa don Juan Carlos que le confiara un distinguido jefe de la milicia. El Rey intervino entonces anticonstitucionalmente para salvar la Constitución, que no le atribuía poder alguno ni siquiera en estas circunstancias excepcionales, y no por inadvertencia de los constitucionales, que expresamente habían rechazado una propuesta encaminada a prever situaciones excepcionales como la que efectivamente se produjo. Los militares, tanto los golpistas que afirmaban que actuaban en nombre del Rey como los que trataron de neutralizarlos por mandato de éste, partieron de una mala lectura de la Constitución: un malentendido sobre la consideración del Rey como jefe supremo de las Fuerzas Armadas. Su condición de «mando supremo» tiene una acepción simbólica, y cualquier actuación del Monarca, en esto como en todo lo demás, tiene que ser refrendada por el Gobierno. Sin embargo, como podrá verse en el capítulo correspondiente, no hay unanimidad en la doctrina y, desde luego, entre los militares lo del «mando supremo» se entendía de otra manera.

Al día siguiente de que el golpe fuera sofocado, el 24 de febrero, el Rey se reúne con los líderes políticos más importantes en audiencia especial: Adolfo Suárez, Felipe González, Manuel Fraga, Santiago Carrillo y Agustín Rodríguez Sahagún. Su mensaje fundamental consiste en expresarles su deseo solemne de no tener que volver a intervenir, de ser simple y definitivamente un aburrido rey parlamentario. En la jornada siguiente, la del 26, el Monarca informa a Leopoldo Calvo Sotelo, el nuevo Presidente investido en tan dramática sesión parlamentaria, y que curiosamente no había sido convocado a dicha audiencia, del contenido de la misma. El Presidente se lo resumió a Victoria Prego de la siguiente forma: «En sustancia, ¿qué hizo el Rey en aquella reunión del 24-F? Vino a decir: "Señores políticos, no me vuelvan a poner en el trance que me han puesto durante dos días. Mi papel en la Constitución yo sé muy bien cuál es; he tenido que violentar ese papel, durante unas horas, al servicio de la democracia y de España, pero, por favor, no me vuelvan a poner en un trance así porque lo que yo quiero es volver a mi papel constitucional, que es el mío y del cual no me debo salir. Y ahora, señores, volvamos a la normalidad constitucional."»[1]

Desde entonces, y muy especialmente desde que llegaron los socialistas con diez millones de votos debajo del brazo y se fueron alejando los peligros golpistas, Juan Carlos pudo relajarse y practi-

---

[1] Victoria Prego, *Leopoldo Calvo-Sotelo: un presidente de Transición (1981-1982)*, Biblioteca El Mundo, Unidad Editorial, Madrid, 2002.

car como Rey parlamentario. Es un cometido que todavía no ha sido plenamente asimilado por la ciudadanía, como demuestra la perplejidad y hasta la indignación de mucha gente ante el silencio real sobre la impopular guerra de Iraq. Incluso políticos muy avezados, curiosamente los comunistas y los nacionalistas vascos en trance soberanista, afearon al Monarca su silencio, bien por desconocimiento o por malicia. El Rey, que es constitucionalmente mudo pero que no es sordo, se ha tenido que expresar por gestos, un lenguaje poco preciso y sujeto a diversas interpretaciones. Hay oídos finísimos, como el de Gregorio Peces-Barba, que ha interpretado el silencio real sobre la invasión del país del Tigris y el Éufrates, el bíblico paraíso terrenal, como protesta contra el compromiso incondicional de Aznar con los insensatos propósitos de Bush. El primer presidente socialista del Congreso de los Diputados, que se ha ido manifestando como monárquico doctrinario en contraste con la aceptación meramente pragmática del régimen por parte de sus correligionarios, llegó a esta conclusión en un artículo publicado en el diario *El País*. Peces-Barba, catedrático de Filosofía del Derecho y rector de la Universidad Carlos III, observaba en su comentario que «el silencio relevante» es la única «acción positiva» que puede permitirse el Rey, pero que tal silencio es una «clamorosa opinión». Y concluía sutilmente: «Si el rey puede positivamente hablar a favor de las tesis defendidas por el Gobierno y no lo hace, sino que mantiene un ruidoso silencio, no parece un exceso afirmar que en sus observaciones internas ha hecho observaciones juiciosas parecidas a las de los partidarios más sensatos del "no a la guerra".» De esta anécdota extraía el filósofo del Derecho una tesis de validez general más allá de Iraq: «En caso de crisis, el silencio de la Corona sólo se puede interpretar como discrepancia con el Gobierno y como rechazo de sus tesis.» [2]

---

[2] Gregorio Peces-Barba Martínez, «El silencio de la Corona», *El País*, 9 de abril de 2003.

El Rey, como he señalado, utiliza, además del «silencio relevante» acuñado por el rector, la confidencia a las personas que considera adecuadas, un arte que a veces adopta la forma de «indiscreción calculada». Personajes de cuyos consejos se beneficia el Monarca me han confiado en secreto de confesión que el Rey estaba indignado con la decisión de José María Aznar. Uno de ellos fue más explícito: «Está más cabreado que una mona.» No es forzado imaginar que don Juan Carlos no ocultara su opinión en la entrevista que mantuvo, reservadamente, con el líder socialista José Luis Rodríguez Zapatero, y de cuya existencia dio cuenta este último, aunque no del contenido de la misma.

El Rey ha encontrado, además, distintas formas para expresarse, trucos para hablar entre líneas. Se pronunció con las manos, aplaudiendo a Isidro Ferrer, quien con ocasión de la entrega en Zaragoza de los Premios Nacionales de Diseño, se lanzó hacia el atril y recitó una poesía de Gloria Fuertes que terminaba así: «Hay que hacer mucho y que nos parezca poco. Arrancar el gatillo de las armas, por ejemplo.» Mientras don Juan Carlos aplaudía, el ministro de Ciencia y Tecnología, Josep Piqué, permanecía tieso como un palo y con los brazos ostensiblemente cruzados sobre su estómago. «No se manifestó contra la guerra —me comentó un portavoz de La Zarzuela—, sino que aplaudió la idea de quitar los gatillos a las pistolas.» El Rey puede saltarse el protocolo, pero la Casa de Su Majestad mantiene la oficiosidad más estricta.

La intervención real más explícita en este terreno, que además arroja alguna luz sobre los límites de la actuación de la Corona, tuvo lugar en otra ceremonia de entrega de galardones: los Premios Nacionales del Deporte. En esta oportunidad, don Juan Carlos, tras pedir que se hicieran todos los esfuerzos posibles para que la guerra concluyera cuanto antes con un mínimo de pérdidas humanas y sufrimiento, recordó el papel integrador de la Corona al servicio del interés general. «Por ello —subrayó— respaldará en todo momento a todas las instituciones del Estado en el ejercicio de sus competencias y respetará el pluralismo social y los debates que corresponde desarrollar a las fuerzas políticas, conforme a nuestra Constitución.» Palabras muy medidas, es posible que pasadas previamente al visto bueno del presidente del Gobierno, con las que, en cierta manera, el Monarca se defendía de las acusaciones de estar *missing* en un momento crucial; al mismo tiempo resaltaba su respeto a todas las instituciones del Estado y no sólo al Gobierno; también a las opiniones de todos los partidos políticos, que también son instituciones públicas. Ése es, en efecto, el papel constitucional del Rey, por lo que resulta chocante que quienes le reclaman que se extralimite sean gente de la izquierda como el líder de Izquierda Unida, Gaspar Llamazares. Se comprende que consideren superflua a la monarquía y reivindiquen la república, pero no parece coherente que exigieran al Rey que se saltara la Constitución.

La guerra puso de manifiesto la paradójica situación del Monarca: cuando más le reclamaba la sociedad, y mejor aplicación habría tenido su rico patrimonio de simpatía, más dificultades encontraba para expresarse. A la ambigüedad de sus funciones, aunque no haya ninguna respecto a la necesidad de refrendo de sus actos, se añaden otras dificultades derivadas de la mala relación con un Ejecutivo decidido a leer de forma restrictiva las funciones de la Corona. Quizás la tensión de estas relaciones impidiera que el Rey redactara una «nota institucional» expresando su opinión contraria a la implicación española en la invasión, a diferencia de lo que ha ocurrido en otras ocasiones, por ejemplo, cuando a finales de 1985 don Juan Carlos enviara a Felipe González dos notas institucionales (o explicaciones por escrito de su opinión) instando al Gobierno a establecer relaciones con Israel cuanto antes, tal como cuenta uno de los biógrafos del Rey, Charles T. Powell. [3]

El Monarca utiliza medios un tanto heterodoxos para hacerse oír: la indiscreción calculada con personas que le tratan, ciertamente,

---

[3] Charles T. Powell, *Juan Carlos, un Rey para la democracia*, Ariel-Planeta, Barcelona, 1995.

pero también con la prensa; acostumbra a enviar mensajes muy privados por medios sumamente públicos, por ejemplo valiéndose de textos periodísticos de escritores o periodistas amigos. Es el vehículo que utilizó, a través del diario madrileño *ABC*, para hacer llegar a su hijo su oposición al noviazgo con Eva Sannum. (Véase el capítulo «La prueba del Príncipe»). Ya roto el noviazgo con la noruega, llegó a utilizar al mismísimo papa Juan Pablo II, durante su última visita a España, para que le hiciera notar a Felipe que ya había llegado la hora de casarse. La recomendación del Papa parece haber sido mano de santo.

La indiscreción calculada es un arte en el que el Rey es genial y que viene practicando desde antes de su coronación. Las primeras y más trascendentes filtraciones, pues quizás decidieran la buena marcha de la Transición, fueron confiadas a un periodista amigo, estadounidense de origen belga, Arnaud de Borchgrave, de la revista *Newsweek*, un semanario prestigioso de difusión mundial. Dos semanas antes de que al Caudillo le desenchufaran los cables que le conectaban a una vida vegetativa en una cruel esperanza de prolongar el régimen, Juan Carlos enviaba su mensaje democrático desde el otro lado del Atlántico. Sin entrecomillados, tal como Borchgrave y el Rey habían acordado, el periodista expresaba la opinión del Monarca: «Está decidido a ser rey de todos [...] por encima de la política de los partidos. La restauración de la auténtica democracia es una de las finalidades, pero España no debe ahorrar esfuerzo para evitar el desorden y el caos. [...] Cree más en la reforma que en la represión, más en la evolución democrática que en la revolución. [...] Se propone constituir un gobierno moderno, dedicado a asegurar el futuro de España, no a conservar el pasado. [...] En cuanto a legalizar el Partido Comunista, Juan Carlos desaprueba lo que los comunistas han hecho en Portugal. [...] Así pues, no admite la legalización del Partido Comunista en el sistema político español. Quiere crear una democracia moderna en España y tiene conciencia de que será un proceso delicado y difícil. Piensa que no puede llevarse a cabo con la colaboración de los comunistas, cuya filosofía política considera totalmente ajena al concepto de democracia.» La indiscreción, precisamente por calculada, ocultaba que la legalización del Partido Comunista estaba decidida, como había prometido secretamente a Santiago Carrillo.

Cinco meses después, como don Juan Carlos viera que no avanzaba en su proyecto por la resistencia pasiva de Carlos Arias, vuelve a convocar a Palacio al periodista amigo, a quien confía que su Presidente es «un desastre sin paliativos, porque se ha convertido en el abanderado de ese sector poderoso del franquismo llamado *el búnker*». El explosivo artículo de Borchgrave se publica el 26 de abril de 1976, pero una semana antes ya circula fotocopiado por los cenáculos políticos, por los ministerios y las redacciones periodísticas. Arias prohíbe la circulación de la revista y la reproducción del artículo al tiempo que su ministro de Información y Turismo, Adolfo Martín Gamero, emite un desmentido un tanto fláccido en el que se asegura que el Monarca no ha hecho declaración alguna a periodista alguno. Naturalmente, nadie se lo cree, y menos los periodistas, entre los que circula un proverbio dictado por la experiencia: «Ningún rumor es seguro hasta que es oficialmente desmentido.» Obviamente, la filtración real pretendía la dimisión de Arias. Éste intenta no darse por aludido e incluso —según testimonios muy respetables— piensa en contraatacar filtrando supuestas grabaciones efectuadas por los servicios secretos de unas pretendidas conversaciones imprudentes de don Juan Carlos. Sin embargo, todo el mundo comprende que el pulso lo ha ganado el Rey, quien pocos meses después, el 1 de julio de 1976, cesa a su Presidente, el tapón de la reforma.

No siempre las indiscreciones reales han tenido efectos positivos. El arte de «largar» es como jugar con fuego, lo que parece excitar a nuestro Monarca, a quien le van las emociones fuertes, el vivir peligrosamente. Cinco años después de los hechos relatados, en vísperas del 23 de febrero de 1981, el Rey está convencido de que, también ahora, aunque por distintos motivos, su Presidente es un desastre sin paliativos. Don Juan Carlos «larga» sin piedad contra

Adolfo Suárez a cuantos se acercan a La Zarzuela. Uno de sus visitantes, figura clave en la Transición, salió de Palacio escandalizado ante la virulencia de los ataques del jefe del Estado al jefe del Gobierno de Su Majestad. «Si eso me dijo a mí de su presidente, qué no habrá dicho a Armada o a Milans del Bosch», comentaría este personaje al autor de este libro. Y en efecto, muchos jefes militares, más adictos al Rey que a la Constitución, y que no entendían que, de acuerdo con ésta, la condición de aquél como mando supremo de las Fuerzas Armadas fuera meramente simbólica, interpretaron erróneamente, quizás de buena fe, la voluntad del Monarca.

El Rey reconoce implícitamente en sus conversaciones con Vilallonga, aunque niega la mayor, que podía haber lugar para el equívoco: «Yo recibía a los oficiales superiores que deseaban exponerme en privado su punto de vista sobre la situación, como siempre lo he hecho, a demanda suya. Les escuchaba atentamente, y cuando me parecía que sus argumentos se alejaban demasiado de la realidad, hacía cuanto podía para que entraran en razón. Pero también les daba a entender claramente que en ningún caso debían contar conmigo para cubrir la menor acción contra un gobierno constitucional como el nuestro. Esas acciones, de tener lugar, les decía, serían consideradas por el Rey como un ataque directo a la Corona.»

El arte de la indiscreción también fue aplicado a su presidente González, aunque más discretamente. En vísperas de un viaje real a Estados Unidos, utilizó a Jim Hoagland, un periodista del *Washington Post*, para dar un toque de atención al jefe del Gobierno, que parecía reticente respecto a las bases estadounidenses en España. En una entrevista concedida a este influyente periódico, el Monarca se alineaba sin reservas con el dispositivo de defensa de Washington, según apunta Manuel Soriano en su biografía sobre Sabino Fernández Campo. El periodista comenta que González, a diferencia de Arias, entendió el mensaje que mandaban los estadounidenses a través del Rey: «Sabino aleccionaba al Monarca para que su actuación en las discrepancias con el Ejecutivo o en las crisis entre el Gobierno y la oposición se ajustara con absoluta fidelidad a la Constitución. Esto significaba que la Corona no podía aparecer como una institución apéndice del Gobierno de turno, sometida al desgaste propio de la acción de gobernar. El secretario y jefe de la Casa también aconsejaban establecer cierta distancia respecto a la oposición, para que el Monarca no apareciera involucrado en las estrategias coyunturales para la conquista del poder.» [4]

El presidente Aznar no fue especialmente receptivo a los gestos del jefe del Estado ni dedicó cinco minutos a considerar su opinión sobre la actitud que debía adoptar España en la invasión de Iraq. La Constitución determina en su artículo 63.3 que corresponde al Rey declarar la guerra y hacer la paz, pero con la previa autorización de las Cortes Generales. Por otro lado la Carta Magna le asigna «el mando supremo de las Fuerzas Armadas» (artículo 62), pero sus actos deben ser siempre refrendados por el presidente del Gobierno o por el ministro de Defensa. Sin embargo, el motor del Rey se activaba desde las Cortes con la llave que José María Aznar guarda en su bolsillo, y el presidente del Gobierno español se había situado incondicionalmente y sin matices con George W. Bush. El presidente se encastilló en dos argumentos para eludir la presencia del Rey en el Parlamento: primero, que no se trataba de una guerra propiamente dicha, sino de un «conflicto»; y segundo, que España no participaba como beligerante, sino como mero proveedor de ayuda humanitaria. Formalmente tenía razón, puesto que al estar prohibidas por el derecho internacional, las guerras no pueden existir por imperativo de la ley. Consecuencia lógica: el artículo 63.3 de la Constitución Española es anacrónico.

El Rey puede ciertamente, en cumplimiento de sus funciones constitucionales, hacer llegar al jefe del Gabinete sus opiniones, lo que al parecer hizo en sentido crítico según mis fuentes *zarzuelíes*. También tiene el derecho constitucional (artículo 62) de «ser infor-

---

[4] Manuel Soriano, *Sabino Fernández Campo: la sombra del Rey*, Ediciones Temas de Hoy, Madrid, 1993.

mado de los asuntos de Estado y presidir, a estos efectos, las sesiones del Consejo de Ministros, cuando lo estime oportuno, a petición del presidente del Gobierno». Una fórmula sibilina según la cual puede presidir los Consejos de Ministros *cuando lo crea oportuno* pero siempre *que se lo pida el Presidente*.

Poco puede hacer el Rey mudo si tiene que entenderse con un Presidente sordo. El Rey, en realidad, no podía hacer más de lo que hizo, una opinión de la que discrepa ligeramente, en conversaciones con el autor, Carlos Berzosa, rector de la Universidad Complutense de Madrid, que esperaba de don Juan Carlos algo más: que hubiera manifestado públicamente que compartía la posición de la mayoría de los españoles. Santiago Carrillo me expresó una opinión diferente: «Si dejamos intervenir al Rey nos arriesgamos a padecer otro Alfonso XIII.» Sabino Fernández Campo, que no sólo ha servido en la Casa de Su Majestad casi dieciséis años, sino que además se ha convertido en un perspicaz teórico de la monarquía, declaraba a la revista *Tiempo*: «Su posición era dificilísima y creo que ha dado un ejemplo de prudencia y de observar la Constitución. Quien se preguntaba por qué el Rey no adoptaba un papel más activo demostraba cierta ignorancia, porque la Constitución no le concede más facultades en un caso así que el poder de moderar. Y este papel moderador es un tanto gaseoso, no se ejerce mediante ley ni real decreto, sino en conversaciones privadas y cambios de impresiones muy delicados, pues tampoco se puede enfrentar a un presidente elegido democráticamente por el pueblo.» [5]

Y en la misma línea se pronunciaron los profesores de Derecho Constitucional que han salido a la palestra para expresar sus opiniones, así como los rectores de las universidades madrileñas: Gregorio Peces-Barba, de la Carlos III, y Pedro González-Trevijano, de la Juan Carlos I. La única potestad que queda al Rey, sin refrendo ni limitación alguna, además de los nombramientos de la

---

[5] Revista *Tiempo*, 19 de mayo de 2003.

Casa de Su Majestad, es la de escuchar atentamente, cosa que el Monarca ejerce con maestría. No es poco poder éste de escuchar. En el fondo es un arma formidable con efectos balsámicos para las heridas sociales. El «poder de audiencia» no aparece en la Constitución —tampoco está prohibido—, pero puede servir de pararrayos en las tormentas y de espita para los vapores peligrosamente comprimidos.

Cabe preguntarse si merece la pena mantener una monarquía tan limitada. Quizás sea ésta la reflexión que está en la base de la creciente marea de banderas republicanas que aparecen en las manifestaciones ciudadanas, aunque paradójicamente fue la ausencia del Rey, justificada constitucionalmente pero difícil de entender por la ciudadanía y especialmente por la juventud, la que provocara los más acervos reproches contra la institución. «O Su Majestad no puede o no quiere intervenir; en ambos casos, ¿para qué le necesitamos?», parecía ser la armadura de las críticas. Un dilema terrible que sustenta las dudas sobre el futuro de la monarquía, que al parecer alberga el propio Monarca, según me han confiado en círculos próximos al mismo.

El Rey, mudo o ventrílocuo, recupera el uso más libre de su voz en sus discursos de Navidad —en los que refleja su personalidad—, y en menor medida en los de la Pascua Militar, cuyo texto escribe el ministro de Defensa pero en los que el Rey suele meter mano, siempre bajo el consentimiento del titular del departamento. «No hago más que decir en voz alta —explica el Monarca a Vilallonga— lo que la mayoría de los españoles piensa en voz baja. Es por lo tanto normal que haya gente a la que eso molesta.» Se expresa en completa libertad, a diferencia de lo que ocurre en el Reino Unido, donde la reina Isabel lee un discurso de la Corona, escrito por el primer ministro, del que no puede cambiar una coma. Bagehot llevaba al extremo la expresión de semejante dependencia: si ambas cámaras se ponían de acuerdo, la reina Victoria tendría que firmar, sin poder oponerse a ello, su propia sentencia de muerte.

«En lo que yo digo —remacha el Rey— no hay intromisión de nadie. Y creo que ahora la gente sabe que lo que dice el Rey es lo que el Rey piensa.» Y ante la pregunta de Vilallonga: «¿Queréis decir que el Gobierno no está al corriente de lo que el Rey va a decir a los españoles?», aclara: «Sí, el presidente del Gobierno sabe lo que yo voy a decir (no sería leal por mi parte ocultárselo), pero no sabe en qué términos voy a expresarlo. Mi discurso es el resultado de un pacto entre el presidente del Gobierno y yo. Yo le digo: "Esto es lo que voy a decir a los españoles. ¿Qué piensa usted?" Por lo general está de acuerdo conmigo. A veces discutimos a propósito de un matiz, de una palabra que conviene o no emplear. Pero lo importante (y ése es un lujo que yo me permito) es que yo pueda decir a los españoles lo que esperan que les diga. Por lo tanto es necesario ser muy claro para que todo el mundo me entienda. Precisamente es la claridad lo que molesta a esa gente a la que le gustaría que ciertas cosas permanecieran en la sombra.» [6]

¿Hasta dónde llega semejante «poder de comunicación» de la Corona? No es un poder en el sentido jurídico, como lo puedan ser los clásicos ejecutivo, legislativo y judicial, puesto que el Rey «es un órgano pero no un poder», según recalca el ilustre constitucionalista Javier Pérez Royo. Pero sin ser un poder de altura, uno de los consagrados por el *philosophe* francés Montesquieu, es una potestad muy moderna cuya eficacia puede apoyarse en un filósofo alemán contemporáneo: Jürgen Habermas. Es una función que la Constitución le atribuye explícitamente y que, a pesar de su vaguedad, tiene más aplicación de lo que parece. Es un atributo que se desprende de la *auctoritas*, que no ejerce poder pero irradia influencia. El Rey es consciente de ella y asegura que la emplea muy prudentemente al entender que los límites de su terreno son muy estrechos y «en algunos casos peligrosamente ambiguos». Manuel Gonzalo, letrado de las Cortes Generales, lo califica de «poder estimulante y en ocasiones

---

[6] José Luis de Vilallonga, *op. cit.*

hasta provocador». Gonzalo concluye que «el poder del discurso es un poder ejercido de manera efectiva. Es un poder que acaso lo que hace es fundar una costumbre constitucional en cierto modo contra una interpretación literalista de la propia Constitución, en cuanto no se trata de una atribución expresamente atribuida al Rey»[7].

El Rey ha definido con precisión los límites de su mensaje navideño: «Es el resultado de un pacto entre el presidente del Gobierno y yo.» Semejante pacto se engarza en un mecanismo que fue acordado, cuando los socialistas llegaron al poder, entre Sabino Fernández Campo, a la sazón secretario general de la Casa de Su Majestad (el jefe de la Casa, el marqués de Mondéjar, delegaba en Sabino todas estas tareas) y Julio Feo, secretario de la Presidencia con Felipe González. De acuerdo con tal operativa, Sabino plasmaba las ideas del Rey en un documento que remitía a Julio Feo, y éste, siguiendo las instrucciones de González, sugería añadidos o cortes, en definitiva un nuevo borrador que, recibido por el secretario de la Casa, era reelaborado por éste como texto definitivo que se remitía a La Moncloa a título meramente informativo y de cortesía.

A veces semejante pacto ha llevado al Rey a situaciones comprometidas, como cuando aceptó, a petición de Felipe González, incluir en el mensaje de Navidad de 1990 unos párrafos en los que se diera un toque de atención a la prensa, que castigaba por entonces duramente al líder socialista. Fernández Campo trató de convencer al Rey de que no los incluyera, pues podrían comprometer su neutralidad política y enajenarle la simpatía que siempre le habían mostrado los periodistas. Todo fue inútil: el Rey estimó que González había hecho mucho para asentar la monarquía y que se había mostrado siempre deferente con su persona, y que ahora que se encontraba en momentos tan apurados y tan furiosamente atacado, no podía negarle su apoyo.

---

[7] Ponencia presentada por Manuel Gonzalo en las VII Jornadas de Derecho Parlamentario, 1 de marzo de 2001.

Los párrafos en cuestión eran los siguientes: «Una democracia avanzada no se entendería sin el equilibrio entre la veracidad de la información y el mayor respeto a la libertad de expresión, derecho consagrado por nuestra Constitución y a cuyo perfeccionamiento hemos de dedicar, también, nuestros desvelos. Si la libertad de expresión implica por parte de todos capacidad para aceptar las críticas y las opiniones diversas, el derecho a la información veraz exige de los medios de comunicación social la máxima profesionalidad y responsabilidad en el ejercicio de su tarea. Si hay que pedir comprensión ante las críticas a quienes las reciben, es legítimo también pedir mesura y respeto a la verdad a quienes las hacen.»

Unas palabras por lo demás muy sensatas, pero que al llevar implícita una crítica chocaban con el estilo de los mensajes navideños que rara vez se salían del lugar común: la unidad entre todos los españoles, el orgullo de serlo, la condena del terrorismo, la integración en Europa, etc. Este discurso marca, en opinión de Javier Fernández López, biógrafo de Sabino Fernández Campo, un antes y un después en la relación de la prensa con la Corona: «A partir de ese momento —sostiene Fernández— sus críticas serán menos comedidas y el personal de La Zarzuela tendrá un papel mucho más difícil a la hora de relacionarse con los medios de comunicación.» [8]

También el Príncipe provocó la crítica periodística, aún con más dureza que la recibida por su padre, por unas declaraciones hechas a la prensa en Washington en mayo de 1995, con motivo de su graduación en un *master* en la Universidad de Georgetown (*Master of Science in Foreign Service*). Intranquilo por la situación de España, el Príncipe respondió que le preocupaban los escándalos, como a cualquier español de a pie, pero que eran producto de una democracia joven y que hasta cierto punto era lógico que aparecieran problemas después de la permanencia en el poder de unos mismos dirigentes durante años, aunque el país saldría adelante mejor de lo que

---

[8] Javier Fernández López, *Sabino Fernández Campo*, Planeta, Barcelona, 2000.

algunos creían. Al insistirle los periodistas sobre los casos de corrupción, contestó que a medida que viajaba se daba cuenta de que se producían en todos los países y que a veces los periodistas los magnificaban sin mala intención. En Estados Unidos, con más de doscientos años de experiencia democrática, se habían descubierto asuntos parecidos, pero su tratamiento informativo fue menos prolongado que en España. No quiso hacer bueno el refrán de «mal de muchos, consuelo de tontos», pero expresó su confianza en que en el futuro el sistema democrático sabría evitarlos. [9]

Otro derecho constitucional del Monarca, imprescindible para ejercer el de comunicación, es el de ser informado, el derecho a escuchar y advertir, muy bien sintetizado por Bagehot como potestad de todo monarca parlamentario: «Ser consultado, aconsejar y estimular.» El derecho de comunicación, el de expresar una opinión, parecería un derecho elemental de cualquier ciudadano, incluso el de un ciudadano apellidado Borbón, más que una potestad que sea necesario atribuir al Rey. Sin embargo, semejante derecho universal, reconocido en todos los códigos nacionales e internacionales, un derecho al alcance de cualquier fortuna, representa, usado por el Rey, un poder formidable en razón de su *auctoritas*. Ser informado, ser consultado y aconsejar son los medios reales para mediar, moderar y arbitrar, tal como manda el artículo 56.1 de la Constitución: «... arbitra y modera el funcionamiento regular de las instituciones». Ello sin que en este ámbito indefinido de actuación personal el Monarca esté sujeto al refrendo gubernamental.

José María Gil Robles, europarlamentario y letrado de las Cortes, hace consideraciones muy interesantes sobre esta función moderadora que, en su opinión, no debe aplicarse a resolver conflictos, sino a evitarlos y prevenirlos, tratando de conseguir mediante sus advertencias, consejos y sugerencias que las instituciones se rela-

---

[9] José Apezarena, *El Príncipe: cómo es el futuro Felipe VI*, Plaza & Janés Editores, Barcelona, 2001.

cionen de forma suave, fluida, sin fricciones ni choques innecesarios. «O sea —concluye el letrado distanciándose de quien ve en el Rey sólo una función simbólica—, velar porque los engranajes constitucionales no chirríen, aceitándolos o lubricándolos por vía de persuasión, que no de imposición.» [10] Una opinión efectivamente polémica y de la que discrepa abiertamente Javier Pérez Royo, quien recalcaba en conversaciones con el autor que «el poder moderador del Rey es pura literatura».

No sería el Monarca, en opinión de Gil Robles, la figurita de adorno que se coloca en el envoltorio del pastel y que se tira cuando uno se la come, según el dulce símil del que se sirvió Xabier Arzalluz en el debate constitucional en apoyo de las tesis del Partido Nacionalista Vasco sobre el «pacto con la Corona», sino un personaje muy influyente con una tarea muy delicada que acometer. Es un arma de doble filo, pues en su influencia está su responsabilidad, por lo que no es indiferente quién ostente la titularidad de la Corona.

---

[10] José María Gil Robles, VII Jornadas de Derecho Parlamentario, Madrid, marzo de 2001.

Capítulo III

CUANDO EL REY NO SINTONIZA CON EL PRESIDENTE

Los cubanos usan una expresión muy adecuada, «se mastican pero no se tragan», aplicada a algunos jerarcas del régimen que se ven obligados a colaborar políticamente aunque no se aguanten en el plano personal. «No se tragan» fue el titular de una portada de la revista *El Siglo* en la que se exploraban las frías, cuando no tensas relaciones entre José María Aznar y el Rey. La armonía entre el jefe del Estado y el del Gobierno se supone imprescindible para el buen funcionamiento de las instituciones pero, aunque ambos se mastiquen y guarden las formas educadamente, no hay química entre ellos; no hay calor en el trato, sino más bien una cortés frialdad y un evidente distanciamiento. La «química personal» no se estudia como un factor relevante en los manuales de ciencia política, no se hace referencia a ella en los tratados internacionales, no se invoca en las constituciones ni es un factor que se tenga en cuenta en la selección de los cargos públicos. Y, sin embargo, pocas decisiones políticas o de otro tipo, como las empresariales, las sindicales o hasta las adoptadas por las asociaciones de vecinos se explicarían sin tener en cuenta las afinidades o antipatías personales, la química o las vísceras, una expresión, esta última, que me parece más precisa y menos cursi.

La antipatía entre Alfonso XIII y su tantas veces primer ministro, Antonio Maura deterioró la monarquía y, en opinión de un maurista apasionado, Ángel Ossorio Gallardo, fue la causa de que el Rey se echara en manos del general Primo de Rivera, lo que incubaría un fulminante efecto retardado: el derrumbamiento del régimen el 14 de abril de 1931. Por cierto, Ángel Ossorio, quien fue leal ministro de la monarquía, serviría después con no menor lealtad a la República, de la que llegó a ser presidente en el exilio. Tampoco simpatizaron el primer presidente de la II República, Niceto Alcalá Zamora, y el primer jefe de Gobierno, Manuel Azaña, lo que generó no pocas tensiones. Santiago Carrillo llega hasta el extremo, demasiado extremado desde mi punto de vista, de afirmar que el primer jefe de Estado del nuevo régimen republicano «se entregó a intrigas políticas que a punto estuvieron de provocar el advenimiento parlamentario de un fascismo clerical al poder».

En general, los efectos prácticos de una sintonía defectuosa entre los más altos magistrados de una república no son tan nocivos como pueden serlo en una monarquía. En una república la simpatía entre el jefe del Estado y el del Gobierno no es obligatoria. Incluso, con frecuencia, los ciudadanos buscan el contraste entre ambos para procurar los equilibrios deseados. Es lo que mandaron los electores en Francia en tres ocasiones (1986, 1993 y 1997) en las que tuvieron que cohabitar jefes del Estado y de Gobierno muy distantes política y personalmente. En la monarquía parlamentaria, por el contrario, no se busca el contraste sino la armonía: el Rey debe encarnar las decisiones del Presidente y hablar por su boca, y al mismo tiempo ejercer la función moderadora, expresando su leal opinión y su larga experiencia con sucesivos gobiernos y en distintas circunstancias. En este ámbito la antipatía es un serio inconveniente, sobre todo cuando, por la ambigüedad del papel real, no están nítidamente delimitados los respectivos territorios.

La frontal oposición entre el Rey y su primer presidente, Carlos Arias, se resolvió afortunadamente para la Transición cuando aquél forzó la dimisión de éste, lo que habría sido imposible o inconveniente una vez instaurada la monarquía parlamentaria. En efecto, Arias y el primer Suárez, el elegido tras el cese del primero en julio de 1976, fueron los últimos presidentes a los que podía el Rey llamar «suyos». La Constitución de 1978 decide en su artículo 1.3 que «la forma política del Estado Español es la monarquía parlamentaria». Sin embargo, como apunta muy bien Javier

Pérez Royo [1], el artículo 1.3 viene después del 1.2, lo que no es casualidad, y el 1.2 proclama que «la soberanía nacional reside en el pueblo español, del que emanan los poderes del Estado». En consecuencia, el Rey reina pero no gobierna y los presidentes electos sucesivos, Adolfo Suárez, Leopoldo Calvo Sotelo, Felipe González y José María Aznar, que son los que en definitiva mandan, deben encontrar la forma por la que el papel del Monarca, que es «su Monarca», pueda desempeñarse con dignidad.

Y así ha venido siendo hasta que llegó al poder José María Aznar. Durante el mandato del cuarto Presidente de la Democracia, en efecto, es cuando el Rey ha sido reducido a la mínima expresión, un motivo constante de queja por parte del Monarca, aunque naturalmente en privado. Las anécdotas y las categorías se suceden, y casi todas pueden seguirse o intuirse leyendo los periódicos. Una de las que no salieron en la prensa es la que les cuento ahora: cuando Rafael Arias Salgado estaba a punto de ser cesado como ministro de Fomento, un puesto que el presidente había prometido a Francisco Álvarez Cascos, alguien le pidió al Rey que intercediera con Aznar para que éste le confiara la cartera de Asuntos Exteriores. La respuesta de aquel fue: «Uff... Basta que yo le recomiende a alguien para que Aznar le deje automáticamente fuera.»

José María Aznar invadió con frecuencia el territorio regio, desatendió sus obligaciones constitucionales con el Monarca y no siempre observó la debida cortesía. La antipatía es mutua. Juan Carlos I, ya antes de que el Partido Popular ganara las elecciones de 1996, había confiado en mesa camilla sus reproches ante lo que se veía venir. El Rey le reprochaba a Aznar que no hubiera excluido medio alguno para alcanzar el poder, sin reparar, en su furioso empeño, en que algunos medios aplicados para derribar al Gobierno socialista podían comprometer la seguridad del Estado y la fama del Monarca. Con frecuencia no se mostraba tan redicho y calificaba llanamente

---

[1] Véase entrevista con el autor al final del libro.

como el «Bigotes» a quien ya se vislumbraba en el umbral del palacio de La Moncloa. Cuando el «Bigotes» se instaló en el poder no perdió ocasión de relegar al Borbón a las encinas de La Zarzuela, haciéndole notar a él, a España y al mundo «quién manda aquí». Al mismo tiempo su esposa, Ana Botella, se las ingeniaba para suplantar a la Reina en un intento concienzudo de robarle protagonismo y de arrebatarle la condición de primera dama.

No obstante, el nuevo Presidente tuvo el buen cuidado de nombrar a Eduardo Serra como titular de Defensa, el ministro que mantiene relaciones más frecuentes con el Monarca en su condición de jefe supremo de las Fuerzas Armadas. El Rey podía sentirse, en efecto, cómodo con este personaje que había colaborado con el proyecto socialista en calidad de secretario de Estado de Defensa a pesar de ser un político conservador, casi un «liberal-salvaje» y tan atlantista como el propio Aznar, lo que ha demostrado al frente del Instituto Real Elcano, el *think tank* más eficaz en apoyo de la doctrina Bush. Don Juan Carlos simpatizaba con este ministro con el que coincidía, junto a ciertos generales, en su preferencia por el material de guerra estadounidense sobre el europeo, en menoscabo de la industria nacional. La misma política se mantiene con el ministro Trillo, de la que se benefician colaboradores de Serra en el ministerio, que ahora trabajan para empresas estadounidenses.

En efecto, la multinacional estadounidense Boeing, que ha sabido conectar con el poder político español, nombró vicepresidente de Relaciones Internacionales de Boeing España a Pedro Argüelles, quien fuera director del gabinete de Eduardo Serra. No es el único colaborador ministerial de Serra que ocupa un puesto clave en la creciente implantación de la industria militar USA en nuestro país. También el general en la reserva Miguel Valverde Gómez, quien ejerció de director general de Armamento y Material cuando Serra ocupaba la poltrona ministerial, fue nombrado en noviembre de 2001 presidente para Europa y Latinoamérica de XTAR, empresa creada por Loral e Hisdesat después de la adjudicación a la estadounidense Loral, filial del gigante Loocked-Martin, de dos satélites de comunicaciones para la defensa. De un plumazo se liquidó una fértil colaboración europea, muy beneficiosa para la industria nacional, que se nutría de la utilización por nuestras Fuerzas Armadas de los Hispasat 1A y 1B, construidos con tecnología europea en la que participaba España.

Eduardo Serra continúa cultivando las relaciones con el Rey, aunque le salió contestón el Príncipe, quien se negó a trabajar en su Instituto Real Elcano, a pesar de habérselo pedido su padre, al estimar que esta fundación está monopolizada por el Partido Popular. Tuvo que aceptar, sin embargo, la presidencia honoraria, tal como explico en el capítulo dedicado al Príncipe de Asturias. Con Su Majestad no tiene Serra ningún problema: a los pocos meses de llegar el ex ministro a la presidencia del Patronato del Museo del Prado, colocó al Rey la primera medalla de oro de la pinacoteca, que el Monarca acudió a recoger junto a la Reina. Esta privilegiada relación con el Monarca facilita la cadena de transmisión aludida para la importación de armamento del otro lado del Atlántico. Eduardo Serra tiene también buena entrada con la Reina, con cuya Fundación de Ayuda contra la Drogadicción colabora, junto con Javier Calderón, quien fuera jefe del CESID.

Se supone que el Presidente pretendía, al encargar a Serra la dirección del Ministerio de Defensa, controlar el uso de informaciones que relacionaran a militares, y muy concretamente a los Servicios de Información de la Defensa (el antiguo CESID hoy transformado en CNI), con acciones ilegales en la lucha contra ETA. El Rey agradeció este gesto, pues cuida mucho el trato con los militares, de los que, al menos simbólicamente, es su mando supremo. Tener que «tragar» con un ministro con el que no congenie puede resultarle tan molesto como malentenderse con el jefe del Ejecutivo. A punto estuvo de tragarse un buen sapo cuando, cesado Serra, Aznar acarició la idea de colocar al frente de un departamento tan sensible a Francisco Álvarez Cascos, pero finalmente designó a Federico Trillo, con quien el Monarca podría entenderse mejor.

El Rey mostró, sin embargo, su desagrado cuando, en septiembre de 1998, José Barrionuevo y Rafael Vera dieron con sus huesos en la cárcel. Fuentes de absoluta solvencia me han asegurado que el Monarca expresó su disgusto a José María Aznar en su habitual encuentro veraniego en el Palacio de Marivent, en Mallorca. A finales de julio de aquel año el Tribunal Supremo había condenado al ex ministro del Interior, José Barrionuevo, y al ex secretario de Estado de Seguridad, Rafael Vera, a diez años de prisión por su participación en el secuestro de Segundo Marey. El 24 de agosto, fecha prevista para el tradicional despacho veraniego en Marivent, la habitualmente distendida cita se convirtió en un tenso comunicado de reproches. Quienes conocen la esencia del encuentro afirman que el Rey, además de mostrar su enfado, quería solicitar del presidente del Gobierno el fin de una cascada de acontecimientos que crispaban la vida política del país. La charla fue agria y extensa. El despacho comenzó a las once de la mañana y se prolongó hasta más allá de las dos de la tarde: el más largo que nunca se había dado en Marivent. El Rey entró hablando a Aznar «de tú», como acostumbra a llamar a todo el mundo siguiendo la práctica borbónica, y que en estos despachos en los que departen personalmente sin testigos puede tener la significación más amistosa. A la salida del despacho le arrebató el «tú» borbónico y le colocó un distante «usted». El Rey fue causa, intencionadamente o no, de una sutil venganza: la foto de los Aznar posando con los Monarcas en las escalinatas de Marivent fue desplazada de las portadas periodísticas por la del nuevo miembro de la Familia Real. La Casa de Su Majestad decidió ofrecer la sesión fotográfica con Felipe Juan Froilán de Todos los Santos y sus padres, la infanta Elena y Juan de Marichalar, esa misma tarde.

Las quejas del Monarca y el tono en que se las comunicó debieron de afectar al jefe del Gobierno, que al día siguiente, en el esperado discurso ritual en el vallisoletano pueblo de Quintanilla de Onésimo, con el que el Presidente inaugura el curso político, cambió sustancialmente el contenido previsto sobre el Partido Socialista. Los cambios fueron hechos sobre la marcha, modificando lo que llevaba escrito y que se había distribuido por anticipado a la prensa. Entre los habituales de las sesiones informativas de Mallorca es un hecho reconocido que «las fotos con los Aznar son mucho más tensas, rigurosas y protocolarias» que las que el Monarca se ha hecho durante muchos años con Felipe González, con quien se notaba «una relación mucho más fluida».

Según estas informaciones, La Zarzuela habría estropeado, esta vez intencionadamente, algunas fotos de Aznar, y citan como precedente dos casos concretos: el primero, el día en que el líder del PP llegaba a Washington en su primera visita como presidente del Gobierno español. Cuando iba a ser recibido por Bill Clinton, la Casa de Su Majestad el Rey anunció esa misma tarde el compromiso oficial de la infanta Cristina con Iñaki Urdangarín. Todos los medios se volcaron en difundir el acontecimiento, que protagonizó la vida pública del país durante más de una semana y oscureció la puesta de largo internacional del Presidente.

La otra foto «robada» con no mejor intención, y así fue señalado por la prensa, que coincidió en interpretarla como un desaire del rey don Juan Carlos hacia el jefe del Ejecutivo, ha provocado más de un dolor de cabeza en La Moncloa: es la del Monarca abrazando efusivamente a Felipe González, mientras a José María Aznar le extendía fríamente la mano, en la recepción celebrada en el Campo del Moro, los jardines del Palacio Real, con motivo del santo del Monarca el 24 de junio de 1998. Un abrazo al que quitaron importancia fuentes oficiosas de La Moncloa en comentarios formulados a la revista *El Siglo*: «Este Rey es especialmente abierto, natural y sencillo, y eso, lógicamente, casa mejor con el espíritu de un andaluz, como González, y menos con un castellano de pura cepa como Aznar.» Es, sin embargo, una explicación insuficiente, que no justificaría el muy cálido abrazo que le prodigara Juan Carlos a un sobrio leonés, José Luis Rodríguez Zapatero, en el Nou Camp, el estadio del Barça. Semejante efusión debió de molestar mucho, pues fue censurada por Televisión Española. No fue el cálido abrazo a González la única deferencia del Rey en tiempos de Aznar.

Don Juan Carlos demostró un especial interés por «echar un cable» al antiguo presidente en los duros momentos que atravesaba, implicado judicialmente en el caso GAL y atacado a diestro y siniestro. En julio de aquel año realizó una gestión personal con su «hermano» el rey de Marruecos, Hassan II, para que el ex presidente pasara unas relajadas vacaciones en un lugar paradisíaco en las proximidades de Tánger.

Pronto Aznar cambió el modelo de relaciones con el Monarca diseñado por los socialistas: el nuevo jefe del Ejecutivo espació sus visitas, redujo la cantidad y calidad de las informaciones que se deben proporcionar al jefe del Estado en cumplimiento de la Constitución, y con él cayeron en desuso costumbres como la del «ministro de jornada», que acompañaba al Rey en todos sus desplazamientos, o los habituales despachos del ministro de Defensa para comunicar al «mando supremo» los futuros ascensos y otras vicisitudes de la carrera de los jefes militares, asuntos sobre los cuales le gusta opinar al Rey y que le permitían anticipárselos personalmente a los interesados. El trato frecuente del Rey con los militares le fue de gran utilidad para abortar el golpe del 23-F. Los intentos de Aznar para rebajar el brillo real y los del Rey para elevarlo fueron numerosos. A veces ambos parecían enzarzarse en una pelea infantil. En la recepción oficial de la Pascua Militar de 1999, el 6 de enero, don Juan Carlos desconcertó a los presentes al enmendar las palabras pronunciadas unos minutos antes por el Presidente ante un grupo de periodistas. En aquel momento ETA había abandonado las armas en una tregua que rompería en noviembre de ese mismo año, pero la violencia callejera no acató nunca tal cese de actividades. Unas horas antes de iniciarse la recepción en Palacio, una treintena de encapuchados de la *kale borroka* habían lanzado más de cuarenta cócteles molotov contra las viviendas de la Guardia Civil en el municipio vizcaíno de Getxo, y el Presidente aprovechó la comparecencia ante los medios para lanzar «una advertencia muy seria» a los radicales y a Euskal Herritarrok (EH), que intermediaba en los contactos entre el Gobierno y la banda terrorista, asegurando que no eran compatibles «el diálogo y la participación en las instituciones democráticas con la violencia».

Todavía estaba hablando el jefe del Gobierno, cuando se acercó el Monarca, quien le reprochó irónicamente «que diera una noticia cuando nunca decía nada». El Rey fue aún más lejos: lanzó una recomendación totalmente opuesta a la del Presidente en defensa de la continuidad de los contactos, lo que reiteró después en las distintas conversaciones que mantuvo con periodistas mientras se tomaba con ellos un vino servido en el Salón de Columnas del Palacio Real. En uno de estos corrillos, en presencia del ministro del Interior, Jaime Mayor Oreja, y de un grupo de informadores, el Monarca soltó como quien habla del tiempo: «A pesar de lo de anoche en Bilbao [en alusión al atentado de Getxo] hay que seguir con los contactos. Lo que no digo es cómo. En estos momentos hay que tener tranquilidad, generosidad y sosiego.» Uno de los periodistas preguntó al Monarca si se podían reproducir sus palabras, ante lo que respondió lacónicamente: «Sí, podéis publicarlo.» Unos minutos antes, José María Aznar, que oficiaba en otros corrillos, mantenía firmemente la postura contraria. Después Moncloa y Zarzuela desplegaron intensas gestiones para frenar el eco informativo de tamaña discrepancia en un tema tan delicado como el del terrorismo etarra, pero no lograron evitar que algunos medios, como el diario *El Mundo*, la recogiesen al día siguiente en portada con todo lujo de detalles.

Pocos días después José María Aznar anunció el relevo de la entonces ministra de Educación, Esperanza Aguirre, por Mariano Rajoy, y el destino de aquélla como presidenta del Senado. El titular de Industria y portavoz del Gobierno, Josep Piqué, anunció los relevos en la rueda de prensa posterior al Consejo de Ministros, como si únicamente dependiera del Presidente la designación de los miembros de su equipo, cuando formalmente debe ser informado antes el Monarca y es la real firma en el *Boletín Oficial del Estado* la que otorga validez formal a los nombramientos. Curiosamente, tanto Izquierda Unida como los nacionalistas vascos de

Eusko Alkartasuna (EA) alabaron al Monarca por aquellas manifestaciones de la Pascua Militar. En efecto, Julio Anguita, coordinador general de Izquierda Unida, se mostró satisfecho con las palabras del Rey y recordó que coincidían plenamente con el discurso de IU, una postura duramente censurada por el PP. Julio Anguita parecía haberse olvidado de las duras palabras que él mismo pronunciara en 1996, cuando el Rey se manifestó en favor de la OTAN y del tratado de Maastricht por el que la Unión Europea daba un paso importante hacia la integración plena de sus socios en una comunidad supranacional, al decidir el mercado único y el nacimiento del euro como moneda común. El coordinador de Izquierda Unida le soltó entonces con la mayor acritud: «Lo que tiene que hacer el Rey, cumpliendo su papel constitucional, es callarse.»

A la senadora Inmaculada Boneta, de EA, le pareció «justo» que don Juan Carlos sugiriera al Gobierno que siguiera adelante en sus contactos con el entorno del Movimiento de Liberación Nacional Vasco (MLNV) pese a la violencia callejera. Este fenómeno, que tanto comunistas como nacionalistas apoyaran de hecho un mayor protagonismo de un rey parlamentario, siempre que fuera a favor de sus tesis, se reprodujo con motivo de la guerra de Iraq, tal como he señalado en el capítulo anterior («Un Rey mudo, pero no sordo»), aunque en esta ocasión de forma crítica para don Juan Carlos por mantenerse en silencio ante la impopular postura del Ejecutivo.

La tensiones entre el Presidente y el jefe del Estado y la escasez de actos en los que el Monarca debería tener un cierto protagonismo, como en la aludida Pascua Militar, se reprodujeron en otra Pascua: la Epifanía de 2003, y una vez más tuvo que ver con el terrorismo. El Presidente eligió esta ocasión para anunciar el endurecimiento de las acciones legales contra ETA mientras se encontraba en el concurrido Salón de Columnas del Palacio Real, donde es anfitrión y protagonista el Monarca. Según he podido saber con auxilio de fuentes solventes, semejante anuncio presidencial en un lugar y circunstancias tan impropios le sentó al Monarca a cuerno quemado.

Pero don Juan Carlos tampoco se ha quedado corto «contra-programando» al jefe de Gobierno. Se preparaba éste para disfrutar de una semana gloriosa: el martes 12 de marzo de 2002 había decidido conmemorar por todo lo alto el ecuador de la legislatura en mayoría absoluta, y el viernes 15 se iniciaba el Consejo Europeo en Barcelona, donde iba a codearse con los máximos dignatarios de la Unión, pero la semana no empezó tan bien como esperaba: La Zarzuela había elegido el martes 12, el de la apoteosis de la mayoría absoluta, para recibir por primera vez en audiencia a la Comisión Ejecutiva Federal del PSOE, encabezada por su secretario general, José Luis Rodríguez Zapatero, y por su presidente, Manuel Chaves. La coincidencia, a la que la habitual discreción en los asuntos reales de la mayoría de los medios evitó una publicidad indeseada, provocó un pequeño maremoto en los despachos mejor informados del malestar monclovita. «Para nosotros también fue una sorpresa esta coincidencia», explicaba un miembro de la ejecutiva socialista, quien añadió con indisimulada ironía: «No habíamos solicitado antes audiencia al Rey debido a nuestro desconocimiento del protocolo habitual en estos casos.» El caso es que mientras el Rey recibía a los socialistas y departía amablemente con Zapatero, Chaves y demás ejecutivos, el presidente del Gobierno hacia balance de sus dos años triunfales con mayoría absoluta ante la Junta Directiva Nacional de su partido y lanzaba uno de sus más gruesos ataques contra el primer partido de la oposición, al que dedicó la mayor parte de su discurso. *ABC*, que en sus primeras páginas daba amplia cuenta de la soflama, hizo honor a su tradición monárquica por medio de un comentario escrito para la ocasión por Benigno Pendás, titulado «Sosiego y no crispación». El catedrático sostenía en su equilibrado artículo: «Aznar es un hombre sensato y prudente. Zapatero hace gala de su buena educación. Sigan uno y otro por ese camino.» Un texto que se leyó como una oportuna interpretación del mensaje que La Zarzuela pretendía lanzar con la recepción concedida a los socialistas en una fecha no casual.

Al día siguiente el Monarca se permitía un gesto destinado a compensar los exabruptos de su Presidente, motivados en esta ocasión no por un partido político, sino por uno de fútbol, dorando así la píldora al Barcelona Club de Fútbol, dolido por la no disimulada preferencia de Aznar por el Real Madrid, club del que es socio desde los ocho años. Millones de españoles vieron ese día por Televisión Española a don Juan Carlos consolando a Joan Gaspart, presidente del Barça, que sólo consiguió un empate con el Liverpool. El Rey, junto a su hija, la infanta medio catalana Cristina y su marido vasco-catalán, Iñaki Urdangarín, habían acudido al palco, como en otras ocasiones, a presenciar el partido de la Liga de Campeones. El Monarca daba muestras de su campechanía con gestos y palmadas efusivas propinadas al deprimido presidente y con un abrazo rompehuesos a Zapatero. Es oportuno recordar que la Familia Real muestra una exquisita neutralidad y sólo acude a los campos cuando juega un equipo español contra otro extranjero, como ocurre en la Liga de Campeones, o cuando se celebran encuentros amistosos con motivo de homenajes o recaudaciones benéficas, como el tradicional partido contra las drogas al que suele acudir la reina Sofía. Sólo hay una excepción: su obligada presencia en la final de la Copa del Rey.

Fútbol aparte, la tensión en la que se desenvuelven las relaciones entre el jefe del Estado y el del Gabinete llegó a preocupar en ámbitos que, inicialmente, habían hecho caso omiso del evidente desencuentro. En un artículo firmado por el director de *ABC*, José Antonio Zarzalejos, bajo el título «El Rey y la contienda política», advertía del peligro que pudiera entrañar el uso partidista de la figura real y criticaba al PSOE por haber acusado a RTVE «y por lo tanto al Gobierno y al PP» de relegar en el telediario del día anterior «a un segundo plano al jefe del Estado en los actos de la cumbre de la Unión Europea en Barcelona». En efecto, dirigentes socialistas habían reprochado a Televisión Española que, en la información proporcionada por los telediarios sobre la apertura de dicha cumbre, ofreciera antes las palabras del Presidente que las del jefe del Estado. El actual equipo dirigente del PSOE no había denunciado hasta ese momento el menosprecio de La Moncloa hacia el Monarca, y sólo alguno de sus dirigentes había hecho declaraciones reclamando un mayor protagonismo del Rey en el ámbito internacional.

La Constitución atribuye al Rey un reconocimiento especial de su cometido en la política exterior: «Asume la más alta representación del Estado Español en las relaciones internacionales, especialmente con las naciones de su comunidad histórica.» Es comprensible que en este ámbito las humillaciones hayan sido más lacerantes. En octubre de 1999 llegó a España Jacques Chirac. El presidente Aznar, retorciendo el protocolo, se apropió del jefe del Estado francés, cuyo homólogo era, naturalmente, el jefe del Estado Español, lo que causó un hondo malestar en La Zarzuela. La visita del presidente de la República Francesa y de su esposa Bernardette sería dotada de una gran solemnidad, con abundancia de referencias simbólicas, pero el Presidente español drenó protagonismo al Rey invitando al mandatario francés y a su esposa a «una visita privada», un día antes de la oficial, para que conocieran Córdoba y Granada. La cita con la Alhambra y el Generalife de fondo fue, a pesar de la supuesta privacidad del encuentro, minuciosamente seguida por la prensa. El rey Juan Carlos recibió al Presidente galo tras desayunarse con las fotos —una vez más la batalla fotográfica— de los ilustres visitantes agasajados por el matrimonio Aznar.

Que un jefe de Estado extranjero fuera recibido, aunque en visita privada que fue de todo menos privada, por el jefe del Ejecutivo antes que por su homólogo español, fue asumido por el Monarca como una nueva humillación. Cosas tan fútiles para el común de los mortales, como son el orden y el protocolo, adquieren singular relevancia en el mundo de las relaciones diplomáticas, y de forma especial en las ceremonias en las que participa el Rey. La Presidencia del Gobierno, que cuenta con una pléyade de expertos en la materia, no podía ignorar el alcance de tales gestos. De hecho, el programa oficial de la visita, puntualmente repartido a la prensa acreditada, omitía la visita a Córdoba, pero para que quedara constancia de la cordialidad reinante entre los matrimonios Chirac y Aznar mientras deambulaban por el palacio de Boabdil, los periodistas fueron convocados a la correspondiente sesión fotográfica que inundó la prensa y las televisiones. La honda significación que se dio a esta visita, en la que se había incluido la ofrenda del mandatario galo a los caídos del 2 de Mayo, cuando el pueblo madrileño se levantó contra el imperialismo francés, remarcó la descortesía con el Rey.

Igualmente ultrajante para el Monarca fue el protocolo enviado por La Moncloa para el desarrollo de la primera visita a España del presidente de los Estados Unidos, George W. Bush, y de su esposa Laura, el 12 de junio de 2001. Sólo se programó un breve encuentro oficial de los Reyes con el matrimonio estadounidense, que tuvo lugar en el palacio de La Zarzuela inmediatamente después de que aterrizara en el aeropuerto madrileño de Barajas el Air Force One. Tras la audiencia de los Monarcas, George y Laura Bush partieron hacia la finca estatal toledana de Quintos de Mora —el rancho de Aznar, según la prensa estadounidense— para reunirse y almorzar con el Presidente español. En círculos cercanos al Monarca se calificó este almuerzo de «suplantación», pues era a don Juan Carlos a quien le debería corresponder la presidencia del primer almuerzo del ilustre visitante. Al malestar generado se sumó el detalle de que fuese Ana Botella y no la Reina quien acompañase a la primera dama de los Estados Unidos durante su visita al Museo del Prado y a la Biblioteca Nacional. Posteriormente ambas se dirigieron en un Cadillac negro con matrícula estadounidense a Casa Lucio, el famoso restaurante situado en el Madrid de los Austrias, donde habían quedado con doña Sofía, la cual tuvo que pasar por el trago de esperarlas, ya que llegaron con retraso. Y no es que los Bush y los Reyes no se conocieran, sino todo lo contrario: existían entre ellos muy buenas relaciones, como las mantuvieron con Bush padre. Y los Monarcas ya habían estado en la Casa Blanca unos meses antes de la visita. No sorprende que el hermano del presidente de los Estados Unidos, el gobernador de Florida Jeb Bush, en una posterior visita a Madrid saludara a José María Aznar como presidente de la República de España, sin que éste se tomara la molestia de rectificar el error. Quizás estimó que no era más que una pequeña imprecisión.

El episodio más humillante, porque tuvo lugar a bombo y platillo, con malos modos y expresamente contra la opinión del Rey, fue el frustrado viaje del Monarca a Cuba. Hacía tiempo que don Juan Carlos venía acariciando el deseo de acudir a La Habana en 1998 para conmemorar el centenario de la independencia cubana. Al Monarca le esperaría un recibimiento apoteósico: se restauró el trono del rey de España que se exhibe en el Museo de Capitanía, en la armoniosa Plaza de Armas, y que nunca había sido ocupado a pesar de los vivos deseos de los cubanos manifestados a lo largo de los siglos. La única persona de sangre real que visitó la perla del Caribe fue la infanta Eulalia en 1893, en una gira de gran resonancia sobre la que escribió un emotivo libro la poetisa cubana Dulce María Loynaz: «Yo fui [feliz] en Cuba... Los días cubanos de la infanta Eulalia.» Pues bien, como en la canción del Che Guevara: «En ésas llegó Aznar y mandó parar.»

En sentido estricto, semejante decisión era de exclusiva competencia del Gobierno, pues los viajes del Monarca deben servir a la política exterior diseñada por el Ejecutivo. Sin embargo, en la Casa de Su Majestad se estimó que si hubiera habido buena voluntad por parte del Presidente, la visita real no tenía por qué contrariar dicha política, puesto que el jefe del Estado representa al pueblo español, y lo que se quería resaltar era justamente la amistad de ambos pueblos, independientemente de las discrepancias entre sus respectivos gobiernos. El régimen cubano es, ciertamente, una dictadura, pero también lo es el de China y los de tantos otros países visitados por los Monarcas. En todo caso el Presidente no tenía derecho a menospreciar a Su Majestad. Aznar fue innecesariamente cruel al expresar ante los periodistas, en su conocido tono de «aquí el que manda soy yo», aquella inolvidable frase: «El Rey irá a Cuba cuando toque.»

Otro episodio similar, aunque de tono aún más despectivo, fue el comentario formulado por el Presidente en la recepción ofrecida a los grandes duques de Luxemburgo en El Pardo, lugar de alojamiento de éstos durante la visita que en mayo de 2001 efectuaron a Madrid. Posteriormente a la recepción de los grandes duques por los Reyes, se trabó una incómoda conversación entre un grupito de periodistas formado en torno a los jefes del Estado y del Gobierno. Comentaba a la sazón el Presidente el viaje que realizaría a Moscú unos días después, cuando, copa en mano y en un tono irónico que dejó en la mayor estupefacción a los que le rodeaban, señalando al Rey con el dedo dijo: «Y a éste lo mando a Polonia.» Allí fueron, en efecto, los Reyes, «éste» y su augusta esposa, una semana después.

Cuando finalmente el Rey pudo acudir a La Habana, el 15 de noviembre de 1999, el viaje no tuvo la consideración de visita de Estado, pues el Rey llegó a la capital cubana como participante de la IX Cumbre Iberoamericana, a la que debía asistir de oficio, de acuerdo con la filosofía de estos encuentros: institucionalizar, al estilo Commonwealth, una comunidad con fuertes lazos históricos y culturales y una lengua común. La visita del Monarca con ocasión de una cumbre en la que su presencia era obligada restaba la singularidad de una visita propiamente dicha a la isla. Para colmo fue una cumbre disminuida, ya que no contó con la presencia del número y categoría de los mandatarios de otras convocatorias, debido al boicot que algunos países efectuaron al anfitrión cubano. El Gobierno hizo notar, para que no quedaran dudas, que se consideraba la presencia del Rey, al margen de las sesiones de la cumbre, como una visita privada, a lo que Fidel Castro respondió molesto vaciando las calles cuando los Reyes y su séquito recorrieron La Habana vieja. Durante este viaje, al que tuve ocasión de asistir, don Juan Carlos fue marginado desde el primer momento a pesar de los esfuerzos del mandatario cubano por extremar su deferencia con su real visitante, respecto al que ya había expresado su simpatía en numerosas ocasiones. Cada elogio al rey de España —simplemente «el Rey»— había que interpretarlo como un alfilerazo al Presidente español. Cuando los Monarcas y el séquito español recorrían La Habana vieja, donde se desarrollaba ostensiblemente la vida de un día como cualquier otro —los cubanos estaban trabajando, según explicó Fidel—, Aznar se quitó la chaqueta y se la echó al hombro, algo que ni el Rey ni Fidel se permitieron en ningún momento, aguantando estoicamente el calor caribeño.

El Presidente no ha perdido ocasión de ningunear al Monarca. No siempre ha respetado la convocatoria anual de la Junta de Defensa Nacional que preside el Rey, y las visitas semanales que mantuvieron escrupulosamente los anteriores presidentes se espacian con frecuencia y se sustituyen habitualmente por llamadas telefónicas. Peor que ningunearles fue obligar de hecho a los Reyes a acudir a la boda de su hija Ana en el monasterio de El Escorial, donde los Monarcas tuvieron que esperar un cuarto de hora en espeso silencio hasta que hiciera aparición la novia. «Un señor que en la boda de su hija —me comenta uno de mis ilustres entrevistados—, en lugar de decir voy a hacer una ceremonia para los amigos apartando a la chica de ese *coñazo* que todos sabemos que son las relaciones institucionales... En lugar de hacer eso escoge el monasterio más grande, más emblemático, el panteón de los reyes de España, donde los Monarcas no se han atrevido a casar a ninguna de sus dos hijas... Un señor así, ¿cómo no va a tener problemas de protagonismo con el Rey, cómo va a enfocar razonablemente sus relaciones con él? Si su soberbia le ha llevado hasta ese extremo, ¿cómo esperas que le respete?»

La confrontación que ha tenido más consecuencias se produjo con motivo de la invasión de Iraq, copatrocinada por España en la reunión del trípode de las Azores (véase el capítulo «Un Rey mudo, pero no sordo»). Un testigo de excepción del enojo real me lo expresaba con toda viveza, con palabras que recojo textualmente de mi grabadora: «Yo, que conozco desde hace muchos años al Rey, en mi vida le he visto tan cabreado. Estaba súper, súper, súper cabreado. Dijo unas cosas de Aznar... Le indigna que corte lo que para el

Rey es fundamental: el turno pacífico PSOE-PP. Todas las descalificaciones al PSOE, al Rey le ponen malo.» La charla con don Juan Carlos se produjo, según mi excepcional testigo —llamémosle Sr. X—, en los siguientes términos:

Su Majestad: —Lo que más me subleva es que me ha engañado. No me ha contado la verdad sobre el tema. ¿Tú qué me aconsejas?

Sr. X: —Señor, creo que debería poner por escrito su opinión y debe transmitírsela para que no haya equívocos.

S. M.: —¿Y cómo puedo yo señalar que no estoy de acuerdo?

Sr. X: —De ninguna manera. Sería anticonstitucional.

Y en la misma línea, Narcís Serra, quien fuera vicepresidente con Felipe González, me decía: «El Rey ha tenido el valor de mantenerse en silencio.»

Fuentes próximas a La Zarzuela expresan su temor de que la tensión entre ambos mandatarios y el empeño de Aznar de reducir el protagonismo real esté deteriorando la imagen del Monarca. Argumentan que si el Presidente reduce al mínimo la presencia del Rey en actos oficiales, don Juan Carlos se ve abocado a aparecer ante los españoles, a través de los medios de comunicación, cada vez más a menudo en ambientes desenfadados: a bordo del velero *Bribón* en pantalón corto y camiseta con el estampado del «logo» publicitario del patrocinador correspondiente. Esta proyección pública del Rey y su familia no es del agrado de la Casa Real, ni de los partidarios de dar una imagen de la monarquía totalmente contraria a la de la frivolidad que esas imágenes aportan. Sin embargo, las fotos responden a una realidad y las imágenes terminan acoplándose a los hechos.

«Creo —me decía el ex vicepresidente Serra y actual presidente de la Comisión Parlamentaria de Administraciones Públicas— que en los últimos años no se han dado a la Corona suficientes ocasiones de intervención en el papel que le es propio, ni desde el Gobierno se está tratando correctamente a la institución monárquica. El beneficiario de que funcionen bien las relaciones entre la Corona y la Presidencia del Gobierno es, en primer lugar, el país, pero en segundo lugar tanto la Corona como la Presidencia del Gobierno, pero eso me parece que no se ha entendido así en los últimos años. Felipe González entendió perfectamente que cualquier cesión de protagonismo a la Corona beneficiaba a la Presidencia del Gobierno, y por tanto no podía haber nunca problemas de protagonismo. Éste no es el criterio del presidente Aznar.»[2] Con palabras similares se manifiesta el veterano sindicalista Antonio Gutiérrez, quien, partiendo de su impresión personal de que la sintonía entre Juan Carlos y Aznar «es manifiestamente mejorable... por parte del presidente Aznar», expresa su convicción de que «toda falta de coordinación entre ambas instituciones es siempre achacable al presidente del Gobierno, puesto que el Rey no puede ni debe tomar iniciativas políticas por su cuenta, sino que es el segundo quien está obligado a garantizar la más fluida coordinación con aquél para el mejor ejercicio de sus funciones como jefe del Estado». Gutiérrez tiene la mejor opinión sobre la prudencia del Monarca: «Supongo que en los fallos que se hayan podido dar, la Casa Real ha optado por evitar que tengan mayor trascendencia sobre el funcionamiento institucional.»[3] Hay, sin embargo, quien, como Antonio Garrigues, resalta el lado positivo de los conflictos de protagonismo que han podido plantearse: «Pienso que la relación hasta ahora siempre ha sido buena, aunque a veces se planteen problemas de competencia e incluso de celos, problemas que son positivos para ir refinando esa relación.»[4] Y hay otros que, naturalmente, me niegan la mayor hasta cierto punto. Gabriel Cisneros, veterano diputado del Partido Popular que compartió con el Rey estudios universitarios en la Facultad de Derecho de la Complutense, estima que la «química» en las relaciones del Rey con los cuatro presidentes de la democracia no siempre tiene la misma composición, pero cree que ello «debe tener

---

[2] Véase entrevista con el autor al final del libro.
[3] Ídem.
[4] Ídem.

en el plano institucional una importancia relativa». En su opinión, los papeles están muy claros, y en la medida en que el jefe del Gobierno y el jefe del Estado acoten cuidadosamente y asuman sus respectivos papeles sin interferencias, no hay que temer que esa relación se convierta en un elemento problemático. «Creo que, a grandes rasgos, si nos salimos de mínimas anécdotas, ha sido así con los cuatro presidentes.» [5]

¿Cuál es el motivo de fondo de la actitud de Aznar ante el Rey? ¿El conflicto entre ambos es personal —una cuestión de protagonismo— o político, que expresaría reticencias frente a la monarquía? El Monarca piensa, según me revelan personas que le tratan desde que don Juan Carlos llegó a España, que responde a un fondo de «republicanismo falangista» del Presidente, opinión compartida por no pocos aznarólogos desde la interpretación psico-política del personaje.

Los falangistas han sido la obsesión del Rey durante «la larga marcha de la monarquía», según expresión de López Rodó. Le acosaban en sus viajes por los pueblos de España, se manifestaban en contra, cantaban canciones en las que se ridiculizaba a la monarquía y al Príncipe, al que tildaban de tonto: «Borbón, bobón.» Querían un Estado totalitario, nacionalsindicalista e «imperial». Para ellos los Borbones personalizaban la decadencia de la nación. No obstante, el entonces príncipe de España hizo muy buenas migas con los Primo de Rivera, con la hermana del fundador y jefa vitalicia de la Sección Femenina de Falange y con el sobrino de éste, Miguel Primo de Rivera, que habían olvidado las críticas de José Antonio a la monarquía, de la que había dicho que había perdido su razón de ser y se había desprendido como una cáscara seca. Los falangistas de corazón, «los puros», se sentían traicionados por Franco, que había eludido la revolución nacionalsindicalista que preconizara el fundador. Sin embargo, el Caudillo y jefe nacional

---

[5] Véase entrevista con el autor al final del libro.

de la Falange —más tarde Movimiento Nacional— les había dado nóminas nutricias y reservas burocráticas: la Delegación Nacional de Sindicatos, cuya sede central en el Paseo del Prado está ocupada ahora por el Ministerio de Sanidad; la Delegación Nacional del Movimiento, con categoría de ministerio, que ocupaba un edificio emblemático en el número 44 de la calle de Alcalá, donde se exhibían unas apabullantes cinco flechas rojas y que controlaba una importantísima cadena de prensa y radio. Otros ministerios les eran adjudicados tradicionalmente: Trabajo y Vivienda, por ejemplo. Los falangistas instalados, conforme envejecía Franco, agudizaban su pragmatismo —el estómago mandaba sobre el corazón— y confiaron sus esperanzas en un Rey que había jurado los principios inmutables del Movimiento. De hecho, en el momento de la verdad, esos falangistas, accidentalistas en formas de Estado, pero tirando a republicanos de partido único, votaron en su inmensa mayoría en las Cortes franquistas la proclamación del príncipe de España como sucesor de Franco a título de Rey.

Pero el republicanismo de corte falangista podría ir, como la procesión, por dentro, en alguna capa profunda del corazón de José María Aznar. ¿Qué es lo que le mueve entonces a mostrar su menosprecio con hechos inequívocos? La opinión de alguien próximo al Rey es que el Presidente «tiene cogido al Monarca por los reales órganos». Aznar conoce sus supuestos pecados, no los de la carne, que son secretos a voces inocuos, sino los del bolsillo, a los que me refiero en el capítulo correspondiente. Mi confidente añade bajando la voz: «Aznar lo sabe y el Rey sabe que Aznar lo sabe.»

En el desarrollo de los respectivos papeles, don Juan Carlos se encuentra en inferioridad de condiciones, y no únicamente, como es lógico, por las limitaciones propias de un Monarca parlamentario, sino también porque en el ámbito que le es propio para ejercer su función moderadora le falta información y asistencia técnica para hacerse con un criterio bien fundado sobre los asuntos de Estado. De tales deficiencias tiene alguna culpa el jefe del Gobierno, que no se toma demasiadas molestias en mantenerle informado, pero también es responsabilidad del Monarca. Falta en La Zarzuela un gabinete técnico que suministre al Rey informes que le permitan formarse una opinión bien documentada sobre asuntos complejos. En el debate constitucional se rechazó una enmienda presentada por Laureano López Rodó que proponía la creación de un Consejo Real. No prosperó la idea por miedo a que se interpretase como un gabinete en la sombra, una administración pública bis. En teoría el Rey debe utilizar los servicios de la Administración Pública y del Gobierno, algo muy útil y sumamente recomendable cuando no hay fuertes discrepancias con el jefe del mismo, pero no tan eficaz cuando falla la química. La Casa del Rey cuenta con numerosos funcionarios, de la Casa o cedidos en comisión de servicio por la Administración. El Rey podría servirse de ellos para montar algo parecido a un gabinete técnico, pero no parece que un laboratorio de «cerebrines», un *think tank* como se dice ahora, se encuentre entre las prioridades del inquilino de La Zarzuela, quien, como explicamos en el capítulo «Una Casa muy oscura», utiliza el presupuesto a su antojo y sin la menor transparencia. En todo caso no hay nada que impida al Rey comer o desayunar con intelectuales, profesores y expertos, reunidos o por separado, o simplemente pedir papeles a los más sabios sobre los grandes problemas de la nación. La cuestión es que el Monarca no ha estado en la última década demasiado interesado en estas tareas, sino en otras más trepidantes y de incomparable amenidad.

No puedo terminar este capítulo sobre los desencuentros del Presidente y el Rey sin referirme a la tensión generada por los intentos de Ana Botella de suplantar a la Reina como primera dama, lo que contrasta con algunas tesis que sostienen que la esposa del Presidente ha intentado mejorar las relaciones de su esposo con el Monarca. Ninguna de sus predecesoras había querido inmiscuirse en un espacio hasta ahora ocupado por la reina Sofía. Sin embargo, el interés de Ana Botella por dotar de contenido a su papel de mujer del Presidente la ha llevado a mantener unas actividades y unas presencias que, en algún caso, no han gustado en La Zarzuela. Las ganas de figurar de Ana Botella quedaron plasmadas nada más ocupar La Moncloa con su familia. Ya en el primer verano que pasó en el palacio presidencial, el tradicional despacho del Rey con el jefe del Ejecutivo en Mallorca contó con su presencia, con lo que la Reina se vio también incluida en el encuentro que, a partir de entonces, se convirtió en una cita de parejas. Hasta que los Aznar llegaron al poder los encuentros en Marivent continuaban siendo personales, entre el Monarca y el Presidente, aunque se vieran acompañados de un almuerzo anterior o posterior como signo de la distensión del acto.

Los movimientos de Ana han llevado a la revista *¡Hola!* a encargar a uno de sus fotógrafos la vigilancia exclusiva de sus pasos. Así, junto al tradicional seguimiento de la revista a los actos de la Familia Real, de un tiempo a esta parte cubre también minuciosamente los viajes oficiales del Presidente, al que siempre acompaña Ana Botella, objeto del más amplio despliegue fotográfico, posando con o sin su marido. Desde el principio la esposa de Aznar se «infiltró en el Gobierno» reclamando informes del Gabinete de la Presidencia. Fue muy llamativa su presencia en la conferencia de esposas de jefes de Estado o de Gobierno de las Américas, conocida oficiosamente como «cumbre de las primeras damas», y a la que nunca había asistido antes ninguna de las consortes presidenciales. La esposa de Aznar, sin embargo, a pesar de proceder de un país que tiene una esposa de jefe de Estado, acudió a disertar sobre la incorporación de la mujer al mundo del trabajo.

Ana Botella no ha perdido ocasión en los viajes de Estado para aparecer como primera dama. Cuando el Presidente francés, Jacques Chirac, a principios de octubre de 1999, visitó nuestro país, Ana Botella consiguió situarse en una de las tres visitas culturales paralelas con las que el protocolo monclovita pretendía agasajar a la señora de Chirac. A la primera fue acompañada por la reina Sofía, que llevó a su homóloga a la Fundación de Ayuda contra la Drogadicción que ella preside; en la segunda fue acompañada por el presidente del Patrimonio Nacional, el duque de San Carlos, quien ejerció de *cicerone* en el convento de las Descalzas Reales; la tercera y última se la reservó la señora de Aznar, que acompañó a Madame Chirac en un recorrido por el Museo del Prado. De la visita de doña Sofía con la invitada a la fundación no ha quedado testimonio gráfico. Sin embargo, la prensa prodigaba al día siguiente la imagen de Ana Botella mostrando nuestro museo nacional a Bernardette Chirac.

Apenas una semana antes, la esposa de Aznar había vuelto a allanar el terreno ajeno con una visita que, según fuentes cercanas al entorno de la Casa Real, habría sido muy del gusto de la Reina. Se trataba de la exposición «Pablo Picasso–Estudios para el Guernica», una muestra de dibujos de la colección permanente del Centro de Arte Reina Sofía, cedida temporalmente por el Ministerio de Cultura al Museo de Arte Cicládico de Atenas. Después de la reciente normalización de relaciones entre la monarquía española y el Gobierno griego, de la que dio fe el viaje oficial de los Reyes al país natal de doña Sofía, habría sido muy satisfactorio para ella sentirse portadora de un bien cultural al pueblo griego.

En la primera visita que hiciera el presidente Bush a España el 1 de junio de 2001, después de ser elegido, Ana Botella se realizó plenamente. Fue ella y no la Reina quien acompañó a la primera dama de los Estados Unidos, Laura Bush, durante su visita al Museo del Prado y a la Biblioteca Nacional, con la consiguiente aparición de ambas ante las cámaras que aguardaban a la salida. Ya he comentado el plantón dado a la Reina en el restaurante Lucio, suavizado por la compañía de Rakela Cerovic, esposa del embajador español en Washington, Javier Rupérez.

Capítulo IV

LOS SOCIALISTAS DEL REY

Sin la colaboración de los comunistas la Transición habría resultado una misión imposible. El método de la reforma, que es el que adoptó el Rey con el apoyo más o menos renuente de los franquistas más lúcidos, los conscientes de que el franquismo sin Franco era inviable, no habría gozado de la mínima credibilidad, ni dentro ni mucho menos fuera de España. Los comunistas, tan posibilistas siempre, tan pragmáticos como la gente bien asentada en el franquismo, apoyaron la operación y aceptaron la monarquía a cambio de la legalización inmediata de su partido. De no haberse producido este acuerdo, difícilmente los socialistas habrían entrado en el juego, y sin los socialistas no había Transición posible.

El Rey lo vio claro desde el primer momento. Incluso antes de que muriera el Caudillo, uno o dos meses antes de que fuera nombrado jefe de Estado en funciones por segunda y última vez, envió en misión secreta a su amigo Manuel Prado y Colón de Carvajal a Bucarest para pedirle a Ceaucescu que hiciera llegar un mensaje de tranquilidad a Santiago Carrillo, tal como detallo en el capítulo X. Según Carrillo, el mensaje era claro: los comunistas podrían tener una actitud de reserva favorable, no cargarían la mano en las protestas contra «el rey franquista», si les garantizaban que su partido sería legalizado a la vez que las demás formaciones políticas. Y así fue. Los comunistas estuvieron presentes, con todos los demás partidos, en las Cortes Constituyentes reunidas en julio de 1977, y aceptaron la forma de Estado monárquico y la bandera roja y amarilla. «Para nosotros era vital —explica Carrillo— que alguien nos abriera la puerta desde dentro, y ese alguien sólo podía ser el rey Juan Carlos.»

Los socialistas fueron, sin embargo, más reticentes. Se opusieron en principio a la Ley de Reforma Política, que después mostraría su eficacia en la liquidación del franquismo: de la ley a la ley a través de la ley, partiendo del principio jurídico de que toda norma es susceptible de cambio por medio de otra norma. Sin embargo, entonces los socialistas, como otros demócratas, albergaban dudas sobre los límites del cambio, concretamente de si semejante «reforma» llegaría hasta la legalización del Partido Comunista. La nueva ley exigía el trámite de la solicitud de legalización en un registro del Ministerio del Interior, lo que entonces se designó como «pasar por la ventanilla». Al PSOE se le pidió, hasta se le rogó desde el Gobierno, que pasara por la ventanilla, pero sus dirigentes no quisieron comprometerse hasta no tener la seguridad de que el partido no iba a ser utilizado como coartada para legitimar una democracia a medias. El 18 de noviembre de 1976 las Cortes franquistas aprobaron la ley-llave de la democracia por 425 votos a favor, 59 en contra y 13 abstenciones. El 5 de diciembre, los socialistas, todavía ilegales, celebraban su XXVII congreso en el hotel Meliá Castilla, el primero que se organizaba en España desde 1932. Una bandera republicana atravesaba el salón mientras los asistentes gritaban entusiasmados: «España, mañana, será republicana.» Pero los dirigentes socialistas mandaron acallar los gritos y recoger la bandera. «Hubo no una, sino varias banderas —aclaró Felipe González a Victoria Prego—. Y no se recogieron porque hubiera, digamos, debate sobre si monarquía o república. Nadie la rechazaba en absoluto, y después hubo muchas otras banderas republicanas. Se recogían porque estábamos en la ilegalidad. Era una autocontención. En aquel momento el problema era saber: ¿dónde está el límite de lo que podemos o no hacer? Si lo rebasamos y esto se trunca, pues no lo hagamos. Lo puedes llamar miedo o lo que sea.»[1] Quizás más que el respeto a la legalidad, se pretendía que no se desenterraran los

---

[1] Victoria Prego, *Así se hizo la Transición*, Plaza & Janés Editores, Barcelona, 1996.

fantasmas del pasado, tal como lo recuerda Enrique Múgica, dirigente histórico procedente del PCE que en aquel momento ocupaba el cargo de secretario de Organización del PSOE: «Es que el problema del Partido Socialista es que tiene que responder a las expectativas de amplios sectores del país. Estos amplios sectores querían la democracia plena pero con la transición pacífica. Y la República, a pesar suyo, estaba vinculada a un periodo tormentoso. Pero no les hables a esos sectores amplios que querían la democracia plena —lo cual podía representar seriamente el Partido Socialista— de violencia. Háblales de democracia plena, pero dentro de un encuentro pacífico y de convivencia.» [2]

El 15 de diciembre los españoles refrendaron la ley con una alta participación ciudadana, casi el 78 por ciento del censo. Más del 94 por ciento de los votantes respaldaron el sí y sólo el 2,6 por ciento optaron por el no. Después, en las Cortes Constituyentes, los socialistas propusieron la república a sabiendas de que no sería aceptada. El encargado de exponer sus tesis fue Luis Gómez Llorente, un personaje de la izquierda del PSOE, profesor de enseñanza secundaria, que nunca quiso implicarse en tareas de gobierno y que se empleó a fondo en aquella ocasión. Fue un buen alegato teórico sobre la superioridad republicana frente el anacronismo de la monarquía, que además había sido impuesta por Franco, pero dejando una puerta abierta: «No ocultamos nuestra preferencia republicana, incluso aquí y ahora, pero sobrados ejemplos hay de que el socialismo, en la oposición y en el poder, no es incompatible con la monarquía cuando esta institución cumple con el más escrupuloso respeto a la soberanía popular y a la voluntad de reformas y aun transformaciones que la mayoría del pueblo desee en cada momento, ya sea en el terreno político o económico.» Gómez Llorente asumía, junto a su lealtad con su electorado, «el mandato de tantos y tantos republicanos que, no

[2] Tom Burns Marañón, *Conversaciones sobre el Rey*, Plaza & Janés Editores, Barcelona, 1995.

habiendo podido concurrir en cuanto tales a las elecciones del 15 de junio, depositaron en nosotros su confianza». Las objeciones de la doctrina contra la monarquía fueron expuestas claramente: «Las magistraturas vitalicias y más aún las hereditarias, dificultan el fácil acomodo de las personas que ejercen cargos de esa naturaleza a la voluntad del pueblo en cada momento histórico. No se diga para contrarrestar ese argumento que pueden existir mecanismos en la propia Constitución que permitan alterar esas estructuras, pues resulta obvio que tales cambios llevan consigo un nivel de conflictividad inconmensurablemente mayor que la mera elección o reelección.» Recordaba el ponente que las circunstancias y las personas cambian y que ninguna generación puede comprometer la voluntad de las venideras, y adentrándose en la historia recordó que la Corona nunca había sido neutral en las contiendas sociales o políticas, así como las palabras de Pablo Iglesias en el Parlamento en 1912: «No somos monárquicos porque no lo podemos ser; quien aspira a suprimir al rey del taller, no puede admitir otro rey.» El ponente albergaba la esperanza de su partido de «que la monarquía se asiente y se imbrique como pieza de una Constitución que sea susceptible de un uso alternativo por los gobiernos de derecha o de izquierda que el pueblo determine a través del voto y que viabilice la autonomía de las nacionalidades y las regiones diferenciadas que integran el Estado»[3]. La propuesta socialista sería rechazada en la Comisión por 13 votos a favor, 22 en contra y una abstención. «En cierta manera —recordaría después Gregorio Peces-Barba— aquel voto particular propició una votación sobre la monarquía que luego se generalizó en las sucesivas votaciones en el Congreso y el Senado y en el referéndum constitucional. Sirvió para potenciar su legitimidad racional, en un texto que además reconocía su legitimidad histórica.»

«Entonces —recuerda Carrillo— los diputados socialistas eran como una asamblea de profesores progres.» Y añade: «Si nosotros no

---

[3] Diario de Sesiones del Congreso de los Diputados, 11 de mayo de 1978.

hubiéramos dado el paso de aceptar la monarquía constitucional y parlamentaria los socialistas no habrían podido transigir.» El líder comunista se ganó en buena lid el derecho que le concedió el Monarca a que rebautizara su partido como «Real Partido Comunista de España». Felipe González tenía tan claro como Carrillo que lo importante era la democracia y no la bandera republicana, pero necesitaba algún tiempo y algunos gestos para que sus militantes y simpatizantes, para quienes «republicano» y «socialista» llegaron a ser las dos caras de una misma moneda y que sentían por la bandera tricolor una fuerte devoción, pudieran asimilarlo. De hecho, en sus orígenes, cuando el partido fue fundado por Pablo Iglesias un siglo antes, se declaró accidentalista respecto a la forma de Estado. Fue después, tras la dictadura de Primo de Rivera, cuando los socialistas se declararon republicanos y fueron el núcleo duro de la II República, en la que los «republicanos burgueses» eran una minoría, aunque no tan pequeña como indicara la sorna de Prieto: «Caben todos en un taxi.» El Rey comprendió muy bien, como indicó Felipe González, que si los socialistas se habían hecho republicanos era porque la monarquía de su abuelo nunca se había puesto en contacto con ellos. La Ejecutiva del PSOE, inmediatamente después de ser ratificada la Constitución en referéndum, pidió una audiencia al Rey para presentarle sus respetos, no sin un fuerte debate interno y con la oposición de una minoría. Por primera vez en la historia, el 12 de diciembre de 1978, la Ejecutiva del partido visitaba Palacio.

Se comprende que, cuando en 1982 el PSOE gana las elecciones cosechando diez millones de votos que les dieron una holgada mayoría absoluta, el Rey estimara que había llegado la hora de la verdad. Era el gran test para la monarquía, la prueba de que ya no era, como había sido históricamente, el instrumento de la derecha. Y era también la prueba de que la izquierda no albergaba deseos de revancha. Cuando Gregorio Peces-Barba, presidente del Congreso de los Diputados, somete a Su Majestad el decreto de nombramiento de Felipe González, el Rey, después de abrazarle, le dijo: «Si mi abuelo hubiera podido hacer esto con Pablo Iglesias, habríamos evitado la Guerra Civil.» Y Peces-Barba le contestó: «Señor, quizás para llegar a esto ha sido desgraciadamente necesaria la Guerra Civil.» Conscientes de todo ello, tanto don Juan Carlos como Felipe González extremaron las precauciones para que la monarquía parlamentaria funcionara y lo hiciera con absoluta neutralidad. Había que superar de un plumazo y pacíficamente la conjunción republicano-socialista, la Guerra Civil y el franquismo.

Para llegar a esto había sido necesario algo más: el Bad Godesberg del PSOE, la transformación de un partido marxista y radical en una formación socialdemócrata similar a la de sus colegas europeos. Les correspondió a Felipe González, Alfonso Guerra y Nicolás Redondo, que tan radicales habían sido para desbancar a Rodolfo Llopis y a la gente del exilio de la dirección del partido, el mérito de gestionar esta evolución en la que su líder tuvo que apostar fuerte incluso con el instrumento de la dimisión en el congreso extraordinario de 1979. El verdadero Bad Godesberg, la desaparición del marxismo como seña de identidad del partido, tendría lugar, no obstante, en el celebrado en 1981, que fue el congreso que preparó el triunfo que se alcanzaría en las elecciones del año siguiente. La adopción de la bandera roja y amarilla de la monarquía no era ya el centro del debate: había sido plenamente asimilada.

Con los socialistas en el poder, la monarquía debía gestionarse de otra forma. Ya no valía el esquema anterior que funcionó en la Transición —con más precisión podría decirse que hizo funcionar la Transición—, durante la cual el Rey era de hecho también el jefe del presidente del Gobierno. Las cosas no podían ser entonces de otra forma: fue el Monarca quien eligió a Suárez para que liquidara pacíficamente al régimen franquista, y fue el Rey quien le retiró su apoyo cuando creyó que representaba un obstáculo para la continuidad del proceso. Su Presidente se había dejado la piel en el intento y era ya un maldito, un verdadero demonio para los militares y demás poderes fácticos y un tapón para las emergentes fuerzas de izquierda que aportaban un nuevo proyecto. El nuevo modelo tampoco podía echar a andar con Leopoldo Calvo Sotelo, que no había sido elegido en las urnas, sino simplemente «contado» en la sesión de investidura. Aunque ciertamente esto no le quitara legitimidad jurídica en un sistema parlamentario, sí le restaba prestancia democrática. Era don Leopoldo un monárquico franquista de origen y demócrata sobrevenido, como tantos otros, como Adolfo Suárez y Torcuato Fernández Miranda, todos ellos demócratas por la evidente constatación de que Franco había muerto. El mismo Calvo Sotelo admite que no tenía carisma político, fue un presidente de transición que gobernó menos de dos años y que inició su andadura el mismo día que Tejero y sus guardias civiles abandonaron el Congreso. Por devoción y sentido común tenía que ser muy sensible a los deseos del Rey, que eran para él órdenes. [4]

El Gobierno de los socialistas, que seguían declarándose republicanos, tenía que ser otra cosa. Bien es cierto que lo de la república se había quedado encerrado en el baúl del «programa máximo», y la monarquía se había aceptado plenamente como un hecho constitucional que no tiene vuelta de hoja. Con González en el Gobierno, echaba a andar con todas las de la ley la monarquía parlamentaria. Los sobresaltos políticos de aquellos tiempos imposibilitaron la consulta al pueblo, un referéndum referido exclusivamente a la forma de Estado. Suárez y Calvo Sotelo eran hombres del Rey en una situación política de hecho, aunque ya no de derecho, en la que de acuerdo con la monarquía absoluta el Rey hacía la ley, a diferencia de la parlamentaria, en la que ocurre a la inversa: la ley hace al Rey. A partir de ahora, en la realidad fáctica, el Monarca tenía que convertirse en un mero símbolo, pero era preciso dibujar su figura simbólica con la mayor precisión posible. Y, sobre todo, someterla al pragmatismo de los hechos y de las circunstancias concretas imposibles de predecir. Como hiciera Gepetto en el cuento de Pinocho, había que insuflar vida al muñeco de madera.

---

[4] Victoria Prego, *Leopoldo Calvo Sotelo...*, op. cit.

Gregorio Peces-Barba, en la inauguración solemne de la legislatura y con la presencia de los Reyes, pronunció un discurso de pleno apoyo a la monarquía que «produce una estabilidad, un equilibrio y unas posibilidades de progreso difíciles de encontrar en otras formas de Estado».Y acabó su intervención con una arenga monárquica: «En el ámbito de una monarquía parlamentaria como la de nuestro país, lo mismo da decir "Viva el Rey", que "Viva la Constitución" o "Viva España". Por eso, si me permiten, voy a terminar mis palabras diciendo con reiteración tres vivas, que significan, al menos en mi espíritu, lo mismo. ¡Viva el Rey! ¡Viva la Constitución! ¡Viva España!» En su libro de memorias, Peces-Barba resalta: «Era, creo, la primera vez que un militante socialista tomaba esta posición ante la Corona. La ratifiqué con mis palabras, en el juramento del Príncipe de Asturias, casi cuatro años después.» [5]

Se había iniciado la luna de miel. No hicieron falta capitulaciones para llenar de contenido el contrato matrimonial. Se estableció que cada martes el Presidente despachara con el Rey en La Zarzuela, despacho que no se anularía salvo fuerza mayor, según instrucciones que González impartiría al guardián de su agenda, Julio Feo. De hecho, González y don Juan Carlos hablaban prácticamente a diario. Una norma firme del Presidente fue, según me cuenta Feo, la de no acudir a los actos presididos por el Rey para no restarle protagonismo, salvo en los casos en que el ritual exigiera su presencia. Se acordó también el protocolo de las cenas de gala organizadas en las visitas de otros jefes de Estado. Cuando el jefe de Estado extranjero era un Monarca, se venía dando la circunstancia de que acudían a la misma un número importante de representantes de la Familia Real y amigos de la Real Casa visitante, lo que desvirtuaba su carácter de ceremonia de Estado. Se estableció entonces que se organizarían sendas cenas o almuerzos: una con gente del Gobierno

---

[5] Gregorio Peces-Barba, *La democracia en España: experiencias y reflexiones*, Ediciones Temas de Hoy, Madrid, 1996.

y otra en la que sólo acudirían los de sangre azul. Sin establecerlo explícitamente, el Rey presidió Consejos de Ministros de carácter excepcional, como el dedicado a las negociaciones de España con la Comunidad Económica Europea.

Julio Feo y Sabino Fernández Campo, quien entonces ocupaba el puesto de secretario general de la Casa de Su Majestad con amplios poderes, pues el jefe de la misma, el marqués de Mondéjar, consciente de sus limitaciones en la nueva época, había delegado en su segundo la mayor parte de sus atribuciones, colaboraron estrechamente para ir resolviendo sobre la marcha los problemas que pudieran plantearse. En el libro de Julio Feo, *Aquellos años* [6], que prologa Sabino Fernández Campo, se dan detalles muy interesantes sobre esta labor de ir trenzando el modelo. Se daba una notable afinidad de caracteres entre el andaluz extravertido y pragmático y el Rey divertido y espontáneo, aparentemente ingenuo, pero ambos dotados de más conchas que los galápagos. Pronto la cordialidad devino en franca amistad. En el despacho de los martes ambos competían en la narración de chistes verdes, a los que ambos son muy aficionados. «Tenían una relación muy buena —recuerda Sabino en una entrevista periodística—. González es muy hábil, y quizás le influyó el ser tan contrario inicialmente al Monarca. Porque el PSOE, aunque aceptó la Monarquía, no era ni mucho menos monárquico, sino republicano. Diría que también en Felipe González se produjo cierto deslumbramiento de alternar con el Rey: alguien opuesto a todo eso de repente se encuentra con una persona como don Juan Carlos, de gran naturalidad y sencillez, y ve que puede entenderse bien con él. Dos personas de ideología y origen tan opuestos de repente ven que se entienden, y pienso que en ambos surgió una fascinación mutua.»

Julio Feo cuenta una historia que da una idea de hasta dónde llegó esta relación entre el Rey y su Presidente republicano en el

6 Julio Feo, *Aquellos años*, Ediciones B, Barcelona, 1993.

plano personal. González encargó al secretario de Presidencia una delicada misión: debería ir a Atenas para pedir al primer ministro, el socialista Andreas Papandreu, que se atendieran las reivindicaciones del rey griego destronado, Constantino, quien pretendía obtener una indemnización por los bienes que la Familia Real poseía en Grecia y que habían sido incautados. Esta misión, que obligó a Feo —julio de 1986— a mantener un estrecho contacto con el rey Constantino, le hizo emprender varios viajes a Atenas, donde entregó una carta de Felipe González a su colega griego. Éste prometió hacer lo posible para complacerle. A lo largo de los doce meses siguientes Feo hizo tres viajes más a Grecia, habló con el rey destronado un par de veces en Madrid y Palma, y en una ocasión se desplazó a Londres, donde almorzó con el griego para darle instrucciones sobre el viaje que emprendería al día siguiente a Atenas. «El tema —dice Feo— estaba encauzado cuando dejé el Gobierno, aunque la resolución aún tardó algunos años en llegar.» Y añade: «Los detalles, obviamente, se me han olvidado por pura discreción.» Según he podido averiguar, estos detalles se concretaron en que la Familia Real griega obtendría el contenido de los palacios —cuadros, joyas, etc.—, pero no los palacios propiamente dichos. Más tarde, como consecuencia de sus demandas ante la Corte Europea, obtuvo también la propiedad de algún palacio. La solución no fue, sin embargo, muy rápida, pues el rey Juan Carlos ha tenido que desembolsar mucho dinero para que pudiera comer la familia de la reina Sofía. De hecho su hermana Irene vive pensionada en La Zarzuela y durante mucho tiempo los Reyes españoles tuvieron que sufragar los gastos de los griegos, que pasaban grandes temporadas en Mallorca viviendo de la despensa real. Después, la fortuna de Constantino mejoró y su hijo tuvo una espléndida boda.

Los socialistas, que nunca renunciaron formalmente a la república, fueron en la práctica los más adictos a don Juan Carlos. Julián García Vargas, que desde su cargo de ministro de Defensa mantuvo relaciones frecuentes con el Monarca, asevera: «Con quien mejor va la monarquía es con los republicanos. Nosotros no nos metemos en intrigas cortesanas ni nos interesan los cotilleos de todo ese mundillo de los aristócratas.» Carlos Romero, el primer ministro de Agricultura socialista, estableció, de acuerdo con la Casa del Rey, las reglas para el uso de los cotos de caza dependientes de este departamento por el Rey y sus invitados. El de Selladeros y Lugar Nuevo, situado cerca de Santa María de la Cabeza, en Jaén, de caza mayor, era utilizado por el Monarca, una o dos veces al año, para cumplir con la nobleza, cuyos miembros se iban turnando así para el sano esparcimiento cinegético y no cinegético. Se tuvo buen cuidado de invitar al mismo número de aristócratas que de altos funcionarios. La finca de Santa Cruz de Mudela, en Ciudad Real, antes de llegar a Despeñaperros según se va desde Madrid, dedicada a la perdiz, se reservaba para invitaciones más minoritarias: cinco o seis personas. Acudían con frecuencia don Juan, el duque de Calabria y empresarios como Carlos March o Juan Abelló. Tanto a la de Selladeros como a la de Santa Cruz de Mudela se acercaban la Reina y el ministro Romero, que regresaban juntos a Madrid la misma noche o, muy pronto, a la mañana siguiente. A continuación el Rey vivía su vida. Con el paso del tiempo el Monarca «privatizaría» sus cacerías: prescindió de las fincas públicas y empezó a acercarse a los grandes cotos de gente no siempre recomendable, como los Albertos o Mario Conde.

Hubo personalidades socialistas que experimentaron «ataques» fuertes de monarquismo, entre los que destaca Gregorio Peces-Barba, el primer presidente socialista del Congreso de los Diputados. Peces-Barba se ha convertido en ideólogo de la Corona y en un juancarlista fidelísimo; estima que la monarquía parlamentaria puede compararse con ventaja a la república: «Al cabo del tiempo pienso que, incluso desde el punto de vista teórico, se puede defender la preferencia de la monarquía parlamentaria sobre una república con presidente elegido por sufragio universal.» Expresa en su libro de memorias que la mejor tradición española se encuentra en la monarquía, aunque manifestó un criterio más selectivo sobre los méritos históricos de la dinastía en conversaciones con el autor.

Estima el profesor socialista que la forma de Estado no será ya más, en España, un obstáculo para la convivencia, sino más bien un obstáculo para ella, y que el daño a la monarquía es un daño irreparable a la Democracia. Lo único que le preocupa es «la capacidad de los españoles de crear problemas donde no los hay» [7].

En un artículo posterior, publicado en octubre de 2000 en una revista cultural de la Universidad de Deusto, el rector de la Carlos III parece limitar las ventajas de la monarquía a que ésta puede plantear menos conflictos. [8] Peces-Barba sostiene: «... cuando el presidente de la República es elegido por sufragio universal, el conflicto de la soberanía compartida con el Parlamento y el Gobierno es muy posible. [...] Los modelos de soberanía compartida —sea la monarquía constitucional, o sea la república democrática— parece que pueden crear conflictos de toda índole y crisis de competencias, mientras que la monarquía parlamentaria no puede tomar decisiones que contradigan al soberano, ni tiene autonomía para actuar». Personalmente, y dicho sea con todos los respetos al catedrático de Filosofía del Derecho, me permito apuntar que la evitación de conflictos no es el objetivo supremo de la organización política, siempre que, naturalmente, se arbitren procedimientos para resolverlos pacíficamente. El conflicto es inseparable de la sociedad, en la que tanto los intereses como las ideas son y deben ser diferentes y encontradas; la unanimidad es lo más falso, y quienes dicen gobernar invocándola, los más peligrosos. La experiencia franquista está demasiado próxima como para no estar prevenidos. Recuerdo la reprimenda del presidente de las Cortes franquistas, Esteban Bilbao, a un procurador: «Señor procurador: ha estado usted a punto de dividirme las Cortes.»

Es evidente que Peces-Barba no estaba pensando en semejante unanimidad. A veces, un sano conflicto es lo que buscan los elec-

---

[7] Véase al final del libro la entrevista a Gregorio Peces-Barba.

[8] *El Noticiero de las Ideas*, n.º 4, octubre-diciembre de 2000. Editado por COMERESA PRENSA, S. L. U. del Grupo Correo de Comunicación.

tores cuando eligen a un presidente de la República de perfil político y humano muy diferente al del jefe de Gobierno. La cohabitación que se ha producido en Francia en ambos sentidos —presidente de izquierdas y jefe de Gobierno de derechas y viceversa— es un buen ejemplo. El rector de la Carlos III reconoce en el artículo citado que también pueden generarse conflictos, aunque silenciosos, en una monarquía democrática entre el jefe del Estado y el presidente del Gobierno, pero invoca para resolverlos al sentido común y a la prudencia de éste: «De todas formas, el Gobierno debe tener el suficiente sentido común y la suficiente prudencia para no atar las palabras del Rey, para no identificarlas plenamente con el discurso gubernamental, y para no mezclar al Rey en los casos difíciles o en los temas controvertidos, salvo cuando estén comprometidos los valores constitucionales, como es el caso del terrorismo.»

El primer encontronazo fuerte de Peces-Barba con Felipe González se debió justamente a la monarquía, un conflicto que explica con pelos y señales el hoy rector de la Universidad Carlos III de Madrid en el libro citado. Cuenta que cuando, como presidente del Congreso, estaba preparando la ceremonia de juramento de la Constitución por el Príncipe de Asturias al cumplir éste los dieciocho años, y alcanzar la mayoría de edad el 30 de enero de 1986, se le indicó que el protagonismo debía ser de Felipe González, algo imposible en dicha ceremonia en la que los actores debían ser el Príncipe que juraba y el Parlamento, representado por su presidente, que recibía el juramento. El único discurso institucional posible era, pues, el que pronunciaría el presidente del Congreso de los Diputados. Si Felipe insistía en hablar, también tendría derecho a hacerlo la oposición, tal como hizo notar Manuel Fraga. Gregorio Peces-Barba resistió todas las presiones procedentes de La Moncloa y diseñó el acto tal como lo tenía previsto: el Príncipe se limitaba a jurar y él, el presidente del Congreso, en nombre de los representantes del pueblo, se reservaba el monopolio del discurso. Y así fue la jura aquel 30 de enero de 1986, con el palacio de las Cortes engalanado como en las grandes conmemoraciones.

El Príncipe de Asturias hizo su solemne juramento de fidelidad a la Constitución con asistencia, además de los parlamentarios, de la Familia Real al completo, incluido don Juan, a quien se le dio un realce de difícil encaje institucional, así como las más altas autoridades civiles, militares y eclesiásticas, Cuerpo Diplomático, etc. Peces-Barba recordaría después con orgullo democrático, republicano dirían los franceses, aquella ceremonia laica, donde se suprimieron las referencias religiosas, en concordancia con el mandato constitucional de que «ninguna confesión tendrá carácter estatal», y en la que el Príncipe prestó juramento de civil, con chaqué, desapareciendo los uniformes militares.

La venganza de González fue organizar poco después otro acto en el Salón Cámara del Palacio de Oriente con el pretexto de la concesión al príncipe Felipe del Collar de la Orden de Carlos III, un solemne acto al que sólo tuvieron acceso el Gobierno, los Reyes y el resto de la Familia Real, y al que recibieron una «no invitación» los presidentes del Congreso y del Senado. El presidente de la Cámara Alta, José Federico de Carvajal, que no se acababa de creer que no le hubieran invitado, intentó penetrar en Palacio invocando su condición, lo que fue impedido firmemente, si bien con exquisita corrección. Aunque Peces-Barba lo niegue, parece claro que éste fue el motivo de que no renovara su cargo en la siguiente legislatura en la que el PSOE también obtuvo mayoría absoluta. Es cierto que había anunciado que no sería candidato, pero también lo es, según me cuenta gente de su entorno, que llevó con notable resentimiento que no le rogaran que reconsiderara su decisión.

No es de extrañar que el Rey, que es un hombre de derechas, añore a los socialistas y a Felipe González, deferencia que el Monarca muestra siempre que tiene ocasión. Cuando González ejerció la presidencia del Gobierno hacía notar siempre a la prensa, con machaconería didáctica, que en los actos que preside el Monarca el protagonismo absoluto es suyo y, en consecuencia, se negaba a hacer declaraciones que distrajeran de lo que el Rey quisiera decir. Por otro lado, fue muy riguroso en el mantenimiento de la figura del «ministro de jornada» —el que acompañaba a los Reyes o a las infantas en sus desplazamientos—, figura que ha caído en desuso con José María Aznar.

El Rey, que es una persona agradecida y generosa, lo que le ha conducido a veces a situaciones embarazosas, no ha dudado en comprometerse para apoyar alguna actitud presidencial polémica o para echar un capote a González en algún momento difícil siempre que se le requirió. Ya me he referido en otro capítulo a la inclusión en un mensaje de Navidad, la única ocasión en la que el Rey se expresa con cierta libertad, de un párrafo en el que reprochaba el exceso crítico de los medios de expresión. En otras circunstancias, ya que entonces —Pascua Militar de 1985— el PSOE se encontraba en ascenso libre, el rey comprometió su neutralidad en un asunto tan polémico como la OTAN. El Monarca se refirió en su discurso a la necesidad de conseguir la paz y evitar el aislamiento. Posteriormente otra manifestación parecida, de la que se da cuenta en otro capítulo, recibiría la acerba crítica de Julio Anguita, el entonces secretario general del Partido Comunista de España. No faltaron, sin embargo, momentos de tirantez con los socialistas cuando se hicieron públicos los pinchazos telefónicos del CESID al Rey, además de a políticos, empresarios y periodistas. El escándalo provocó la dimisión del director del CESID, teniente general Emilio Alonso Manglano, del ministro de Defensa, Julián García Vargas, y del vicepresidente Serra.

Las quejas de los socialistas fueron escasas. La más delicada fue la ausencia del Monarca, que se encontraba en Suiza atendiendo a su amiga Marta, internada por una depresión, en un momento crítico: Francisco Fernández Ordóñez se hallaba entonces en fase terminal y se necesitaba la firma del Monarca para cesarle y nombrar a su sucesor como titular del Ministerio de Asuntos Exteriores. Felipe González no ocultó su contrariedad, que trascendió a la prensa por unas declaraciones de Rosa Conde, ministra portavoz del Gobierno, durante la rueda de prensa posterior al Consejo de Ministros. De menor entidad fue la molestia ocasionada por motivos protocolarios con la llegada del Papa el 8 de octubre de 1984 a Zaragoza. Al bajar del avión, el pontífice fue atendido por los Reyes, como es lógico, pero después gente del protocolo de la Casa del Rey condujo a Su Santidad a saludar a los funcionarios de la Casa de Su Majestad antes de cumplimentar al Gobierno. Al día siguiente Julio Feo llamaba a Sabino para quejarse. «No me parecía razonable —cuenta Feo— que funcionarios al servicio de los Reyes, por muy católicos y del Opus que sean algunos, saludaran a un jefe de Estado antes que al Gobierno de la nación, aun cuando alguno de sus miembros no sean creyentes.»

En lo que se refiere al restablecimiento de las relaciones con Israel, parece que se produjo ese mismo año una discrepancia entre la posición del Gobierno, dispuesto a restablecerlas lo antes posible, y la del Monarca, que en razón de sus amistades y negocios con el mundo árabe parecía oponerse a ello. Así lo filtraron al menos los israelíes, quienes optaron por pedir la intervención de los Estados Unidos. Para desmentir el supuesto desapego real respecto a dicho país, y sobre todo para que no hubiera la menor reticencia con el Gobierno estadounidense, al que el Rey siempre ha sido muy sensible, remitió a González a finales de 1985 dos «notas institucionales» poco frecuentes, ya que la relación de Felipe con el Monarca era, como hemos dicho, casi diaria. Tales notas institucionales son una fórmula en el límite de sus atribuciones constitucionales que el Rey raramente ha utilizado con González y con Aznar. En dichas notas el Monarca instaba al Gobierno a establecer relaciones con Israel cuanto antes. Al mismo tiempo tuvo que ocuparse de endulzar la píldora a sus amigos árabes: «... ahí se da también un ejemplo de lo que puede hacer un rey para desdramatizar la situación —explica don Juan Carlos a José Luis de Vilallonga—. Es evidente que el Gobierno español no podía tener en cuenta el estado de ánimo de los árabes cuando nuestro entendimiento con Israel era cada vez más necesario. Pero yo sí que podía. En tanto que amigo personal de muchos dirigentes árabes, podía intervenir entre bastidores. Dije entonces a mis "hermanos" árabes: "Escuchad, no se trata de traicionar una amistad, y mucho menos de dejar de lado nuestros lazos fraternales. Podéis pedirme muchas cosas, pero no podéis exigir de un Estado democrático como España que no tenga relaciones diplomáticas y comerciales con otros Estados democráticos, entre ellos Israel." Ellos aceptaron mis puntos de vista, aunque de mala gana. Quizá no habrían reaccionado de la misma manera ante las explicaciones de un presidente de una República».

Por su parte, González, en declaraciones a Julia Navarro, resaltó la perfecta armonía al respecto entre el presidente del Gobierno y el jefe del Estado: «La verdad es que el Rey jugó un papel fundamental. Fue un papel serenador, moderador, explicando a los jefes de Estado de los países árabes lo que íbamos a hacer y por qué lo teníamos que hacer. Ten en cuenta que el Rey tiene la enorme facilidad de poder descolgar el teléfono y llamar a los principales dirigentes árabes, que le consideran su primo.»[9] Todo hace pensar, por tanto, que las referidas notas institucionales fueron pactadas previamente con el presidente del Gobierno.

Tampoco sentaron bien en La Moncloa las palabras del Príncipe de Asturias en su visita a Cataluña, donde reconoció la existencia de una identidad nacional catalana. «A Pujol le agradó tanto el discurso —afirma Charles T. Powell— que no pudo resistir la tentación de animar al gobierno del PSOE a que hiciese suyas las palabras de don Felipe.»[10]

Con el PSOE en la oposición no se ha desvanecido entre los socialistas la adhesión al Monarca, ni éste ha dejado de dar muestras de apoyo sin comprometer su neutralidad, pero con gestos inequívocos, que es como un monarca parlamentario puede expresarse. El lector ya ha podido obtener un seguimiento de esta relación cordial en el capítulo «Cuando el Rey no sintoniza con el Presidente». Concluyo con la expresiva respuesta de Enrique Múgica a Tom Burns

---

[9] Julia Navarro, *1982-1996. Entre Felipe y Aznar*, Ediciones Temas de Hoy, Madrid, 1996.

[10] Charles T. Powell, *op. cit.*

en el libro citado. El periodista pregunta al hoy Defensor del Pueblo por qué siguen los socialistas aceptando la monarquía, cuando la democracia ya es plena e incluso el 23-F es una memoria lejana. La respuesta es muy contundente: «Es que nosotros hemos estado gobernando durante doce años y demostrado que son perfectamente compatibles los intereses del pueblo con el mantenimiento y la vigencia de la Monarquía. La nuestra es una visión funcional de la Corona. La Corona es valiosa mientras sirva, y hasta ahora nos ha demostrado que sirve, y su orientación hacia el futuro nos está demostrando que va a seguir sirviendo. Si la Corona es valiosa, si sirve, para qué cojones nos vamos a plantear la cuestión de la República.»

Capítulo V

UNA CASA MUY OSCURA

L a Casa Real recibe de los Presupuestos Generales del Estado una asignación que se sitúa en la media de la que obtienen las otras casas reinantes de Europa. El crédito asignado en 2003 es de 7,22 millones de euros —unos 1.202 millones de pesetas—, un 3,5 por ciento más que el año anterior, pues se incrementó la asignación de acuerdo con el IPC, como en los convenios colectivos más generosos. Esta partida presupuestaria está destinada «al sostenimiento de su Familia y de su Casa», tal como determina el artículo 65.1 de la Constitución, en el que también se indica que el Rey «distribuye libremente» dicha cantidad. Si uno busca más información puede encontrar tres hojas casi en blanco: la primera responde a la clasificación orgánica de la partida en cuestión: «Código 01.01. Transferencias Corrientes. A familias e instituciones sin ánimo de lucro.» Y a continuación cuatro conceptos en los que se repite la asignación global:

— A S. M. el Rey. Para el sostenimiento de su Familia y Casa (art. 65 de la Constitución): 7.224.390 euros
— Total Transferencias Corrientes: 7.224.390
— Total Casa de Su Majestad el Rey: 7.224.390
— Total: 7.224.390 euros

Eso es todo.

La segunda hoja se refiere a la distribución funcional, o Presupuesto por Programas, y es aún más lapidaria: «Sección 01 CASA DE SU MAJESTAD EL REY. Funcional: 111.A. Explicación: "Jefatura del Estado": 7.224.390. Total: 7.224.390.» El tercer documento es un cuadro resumen por ministerios que permite comparar las asignaciones así como los incrementos acordados a la Casa de Su Majestad y a las demás entidades estatales. Del cuadro se desprende que el Rey obtuvo una subida, el 3,5 por ciento, muy superior a la disfrutada por el conjunto del Estado, que tuvo que contentarse con el 0,2 por ciento de media, el célebre déficit cero. El crédito real creció en un porcentaje similar al de las Cortes, el Tribunal Constitucional y los ministerios de Fomento y Administraciones Públicas; y superó el confiado a Justicia, Defensa, Agricultura, Presidencia y Sanidad y Consumo.

Su Majestad interpreta el artículo 65 de la Constitución no sólo como el derecho, que ciertamente le asiste, de disponer de dicha cantidad con entera libertad, sino también, y eso es más discutible al tratarse de un órgano del Estado, el de no decir una palabra sobre cómo se lo gasta. La Casa de Su Majestad estima que dicho artículo de la Constitución le autoriza a no informar ni siquiera sobre el desglose del crédito asignado entre los distintos departamentos, información que sí estaba al alcance de los ciudadanos en tiempos de su abuelo Alfonso XIII. Remitimos al amable lector a la rigurosa investigación realizada por Guillermo Gortázar para su tesis doctoral y que ligeramente abreviada aparece en su libro *Alfonso XIII, hombre de negocios* [1]. En el Presupuesto de Gastos correspondiente al ejercicio de 1921, el gasto autorizado se aproximaba a los siete millones de pesetas de dicho año: dos millones para la «Inspección»; algo más de un millón para «Caballerías y Garaje»; cerca de medio millón para «Jornadas, Viajes y Cacerías»; y otro tanto para «Donaciones y Gratificaciones»; 325.000 pesetas para «Mayordomía y Camarería»; 242.000 pesetas para «Gastos particulares de los Reyes»; 165.000, en concepto de «Entregas a Sus Majestades»; y otras cantidades que se especifican para distintos fines: Cuarto Militar, Capilla, Armería, alumbrado eléc-

---

[1] Guillermo Gortázar, *Alfonso XIII, hombre de negocios*, Alianza Editorial, Madrid, 1986.

trico, etc. La «lista civil» de la Reina fue fijada en 1906, después de la boda con don Alfonso, y se acumulaba a los ingresos de la Real Casa. No ocurría lo mismo con las asignaciones a los infantes: el Príncipe de Asturias cobraba 500.000 pesetas; los demás infantes 150.000; la infanta Isabel, hermana del Rey, 250.000 pesetas. Incluso en los tiempos de Franco era público el presupuesto desglosado de las casas Civil y Militar del jefe del Estado.

La «lista civil» de los reyes europeos actuales se hace igualmente pública con todo tipo de detalles. El presupuesto global de la Corona británica, la más rica de Europa, es de unos 20 millones de euros al año —unos 3.300 millones de pesetas—, a los que hay que restar algo más del 10 por ciento de impuestos. De esa cantidad, la reina Isabel II recibe, en libras, el equivalente a algo más de 12 millones de euros, unos 2.000 millones de pesetas; el Príncipe de Gales, Carlos, cobra 4,2 millones al cambio en la divisa europea, cerca de 700 millones de pesetas; la Reina Madre cobraba cerca de un millón de euros, unos 150 millones de pesetas; el duque de Edimburgo recibe por encima de los 500.000 euros, algo más de 90 millones de pesetas; el duque de Kent, 390.000 euros, unos 65 millones de pesetas; y el duque de York, poco menos: 384.000 euros. El patrimonio total de la Casa Real británica se calcula en más de 2.500 millones de euros, por encima de los 400.000 millones de pesetas. Esto genera para los Windsor una renta anual de 111 millones de euros, más de 18.000 millones de pesetas. La Corona británica es mucho más rica que la española, pero también mucho más transparente.

El Príncipe de Gales, que además de su sueldo percibe muy abultadas rentas de sus ricas posesiones, ha hecho últimamente un alarde de transparencia informativa ante las críticas de la prensa por su tren de vida. Los ingleses se han quedado atónitos al enterarse de que el heredero del trono recibe además de sus 4,2 millones euros de sueldo, otros 14 millones (más de 2.300 millones de pesetas) que le produce el ducado de Cornualles, fuente de ingresos de todos los príncipes de Gales desde el siglo XIV. La cuenta de gastos del heredero de la Corona es fastuosa: 18,5 millones de euros, más de 3.000

millones de pesetas. Con esta cantidad paga los sueldos de 108 empleados (6 millones de euros, 1.000 millones de pesetas), mientras que sus diversiones cuestan 1,2 millones de euros, unos 200 millones de pesetas. Eso sí: la mitad de sus ingresos los aplica el Príncipe a obras de caridad.

Carlos Gustavo de Suecia tiene asignados también 4,2 millones de euros al año, unos 700 millones de pesetas; la reina Margarita II de Dinamarca recibe del Presupuesto unos 6,2 millones de euros, algo más de 1.000 millones de pesetas, con los que tiene que pagar todos los gastos de la Casa. El príncipe Raniero de Mónaco obtiene una cantidad muy desproporcionada en relación con los escasos habitantes del principado: más de 18 millones de euros, unos 3.000 millones de pesetas, de un microestado con 27.000 habitantes y 5.000 monaguescos de pleno derecho. En las antípodas de Mónaco, a pesar de su proximidad geográfica, se encuentra Liechtenstein. La escasa población de ambos microestados contrasta con la extraordinaria densidad de sociedades anónimas que se refugian del Fisco en ambos paraísos fiscales. Liechtenstein cuenta con 30.000 habitantes y 70.000 sociedades. Sus príncipes, que dan nombre al Estado y no al revés, son Hans Asam II y María, quienes no sólo no cobran un duro por lista civil, sino que, por el contrario, aportan dinero de su bolsillo para causas sociales. En compensación Hans y María han conseguido cambiar la Constitución, con el apoyo de los dos tercios de los votantes, y mandar realmente. Los Liechtenstein, que amenazaron con exiliarse si no podían reinar en su pequeño país como en los viejos tiempos de la monarquía absoluta, pueden ahora nombrar al Gobierno, vetar leyes y designar jueces. Controlan por tanto el poder ejecutivo, el legislativo y el judicial.

La opacidad de la Casa de Su Majestad el Rey de España sólo es comparable al secretismo de las monarquías musulmanas: las reales casas de Marruecos, Arabia, los emiratos del Golfo, o la del fastuoso sultán de Brunei. Y no tiene razón para ello si, como se argumenta oficialmente, la Corona española es una de las más pobres del mundo. En los Presupuestos Generales del Reino de España no se desglosan los sueldos que perciben el Rey, la Reina, el Príncipe y las infantas. El público no sabe nada sobre estos emolumentos, aunque sí le constan a la Agencia Tributaria, ya que la Familia Real no está exenta de la obligación de formular las declaraciones de renta y patrimonio de sus miembros. De la cantidad global que recibe la Casa, se deduce que es algo menor, hechas las debidas equivalencias de las pesetas de entonces, de la que cobraba su abuelo Alfonso XIII, a quien por cierto no se le aumentó su asignación desde el principio de su reinado. Con este dinero se pagan todos los gastos de la entidad. El Rey se fija su propio sueldo y lo comunica a Hacienda, con la que hay establecido un convenio especial. En la nómina figuran ingresos, retenciones del IRPF y rendimientos del patrimonio personal. No se contabilizan los regalos ni desde luego el mantenimiento y suministros del barco *Fortuna*, que pertenece al Patrimonio del Estado y que el Rey aceptó como regalo de un grupo de empresarios de Baleares y Cataluña, quienes tuvieron la gentileza de pagar a escote los 3.000 millones de pesetas que, según la versión oficial, costó la embarcación.

La «lista civil», que se ha visto elevada desde 1995 en el equivalente a 250 millones de pesetas, no puede considerarse por tanto como el coste total de la Jefatura del Estado, un dato muy importante para calibrar si la monarquía nos sale realmente barata, que es el tópico vigente. Al crédito fijado para 2003 en los Presupuestos Generales del Estado —7,2 millones de euros, unos 1.200 millones de pesetas— hay que añadir muchos otros ingresos de la Casa Real o, dicho de otra forma, el pago de diversos gastos de los que no tiene que preocuparse el Monarca y que llegan por diversos caminos: por un lado el Patrimonio Nacional, dependiente del Ministerio de la Presidencia, que se ocupa del mantenimiento de palacios como el de Marivent, en el que veranea la Familia Real, y que se hace cargo de los gastos del yate *Fortuna*. Una parte notable de los costes de seguridad son sufragados por los ministerios de Interior y Defensa, algunos como fondos reservados de aventurada cuantificación. Tampoco tiene que ocuparse el Monarca de la mayor parte de los gastos ocasionados por los viajes y actos oficiales organizados fuera de Palacio. A los funcionarios de las distintas Administraciones Públicas que trabajan en la Casa de Su Majestad les paga el Ministerio de Administraciones Públicas y no Su Majestad.

En esta maraña administrativa la opacidad deviene en ocasiones ocultación y camuflaje, y propicia equívocos como el sufrido por la prestigiosa revista económica inglesa *Eurobusiness*, que atribuye a don Juan Carlos una fortuna de 1.790 millones de euros, unos 300.000 millones de pesetas, lo que le situaría en el puesto 134 de la lista de los más ricos de Europa. La revista afirma que el patrimonio personal del Monarca asciende a 545 millones de euros y administra bienes familiares valorados en otros 1.136 millones de euros. Estos datos fueron desmentidos inmediatamente por el embajador de España en Londres, Santiago de Mora Figueroa, marqués de Tamarón, por medio de una carta al director de *Eurobusiness* en la que explicaba la posible causa del error cometido: «La disparatada cifra de 1.700 millones de euros sólo se puede explicar por haber entendido ustedes, erróneamente, que los bienes públicos propiedad del Patrimonio Nacional, del Estado Español, son propiedad privada de Su Majestad el Rey de España.» En la lista publicada dos años antes, en 2000, la revista le había atribuido una fortuna de 1.681 millones de euros y le había colocado en el puesto 115 entre los más ricos. Dos años después, la supuesta fortuna real no había crecido tanto como la de los ricos competidores, por lo que descendió 19 escalones en tan envidiable escalafón.

El Rey, tal como señala el citado artículo de la Constitución, puede gastarse su presupuesto como estime conveniente, pero tal libertad de disposición no es incompatible con la información sobre su aplicación ni debería excluir el control posterior del mismo por el Tribunal de Cuentas del Reino. La Constitución no obliga al Rey a la opacidad; nadie le impide proporcionar, por propia iniciativa, con magnánimo gesto de transparencia y sensibilidad cívica, qué hace con ese dinero que sale del bolsillo de los ciudadanos. Las razones de seguridad que se alegan en Palacio son poco convincentes, salvo en aquellos gastos que atañen realmente a este concepto. ¿Cómo puede afectar a la seguridad que el Rey nos diga cuánto gana, cuando sabemos lo que cobra el presidente del Gobierno? ¿Qué riesgo asume si nos informa cuánto nos cuesta la Secretaría de la Reina o la del Príncipe de Asturias? ¿Cómo afecta a la seguridad de los Reyes que el público conozca el dinero que se dedica a pagar estudios o informes técnicos para la debida información del jefe del Estado? ¿O los gastos del Gabinete de Prensa?

Las pocas cuantificaciones indirectas que se conocen por otros organismos administrativos que suministran a la Casa bienes o servicios han desaparecido últimamente de las memorias que tales organismos venían publicando. Sabemos, por ejemplo, que la Casa Real fue la institución que a lo largo de 1994 gastó más gasolina con cargo al Parque Móvil, casi 175.000 euros (unos 29 millones de pesetas) en combustibles, lo que arrojaba una media de unos 462 euros (en torno a las 77.000 pesetas) diarios. En esta partida no se incluye el gasto que, en gasoil, se facturó por el uso del *Fortuna*. Estos datos fueron suprimidos de las Memorias del Parque Móvil a partir de 1995.

El conocimiento y control de los gastos del Estado es un derecho de la ciudadanía en una sociedad avanzada y en una monarquía parlamentaria. La opacidad de las cuentas del Rey sólo es compartida con la Iglesia, que tampoco informa sobre el empleo de las transferencias del Estado ni está fiscalizada por el Tribunal de Cuentas. Insisto en que una cosa es la libre disposición de una asignación presupuestaria y otra la disposición libre de la misma, sin atenerse a norma alguna ni a la menor transparencia. Hay una frontera entre la discrecionalidad y la arbitrariedad, como puso de manifiesto el Tribunal Supremo en relación con el uso ilegal de los fondos reservados.

La Casa de Su Majestad el Rey es un raro espécimen a caballo entre la Administración del Estado y la residencia de la Familia Real, herencia de los viejos tiempos de la monarquía absoluta. Es un organismo «anfibio» en el que confluyen la jefatura del Estado y el domicilio privado del Monarca. Su régimen jurídico amalgama, de forma a veces confusa, las funciones constitucionales del Rey con algunas adherencias antiguas. Esta amalgama ha dado pie a sesudas cavilaciones de letrados, politólogos y administrativistas: ¿Es la Casa de Su Majestad una Administración Pública como los demás órganos del Estado? La doctrina parece inclinarse por considerarla Estado, pero no Administración. Así lo entiende el profesor de Derecho Constitucional Javier Cremades, que ha estudiado a fondo esta institución y concluye que es una organización estatal no inserta en la Administración Pública. Por su parte, el Tribunal Constitucional ha calificado de nítida la separación entre la Casa del Rey y las Administraciones Públicas, aunque no es una nitidez que el ciudadano de a pie detecte a la primera.

El Rey ha contribuido a complicar el asunto: lo mismo que la Constitución le atribuye la facultad de gastarse su presupuesto como desee, también le permite nombrar a quien su real criterio decida para los distintos cargos de su Casa, sin refrendo gubernamental alguno. Sin embargo, el Rey ha preferido que los nombramientos de altos cargos (jefe de la Casa, secretario general de la misma, y jefe del Cuarto Militar) sean formalizados por Real Decreto, lo que quiere decir que deben aparecer en el *Boletín Oficial del Estado* con la firma del Rey puesta debajo de la del presidente del Gobierno, que es quien refrenda el nombramiento. El Rey, pues, se recorta a sí mismo sus derechos constitucionales.

El refrendo gubernamental de los nombramientos de la Casa del Rey ha sido defendido por algún experto como un reforzamiento del carácter parlamentario de la monarquía. Sin embargo, tiene otras implicaciones menos santas. El refrendo se ha «inventado» para hacer viable la irresponsabilidad del Monarca establecida en la Constitución, una atribución irracional que tiene su origen en los tiempos de la monarquía absoluta, cuando los reyes sólo respondían ante Dios. Es una convención que viola el principio básico del sistema democrático: la igualdad de todos los hombres ante la Ley, pero que es imprescindible para garantizar la continuidad del Monarca como jefe de Estado hasta su muerte, pues no resultaría muy funcional que un rey reinase desde la cárcel. Pues bien, si hemos decidido que el Monarca es irresponsable e inviolable, alguien debe responder por él y pagar por sus errores, aunque los errores no serían suyos, puesto que el Rey reina pero no gobierna, sino del ministro que toma la decisión y del presidente del Gobierno que la avala. ¿Pero qué ocurriría si se cometieran errores o incluso delitos dentro de la Casa de Su Majestad, donde por imperativo constitucional el Monarca hace y deshace, nombra y destituye? Al extender el refrendo al interior de la Casa, contra lo que establece la Constitución, se le libera de toda responsabilidad y se endilga ésta al jefe de la misma, al secretario general o al jefe de su Cuarto Militar. La cuestión no es meramente académica, cuando sabemos que Manuel Prado utilizaba cartas con membrete de Su Majestad en las que pedía dinero o apoyaba determinados negocios. Me imagino que a Sabino Fernández Campo se le pondrían los pelos como escarpias ante las actividades del denominado «jefe de la Casa bis», Manuel Prado y Colón de Carvajal, que actuaba sin ningún control oficial en nombre de los intereses pecuniarios del Monarca. La irresponsabilidad del Monarca podría caer sobre su cabeza plebeya.

A este asunto —el de la responsabilidad del jefe de la Casa a modo del refrendo gubernamental dentro del ámbito doméstico de Su Majestad— se refiere elocuentemente una de las conclusiones, la 7, a las que llega el profesor de Derecho Constitucional Javier Cremades en su interesante trabajo sobre la Casa de Su Majestad el Rey: «En la organización y funcionamiento de la Casa de Su Majestad el Rey destaca la posición del Jefe de la Casa. Se trata de su figura central, después, lógicamente, de la del propio Monarca. En torno a aquél giran la mayoría de las funciones de la Casa del Rey, al menos las más relevantes. Si antes decíamos que una de las más importantes funciones de la Casa es asegurar la responsabilidad e inviolabilidad regias, y esto se instrumentaliza en el derecho constitucional comparado a través de la figura del refrendo, la mayor virtualidad de la figura del jefe de la Casa de Su Majestad el Rey es que hacia ella deriva la responsabilidad regia —que nunca puede llegar a existir como tal— por los actos personales o domésticos del Rey que no pueden ser refrendados por el presidente del Gobierno, del Congreso de los Diputados o por los ministros competentes en su caso. Además, en su persona recaen las más importantes tareas de coordinación y comunicación con otros órganos del Estado.»[2]

El puesto de jefe de la Casa es muy delicado y de enorme responsabilidad. Es un cargo difícil pues, además de controlar el buen funcionamiento de la entidad, debe auxiliar eficazmente al Monarca en el desempeño de su función, complacer a éste, obedecer respetuosamente sus indicaciones pero sin dudar en prevenirle sobre las posibles consecuencias de determinadas decisiones reales que pudieran dañar la imagen de la Corona. Siempre con la mayor cortesía debe saber contrariarle cuando el Monarca, llevado por su carácter fogoso e intuitivo o por su generosidad, pudiera entusiasmarse con ocurrencias demasiado imaginativas.

Hasta ahora han desempeñado tan importante cargo cuatro personas, dos generales y dos diplomáticos. El primero fue Nicolás Cotoner y Cotoner, de viejo linaje mallorquín, marqués de Mondéjar y de Areany, conde de Tendilla y grande de España. Condecorado con la Medalla Militar Individual por su comportamiento en la batalla del Ebro, pero más monárquico que franquista, fue el «segundo padre» de don Juan Carlos, según ha declarado éste, hasta el punto de que atendía sus gastos de bolsillo y le pagaba los trajes que le confeccionaban en la sastrería Collado. El marqués ejerció su paternal tutela desde que fuera profesor de equitación de Juan Carlos en las clases de preparación para el ingreso en las academias militares hasta su jubilación en 1990, a los ochenta y cuatro años de edad y tras treinta y cinco de leales servicios. Mondéjar, a quien Franco había colocado al lado del futuro Monarca, primero como ayudante militar y después como

---

[2] Javier Cremades, *La Casa de S. M. el Rey*, Editorial Cívitas, Madrid, 1998.

jefe de la Casa del Príncipe, procuró, sin embargo, que en los últimos años de la vida del general su sucesor no se implicara demasiado con el régimen. Mondéjar supo proteger al príncipe de España de las zancadillas falangistas y, cuando fue coronado, del búnker franquista. El marqués cumplió fielmente las tareas más delicadas: la de mensajero, llevando a Estoril la carta histórica, escrita de puño y letra por don Juan Carlos, en la que éste informaba a su padre y jefe de la Casa Real que había aceptado la propuesta de Franco de sucederle, por la que se ganó un rapapolvo de padre y muy señor mío;[3] la de redactor, junto con el secretario general de la Casa, el general Armada, del discurso que pronunciaría el Príncipe ante las Cortes como sucesor de Franco a título de Rey; la de censor, para impedir que *ABC* reprodujera unas supuestas declaraciones en las que don Juan Carlos juraba que nunca accedería a ser Rey mientras viviera su padre; o la de templador de gaitas con Carlos Arias, para evitar una confrontación directa entre el Presidente y el jefe del Estado. Nicolás Cotoner compartió con don Juan Carlos el amargo trago de la Marcha Verde organizada por Hassan II para comerse el Sahara Occidental mientras Franco agonizaba, así como el trance del 23-F, en el que aplicó con mano maestra la cordial relación y la simpatía que despertaba entre sus compañeros de armas. Fue quien convenció al capitán que ocupaba Televisión Española de que dejasen salir en dirección al Palacio de la Zarzuela a un equipo que debería grabar el mensaje que el Rey deseaba enviar al país.

Sin embargo, aprobada la Constitución, Mondéjar ya no se movía como pez en el agua en el terreno de la monarquía parlamentaria. Su desconocimiento del terreno de juego en el que el Rey tenía

---

[3] Javier Tusell, *Juan Carlos. La restauración de la monarquía*, Ediciones Temas de Hoy, Madrid, 1995. Según cuenta el marqués de Mondéjar a Tusell, cuando don Juan recibe la carta de su hijo de manos de aquél, el conde de Barcelona le dice dolorido: «Te iba a enviar a hacer puñetas, pero como es la virgen del Carmen, vayámonos a misa.»

que desenvolverse a partir de 1978 quedaba de manifiesto cuando aconsejaba a don Juan Carlos que, para resolver determinado problema nacional, emitiera una «cédula real». Y se quedaba tan ancho. Fue realmente un padre bondadoso; todos los testimonios coinciden en su bonhomía, su buen sentido, discreción y devoción por los Reyes. Su mundo, sin embargo, había desaparecido, y tras la llegada al poder de los socialistas en 1982 dejó que fuera Sabino Fernández Campo, su secretario general, quien se ocupara efectivamente de la Casa y quien diseñara junto con Julio Feo, secretario de la Presidencia con González, el campo de actuación de ambos órganos del Estado. Cuando finalmente se jubiló, en enero de 1990, don Juan Carlos le destacó con los mayores honores: le concedió la Gran Cruz de Carlos III, le nombró consejero privado y jefe de honor de la Casa mientras viviera, manteniendo abierto a su disposición su despacho en La Zarzuela, y le concedió la condecoración más valiosa de la monarquía, el Toisón de Oro. Es el único jefe de la Casa al que se le concedió tal honor.

El ascenso de Fernández Campo de secretario general a jefe de la Casa no representó ningún cambio en la dirección de la misma, pero sí se apreció un cambio en la naturaleza del servicio al Rey, que se hizo más «civil». Semejante «civilización» fue reforzada por el fichaje de un diplomático de profesión, ex embajador en Londres, para el cargo de secretario general: José Joaquín Puig de la Bellacasa, un desempeño, por cierto, bien corto, como he explicado en el capítulo I.

Al teniente general Fernández Campo le dedico un capítulo aparte en razón de las circunstancias que concurrieron en su persona. Sabino pasará a la historia grande por su enérgica e inteligente actuación para desactivar el golpe de Estado del 23-F desde un teléfono, y a la pequeña historia o a la leyenda de una época, la del pelotazo, porque no pudo desactivar el golpe de palacio de Mario Conde, que se desarmó gracias a la intervención del Banco de España y de su procesamiento por estafa, entre otros delitos de cuello blanco.

El banquero empleó las más aviesas tretas, incluidas las del espionaje telefónico, para relevarle por una persona de su confianza: José Fernando Almansa, vizconde del Castillo de Almansa. Fue éste el tercer jefe de la Casa de la nueva monarquía. Aristócrata de medio nivel y diplomático del montón, es hijo del representante en Granada de don Juan, un puesto de dudosa relevancia que trae a colación un portavoz de la Casa para fundar algún mérito propio ajeno a su condición innegable de hombre de Mario Conde. Independientemente de tan sospechoso arranque, la personalidad de Almansa no es en general valorada muy positivamente. Era entonces, en 1993, un personaje oscuro —un funcionario con categoría de subdirector general entre los muchos subdirectores del Palacio de Santa Cruz— que nunca habría sido un candidato natural para tan alto y delicado cargo por mucho que se ampliara el abanico de posibilidades. Un ministro socialista me hizo la siguiente confidencia: «Un día, cuando ya se había anunciado su nombramiento, me vino a ver una secretaria que había trabajado para Almansa para pedirme angustiadamente que hiciéramos todo lo posible para que este hombre no ocupara el cargo.» Me reservo los adjetivos que me transmitiera el ministro. En todo caso la juventud del vizconde, cuarenta y cinco años cuando fue nombrado, treinta menos que su antecesor, como la del nuevo secretario general, Rafael Spottorno, con cuarenta y ocho años de edad en aquel momento, supusieron un alivio para el Monarca cansado de tantos padres: don Juan, Franco, Mondéjar y Sabino. El vizconde ocupó tan alto cargo durante una década, demasiado tiempo para los deseos del Rey, consciente de que le ligaba a un personaje y a unas circunstancias no especialmente memorables.

La década encabezada por Almansa y Spottorno ha sido la del gran relajo del Monarca, cuando cayeron las más sólidas barreras de la discreción, cuando la ostentación ha ganado por la mano a la sencillez proverbial del Monarca, cuando ha cristalizado la corte *jet set*. Hay que comprender que unos personajes que ofrecían, entre otras, la ventaja de su juventud, no se sintieran con fuerza para aguarle la fiesta a Su Majestad. No supieron o no pudieron en definitiva oponerse a serios errores como la aceptación por el Rey del regalo de un barco ostentoso, sufragado a escote por un grupo de empresarios, para cuyo rechazo se interponían sólidas razones: el lujo excesivo de la embarcación que contrasta con la sobriedad obligada a los servidores del Estado y, sobre todo, que un rey europeo no debe aceptar regalos que no sean meramente simbólicos. Si el Rey, como jefe de Estado que es, necesita un barco para hacer relaciones públicas, es el Estado quien debe hacerse cargo de su adquisición con luz y taquígrafos, con aprobación de las Cortes y publicación en el *Boletín Oficial del Estado.* Quien regala espera algo que puede comprometer de una u otra forma al Monarca. Otro error cometido en tiempos de Almansa fue la edificación de una fastuosa vivienda para el Príncipe de Asturias, un gasto excesivo y un insulto para los jóvenes españoles que tantas dificultades encuentran para hacerse un hogar. Otro tropiezo fue la presencia del Rey en la Asamblea de la Nobleza. Sobraba el «reconocimiento de la Corona a la Nobleza Titulada española» que hizo su titular y, desde luego, no fue una buena idea el desplazamiento del Monarca al salón alquilado por la Diputación de la Nobleza.

Cesados Almansa y Spottorno, el Rey los sustituyó —el anuncio se hizo en febrero de 2002 aunque no tuvo lugar hasta finales de año— por otros diplomáticos, Alberto Aza y Ricardo Díez-Hochleitner. Aza, hasta el momento de su reclutamiento director de la Oficina de Información Diplomática del Ministerio de Asuntos Exteriores (OID), de la edad del Rey, sesenta y cinco años en el momento de su nombramiento, «fontanero» de Suárez y probablemente recomendado al Rey por el ex presidente, y que mantiene relaciones muy amistosas con el Monarca, tiene la suficiente experiencia en los meandros del poder para ejercer una influencia benéfica en estos momentos decisivos para la consolidación de la monarquía. Parece que el Rey ha comprobado que contar con un ayudante joven no es la condición más importante. La más urgente tarea de Aza fue la «Operación Boda del Príncipe», pues su soltería representaba la mayor incertidumbre de la Corona. También se ha aplicado eficazmente en mejorar la imagen del Príncipe. Tendrá que estudiar a fondo la conveniencia de crearle una casa propia, la Casa de Su Alteza el Príncipe de Asturias, una decisión arriesgada y polémica, pues semejante posibilidad no está prevista en la Constitución que sólo contempla al Príncipe como sucesor.

Alberto Aza cuenta con el reconocimiento no sólo de sus compañeros, que le consideran «un profesional impecable y gran caballero», sino de los medios de comunicación, con los que ha sabido mantener buenas relaciones. Su carrera diplomática, que comenzó en 1965 en Sierra Leona, se ha desarrollado tanto en las delegaciones españolas en el extranjero como en el Ministerio de Exteriores; ha sido embajador en el Reino Unido, México y Belice, y ocupaba —como ya he indicado— la dirección de la OID desde junio de 2000. Otro de los datos más destacados de su currículo, y decisivo de cara a su designación como sustituto de Almansa, es el de su paso por La Moncloa de la mano de la UCD como director del Gabinete de Adolfo Suárez entre 1977 y 1981. Fue durante aquellos procelosos años de la Transición cuando entabló una buena relación con el Rey. Su paso por la Embajada española en Londres, entre 1992 y 1999, le sitúa en una posición favorable con la Reina. Su hermano, Constantino de Grecia, reside en la capital del Reino Unido, y sus relaciones con el exterior no las canaliza, obviamente, a través de la Embajada griega, sino de la española, donde Aza fue titular durante más de seis años. El diplomático muestra un talante conservador aunque no reaccionario. De hecho fue siempre un baluarte de la democracia en los tiempos difíciles de la UCD, y los gobiernos socialistas contaron con su leal colaboración profesional.

El secretario general de la Casa del Rey, Ricardo Díez-Hochleitner, es también un diplomático hábil, un tecnócrata que ha sabido abrirse paso tanto con la UCD como con el PSOE y el PP. Su familia siempre ha estado vinculada al Grupo Prisa. Felipe González reclamó su presencia en Madrid cuando era embajador en la República Dominicana para encargarle del departamento internacional del Gabinete de la Presidencia del Gobierno, donde permaneció hasta la caída del PSOE. El cambio de Gobierno llevó consigo una amplia remodelación en los cargos de la política exterior española, y Díez-Hochleitner fue nombrado embajador en Austria, desde donde ejerció también como embajador en Bosnia y Eslovenia. Precisamente en Bosnia se produjo uno de sus contactos con el Rey, con motivo de una visita realizada por don Juan Carlos a las tropas españolas desplazadas allí. En junio de 2000, Josep Piqué contó con él como director general de Asuntos Europeos, lo que le permitió regresar de forma directa al contacto con los asuntos de la Unión Europea y también estar presente en muchos de los viajes realizados a distintas ciudades europeas por los Reyes. Díez-Hochleitner, a sus cuarenta y nueve años, sigue luchando para no ser confundido con su padre, también Ricardo, diplomático y actual presidente de honor del Club de Roma, subsecretario de Educación y Ciencia en los últimos años del franquismo y un hombre que siempre ha estado muy cerca de Jesús Polanco, aunque parece que la relación con éste se ha enfriado últimamente, como parece mostrar el abandono del poderoso grupo editorial de su hijo Alfredo y de su hermano Eduardo.

La Casa de Su Majestad el Rey, aunque no sea Administración, tiene una administración que responde al siguiente organigrama: jefe de la Casa (de quien depende un Gabinete de Planificación, secretaria de Despacho y un Servicio de Actividades y Programas), secretario general, jefe del Cuarto Militar (con su Gabinete y sendos ayudantes para Su Majestad el Rey y Su Alteza el Príncipe, además del jefe de la Guardia Real), Gabinete de Planificación y Comunicación, Secretaría de Su Majestad la Reina (que controla una Secretaría para las infantas y una Asesoría Personal), Secretaría de Su Alteza el Príncipe de Asturias, Servicio de Seguridad (con Jefatura Adjunta y otra de Comunicaciones e Informática), Relaciones con los Medios de Comunicación, Protocolo, Intendencia y Regiduría de Servicio Doméstico. Una administración a la que están adscritos unos cien funcionarios.

Desde que se creó la Casa del Rey en 1975 fusionando la Casa Civil, el Cuarto Militar de Franco y la Casa del Príncipe, el estatuto de la Casa se ha modificado varias veces. La más significativa fue la propiciada por el Real Decreto 1677/1987 de 30 de diciembre por el que se rebaja al jefe del Cuarto Militar, que era la segunda autoridad después del jefe de la Casa a quien sustituía en casos de ausencia o enfermedad, a una tercera posición por debajo del secretario general. En consecuencia, el jefe de la Casa tiene el rango y el salario de un ministro, el secretario general se asimila a un secretario de Estado y el jefe del Cuarto Militar a un subsecretario.

Sorprende la poca importancia que se da en el organigrama de la Casa al intendente, que tanta relevancia tenía en la Casa de Alfonso XIII. El intendente general de la Real Casa y Patrimonio, aunque ocupaba el segundo puesto en la jerarquía palaciega, por debajo del jefe superior de Palacio, que era el equivalente al hoy jefe de la Casa de Su Majestad, era una pieza angular. Tanto Luis Moreno y Gil de Borja, cuya probidad y dedicación durante muchos años fue premiada por el Monarca con el marquesado de Borja, y que desempeñó esta función de 1891 hasta su muerte en 1917, como Miguel González de Castejón, que ocupó el puesto desde esta fecha hasta la proclamación de la República, fueron personajes de la máxima confianza de don Alfonso, y controlaban hasta la última peseta que entraba o salía de Palacio. González de Castejón, conde de Aviar, dio un vuelco al estilo muy conservador en negocios de su antecesor y fue el verdadero artífice de los éxitos financieros del Monarca, a quien acompañó en el exilio como administrador de su fortuna personal. Aviar estudiaba minuciosamente todas las propuestas de inversión que llegaban a Palacio y despachaba, al menos dos veces a la semana, con el Monarca para tomar las oportunas decisiones.

La función de Aviar, al menos en lo que se refiere a las inversiones particulares del Rey, la ha desarrollado, con menos prudencia y habilidad durante el último cuarto de siglo en la corte de su nieto, Manuel Prado y Colón de Carvajal, sin cargo oficial alguno. Hasta que el escándalo Kio aconsejó que el «manco de oro», acusado de diversos delitos contra la propiedad, dejara de ser visto en La Zarzuela. El titular de la Unidad de Intendencia a la que oficialmente «compete la planificación económica necesaria para el desarrollo de la actividad de Su Majestad el Rey» no es un personaje conocido por el público y está relegado a los últimos escalones de la jerarquía de la Casa Real. Los responsables de las unidades, adscritos a la Secretaría General y que tienen categoría de directores generales, responden al siguiente orden: 1) Servicio de Seguridad. 2) Secretario de Despacho. 3) Actividades y Programas. 4) Relaciones con los Medios de Comunicación. 5) Protocolo, 6) Intendencia, y 7) Centro de Comunicaciones e Informática.

Además de un complejo administrativo, la Casa de Su Majestad es vivienda, una residencia más cómoda que el Palacio de Oriente, donde los Reyes no podrían tomar un café caliente pues se enfría en el largo camino que une, o separa, la cocina y los salones. La Zarzuela es un palacio poco impresionante pero muy confortable, rodeado de una gran masa arbórea con maravillosas vistas a la sierra madrileña. Fue en su origen, en el siglo XVIII, un sobrio palacete donde se estrenaron las primeras zarzuelas, de ahí su nombre. Los reyes Carlos IV y Fernando VII lo utilizaron como pabellón de caza, pero se fue deteriorando. En tiempos de Alfonso XIII La Zarzuela era un palacete destartalado y medio derribado que fue destruido casi totalmente durante la Guerra Civil. Franco lo eligió como residencia del Príncipe para tenerle cerca de El Pardo, donde habitaba el Caudillo. Con ese objeto lo mandó restaurar en 1958 y edificó un pabellón de nueva planta que estuvo listo en 1962. Cuando don Juan Carlos fue proclamado Rey se amplió el palacio, aunque la reforma más importante tuvo lugar en 1987, cuando se añadieron 4.200 metros distribuidos en dos plantas y se instaló un refugio nuclear, un moderno sistema informático, un estudio de televisión y otras comodidades.

Además de la familia, incluida la princesa Irene —la hermana de la Reina, que tiene su apartamento independiente— y los empleados domésticos, habitan la casa alrededor de veinticinco perros de alto pedigrí y una docena de gatos, entre otros animales. Sabino Fernández Campo ha contado el susto que le dio un guepardo que transitaba a su aire por los pasillos del Palacio a formidable velocidad. El Rey cuenta con dos ayudas de cámara, y la reina con dos doncellas. Resulta curioso y hasta políticamente incorrecto que la

Reina tenga las máximas responsabilidades en el control del servicio doméstico. Con ella debe despachar el jefe de la Regiduría del Servicio Doméstico y, en su caso, el secretario general de la Casa.

«La Casa Real no tiene en su organigrama a ningún sacerdote», nos informan en La Zarzuela, pero en realidad pululan por Palacio al menos tres. El de mayor rango es el vicario general castrense, monseñor José Manuel Estepa, al que sigue el capellán de la Guardia Real, Luis López Melero, y el reverendo padre Federico Suárez Verdaguer, una especie de capellán particular de la Familia Real, según nos explican en el Arzobispado de Madrid al no encontrar cargo definido para él. Lejos de tratarse de oficiantes de la Iglesia, asignados de oficio al servicio del Rey como jefe supremo de las Fuerzas Armadas, todos gozan de una especial vinculación con don Juan Carlos. Fue el Monarca quien, en 1983, propuso al Vaticano el nombramiento como vicario general castrense de monseñor Estepa, desde 1972 obispo auxiliar de la Diócesis de Madrid-Alcalá y conocido del Rey. Desde entonces él ha presidido buena parte de las más solemnes ceremonias religiosas de la familia, aparte de los múltiples actos castrenses precedidos por eucaristías u oraciones de acción de gracias a las que asiste el titular de la Corona.

El capellán de la Guardia Real depende de monseñor Estepa. Hace un año el veterano Serafín Sedano, tras jubilarse, dio paso al nombramiento de José Luis López Melero que, con apenas sesenta años, se ha convertido en el más joven del trío de sacerdotes reales. López Melero ha prestado servicios anteriormente en la escuela de suboficiales de Lérida y ha sido secretario particular del arzobispo Estepa, por lo que se le considera un hombre de su confianza. El veterano eclesiástico, Federico Suárez Verdaguer, de ochenta y cinco años cumplidos, aunque activo y «en plenas facultades» según quienes le tratan, sigue escribiendo libros y oficia la misa dominical en la capilla de La Zarzuela desde hace lustros. El padre Suárez tampoco ha llegado a Palacio por casualidad. Conocido catedrático de Historia y destacado miembro del Opus Dei, formó parte en su día del selecto grupo de opusdeístas que tomaron posiciones alrededor de la naciente Casa del entonces príncipe de España frente a los que se decantaron por la causa de don Juan. De entonces arranca su relación con don Juan Carlos, que éste ha preservado manteniéndole a su lado e incluso prologando un libro homenaje que en 1991 le tributó la Universidad de Navarra, en la que Suárez fundó la Facultad de Filosofía y Letras y donde aún figura como «profesor honorario». Don Juan Carlos ensalza las cualidades humanas y profesionales del sacerdote en su texto y habla de él como «Don Federico, como familiarmente le llamamos en esta casa».

La Zarzuela, aunque no la niega, mantiene su presencia habitual en Palacio dentro de una cuidada discreción. El padre Suárez Verdaguer, prolífico autor de obras históricas y religiosas publicadas por la editorial del Opus, Rialp, sacó hace un par de años un libro titulado *Manuel Azaña y la guerra de 1936*, en el que, según la reseña que hace la revista *Razón Española*, impulsada por el ex ministro franquista Gonzalo Fernández de la Mora y en la que colabora el sacerdote, «Suárez demuestra que el alzamiento fue inicialmente republicano para sacar a España del caos en que estaba sumida». Algún otro sacerdote de los que han disfrutado de cierta cercanía con la Familia Real también está claramente ubicado en la zona más a la derecha del mapa. Manuel González Cano, el párroco de San Jerónimo El Real, donde la monarquía española ha celebrado tradicionalmente sus principales ceremonias, había abierto la puerta a los grupos más ultras de la Iglesia Católica y, especialmente a los Legionarios de Cristo. A comienzos de 2003 González Cano se ha jubilado y ha sido sustituido por el padre Julián Melero. El padre dominico Bartolomé Vicens, creador en 1982 de la Fundación del Hombre, dedicada a distintos colectivos desfavorecidos, también gozó en tiempos de una gran proximidad con la Familia Real, en especial a través de la madre del Rey, doña María de las Mercedes, a quien solía acompañar. Gracias a esta relación su fundación ha gozado de la presidencia de honor del príncipe Felipe en varias de sus iniciativas, aunque los contactos hayan decaído desde el fallecimiento de la madre del Rey.

Capítulo VI

LOS VASCOS Y EL PACTO CON LA CORONA

M is amables consultados, vascos y vascólogos, coinciden en que el Rey podría desempeñar un papel positivo en Euskadi. O terminar de fastidiarlo. Cuenta con grandes simpatías entre la gente, como en toda España, y su figura simbólica, que le sitúa por encima de los partidos, puede desdramatizar tensiones aplicándose a la función moderadora que le atribuye la Constitución. No obstante, si la intransigencia persiste y el conflicto se pudre aún más, el Monarca podría encontrarse en una encrucijada decisiva. Se avizoran dos peligros. El primero tiene que ver con el melón constitucional. Si los nacionalistas vascos consiguen que se abra la temida fruta que limita sus reivindicaciones de gobierno, pudiera plantearse de paso, ya que estamos en ésas, la reconsideración de la forma de Estado. El segundo peligro sometería a prueba la práctica constitucional así como los márgenes de actuación que, con notable ambigüedad, atribuye la Constitución a la Corona como garante de la unidad nacional, lo que unido al reconocimiento del Rey como mando supremo de las Fuerzas Armadas podría resultar una combinación explosiva.

La mayor parte de la doctrina jurídica estima que un rey parlamentario no puede tomar iniciativa alguna sin refrendo del Gobierno, y que el mando sobre las Fuerzas Armadas es meramente simbólico, «pura literatura», en opinión recogida por el autor al catedrático de Derecho Constitucional Javier Pérez Royo. Sin embargo, no basta con que esto sea así: es imprescindible que los militares lo sepan. La interpretación del párrafo *h* del artículo 62 de la Constitución, por el que se atribuye al Rey el mando supremo de las Fuerzas Armadas, se puso a prueba el 12 de febrero de 1981. En aquella ocasión los jefes militares obedecieron a don Juan Carlos porque creyeron que su condición de mando era muy real y no mera literatura. Era ciertamente una interpretación errónea, pero fue un error que salvó la democracia. No todos los constitucionalistas comparten la tesis del sentido meramente simbólico del artículo 62, *h*. Las dudas se cobijan, por una parte, en que la palabra «mando» tiene en el Ejército una significación meramente militar y no política; y por otra, en la diferenciación específica que hicieron los constituyentes del Ejército, como si la Administración Militar fuera de diferente naturaleza que la Civil, como si no hubiera una Administración del Estado única que no precisa de especificaciones. El constituyente mencionó a los militares y, desde luego, no hizo lo mismo con los policías, los abogados del Estado o los guardas forestales. Sobre este asunto nos extenderemos en otra ocasión. Valga ahora este recordatorio que nos permite intuir lo que podría ocurrir si, por ejemplo, el *lehendakari* proclama un mal día la independencia del País Vasco.

Como se sabe, durante el debate constitucional los nacionalistas vascos trataron de introducir sin éxito lo que llamaron «el pacto con la Corona». Al no ser aceptada la propuesta, el PNV se abstuvo en la votación final, mientras que el representante de Euskadiko Eskerra, Francisco Letamendía, votó en contra. En el referéndum del 6 de diciembre, el pueblo español aprobó la magna norma con un 87,9 por ciento de votos afirmativos. En el País Vasco la participación fue menor que en el resto de España —un 45,5 por ciento frente al 67,1 de media—, así como los votos afirmativos, que no obstante alcanzaron el 68,8 de los emitidos en Euskadi. Los líderes nacionalistas interpretaron estos resultados como si esta comunidad hubiera rechazado la Constitución, asumiendo su frustración porque no se aceptara la fórmula propuesta de adhesión voluntaria a la Corona en recuerdo de otros tiempos a los que aludieron con notable vaguedad. Sin embargo, consiguieron que se reconociera, sin especificar, la existencia de unos derechos históricos, un compromiso imprescindible para que los nacionalistas no rompieran la baraja y un clavo al que se agarra ahora Ibarretxe en su propuesta soberanista.

El problema es que no se puede avanzar en el desarrollo de este artículo, estirarlo como un chicle hasta llegar a las cercanías de la independencia o a la independencia misma, sin entrar en contradicción con otros artículos de la Constitución. Miguel Herrero de Miñón sostiene que ha encontrado la solución por medio de lo que él llama «constitucionalismo útil», que en definitiva consiste en hacer la vista gorda ante el resto de los artículos y desarrollar el autogobierno vasco a partir del que reconoce sus derechos históricos. Semejante tesis me recuerda la «Teoría del Punto Gordo», un teorema bufo que resolvería el problema matemático de que, desde un punto dado, puedan trazarse cuantas perpendiculares se deseen a una recta: bastaría con hacer el punto tan gordo como fuera preciso. Sin embargo algo parecido a esta fantástica Teoría del Punto Gordo fue inventado por Herrero de Miñón en pleno franquismo y funcionó. El brillantísimo personaje demostró jurídicamente que los Principios *Inmutables* del Movimiento eran perfectamente mutables, por lo que hábilmente manejados por el presidente de las Cortes, Torcuato Fernández Miranda, y del Gobierno, Adolfo Suárez, y contando con la voluntad y habilidad reales, permitieron alcanzar la meta deseada.

Del hecho de que los nacionalistas vascos no aceptaran plenamente la Constitución como marco de convivencia arranca el conflicto ahora tan enconado entre nacionalistas y constitucionalistas. Desde entonces han gestionado su abstención con implacable habilidad. La aceptaron de hecho para elaborar un estatuto de autonomía que permitía amplios márgenes de autogobierno y que se aprobó en las Cortes, como es preceptivo, tras un fuerte forcejeo y con escasos cambios sobre el proyecto inicial. El Parlamento español, se negó, sin embargo, a aceptar cualquier fuente de derechos que no procediera de la Constitución, desmontando toda pretensión de enlace histórico con el «Pacto Foral con la Corona».

Iñaki Anasagasti, portavoz del PNV en el Congreso de los Diputados, donde lleva desempeñando esta función desde hace muchos años, comentaba al autor que el actual Plan Ibarretxe no es más que la recuperación del citado «Pacto con la Corona». Arzalluz, que fue el presidente del grupo de la minoría vasca en el debate constitucional, defendía la idea de renovar un supuesto pacto foral de forma que Euskadi aceptara la vinculación con la Corona, «de abajo arriba». La entrevista mantenida con el Rey en Candanchú el 16 de abril de 1978, mientras se debatía el proyecto constitucional, tenía este objetivo. Asistieron a ella el presidente del Euskadi Buru Batzar (EBB, máximo órgano del PNV), Carlos Garaicoechea, acompañado de Eli Galdós, Xabier Arzalluz y Mitxel Unzueta. La reunión, tal como lo cuentan los nacionalistas en un folleto («El PNV ante la Constitución»), se efectuó de una manera un tanto informal en el despacho del jefe de monitores de la estación de Candanchú. Los representantes del PNV plantearon al Rey sus puntos de vista y éste pareció escuchar de buen grado lo que se le decía, mostrando finalmente su satisfacción por el discurso pronunciado por Xabier Arzalluz en el pleno del Congreso. La entrevista duró alrededor de dos horas y durante su transcurso se le entregó al Rey un documento con los planteamientos nacionalistas más importantes. De esta reunión surgió la idea de un encuentro con don Juan de Borbón, a cuyo efecto Unzueta y Zabala se desplazaron a Estoril, donde mantuvieron una entrevista «de la que se extrajo una impresión positiva».

Arzalluz había dicho el 5 de abril de 1978 en el pleno de las Cortes: «Pero he de decir de una vez por todas que los vascos hemos vivido durante siglos en régimen de pacto con la Corona; que nunca atentamos contra tales pactos; que mi Partido propone, y ahí están nuestras enmiendas constitucionales, la renovación del "Pacto Foral con la Corona" en esta nueva ocasión monárquica.» La enmienda más importante, la número 689, proponía que se incluyera el siguiente párrafo en la Constitución: «Se renueva el Pacto Foral con la Corona, manteniendo el Rey en dichos territorios los títulos y facultades que tradicionalmente hubieran venido ostentando sus antecesores.» El escenario propuesto parecía retrotraernos a los tiempos de la monarquía absoluta que, supongo, al Rey le habría encantado aceptar si no hubiera desplegado tantos esfuerzos y asumido tantos riesgos para trocar la monarquía dictatorial que le regalara Franco por otra parlamentaria en la que sus funciones apenas superaban el ámbito de lo simbólico.

Tampoco Arzalluz, hay que reconocerlo, pretendía semejante restauración, como proclamara explícitamente. No obstante, su programa foralista tenía en pura lógica esa consecuencia no deseada, reivindicar unos fueros que sólo tenían sentido frente al absolutismo, como le hicieron notar algunos padres de la patria. Los senadores del PNV, Unzueta, Monreal y Vidarte, hicieron algún esfuerzo racionalizador de un mensaje que olía a anacronismo en un informe enviado al presidente del Senado, Antonio Fontán, pero seguía implícita la relación entre fueros y monarquía tradicional: «De los pactos de unión a la Corona —dictaminaban dichos senadores— surge un estatus jurídico cuya permanencia se sustenta por un profundo arraigo sociológico (téngase en cuenta la estructura del poder político y la función administradora de la sociedad tradicional) y por la existencia de instituciones democráticas de amplísima representatividad social (el pase foral, por ejemplo) es una realidad que protege las libertades autóctonas frente al absolutismo circundante.»

El 5 de mayo, justamente un mes después del aludido discurso de Arzalluz, en el que defendía dicho reconocimiento foral, éste remachaba ante la Comisión de Asuntos Constitucionales: «Mientras el pacto se mantuvo no hubo perturbación de la convivencia; cuando se rompió unilateralmente, surgió el llamado separatismo.» Arzalluz rechazaba en este discurso que su nacionalismo partiera del concepto decimonónico de las nacionalidades, que le parecía demasiado moderno, y no hay que olvidar que para la doctrina de este líder y la práctica política de sus antecesores, y de muchos de sus partidarios actuales, lo moderno era anatema, como lo era el liberalismo que propugnaba la unidad de mercado y el centralismo en la organización del Estado. El nombre de «Partido Nacionalista Vasco» no es más que la traducción al castellano, para que lo entendamos todos, del nombre oficial, que en euskera quiere decir «Partido vasco que sostiene el lema de Dios y fueros». Lo de Dios ha desaparecido ya del ideario del partido, que se presenta como aconfesional, aunque la mayor parte de sus miembros sean católicos a machamartillo, y los fueros ya no se mencionan en la actual deriva nacionalista que se encamina hacia un Estado propio, pero en 1978 el pacto foral con la Corona era mantenido con firmeza como propuesta esencial por los representantes del PNV en las Cortes.

Arzalluz explicaba con tono profesoral: «Somos conscientes de que para algunos los términos de fueros, conciertos, etc., no son sino reliquias históricas. Pero para nosotros, no. Porque ni hemos perdido memoria histórica, ni hemos perdido la continuidad de nuestra raíz y nuestra propia personalidad. Constituye la raíz misma de nuestra historia y exponente de nuestra cultura y de nuestros criterios de convivencia [...]. Para nosotros no es un almacén de leyes caducas, de leyes periclitadas, sino que es un nivel de poder político, una disponibilidad propia, que en ningún momento pugnó con la unidad de la Corona [...]. Para nosotros el valor especial y específico de la Corona en este momento es el constituir, precisamente, el punto de confluencia y el lazo de unión de pueblos libres que se autolimitan su soberanía, cediendo aquella parte que consideran necesaria para potenciarse a sí mismos en la unión y solidaridad de los demás.»

Sin embargo, cuando los nacionalistas se encontraron con que la Ley Vieja obstaculizaba una organización territorial, como se daba la circunstancia de que ellos deseaban que pudiera servir para gobernar eficazmente una comunidad pre-estatal, relativizaron los fueros en razón de la evolución histórica, justamente el argumento esgrimido por el «adversario» para desestimar la vigencia de los fueros que habían caído por imperativo del Estado moderno, por las conquistas del liberalismo que en España, como en los países más avanzados, atribuía derechos al ciudadano sobre los territorios. En efecto, en la exposición de motivos de la Ley de los Territorios Históricos de 25 de noviembre de 1983 se razona así: «El respeto a la Historia y el compromiso de asumirla deben enmarcarse y actualizarse en la propia historia. La revolución industrial, el proceso de urbanización, la complejidad de la vida política, la necesidad de racionalizar los procesos económicos, entrañan cambios evidentes dando lugar a una situación histórica nueva que, a su vez, debe conjugarse con los regímenes privativos de los Territorios Históricos.»

En el folleto del PNV del que hemos dado cuenta se señala lo significativo que es que, «a pesar de las posiciones de tipo republicano de un número apreciable de partidos como el nuestro, no se planteó la cuestión de monarquía o república, a diferencia de la polémica que se suscitó en el último periodo constituyente en la década de los años treinta. En aquel momento político, después de un largo periodo de dictadura, la cuestión central no estuvo tanto en la disyuntiva monarquía-república como en la consolidación del proyecto de democratización que debía conducir a la instalación de unas nuevas estructuras políticas y sociales del Estado. Nuestra actitud como partido, estimando previsible el reconocimiento de la institución monárquica, y que este hecho requeriría un apoyo político, consistió en establecer una relación entre nuestras reivindicaciones de autogobierno y la monarquía, lo que nos llevó a presentar nuestra tesis de la reanudación del Pacto Foral con la Corona».

La declaración más clara y concluyente de la relación del PNV con la monarquía es la que reflejó Arzalluz con las siguientes palabras: «Si, independientemente de otras formas más racionales, la monarquía es hoy más adecuada y se halla en condiciones reales para el aseguramiento y defensa de las instituciones democráticas y desde nuestra propia especificidad; si la Corona cumple su palabra pública de ser garantía de los derechos históricos de los pueblos de España —testigo de lo cual son ambas Cámaras—; si, en este marco, la institución monárquica cumple su papel histórico de ser eje y símbolo de la confluencia y de la integración en una estructura política común de los diferentes entes políticos históricos, asimilados forzosamente en un Estado unitario y centralizado, restando así el tracto histórico roto violenta y unilateralmente; si la Corona cumple esta doble función, no sólo aprobamos la monarquía con este voto, sino que la apoyaremos en la medida de nuestras fuerzas. Si la cumpliera sólo parcialmente nos limitaríamos a acatarla, y si fracasara en su cumplimiento, debo decir que la monarquía dejaría de tener sentido alguno para nosotros.»

El pacto foral con la Corona era, sin embargo, inaceptable para la gran mayoría parlamentaria, pues se estimaba que rompería la estructura del Estado prevista en la Constitución. El Título VIII, que marca las reglas de juego en este asunto, representó el límite del consenso y provocó la abstención de Alianza Popular en la votación final. A pesar de que los nacionalistas no consiguieron sus objetivos, Arzalluz hizo entonces una interpretación esperanzada de la misma: «Hemos preconizado y preconizamos la abstención porque, por esas razones, no queremos adoptar una actitud que fuera o pudiera parecer agresiva ante esta Constitución, ni negar las posibilidades que encierra ni lo delicado del momento. Trabajaremos pues —y éste es el sentido de nuestra abstención— para que la dinámica política, que muchas veces corre por encima o por debajo de los textos jurídicos, haga realidad los contenidos de nuestro planteamiento doctrinal. [...] Colaboraremos con quienes trabajen en la profundización y asentamiento de la democracia, que es trabajo de todos. Tampoco en el periodo republicano nuestros diputados aprobaron aquella Constitución y ahí está el aval histórico de la fidelidad de un Gobierno vasco, de la fidelidad de un partido que no habiendo votado "sí" a la Constitución republicana, defendió su autonomía, aquella Constitución que la hizo posible y aquel régimen en la guerra y en la postguerra durante tantos años.» Esta postura provocó el grito de Letamendía Belzunce, el representante de Euskadiko Eskerra: «¡Mal, muy mal!»

La moderación de Arzalluz no le había impedido formular, dos meses antes, las siguientes declaraciones al diario del partido, Deia: «Esté o no esté en la Constitución, los vascos nos reservamos el derecho de secesión. Ahora no podrán con nosotros como en el treinta y seis.» [1] Y es que el presidente del PNV es un artista de la ducha escocesa, alternando astutamente el agua fría con la caliente. A lo largo de los veinticinco años que ahora se cumplen de vigencia de la Constitución, las relaciones de los nacionalistas con la monarquía han sido en la práctica respetuosas. Arzalluz mismo reconocía, en una carta enviada al Monarca en septiembre de 1981 en la que pedía su intervención contra la Ley Orgánica de Armonización del Proceso Autonómico (LOAPA), que en las tres ocasiones en las que había tenido problemas con Madrid, había llamado a La Zarzuela, consiguiendo desbloquear los contenciosos mantenidos con Adolfo Suárez. Con la excepción de Herri Batasuna, en los viajes del Rey al País Vasco ha reinado la cordialidad y, según me comentaba Iñaki Anasagasti, el PNV ha estado siempre al quite para proteger al Monarca, incluso en algunos momentos especialmente difíciles, como el 4 de febrero de 1981 en la Casa de Juntas de Guernica. Recuérdese que el abucheo que sufrió entonces el Rey por parte de los dirigentes de HB fue uno de los motivos alegados por los golpistas del 23-F. Son muy significativas las palabras que pronunciara entonces Juan Carlos I, porque son «muy suyas», no puestas en su boca por el presidente del Gobierno. El Rey, que estaba ya descabalgando a su presidente Adolfo Suárez, como en su día hizo con Arias, podía permitirse una libertad de palabra que no fue posible ni con González ni con Aznar. El núcleo de su mensaje fue la necesidad de perder el miedo al miedo y ponerse a dialogar.

Desde que los socialistas llegan al poder, las relaciones de don Juan Carlos con los nacionalistas se hacen más fluidas; recibe con frecuencia en Palacio a Xabier Arzalluz en audiencia privada, en alguna ocasión sin el conocimiento del entonces presidente del Gobierno vasco, Carlos Garaicoechea. En la visita de Arzalluz a La Zarzuela, el 27 de abril de 1984, después de que la LOAPA fuera eliminada, le ofrece un «pacto con la Corona» de tipo prác-

---

[1] Diario *Deia*, 8 de agosto de 1978.

tico, que según José Díaz Herrera e Isabel Durán[2] consta de cuatro puntos:

1. El PNV se compromete a no plantear reivindicaciones sobre Navarra, al margen de lo establecido en la Constitución.
2. La lucha antiterrorista se considera competencia exclusiva de las Fuerzas de Seguridad del Estado. El Gobierno vasco no obstaculizará su actuación hasta que la Ertzaintza asuma esas competencias.
3. El PNV no cuestionará las instituciones del Estado ni la Constitución.
4. El Partido Nacionalista Vasco no discutirá la unidad de España y se compromete a impulsar y defender los Derechos Forales en los Territorios Históricos.

Esta conversación, de la que al parecer Garaicoechea se enteró por la prensa, sería el desencadenante del fuerte enfrentamiento entre ambos que les llevaría a la escisión y a que Garaicoechea fundara Eusko Alkartasuna. Garaicoechea inicia una escalada de radicalismo a la que responde Arzalluz con más radicalismo. Recientemente, con los pactos de gobierno de ambos partidos, las distancias han desaparecido.

En alguna ocasión hasta Batasuna ha cuidado las formas, como cuando su coordinador general Jon Idígoras visitó al Rey. Si bien no consintió en ponerse el frac, se anudó una corbata al cuello, algo que no había consentido ni el día de su boda. Cuando Pablo Antoñanzas recibió el premio Príncipe de Viana en un acto celebrado en Torrejón de Ardoz con motivo del V Centenario del obispo Carranza, también se puso corbata, pero no consintió en quitarse la boina: «La chapela —dijo— es mi corona.» La boina, recuerda Indalecio Prieto,

---

[2] José Díaz Herrera e Isabel Durán, *Arzalluz. La dictadura del miedo*, Planeta, Barcelona, 2001.

resultó necesaria en el uniforme de los carlistas, pues no era cosa de que los burgueses, algunos enlevitados, fuesen con bombín a los parapetos. «Don Inda» cita a Villar, quien cantó a la gorra de los auxiliares, uno de los cuales, al despedirse de su madre, dijo unas palabras similares a las pronunciadas por Antoñanzas ante don Juan Carlos: «Esta gorra que llevo es mi escudo.»

El portavoz del PNV me recuerda que él siempre ha estado presente en cuantos actos ha convocado el Monarca: «Yo soy de los más asiduos al Palacio Real, que conozco mejor que nadie. Con excepción de los desfiles de militares y cosas así, nunca he faltado a las convocatorias reales.» Anasagasti me cuenta una anécdota interesante. «En cierta ocasión don Juan Carlos, me pidió: "Iñaki, a ver si me organizáis algún viaje interesante, porque siempre que voy al País Vasco es para algo que me piden los jesuitas o los del BBV." Y en efecto se veía que estaba dispuesto a utilizar cualquier oportunidad para ello, hasta el extremo de que un día se personó en Bilbao para inaugurar la repintura del puente colgante de Portugalete. Inaugurar la repintura», remacha riéndose. No obstante, el Rey nunca le ha llamado en privado, aunque tal como se desprende del cruce de correspondencia sostenido con el jefe de la Casa de Su Majestad, éste le aseguró que el Rey estaba dispuesto a recibirle cuando se lo pidiera. Pero a Anasagasti no le hacía ninguna gracia eso de solicitar una audiencia como leal súbdito de Su Majestad.

Me cuenta otra historia interesante que tuvo lugar con motivo de la recepción ofrecida a Gorbachov cuando éste, en pleno proceso de la Perestroika, era el personaje más solicitado: «Presidente —dijo el Rey al dirigente ruso—, le voy a presentar al portavoz del Partido Nacionalista Vasco.» A lo que Gorbachov, que estaba angustiado por las amenazas de disgregación de la Unión Soviética, replicó sobresaltado: «Pero, ¿cómo? ¿Ustedes también sufren a los nacionalistas?» El Monarca estuvo en aquella ocasión muy oportuno al contestar al ilustre visitante: «Con la diferencia de que aquí, en España, a los nacionalistas los tengo en Palacio.» Los gestos nunca han faltado: Arzalluz y Anasagasti asistieron a los funerales de don Juan y el *lehendakari* Ardanza hizo un formidable regalo a la infanta Cristina cuando se casó con el vasco Iñaki Urdangarín: pagó para la ocasión un concierto del Orfeón Donostiarra.

En una reciente visita al Rey, éste ofreció a Anasagasti un gigantesco puro con anilla roja y amarilla. El portavoz del PNV, tomando el cigarro, explicó: «Majestad, yo no fumo puros, pero se lo daré a Arzalluz, que le gustan mucho.» A lo que el Rey replicó con la naturalidad que se le agradece pero que a veces resulta imprudente: «Si es para Arzalluz le pondré una bomba.» «El Rey —recuerda Anasagasti— debió de meditar después sobre la inconveniencia de esta contestación y al día siguiente me envió el puro debidamente envuelto en celofán con una nota cariñosa en la que me rogaba que le hiciera llegar el cigarro con sus mejores deseos al presidente del partido.»

Hubo ciertamente algún momento de tensión con el Gobierno vasco cuando lo dirigía Garaicoechea, de 1980 a 1984. Éste se negó a asistir a un acto de homenaje a las Fuerzas Armadas que se celebró en Burgos, cabeza de la capitanía general que integra al País Vasco. Sin embargo, el Rey le llamó personalmente y le presionó fuertemente para que acudiera a dicho acto, asegurando que nunca perdonaría su ausencia. Garaicoechea, de muy mala gana, asistió finalmente. Con José Antonio Ardanza de *lehendakari* la relación fue mucho más armoniosa. Durante su mandato, el Rey inauguraría, el 18 de octubre de 1997, coincidiendo con el 18° aniversario de la aprobación del Estatuto de Autonomía, el museo Guggenheim, que se ha convertido en emblema de Bilbao, con una solemnidad ensombrecida por el asesinato de un *ertzaina* afiliado al sindicato nacionalista que había frustrado la explosión de unas bombas colocadas en unas macetas y cuyo objetivo era atentar contra el Monarca. Simultáneamente, miembros de la ejecutiva del PNV, de EA y de HB organizaban un acto paralelo en la Casa de Juntas de Guernica en la que se proclamaba la defunción del Estatuto y se reivindicaba el derecho de autodeterminación.

Tres años después, en septiembre de 2000, la sociedad El Sitio, de Bilbao, que celebraba su centenario, decide nombrar presidente de honor al Rey y le entregan el correspondiente pergamino en La Zarzuela. «Don Juan Carlos —según cuentan Díaz Herrera y Durán— se muestra encantado y aprovecha la presencia de algún directivo del Athlétic para decirles que le gustaría ir a la capital bilbaína a presenciar un partido de fútbol. "No lo creo conveniente, Majestad, porque se produciría una protesta en los fondos", se le responde.» El Rey se coge un enfado importante y poco después, comenta con un grupo más reducido de personas de confianza: «Vienen a Baqueira Beret, me regalan una camiseta para Froilán, pero a mí no me dejan ir a San Mamés.»

La relación con los nacionalistas se ha enturbiado últimamente con el endurecimiento de las posiciones soberanistas del *lehendakari* Ibarretxe y debido también al silencio real en cuanto a la guerra de Iraq, sobre lo que Anasagasti pronunció palabras muy duras en las que lamentaba que el Rey «siguiera a pies juntillas lo que dictan desde La Moncloa», para concluir: «Como dicen los castizos, que con su pan se lo coman.» Anasagasti enarbola contra el Monarca el artículo 63.3 de la Constitución: «Al Rey corresponde, previa autorización de las Cortes Generales, declarar la guerra y hacer la paz», lo que en su opinión le obligaba a mostrar una iniciativa al respecto. Durante el conflicto, al que Aznar se negó a llamar guerra, Anasagasti se reunió con el portavoz socialista Jesús Caldera, con quien ha cultivado una buena amistad, con la intención de visitar al Rey y pedirle que interviniera. «La respuesta —me comenta— es que el Monarca recibió a solas a Zapatero.» El portavoz nacionalista escribió indignado al jefe de la Casa de Su Majestad la siguiente carta fechada el 27 de marzo de 2003:

«Estimado amigo:

Habrás percibido por los medios de comunicación nuestro malestar como partido por vuestra actuación.

Entiendo que el Rey tenga todo el derecho de hablar con quien considere oportuno, pero no es de recibo que en una situación de invasión como la que vivimos y hurtándose el debate a las Cortes para una declaración de guerra como sería lo procedente, se entreviste el Rey con uno solo de los Grupos Parlamentarios del marco político, por muy importante que éste sea. Te recuerdo que la Constitución española habla de "Monarquía Parlamentaria", no de "Monarquía Bipartidaria".

Si la Casa Real quiere respeto, tiene que respetar. Si quiere confrontación y parcialidad será ella quien elija el terreno de juego. En esta oportunidad ha elegido el terreno de la parcialidad y, por tanto, el de la confrontación y el desistimiento.

Si el Rey no está de acuerdo con esta guerra sucia y criminal que tiene el 90 por cien de la opinión pública en contra, que lo diga. El Rey Balduino abdicó una semana por no estar de acuerdo con la ley del aborto aprobada en el Parlamento belga. Y no estampó su firma.

Si veis en la televisión imágenes de manifestaciones, verás cada vez más banderas republicanas, porque si la monarquía sirve sólo para inauguraciones, cenas oficiales y sellos de correo, esta monarquía tiene fecha de caducidad. Y si no lo veis, peor para vosotros. Deberías de hablar más con la gente y despachar menos con el PP.

Profundamente desengañado.

Un abrazo.»

El jefe de la Casa de Su Majestad el Rey contestó en carta fechada el 14 de abril:

«Estimado Iñaki:

He leído las reflexiones personales que me transmites con tu carta del pasado 27 de marzo. No comparto en absoluto tu análisis ni tus conclusiones y lamento, en todo caso, la reacción exasperada que refleja tu carta, pues no se compadece con el clima de buen entendimiento que siempre ha dominado nuestros contactos y relaciones.

El papel del Rey no lo define esta Casa, sino la Constitución. Creo que cualquier persona con un mínimo de memoria y objetividad puede constatar la trayectoria de la Corona en la construcción y defensa de una España democrática, plural, próspera, multipartidista, tolerante y dialogante.

Te señalo que, como Jefe de esta Casa, no me corresponde despachar con los partidos políticos, sino sólo con S. M. el Rey. En cambio sí hablo con muchas personas y, desde luego, con los miembros de los partidos democráticos, incluyendo —como es lógico— los del tuyo, y lo hago siempre desde el respeto mutuo y la observancia de nuestro marco constitucional, con un espíritu constructivo e imparcial, en busca del mejor clima de entendimiento.

En ese espíritu, que es el que me ha guiado y seguirá guiando en el desempeño de este cargo, quedo a tu disposición para charlar en el momento que lo consideres oportuno.

Un abrazo. Alberto Aza.»

El 22 de abril Anasagasti volvía a la carga replicando esta carta fechada el 14 de abril, aniversario de la proclamación de la II República. «Buen día», comenta con humor el portavoz nacionalista en su respuesta. El parlamentario se refirió a las duras manifestaciones formuladas en el hemiciclo del Congreso asegurando que seguiría haciéndolas «ante lo que considere una dejación de vuestras responsabilidades como creo ha ocurrido en la presente ocasión». Y añadía:

«Ahonda esta situación el silencio del Rey ante la carta que el presidente del EBB del PNV, Xabier Arzalluz, le hizo llegar a través de mi persona, en la oportunidad en la que S. M. el Rey me recibió en su despacho hace tres años, antes de la formación del actual gobierno. El silencio y la pasividad más absoluta han sido la respuesta mientras observábamos con estupor mensajes de Navidad claramente ofensivos y totalmente plegados a la política sectaria del gobierno de Aznar.»

Concluía con extremada dureza: «¿Es ése el criterio anunciado de querer ser "el Rey de todos los españoles"? Para nosotros, y cada vez más, lo es el rey de esa rancia españolidad que pensábamos superada. Si no os dais cuenta, allá vosotros. Mi propia desafección, aunque sea un hecho mínimo, te debería ilustrar que hay algo que no funciona y que va a ir a más en su deterioro. Lamento que esto no tenga remedio.»

La carta de Arzalluz sin respuesta real, a la que se refiere Anasagasti, es muy breve:

«Bilbao, 11 de abril de 2000
Señor:
Me permito enviarle un respetuoso saludo aprovechando la visita "protocolaria" de nuestro portavoz Anasagasti.
Pienso que desde Madrid se nos ve cada vez más lejos. Lejanía que puede ir aumentando hasta no poder ya vernos, si sigue la política cerrada y la absoluta incomunicación del Gobierno Aznar.
No quisiera aumentar sus preocupaciones. Pienso que Anasagasti podrá comentarle mucho más directa y competentemente nuestros problemas, que lo son también de Su Majestad.
Afectuosamente.
Xabier Arzalluz.»

Lo valiente no quita lo cortés: cuando un par de meses después de concluida la guerra, y del duro cruce de cartas con el jefe de la Casa de Su Majestad, Alberto Aza, la presidenta del Congreso, Luisa Fernanda Rudi, convocó a los parlamentarios para mantener una reunión con el Rey, tampoco faltó Anasagasti. El motivo de este encuentro era el descubrimiento de un cuadro actualizado del Rey, pues éste, como los demás mortales, también va cumpliendo años. Finalmente el cuadro no se presentó porque no le gustó a la Reina, que creyó observar que en la obra pictórica el Rey aparecía con gesto un tanto torvo. No obstante, el encuentro con el Monarca, en persona aunque sin cuadro histórico, tuvo lugar con la mayor cordialidad y el mejor humor.
Anasagasti no ha perdido ocasión de sugerirle al Monarca la conveniencia de brindar algunos gestos que contribuirían a desdrama-

tizar el ambiente. «En lugar de aprender a tripular un F-18 podía Su Majestad dedicarse a aprender algunas palabras en Euskera», le comentó en cierta ocasión, con lo que, en su opinión, «se metería a los vascos en el bolsillo». «Don Juan Carlos —me informa— sabe contar en euskera hasta cinco, como me demostró cuando Havel visitó España, pero no le vendría mal aplicarse un poco más con nuestra lengua y desde luego aconsejar al Príncipe que lo haga, que don Felipe está en buena edad para aprender. Quizás para el Rey sea un poco tarde pues loro viejo no aprende idiomas, pero el Príncipe no tiene disculpa si no se pone a ello.»

La actitud de los nacionalistas respecto al Rey ha sido correcta pero no entusiasta, resume Anasagasti. Salvo la negativa de ETB (Euskal Telebista), la televisión autonómica vasca, a transmitir su discurso de Navidad a partir del año 2000, el clima no ha sido malo. Ahora, sin embargo, pasan por un mal momento. Consideran los nacionalistas que el Monarca no está cumpliendo el papel moderador que le atribuye la Constitución. «Esta función moderadora no la ha usado nunca. Y entonces, ¿para qué sirve?», concluía el portavoz del PNV. A pesar de todo, los nacionalistas vascos, según Anasagasti, «somos accidentalistas en cuanto a la forma de Estado, pero mejor este señor que vete tú a saber qué otro jefe de Estado».

Veinticinco años antes de esta conversación, el hoy presidente del EBB y entonces jefe del grupo de la minoría vasca, Xabier Arzalluz, en réplica a una objeción de Gregorio Peces-Barba, ofrecía una interpretación más generosa del papel de Monarca parlamentario y lamentaba que la monarquía se convirtiera en «la figurita decorativa de un pastel que a la hora de comerlo se deja a un lado; eso ni es monarquía ni es nada». Y añadía: «He enunciado el hecho de que cuando se restaura una monarquía, esta monarquía puede ser perfectamente, sin que gobierne y sin que por tanto ostente, ni mucho menos, el poder absoluto de los reyes; sí que puede ser, con sus funciones arbitrales y representativas del Gobierno, representativa también de una estructura íntima e interna de ese Estado. En ese sentido y en ese marco (en un marco republicano lo tendríamos que plantear de otra manera) he recordado la histórica fórmula del Pacto Foral.»

Cabe preguntarse si en la creciente radicalización del conflicto el Rey puede desempeñar algún papel. Los nacionalistas consideran superado el «estatutismo» y han puesto rumbo a la independencia. Por su parte, el Gobierno Aznar se lanzó a una confrontación en todos los frentes que deja muy poco margen al Monarca más allá de su política de gestos y de la buena relación personal con los líderes nacionalistas. El Rey sólo puede hablar por boca de su Gobierno, y éste no está hoy por las contemplaciones. El Monarca ha ido con sus gestos y «silencios activos» hasta donde ha podido en una época en la que las relaciones con el jefe del Ejecutivo son las peores de la Democracia. Ya hemos recordado en otro capítulo el conflicto que se planteó durante la recepción celebrada en Palacio con ocasión de la Pascua Militar el 6 de enero de 1999, cuando el Presidente amenazó con cortar los contactos con el entorno de ETA mientras el Rey, forzando su papel constitucional, se mostraba partidario de continuarlos.

No es fácil prever si el Monarca podrá contribuir a que se desdramatice el ambiente aprovechando a fondo su simpatía y la magia de la institución. Un nuevo Gobierno en el Estado significaría también otro talante y una oportunidad para suavizar posturas por ambas partes. Los nacionalistas aceptarían sin duda al Rey como símbolo de unión en la Corona, que podría ser más fuerte que el que la reina de Inglaterra ostenta respecto a Canadá y Australia: aceptarían dentro de dicho estatus de libre asociación que el Gobierno español controlara el Ejército, la diplomacia y los tipos de interés, estableciendo una confederación como la helvética. Un general de ideas y talante liberal me decía con sorna: «Son muy listos: quieren un pacto con la Corona, que en definitiva es un pacto con la nada, pues son muy conscientes de que el Rey no tiene poderes.»

Y termino el capítulo con los temores de pesadilla con los que lo iniciaba: la posibilidad, por remota que sea, de una interpretación extensiva que pudiera hacerse del papel del Rey como sostenedor de la unidad nacional y como mando supremo de las Fuerzas Armadas. Podría plantearse una situación en la que el gobierno de turno, bien por necesidad de alianza parlamentaria o bien por cansancio ante la escalada del conflicto, cediera hasta unos extremos que pudieran considerarse que atentan contra el papel del Rey como mando supremo de las Fuerzas Armadas y su misión de garantizar la soberanía e independencia de España, la defensa de su integridad territorial y del ordenamiento constitucional. Esta inquietante e improbable hipótesis es manejada por el teniente general Sabino Fernández Campo en sus *Escritos morales y políticos*. En ellos concluye con la siguiente reflexión para el caso de que el Rey tuviera que intervenir al mando de los militares: «No se trataría en absoluto de un golpe de Estado militar, sino de la forma de oponerse a que se diera por un gobierno legítimamente elegido, pero que se hubiera apartado de la Constitución, con el apoyo de otras fuerzas políticas separatistas, en lo que se refiere a la indisoluble unidad de la nación española.» A Sabino le parece que esta hipótesis tan extrema es imposible que se convierta en realidad, pero añade con su mordaz estilo: «... al fin y al cabo, existe algo más importante que la lógica: la imaginación».

Capítulo VII

LOS CATALANES Y EL REY

El Rey es muy popular en Cataluña. Comprendió desde los inicios, aun antes de que muriera Franco, que debía actuar con decisión y mucho cuidado. En la primavera de 1974 el príncipe de España había recibido clandestinamente a Jordi Pujol, un joven nacionalista que había pagado su catalanismo en la cárcel, por medio de José Joaquín Puig de la Bellacasa, miembro de la Secretaría de don Juan Carlos. «El encuentro que organizó con Jordi Pujol —cuenta Soriano en su biografía de Sabino— tuvo todos los elementos de un guión peliculero. Fue a buscarlo al hotel Palace, donde el líder catalán se había registrado con nombre falso, y para pasar el control de La Zarzuela lo metió en el maletero del coche.» Puig ha desmentido los aspectos peliculeros: «Me puse en contacto con Pujol —cuenta a Tom Burns en *Conversaciones sobre el Rey*— a través de Carlos Sentís, yo conduciendo y él sentado al lado mío. Pasamos por el control de La Zarzuela, puesto que llevaba yo el coche, sin ninguna dificultad, con toda naturalidad y tranquilidad.»

Parece que dicha visita, según se deduce de un comentario que haría Pujol en Lisboa, dieciséis años después, tuvo lugar el 25 de abril, el mismo día en que estallaba en el país vecino la revolución de los Claveles. Pujol se interesó por la seguridad del padre del Rey en su residencia de Estoril. Don Juan Carlos le tranquilizó apelando al poso de civilización y sensatez del pueblo portugués, y después, haciendo una pausa y como pensando en voz alta, le dijo: «A ver cómo lo hacemos nosotros.» Recuerda Puig que el Rey tenía mucha conciencia de dos temas de especial relevancia: el catalán y el vasco, ambos con características propias. En el País

Vasco el terrorismo de ETA era utilizado por el búnker para justificar el inmovilismo. Las reivindicaciones catalanistas se producían pacíficamente, en movilizaciones populares. En la huelga de Seat, en la de Hispano Olivetti y en otras manifestaciones masivas, las reivindicaciones sociales eran inseparables del grito «*Llibertat, amnistía, y estatut d'autonomía*». El Estatuto de 15 de septiembre de 1932, una de las más tempranas iniciativas de la República, había sido derogado de un plumazo, con celeridad aún mayor, en Burgos a 5 de abril de 1938, un año antes de la victoria franquista. En el preámbulo se explicaba: «El Alzamiento Nacional significó en el origen político la ruptura con todas las instituciones que implicasen negación de los valores que se intentaban restaurar. Y es claro que, cualquiera que sea la concepción de la vida local que inspire normas futuras, el Estatuto de Cataluña, en mala hora concedido por la República, dejó de tener validez, en el orden jurídico español, desde el día 17 de julio de 1936. No sería preciso, pues, hacer ninguna declaración en este sentido. Pero la entrada de nuestras gloriosas armas en territorio catalán plantea el problema, estrictamente administrativo, de decidir las consecuencias prácticas de aquella abrogación. Importa por consiguiente restablecer un régimen de derecho público que, de acuerdo con el principio de unidad de la Patria, devuelva a aquellas provincias el honor de ser gobernadas en pie de igualdad con sus hermanas del resto de España.»

Tarradellas había mantenido vivo durante su exilio en el sur de Francia la llama del Estatuto derogado y la reivindicación de restablecer la Generalitat era incontenible. El 11 de septiembre de 1976 se celebró la primera Diada legal desde 1936, la conmemoración de la represión de las libertades catalanas por las tropas de Felipe V. Unas 50.000 personas que se habían concentrado en la plaza de Sant Boi de Llobregat, en las afueras de Barcelona, escuchaban, emocionadas, un discurso de Josep Tarradellas grabado para la ocasión. La Diada, que había sido autorizada después de trabajosas negociaciones por el gobernador de Barcelona, transcurrió con pasión pero pacíficamente. Miguel Roca tomó la palabra para expresar las irrenunciables reivindicaciones de un gobierno propio, pero también la voluntad de pacto: «El reconocimiento de Cataluña —dijo— supone unas leyes e instituciones que el pueblo se dé a sí mismo, sin condicionamientos de ninguna clase. Y esa ruptura no la queremos por la fuerza, sino que la queremos pacífica, por la vía del pacto. Toda nuestra enorme voluntad de superar un pasado de incomprensiones, de enfrentamientos y de represión es la que ponemos al servicio de la convivencia democrática. ¡Cataluña somos todos! ¡Todos los que viven y trabajan y que, luchando por la libertad de Cataluña, luchan también por su propia libertad!»

El Rey comprendió que había que atender las reivindicaciones catalanistas, lo que representaba asumir un importante riesgo frente a las fuerzas que se resistían al cambio, que, se suponía, ofrecerían una resistencia más enconada que la que opusieron a la legalización del Partido Comunista. «Antes roja que rota», había exclamado Calvo Sotelo, el «Protomártir», un grito que habían hecho suyo los militares y los elementos políticos con los que el nuevo Rey tenía que contar o a los que debía neutralizar para desarrollar su proyecto.

Juan Carlos sabía que el fantasma del separatismo podía comprometer seriamente la Transición democrática, y apostó con audacia e imaginación. Del Rey partió la idea de traer a Josep Tarradellas desde su exilio de Saint-Martin-le-Beau, en el sur de Francia, y reconocerle su condición de presidente de la Generalitat, cargo que sobre el papel mantenía en el destierro, aunque siempre se había negado a montar un gobierno catalán en el exilio, pues no quiso dar un sesgo partidario a la institución que representaba. La operación tenía un fuerte simbolismo, pues significaba reconocer la legalidad anterior al 18 de julio. Desde el punto de vista franquista era peor que legalizar el Partido Comunista. Cuando la legalización se produjo, en un golpe de audacia de Suárez, aquel Sábado Santo, 9 de abril de 1977, creó estupor entre los militares ultras, que ahora estaban atentos a las decisiones que se adoptaran sobre Cataluña. Sin embargo, la personalidad de Tarradellas, un hombre moderado y un mito para los catalanes, eliminaba el riesgo de que las movilizaciones tuvieran un sesgo revolucionario.

En junio de 1977, Suárez envió un avión a París para recoger a Tarradellas, quien inmediatamente se entrevistó con el Presidente, con el ministro del Interior, Rodolfo Martín Villa, y con el Rey. Todo fue sobre ruedas, sin que se percibiera el menor ruido de sables. Era imposible frenar la oleada popular que se manifestaba firme y pacíficamente. El viejo republicano llegó a trabar una gran amistad con el rey Juan Carlos, de quien hizo siempre grandes alabanzas. Ambos eran conscientes de la importancia de abordar sensatamente la cuestión catalana. El Rey había suscrito sinceramente las palabras de Tarradellas: «No habría sido posible alcanzar la estabilidad de un régimen parlamentario ni tampoco la estabilidad de la monarquía sin el apoyo de Cataluña.»

La actitud de los nacionalistas catalanes en los debates constitucionales fue muy positiva, y en lo que se refiere a la monarquía, más que positiva, abiertamente colaboradora, especialmente por parte del jefe del grupo parlamentario catalán, Miguel Roca Junyent. Él fue uno de los cómplices de Miguel Herrero de Miñón en el intento de éste de atribuir más poderes al Monarca: «Fue Miguel Roca quien nos ayudó decisivamente a salir del atolladero haciendo posible que el Monarca español se parezca más al de Bélgica que al de Suecia.» Hasta los comunistas catalanes, encabezados por Solé Tura, a quien Miguel Herrero describe como «un catalanista pintado de rojo», y que acabaría en las filas del Partido de los Socialistas Catalanes (PSC-PSOE), le apoyaron de forma tácita. El ponente de la UCD recuerda en sus *Memorias de estío*[1] una reunión en el hotel Suecia, en la que participaron, por parte de la UCD, Herrero y Pérez Llorca, y de Convergència, su presidente, Jordi Pujol, junto a Miguel Roca. En

---

[1] Miguel Herrero de Miñón, *Memorias de estío*, Ediciones Temas de Hoy, Madrid, 1993.

la reunión éstos manifestaron su disposición a aceptar fórmulas y titulaciones procedentes de la tradición monárquica si ello era vía adecuada para que se reconociera la propia identidad catalana. En consecuencia, Herrero propuso en la ponencia que se sustituyera la expresión «Estado Español» por la de «Monarquía Española», salvando así las reticencias nacionalistas a la palabra «España» como sinónimo de nación, y constitucionalizando desde el primer momento la forma monárquica. Ello era posible gracias a la plurivocidad del término «monarquía», que significaba tanto una forma política como el conjunto de territorios dotados de propia personalidad. «A mis colegas de UCD —recuerda Herrero— no les entusiasmó la idea, y la izquierda, lógicamente, hubo de oponerse a ella mientras que Miguel Roca, como en su momento los nacionalistas vascos, la recibía alborozado.»

El 11 de mayo, en la Comisión de Asuntos Constitucionales y Libertades Públicas, Roca Junyent, tras reconocer los méritos republicanos, justificó el voto positivo del grupo catalán a la forma monárquica con un pragmatismo muy suyo y muy catalán: «No se trata de discutir ahora, al menos a nuestro entender, cuál es la máxima democracia perfectible o perfeccionable, sino cuál es la vía más rápida hacia la democracia con los menores costos. En esta línea la monarquía puede jugar un papel positivo.»

En parecidos términos se expresó Jordi Solé Tura. Los comunistas habrían preferido un referéndum específico previo a la Constitución, pero ello habría representado una ruptura imposible. No era el caso de una decisión en abstracto: propugnar la república significaba derrocar a la monarquía, con todo lo que ello significaba en aquel momento. «Hoy lo que divide a los ciudadanos de este país fundamentalmente —señalaba el "catalanista pintado de rojo"— no es la línea divisoria entre monárquicos y republicanos, sino entre partidarios de la democracia y enemigos de la democracia.» Otra cosa habría sido si estuviéramos ante «una monarquía negadora de las autonomías, una monarquía que diese al Monarca puerta abierta, libre para reproducir en nuestro país la nefasta institución del "borboneo"; evidentemente la situación habría tenido que ser otra»[2].

La única voz catalana discordante fue la de Heribert Barrera, representante de Esquerra Republicana de Catalunya, a quien parecía imprescindible un referéndum específico sobre monarquía o república, «pues sólo de esta forma quedaría definitivamente borrado el pecado original de los orígenes franquistas del nuevo régimen. Pretender que España debe ser monárquica por agradecimiento me parece propio de una mentalidad arcaizante; me recuerda las leyendas medievales del caballero que salvaba a la doncella del dragón y, en recompensa, obtenía su mano y su dote». Barrera protestó también por el hecho de que el Estado Español persistiera «en el grave error de no restituir lo esencial de su soberanía a las naciones que lo integran»[3].

Con todo ello, Heribert Barrera se abstuvo en la votación final del texto constitucional que, en su artículo 2, garantizaba la autonomía catalana: «La Constitución se fundamenta en la indisoluble unidad de la Nación Española, patria común e indivisible de todos los españoles, y reconoce y garantiza el derecho a la autonomía de las nacionalidades y regiones que la integran y la solidaridad entre todas ellas.» Sobre estas bases sería aprobado el deseado *Estatut* en 1979.

En la intentona del 23 de febrero de 1981, los golpistas centraron sus argumentos en el peligro separatista. La respuesta de don Juan Carlos a la llamada telefónica de Jordi Pujol, que llevaba pocos meses de presidente de la Generalitat, fue un jalón que marcaría las relaciones futuras. «*Tranquil, Jordi, tranquil*», se convirtió en algo más que una frase convencional. El peligro inmediato se había conjurado. No obstante, tras el trauma llegó la resaca en forma de LOAPA (Ley Orgánica de Armonización del Proceso Autonómico), un intento

---

[2] Las intervenciones de Miguel Roca y de Jordi Solé Tura están recogidas del Diario de Sesiones del Congreso de los Diputados de 11 de mayo de 1978.

[3] Diario de Sesiones del Congreso de los Diputados, 8 de mayo de 1978.

baldío de freno y marcha atrás. El 8 de abril, en la primera visita de
Jordi Pujol a Leopoldo Calvo Sotelo, éste le pide que retire el ban-
derín de la senyera de su automóvil, a lo que Pujol se niega. La
LOAPA sería anulada en lo más importante por el Tribunal Constitucional. Pujol no ha mostrado con el Monarca el mismo entusiasmo que Tarradellas, aunque su actitud ha sido, en general, algo
más que respetuosa. El líder nacionalista se ha valido con frecuencia de un mecanismo bien estudiado de tensión y distensión; permitía y probablemente alentaba a los cachorros nacionalistas a que
le montaran al Rey manifestaciones de protesta en sus viajes a Cataluña, pero acto seguido pedía a su tropa respeto para el Monarca.
Pujol nunca olvidará la intervención de Su Majestad cerca de Felipe
González para impedir su procesamiento en la querella contra Banca
Catalana de la que Pujol fue máximo directivo.

Hubo algunos momentos muy duros, como cuando Sabino llevó
personalmente al Honorable un mensaje del Rey lamentando no
poder asistir a un acto nacionalista. El *President* montó en cólera y
Sabino, a quien había invitado a almorzar en el Palau de la Generalitat, se levantó de la mesa y se marchó negándose a transmitir a
Su Majestad tan irritada respuesta. Una fuente de roces que no cesa
es la de los viajes de Pujol en los que éste suele excederse en su
pedagogía para que se perciba que Cataluña es una nación. En 1988,
durante un viaje a Uruguay, pronunció una frase que disgustó en
los dos palacios, Moncloa y Zarzuela: «Uruguay y Cataluña son dos
países pequeños rodeados por dos colosos», refiriéndose obviamente
a Brasil y Argentina, los países con los que limita Uruguay, y a Francia y España, que apabullarían a Cataluña.

Ramón Pedrós, quien fue jefe de Prensa de Pujol durante los
años 1988 a 1998, cuenta con humor la visita de éste a California
en 1986, que el periodista cubrió como corresponsal de un medio
español. El político catalán —que aquella vez tuvo que recurrir al
despacho del ex secretario de Estado, Henry Kissinger, con tal de
que le recibiera el gobernador de California, George Deukmejian—
portaba una carta del rey Juan Carlos dirigida a éste, en la cual el

Monarca español expresaba su deseo de visitar California y elogiaba la personalidad política de Pujol. En la misiva, Juan Carlos le explicaba su condición de co-presidente, junto con el titular de la Casa Blanca, de la Asociación de Amigos de Gaspar de Portolá (el catalán de Balaguer que descubrió la bahía de San Francisco y colonizó California), asociación de la cual además eran vicepresidentes Pujol y el mismo Deukmejian. El gobernador, frío como el mármol, no pareció conmoverse ni por Gaspar de Portolá ni por la lección real. Tampoco se esforzó en disimular, cuando recibió a Pujol en el Capitolio de Sacramento, capital californiana, que no había acogido con simpatía la sugerencia de hermanar California y Cataluña. Prenafeta, secretario general de la Presidencia, recurrió entonces a un *lobby* para conseguir que el senador demócrata Henry Mello favoreciera la iniciativa por vía parlamentaria. Conseguida finalmente una cita con el arisco gobernador, el *President* partió veloz para Sacramento. En ésas que Lluís Prenafeta y la esposa de Pujol, Marta Ferrusola, se percataron de que el *President* se había olvidado en el hotel de San Francisco el sobre con la misiva del Rey. Prenafeta envió a su chófer a toda velocidad hacia Sacramento, sin atender ni a las limitaciones de velocidad ni a los semáforos. El conductor cumplió fielmente las instrucciones recibidas, lo que le costó la retirada del carnet de conducir durante dos años. «La historia de la famosa misiva —concluye Pedrós— tuvo un desenlace tan inesperado que parece irreal. Pujol, en realidad, había cogido la carta y se la había llevado con él a Sacramento y había dejado encima de la mesa el sobre grueso que la guardaba para proteger el sello de la Casa del Rey. Lo que Marta Ferrusola y Lluís Prenafeta encontraron encima de la mesa, y lo que éste había hecho llevar al chófer con la orden de cuidarlo como si fuese su propia vida, era, sencillamente, un sobre vacío.» [4]

En diciembre de 1987, el presidente portugués Mario Soares visita a Pujol en Barcelona. A la hora de los brindis, Soares levanta

---

[4]   Ramón Pedrós, *La volta al món amb Jordi Pujol*, Editorial Planeta, Barcelona, 2002.

su copa de cava hacia el cuadro del rey Juan Carlos y el príncipe Felipe que preside el salón de Sant Jordi y, tratando de no molestar a nadie, brinda por el Rey, por Portugal, por España y por el pueblo de Cataluña. El brindis de Pujol se convierte en conferencia: traza un paralelismo entre ambos países, asegurando que «los catalanes comprenden los recelos de Portugal cara a España». Cuando Pujol, tres años después, devuelve la visita a Soares, trata de enmendar el disgusto provocado al Rey y a González en aquella ocasión. Alza la copa y explica que desde que pronunciara aquellas palabras sobre los recelos compartidos por Portugal y España, hasta ahora, octubre de 1990, «las cosas afortunadamente han cambiado de manera radical», debido a la consolidación de la democracia en ambos países y a la integración de España y Portugal en la Unión Europea.

Los Reyes y los señores de Pujol coincidieron en Nueva York, en octubre de 1993, con motivo de la exhibición en el Museo de Arte Moderno, el célebre MOMA, de una exposición antológica de Miró, en cuya inauguración don Juan Carlos y doña Sofía presidirían una cena de gala. Allí no hubo más incidente que la confusión de los reporteros, que al irrumpir los Pujol en el museo transmitieron que acababan de llegar «el rey Pujol y la reina de España».

La acogida hacia el Monarca de la ciudadanía catalana ha sido siempre muy cálida, y ello no se le escapa al pragmático líder nacionalista que ha gobernado Cataluña durante un cuarto de siglo. Sus estancias en tierras catalanas transcurren en loor de multitud y llegaron a ser triunfales en algunas ocasiones. Hay que destacar su presencia como presidente de honor de la comisión para la celebración en 1988 del Milenario de Cataluña y la que hizo con motivo de los Juegos Olímpicos de 1992. Sobre el primero de estos acontecimientos, el joven nacionalista Francesc Homs me comentaba: «Fueron unos actos que se prolongaron a lo largo de casi un año, en los que celebrábamos el Milenario de Cataluña como país; pasaron un tanto inadvertidos en el conjunto de España, pero fueron muy importantes para nosotros, y en ellos tuvo un protagonismo

muy especial Su Majestad el Rey; actuó como institución encajando muy bien su papel presente, su papel histórico y su papel
futuro y consiguió una amplia adhesión popular.» En aquella ocasión Jordi Pujol hace una declaración que refleja bien el papel que
CiU atribuye al Rey: «Nosotros somos un partido nacionalista. La
Generalitat está gobernada por un gobierno nacionalista. Nosotros
decimos siempre que Cataluña es una nación y que ello lo encua-
dramos, como resultado de todo un proceso histórico, en el marco
español. Por tanto, el Rey es nuestro Rey y es bueno que venga
para dar solemnidad al Milenario y para explicarle todas estas cosas
sin ningún doble lenguaje. Aquel día no le diremos: "Majestad, somos
una región." Queremos que él, que también es Rey de esta nación
que forma parte del conjunto de España, venga aquí y lo presida.»

No es tan positiva la opinión del joven nacionalista respecto a
su actuación en los Juegos Olímpicos de 1992. Las Olimpiadas fueron una buena ocasión para que las distintas sensibilidades que con-
viven en Cataluña midieran sus fuerzas. Pujol quería resaltar ante el
mundo la singularidad catalana, «el hecho diferencial», su condición
de país, de nacionalidad, dentro del Estado Español pero con una
fuerte identidad propia. El objetivo era resaltar que Cataluña no era
lo mismo que España, dejando en un plano oculto o ambiguo su
condición de comunidad autónoma española. Omnium Cultural,
una asociación financiada bajo cuerda por la Generalitat de la que
formaban parte familiares de Pujol y de Prenafeta, aprovechó la
oportunidad para financiar una campaña publicitaria que realizó
Bassat, una agencia utilizada con frecuencia por el Gobierno catalán. La campaña apareció en los treinta periódicos de mayor tirada
del mundo con el lema *Freedom for Catalonia*. La campaña ofi-
ciosa fue criticada desde perspectivas menos nacionalistas. Un edi-
torialista se quejó de que los cachorros nacionalistas «habían tratado
de exportar la idea de que Cataluña era un país exótico situado en
los Balcanes». Directamente, la Generalitat insertó otros anuncios a
doble página: en la primera se formulaba a toda plana y con grandes alardes tipográficos la siguiente pregunta: «¿En qué país situaría

usted Barcelona?» En la siguiente página se daba la solución: «En Cataluña, un país de cultura y arte», con el correspondiente contorno de esta región.

Sin embargo, la organización de los Juegos corrió a cargo de un alcalde catalanista pero socialista, Pascual Maragall, muy apoyado por el Gobierno de González que, con fondos del Estado, pagó las grandes infraestructuras deportivas y de comunicaciones que se construyeron para tal efecto y apoyó el gran esfuerzo técnico y organizativo que había que desplegar para que aquel evento fuera un éxito, lo que habría desbordado el ámbito de una alcaldía aunque fuera tan importante como la de Barcelona.

Pero quienes verdaderamente se llevaron los máximos honores fueron el Rey y la Familia Real. Fue la gran apoteosis. El éxito y la apostura del Príncipe, bandera roja y amarilla en ristre, provocaron un entusiasmo españolista cuya amplitud no había previsto Pujol. El estadio olímpico apareció cubierto por una marea de banderas españolas como hacía mucho que no se contemplaba en Barcelona. Fue un gran éxito de imagen para España, como país moderno capaz de organizar a la perfección un evento de esta envergadura; un triunfo para la ciudad, que fue conocida y reconocida como una de las más bellas del mundo; constituyó una satisfacción para Felipe González y para el Gobierno socialista; y representó un momento de esplendor para la Corona española, como resaltó la propia prensa extranjera que había insertado los anuncios de la Generalitat. En aquella ocasión tanto el Rey como el Príncipe se ganaron bien el sueldo.

No obstante, Francesc Homs, que había expuesto como ejemplo positivo la presencia del Rey en el Milenario de Cataluña, señalaba como un mal ejemplo ciertas actitudes del Rey con motivo de los Juegos: «Otro ejemplo, en sentido opuesto, es el día de la inauguración; hubo un momento en que yo creo que el Rey se equivocó y que actuó mal, yo creo que por indicación del Gobierno: fue cuando, en el acto protocolario de inicio, sonaron los himnos oficiales de Cataluña y España. Cuando suena el primero, Su Majestad estuvo con la mano alzada saludando al público y, cuando justo a continuación y sin pausa, que esto tenía un elemento simbólico muy claro, empieza a escucharse el himno español, el Rey se cuadra. A veces la política del Gobierno de turno le ha hecho jugar una mala pasada.»

En los viajes oficiales, el Monarca ha tenido que tragar con buen talante las banderas y pancartas independentistas de grupos reducidos pero ruidosos, entre los que, junto a los separatistas, republicanos de izquierda y algunas gentes próximas a los terroristas de Terra Lliure, figuraban también conocidos jóvenes adscritos a Convergència i Unió, entre ellos los hijos del *President*. Una de las situaciones más aparatosas y menos espontánea fueron los abucheos dirigidos al Rey por las juventudes nacionalistas en 1989, durante la inauguración de la V Copa del Mundo de Atletismo. Ante el disgusto de don Juan Carlos, Pujol condenó el alboroto y reiteró su adhesión a la Corona. Pero, salvo estas manifestaciones minoritarias, más o menos incontroladas, el Monarca sólo ha recibido muestras de cariño de los catalanes.

El Rey visita cada año las instalaciones de nieve de Baqueira Beret, donde esquía con su familia. Es el momento que aprovecha Pujol para visitarle y expresarle sus respetos. Cuando por el rigor climatológico no es aconsejable que se acerque el *President*, que ya ha cumplido setenta y tres años —nació en 1930—, le representa un hombre de su mayor confianza, Xavier Trías. El invierno en el Pirineo y el verano en Mallorca, destino natural de las vacaciones para muchos catalanes pudientes. La estancia de los Reyes en Marivent permite un trato muy directo con aristócratas y gente adinerada de Cataluña: Cusi, con quien comparte el velero *Bribón*; Puig, el de los perfumes, o Leopoldo Rodés.

Un factor que contribuye al buen ambiente de la Corona es que la infanta Cristina, «la infanta lista» como la llaman algunos malvados, viva y trabaje en Cataluña, lo que según la declaración del propio Pujol le da plenos derechos para considerarse catalana. Cristina hace su jornada diaria normal como empleada de la Fundación La

Caixa bajo las órdenes de Luis Reverter, director de la misma, quien fuera el hombre de confianza de Narcís Serra cuando fue ministro de Defensa. La infanta Cristina se casó con un guipuzcoano de origen pero que también es catalán con el mismo derecho que Cristina, a quien conoció en los Juegos Olímpicos de Atlanta en 1996. Iñaki Urdangarín Liebaert fichó por el equipo de balonmano del Barcelona en 1986, y desde entonces vive en esta ciudad. La boda, celebrada en Barcelona el 4 de octubre de 1997, fue esplendorosa y de un seguimiento mediático espectacular. Urdangarín padre también trabajó en Barcelona, en una entidad financiera vasca. Según me cuenta Xavier Trías, que tiene amistad con él, pues ambos veraneaban juntos en el Montseny, es un hombre muy respetado en Cataluña. Peneuvista por los cuatro costados, «es un hombre de una pieza muy querido en Cataluña».

Por otro lado, en las visitas efectuadas a Cataluña tanto por el Rey como por el Príncipe, ambos han reconocido explícitamente la identidad de Cataluña como país dentro de la unidad del Reino de España. Con motivo de una visita del Príncipe que quería recorrer las ciudades que ostentaban sus títulos catalanes —príncipe de Gerona, conde de Cervera y señor de Balaguer—, don Felipe pronunció unas palabras resaltando la personalidad nacional de Cataluña, que provocaron el entusiasmo de los asistentes y especialmente el de Jordi Pujol. El *President* formuló una declaración en la que pedía que Felipe González tomara nota y actuara en consecuencia, lo que sentó a cuerno quemado, tanto en La Moncloa como en La Zarzuela. Hubo un momento en el que el Rey se vio obligado a intervenir disgustado por unas palabras de Pujol a favor del derecho de la autodeterminación. Pujol tranquilizó al Monarca y le reiteró la lealtad de su Gobierno a la Corona, significándole que, como nacionalista, debía defender tal principio, aunque no tenía la menor intención de llevarlo a la práctica.

La clave para entender estas relaciones me la proporcionaba Xavier Trías, veterano convergente que siempre ha desempeñado en el Gobierno catalán y en la coalición que le sustenta un cometido de alta responsabilidad: fue *conseller* de Sanidad y de Presidencia y candidato a alcalde de Barcelona en las elecciones municipales de 2003. Cuando le he entrevistado para este libro, durante un delicioso almuerzo en El Rincón de Esteban, frente a los leones del Congreso de los Diputados, ocupaba la jefatura del grupo catalán en el Parlamento y apuraba sus últimos días en Madrid antes de volver a Barcelona para encabezar la oposición convergente al gobierno municipal del socialista Joan Clos. Trías no duda de que para Cataluña «viene mejor un reino, capaz de englobar a otras nacionalidades como las catalanas, que una república. Algo semejante al "Pacto con la Corona" —cada uno busca sus propias fórmulas—, el caso es encontrar algo para evitar los enfrentamientos. […] La Corona puede ser como la belga, donde coexisten distintas lenguas, culturas y organizaciones casi confederales, o como en Gran Bretaña, donde la reina de Inglaterra y de Irlanda del Norte lo es también de Escocia y del País de Gales. Pero también son posibles otras soluciones más sueltas, todo depende de las circunstancias, como las que representa Isabel II en Canadá y en Australia. […] El Reino —concluía el portavoz del grupo catalán en Madrid— es un paraguas magnífico». Y añadía, con humor: «Si yo a veces me refiero al Estado Español y no al Reino de España es sencillamente porque me cuesta pronunciar la erre, pero preferiría hablar de Reino y no de Estado Español.»

Persisten, en opinión de Trías, muchos símbolos, gestos y hábitos sociales de los que no tiene culpa el Gobierno central, que están muy metidos en las actitudes y no contribuyen al entendimiento entre Cataluña y el resto de España. «Algunas cosas pueden parecer un poco tontas pero, por ejemplo, aquí no terminamos de comprender que los seguidores del Real Madrid desplieguen en los estadios la bandera española. ¿Por qué no enarbolan la enseña de la Comunidad de Madrid, las siete estrellitas, como los seguidores del Barça despliegan la senyera. Si a un deportista catalán se le ocurriera envolverse en la senyera cuando sube al podio para que le impongan la medalla que acaba de ganar se la arrebatarían en el acto como una chaladura.»

En opinión de Trías, el Rey, que lee catalán bastante bien, debería hacer un esfuerzo para dominarlo, y desde luego el Príncipe tendría que aprender perfectamente tanto esta lengua como el euskera, por mucho que le cueste; son los gajes del oficio. Trías expresa muy buena opinión del Príncipe, con quien mantiene una relación poco frecuente pero muy cordial. «Yo le monté una cena en Barcelona a principios de año —2003— con catalanes que él debía conocer: nacionalistas y no nacionalistas, con gente de su edad. La cena fue muy bien y yo creo que le será de gran utilidad. A los españoles nos interesa que el Príncipe sea un buen profesional.» En cierta ocasión Trías le acompañó a una institución de beneficencia. Una monja se le acercó y le confió: «Cada día rezo para que Su Alteza encuentre una mujer como su madre.» A lo que el Príncipe contestó con mucha simpatía: «Hermana, por favor, no rece más.»

Trías insiste en que la simpatía del Rey es un factor muy positivo. «Entre todos hemos puesto lo demás.» Me confiesa que, sin embargo, no es fácil tratar con la Corona. «Te reciben con mucho afecto y naturalidad… "¡Qué tal, Xavi!", pero uno tiene que andarse con mucho tiento para no infringir ningún protocolo. Está todo montado para que sea impenetrable. La monarquía necesita del misterio. Está en la penumbra de lo mágico.» Le pido finalmente que me resuma su opinión en forma de consejos al Rey. Me enumera los siguientes:

1.º Pase lo que pase tiene que tener en cuenta que España es un Estado plurinacional.
2.º Debe ser de verdad el Rey de todos los españoles.
3.º El Rey y el Príncipe deben hablar perfectamente el catalán.
4.º El Príncipe debe verse con mucha gente en Cataluña y conocer bien a gente como Artur Mas y Pascual Maragall, entre otros muchos.

Tenía interés en conocer a los jóvenes nacionalistas en los que se apoya Artur Mas, que marcarán la etapa pospujolista de Convergència i Unió. Me reuní con dos jóvenes sumamente maduros que rechazan la adscripción que a veces reciben de «talibanes». Y, en efecto, a fe que son moderados y sensatos, tanto Marc Puig, responsable de Comunicación de la Generalitat, como Francesc Homs, de cargo aparentemente anodino, coordinador de Consejerías, que pudiera asimilarse, salvando las distancias y sin el menor ánimo peyorativo, con las funciones que desempeñaría un alto comisario político. La reunión tuvo lugar durante un almuerzo variado y de calidad difícil de mejorar en el Passadis dein Pep, un lugar oculto, casi clandestino, en el centro de la ciudad, a unos pasos de la Ciudadela de triste y glorioso recuerdo porque desde allí impuso Felipe V el Decreto de Nueva Planta que acabaría con la autonomía catalana y donde asienta ahora sus reales el Parlament de Catalunya.

Transcribo la entrevista con ellos en el apéndice de este libro, pero ahora me interesa resaltar algunas ideas suyas al hilo de lo que vengo diciendo en este capítulo, especialmente en lo que se refiere a la importancia que ambos atribuyen a los gestos que podría hacer el Monarca en Cataluña. «Mira, si viniera el Rey y dijera: "He pedido al dueño de ese hotel donde se lee en tubos fluorescentes Hotel Juan Carlos Primero que lo rebautice como Hotel Joan Carles Primer", te aseguro que a la mitad del nacionalismo, como mínimo, se le saltan las lágrimas de emoción. Es algo puramente simbólico, pero qué importancia tienen los símbolos», opina Marc Puig. «Los reyes que ha tenido Cataluña —tercia Homs— hablaban en castellano en Aragón y en catalán en Cataluña. Como es natural, hablaban como les entendían sus súbditos, en las lenguas de los países en los cuales eran reyes. He oído en alguna ocasión al rey Juan Carlos hablando en catalán y, la verdad, no se le da mal. El Príncipe tiene que saber el inglés, tiene que saber el castellano, el francés, algo de alemán seguramente, pero sobre todo tiene que dominar todas las lenguas de los pueblos de España. ¿Cómo va a ser si no Rey de todos los españoles?»

La pregunta relevante es si los nacionalistas consideran que el Rey puede desempeñar un papel importante en Cataluña. Mis comensales no lo dudan. «Si hiciera un análisis histórico yo no podría decir lo que voy a decir ahora —resume Homs—, pero en un análisis de la historia más reciente, y sobre todo de cara al futuro, para muchos catalanes el Rey representa una oportunidad de configurar una organización del Estado Español, de España en definitiva. Es la referencia que tenemos en común todos los pueblos de España.» Desde la óptica de un nacionalismo catalán que busca un encaje distinto de Cataluña —coinciden Puig y Homs—, la figura del Rey puede y debe tener un papel muy importante y de mucha actualidad. Y me insinúan que las reticencias de la derecha respecto a la monarquía pudieran deberse a que hay gente en la derecha que intuye que puede ser un factor decisivo para una articulación distinta de los distintos pueblos de España.

El lector interesado puede leer las opiniones de Pascual Maragall al final de este libro, pero puedo adelantar que coinciden a grandes rasgos con la apreciación del papel que puede desempeñar el Monarca. «En la España plural como proyecto —me dice en esencia— puede hacer una gran aportación; pasados veinticinco años de democracia y de autonomía nos disponemos a releer los textos y los valores constitucionales, adaptándolos a las nuevas realidades y al desarrollo de unas autonomías de las que no se hablaba en la Constitución, que se limitó a abrir el camino para establecerlas. El Rey puede volver a desempeñar un papel decisivo aplicando su habilidad y sus atribuciones como moderador de pasiones y su intuición para lo esencial, como ocurrió en su primer periodo de reinado, desde 1975 a, digamos, 1982.»

Se ha producido, sin embargo, un hecho nuevo: un fuerte incremento de Esquerra Republicana de Catalunya en las elecciones autonómicas del 16 de noviembre de 2003. Su líder, Josep Lluís Carod-Rovira, es ahora el árbitro de la situación y no oculta su objetivo, republicano e independentista. Tampoco oculta, sin embargo, que este objetivo se inserta en la categoría de «programa máximo» que puede aplazarse indefinidamente.

Capítulo VIII

«Juro no volver a pasar hambre»

El dinero parece ser el flanco más débil de Su Majestad. Mucho más que ese corazón enamoradizo que le legaron sus antepasados y que sólo escandaliza a unos pocos, entre ellos a quienes se han adscrito al bando de doña Sofía, los «monárquicos, pero de la Reina». Un pecado tan dinástico, tan envidiado, no socava el activo de un personaje muy humano, demasiado humano. La afición de don Juan Carlos a las faldas no es un problema de Estado, salvo cuando se convierte en un problema de Estado, naturalmente. La objeción se plantea cuando sus aventuras interfieren en sus obligaciones profesionales, como ocurrió cuando, desaparecido en Suiza, atendía en una clínica a una deprimida Marta, la decoradora catalana a la que estuvo ligado sentimentalmente durante dieciocho años sin que ello le impidiera adentrarse en otras aventuras. En aquella ocasión, como ya he contado, Felipe González no pudo localizarle para la firma de unos decretos que no admitían demora. O como sucedió cuando esta decoradora le impuso el cese de José Joaquín Puig de la Bellacasa como secretario general de la Casa de Su Majestad porque criticó una relación no suficientemente discreta. También fue decisión de Marta que el Rey se prestara a contar sus memorias a José Luis de Vilallonga, quien favorecía los encuentros de la pareja. Otra intimidad femenina, la de Bárbara, le pudo costar muy cara al Monarca, y desde luego no nos resultó barato a los ciudadanos silenciar las supuestas indiscreciones del Rey.

La obsesión real por hacerse rápidamente con una fortunita ha sido atribuida a las penurias del pasado, propias de una familia que vivía con relativa estrechez en el exilio y que mantendría a duras penas la dignidad propia del pretendiente —Juan III para los monárquicos— gracias a la contribución de unos cuantos aristócratas. La impresión de algunas personas que han estado mucho tiempo a su vera es que el Rey ha hecho suya la exclamación de Escarlata O'Hara con la que titulo este capítulo. Las penurias sufridas por la familia de la Reina en el exilio, que ha tenido que recurrir a la generosidad de la Casa Real española, han generado una actitud similar en la Reina. En este reflejo provocado por los riesgos del oficio, la pareja real ha permanecido siempre unida, consciente de que en aquella trepidante Transición podía ocurrir cualquier cosa. «Lo malo —me decía un familiar del Monarca— es que cuando uno hace cosas cuestionables por lo que pudiera pasar, lo que pudiera pasar termina pasando.» Un jeroglífico de fácil interpretación.

No obstante, parece que se han exagerado las penurias borbónicas, ya que don Juan heredó un patrimonio apreciable a la muerte de su padre, Alfonso XIII (fallecido el 28 de febrero de 1941). La condesa de Barcelona ha explicado, desmintiendo la justificación de los lamentos de su sobrino Alfonso, quien se quejó de que aquél le había despojado de sus bienes, que Alfonso XIII repartió su fortuna entre la Reina y los hijos, pero que a don Juan, su heredero, le confió una cantidad en usufructo que éste pasó después a don Juan Carlos. Doña María sostiene que don Juan se hizo cargo, a medias con la reina Victoria, de gastos cuantiosos para pagar los estudios de Alfonso y Gonzalo, los hijos del infante don Jaime, así como los costes de la estancia en Madrid de ambos, del dinero para vestirse, para alimentarse y llevar algo en el bolsillo. Doña María no se vio en la penosa necesidad de vender las joyas de la Corona: «Había unas cuantas que me había dado el Rey a mí, y otras que tenía siempre la Reina Victoria, como la diadema ésa de las flores de lis, unos collares o "La Peregrina", que se dan a las Reinas. Yo ya se las he dado todas a Sofía, porque no quiero responsabilidades, y luego un día serán para Felipe. Son las que yo llamo las alhajas de pasar. A mí también me quedan otras que tampoco están mal, porque mamá estaba también bien de joyas, y que serán para que se las repartan las chicas y algunas que le daré a la Reina y a Elena y Cristina, mis nietas.»[1] La reina Sofía se adorna, en efecto, con la diadema de brillantes, la de las flores de lis, en las ceremonias más solemnes. La condesa de Barcelona, doña María de Borbón, ofrece todo tipo de detalles sobre estas joyas: un broche con una perla en forma de pera que le legó su madre; un broche con una esmeralda «enorme» que había sido de la infanta Isabel, *la Chata*, con pendientes y sortija a juego, regalado por Alfonso XIII cuando nació Juan Carlos; un collar de «chatones» y uno de cuatro hilos de perlas grandes, etc.

El último rey de España había atesorado un importante patrimonio que procedía, por una parte, de las herencias recibidas de Isabel II, Alfonso XII y la regente María Cristina, así como de los ahorros de la cantidad que le asignaba el Estado a través de la llamada «lista civil», y otros ingresos anexos al cargo, como los que le proporcionaban las visitas de curiosos a la armería y la caballería; los derechos por concesiones del Toisón de Oro; la expedición de títulos de proveedor de la Real Casa (35.000 a 40.000 pesetas de entonces al año por título, el equivalente a unos 4.000 o 5.000 euros de hoy, unas 700.000 u 800.000 pesetas, que le pagaban por poder colocar el diploma en el escaparate de sus establecimientos, pasteleros, bodegueros, tapiceros, sastres y demás industriales que atendían las necesidades de Palacio). Alfonso XIII, que era un lince para los negocios, invirtió audaz y prudentemente su dinero en más de sesenta empresas.

La II República, en el proceso que hiciera al Rey, además de derogar sus derechos dinásticos y los de su descendencia, expropió sus bienes, que alcanzaban según la auditoria oficial 32,4 millones de pesetas de 1931, lo que representaría hoy unos 38 millones de euros (6.480 millones de pesetas). No estaban incluidos en este recuento el metálico, los inmuebles y alhajas, ni se contaban los terrenos y edificaciones de los palacios de la Magdalena de Santan-

---

[1] Javier González de Vega, *Yo, María de Borbón*, El País-Aguilar, Madrid, 1995.

der y Pedralbes de Barcelona, por ser donaciones de los municipios. En total, el patrimonio neto del Monarca podía evaluarse en torno a 41 millones de pesetas de 1931 (actualizados, algo más de 50 millones de euros, equivalentes a unos 8.400 millones de pesetas modernas). Alfonso XIII administraba también la fortuna de su esposa, la reina Victoria Eugenia, que ascendía en 1931 a 23 millones de pesetas, hoy unos 27 millones de euros (4.600 millones de pesetas), y la de los infantes, que en 1931 sumaba 22,8 millones de pesetas, en la actualidad unos 27 millones de euros (equivalentes a 4.560 millones de pesetas). En total, el Rey movía una fortuna familiar que hoy equivaldría a unos 100 millones de euros o a más de 13.000 millones de pesetas.

Según decisión unánime de las Cortes Constituyentes, en sesión celebrada en noviembre de 1931, el Rey fue declarado fuera de la ley e incautadas sus propiedades: «De todos los bienes, derechos y acciones de su propiedad que se encuentren en el territorio nacional se incautará en su beneficio el Estado, que dispondrá del uso más conveniente que deba dárseles.» La República sólo podía incautarle el patrimonio que poseía en España, por lo que Alfonso XIII salvó las inversiones en el extranjero que, según Guillermo Gortázar, quien ha estudiado con suma aplicación la faceta de Alfonso XIII como hombre de negocios, representaba aproximadamente un tercio de su fortuna, lo que representaría unos 16 millones de los euros de hoy, 2.800 millones de pesetas aproximadamente. [2]

---

[2] Guillermo Gortázar, *op. cit.* El autor informa pormenorizadamente sobre las inversiones del Rey que, a diferencia de las mayores fortunas de la época, no se centraban en la tierra, sino en inversiones mobiliarias. Alfonso XIII tenía, entre otras, acciones en los bancos Hispano Colonial (hoy Banco de Santander), Hipotecario, Urquijo, Español de Crédito, Madrid, además de en La Equitativa, Urbanizadora Metropolitana (hoy Metrovacesa), Cuadras del Hipódromo, Hotel Ritz, Aceros Lasarte, Duro Felguera, Hispano-Suiza, Renault, Ford, Mateu Artes Gráficas, Unión Española de Explosivos, Metropolitano de Madrid, ferrocarriles varios, Transmediterránea, Trasatlántica, Chade, Sevillana de Electricidad, Pysbe, Golfo de Guinea, etc.

La República devolvió, sin embargo, gentilmente a la Reina sus joyas, aunque se negó a pagar su «sueldo», que sí abonó Franco, a partir de 1947, cuando España fue declarada Reino, incrementando considerablemente su cuantía, desde las iniciales 250.000 pesetas de la época a un máximo de 750.000, aunque a veces se retrasara en el pago. La reina Victoria Eugenia, como explica la condesa de Barcelona en sus memorias confiadas a Javier González de Vega: «... apuros económicos no llegó a pasar, pero como durante años no le mandaron la pensión que cuando se casó le adjudicaron por si un día se quedaba viuda, tampoco tenía dineros para gastos extraordinarios.» Desde luego, cuando la viuda de Alfonso XIII necesitaba hacer algún gasto extraordinario no dudó en «pulirse» las joyas de la Corona, entendiendo éstas no de forma estricta, pues según cree haber demostrado Juan Balansó, las genuinas joyas de la Corona se las quedó Cristóbal Chimbelli, ayuda de cámara de José I, *Pepe Botella*, breve rey de España, cuando fue destronado. La Reina se desprendió de un collar de «chatones» que se vendió en Suiza en una subasta, además de broches y diademas. «La verdad —explica la condesa con la sencillez a la pata la llana que la caracterizaba— es que a la tía Ena las alhajas le solucionaron muchas cosas. La casa de Lausana, Vieille Fontaine, se la pudo comprar con lo que le dieron por una cruz de esmeraldas enormes.»

Para comprarse una casa en Londres, cerca del palacio de Saint James donde vivía su madre la princesa Beatriz, la reina Victoria vendió un collar, una diadema y unos pendientes de esmeraldas. «Por cierto —comenta doña María—, que Harry Winston [el joyero londinense] se portó como un caballero. Después de haber pagado, cuando vio todo con calma, resultó que dos de las esmeraldas del collar no eran auténticas. ¡Dios sabe cuándo las habrían cambiado!» Años después todas estas joyas fueron compradas por el Sha de Persia y aquellas esmeraldas las llevaba en el manto Farah Diva el día de la coronación.

Don Juan Carlos cuenta que cuando su abuelo salió de España «no tenía lo que hoy se dice una fortuna importante», y tiene razón:

no contaba más que con un patrimonio personal valorado en unos 8.400 millones de pesetas —con el de su familia se redondeaban los 13.000 millones de pesetas— que, después de las expropiaciones de sus bienes en territorio nacional decididas por las Cortes republicanas, se quedarían en algo menos de 3.000 millones de pesetas, cantidad en la que podrían valorarse según este criterio sus inversiones en el extranjero, tal como hemos comentado. Una miseria comparada con la fortuna que amasaron sus amigos Mario Conde, los Albertos o Javier de la Rosa. Pero aquéllos eran otros tiempos. Tampoco podemos dudar de la palabra del Rey cuando confiesa que, desde pequeño, siempre había oído hablar en casa de problemas económicos, que el dinero era un tema constante de preocupaciones. Cuenta el Monarca una anécdota deliciosa de su infancia, que podría iluminar su escasa mano para los negocios: «Tenía cinco o seis años cuando hice el primer mal negocio de mi vida. Fue en Lausana. Un español que había venido a visitar a mi padre me regaló una pluma de oro. Justo delante del Hotel Royal, donde vivíamos, había una tienda a la que íbamos a comprar caramelos y chocolate. Como no tenía un céntimo en el bolsillo tuve la luminosa idea de ir a ver al portero del hotel para enseñarle mi pluma. "Es de oro —le expliqué—. ¿Cuánto me da por ella?" El portero me ofreció cinco francos. Le di mi pluma y me precipité a la tienda para comprarme unos caramelos. En cuanto mi padre se enteró fue a ver al portero, le dio diez francos y recuperó la pluma. Me dijo muy severo: "Me has hecho perder cinco francos."»

Don Juan no tenía en efecto una fortuna comparable a la acumulada por muchos ricos de hoy, pero no vivía mal: un buen chalet aunque no ostentoso en Estoril, una cuadra con magníficos caballos, un Mercedes discreto, un barco, *El Saltillo*, que utilizaba en préstamo vitalicio gracias a la generosidad de un rico bilbaíno, Galíndez. También contaba con un servicio suficiente: secretario, conductor, doncellas, etc. Nunca se privaron de realizar caros viajes, de participar en exóticos safaris como el que les llevó hasta Angola y Kenia, además de fiestas, recepciones, etc. Las apreturas de los condes de Barcelona en sus años de exilio, a las que se refiere don Juan Carlos, me recuerdan un cuento humorístico que empezaba así: «Aquella familia era muy pobre: el jardinero era pobre, el chófer era pobre, el mayordomo era pobre, las doncellas eran pobres... Todos eran pobres en aquella pobre familia.» Lo cierto es que los condes de Barcelona contaron con el suficiente dinero y la dignidad precisa para no aceptar las ofertas que les hiciera el embajador de Franco en Lisboa, su hermano Nicolás, con quien por cierto tuvieron una relación sumamente cordial. El general Franco les ofreció a través de su hermano, cuando los condes de Barcelona llegaron a Portugal el 2 de febrero de 1946, una magnífica casa, donde luego vivieron los condes de París, y un Packard flamante. Según cuenta doña María, don Juan, que agradeció el gesto, dijo al embajador para explicar su rechazo: «Los reyes no cobramos mientras no funcionamos.»

Concluida la guerra, Franco anuló la disposición de la República y devolvió al Rey sus bienes identificables y procedió al pago que la Corona había acordado en las capitulaciones matrimoniales del enlace de Alfonso XIII con la nieta de la reina Victoria, por si ésta se quedaba viuda. No hay que olvidar estos hechos para calibrar debidamente la declaración de don Juan Carlos a Vilallonga: «Digan lo que digan, ni mi padre ni ningún otro miembro de la Familia Real cobraron nunca un duro del Estado Español, durante todo el tiempo que duró nuestro exilio.»

No es fácil calcular el dinero que llegó a don Juan sin rastrear el movimiento de cuentas de Alfonso XIII durante sus diez años de vida en el exilio, en los que tuvo que afrontar sus gastos y los de su familia, entendiendo ésta en sentido amplio. Se ha proporcionado la cifra equivalente a 100 millones de euros, que fueron repartidos entre sus tres hijos vivos y su viuda. Entre los bienes heredados por don Juan se encontraban valiosos edificios en la Red de San Luis, en la Gran Vía madrileña; el palacio de Miramar, en San Sebastián; el de la Magdalena en Santander, incluida la bellísima península donde está edificado; o la isla de Cortagada, en la ría de Arousa, propiedades, estas tres últimas, discutibles en buena ley por la naturaleza de tales donaciones, que fueron hechas por suscripciones populares o por desembolsos municipales para que el jefe del Estado pasara sus vacaciones en tan paradisíacos sitios, ofrecidos con la sana intención de beneficiarse de la promoción turística y comercial que generarían los ilustres visitantes. Lo justo es que tales donaciones pasaran al patrimonio real, hoy Patrimonio Nacional, en definitiva, al Estado.

No hubo demasiada polémica con el palacio de Miramar donostiarra, donde estudió Juan Carlos de pequeño, pero sí con el de la Magdalena de Santander, que era utilizado por el ayuntamiento como universidad internacional. El ayuntamiento se vio obligado a comprar esta propiedad, con el enfrentamiento de la oposición municipal, para que no se interrumpieran las clases. En razón de toda esta polémica, don Juan se conformó con 150 millones de pesetas. La isla de Cortegada fue vendida a un precio también irrisorio, igual que Villa Giralda. En total don Juan sacó, liquidando de mala manera sus discutibles propiedades inmobiliarias, unos 300 millones de pesetas. El destino de ese dinero es un misterio, cuando sabemos que Mario Conde tuvo que pagar la factura de la clínica de Navarra en la que pasó sus últimos días don Juan de Borbón.

Según se ha contado oficiosamente, don Juan Carlos recibió por el testamento de don Juan, compartido con sus hermanas Pilar y Margarita, un chalé en Puerta de Hierro, parte de un edificio de oficinas en la Gran Vía madrileña, un apartamento en Estoril y 36.000 euros de una cuenta bancaria en el extranjero. El apartamento de Estoril fue vendido por sus hijos hace unos años, y los 36.000 euros de la citada cuenta se los gastaron en un fugaz viaje a Zurich, el Rey, el príncipe Felipe y el conde de los Gaitanes, según uno de los albaceas testamentarios de don Juan. La cuenta en cuestión fue abierta por Alfonso XIII, quien ordenó a su hijo Juan que ayudara con ese dinero a los miembros de su familia. Al parecer aún quedan sin transmitir bienes que recibió don Juan de Alfonso XIII: propiedades en Aranjuez, en Segovia capital y en la provincia: San Ildefonso, Valsaín, Riofrío y La Losa.

Ya instalado en España, don Juan Carlos siguió corto de dinero y, cuando se casó, el matrimonio sufrió la racanería de Fuertes de Villavicencio, intendente general de El Pardo. Cuenta Jaime Peñafiel que cuando el príncipe de España leyó en la prensa que el periodista había sido fichado por la revista *¡Hola!* con un magnífico sueldo, le telefoneó desde La Zarzuela para saber cuánto le iban a pagar. La sorpresa de Peñafiel fue grande cuando el Príncipe le informó de que cobraba como la cuarta parte del sueldo del famoso periodista. Don Juan Carlos se quejó amargamente de que hasta las coca-colas y las llamadas telefónicas que realizaba doña Sofía a Atenas para hablar con su madre se las fiscalizaba el intendente general de El Pardo, que también se ocupaba del Patrimonio Nacional, del que La Zarzuela dependía.[3]

Sea éste o no el origen de la real avidez, lo cierto es que le ha llevado a incurrir en imprudencias que no han tenido mayores consecuencias gracias a la complicidad de los gobernantes y al disimulo de la prensa. El cepillo real empezó a funcionar, que se sepa, a partir de 1962, cuando Luis Valls Taberner, presidente del Banco Popular, organizó una suscripción popular que aportaría liquidez económica a los recién casados, 20 millones de pesetas de entonces, equivalentes a unos 12 millones de euros de hoy (200 millones de pesetas), una cantidad similar a la dote griega. La carta enviada a las altas personalidades del mundo económico estaba encabezada por la duquesa de Alba y rematada por el discreto banquero. Entre ambas aparecen las firmas de Socorro Aliño de López Ibor; Manuel Benedito; María Cabeza de Rodríguez Salmones; Santiago Corral; Luis Fernández Ardavín; condesa viuda de Fontanar; Juan José González; condesa de Grove; Ignacio Herrero; María Ibarra de Oriol; Trinidad Jiménez Lopera de Fierro; Carlos Martínez Campos, duque de la Torre; Ramón Menéndez Pidal; María Oriol de Primo de Rivera; Guillermina P. de Royo Villanova; José María Pemán; marquesa de Tabarra; y duquesa de Terranova.

---

[3] Jaime Peñafiel, *op. cit.*

A los efectos recaudatorios se publicó un anuncio en la prensa varios días, hasta que fue prohibido, en el que podía leerse: «Aparte de los obsequios que particulares y corporaciones están haciendo a S. A. R. el príncipe don Juan Carlos, con motivo de su próximo enlace con la princesa Sofía de Grecia, muchísimos españoles han pensado ofrecerle un regalo de ámbito nacional, al que pueden contribuir todos los que deseen que la colectividad española se haga presente en acontecimiento tan lleno de sentido para la Patria.» La respuesta, según cuenta Fernando Rayón en un interesante libro [4] dedicado al acontecimiento, fue escasa, confirmando las proféticas palabras del embajador Ibáñez Martín a don Juan, quien se olía la mezquindad de la clase económica, que encontraría un buen pretexto para no poner un duro en la divulgación del espléndido regalo hecho por Onassis. No obstante —señala Rayón—, hubo algunos donantes que echaron el resto, y al final consiguió reunirse una cantidad de dinero similar a la dote griega y que iba a proporcionar cierta independencia a los novios, por lo menos durante los primeros meses. Por su parte, Pilar Sangro hizo una valiosa aportación: inauguró el 15 de abril una exposición con cuadros que algunos pintores españoles regalaban a los novios. Entre otros había Balaguéró, Boro, Bueno, Cerolo, Víctor María Cortezo, Pancho Cossío, D'Ornellas, Echevarría, Juan Esplandiú, Matías Figares, Gómez Pablo, Fausto de Lima, A. Lorenzo, Macarrón, Antonio Magas, J. A. Morales, Luis Mosquera, Pardo, Gregorio Prieto, S. Quintana, Alejandro Reino, Vázquez Díaz, Zóbel, María Revenga, Fernando Sáez, Julián Santamaría, Serny, Grandio, Guevara, Martano, Montero, Reyzabal, Rueda, Vicente Vela y Quevedo Villegas. Treinta y nueve lienzos y una escultura que se completaron con los regalados por la colonia griega residente en España: dos retratos de los novios pintados por Sangróniz. La familia Mazucheli regaló a los

---

[4] Fernando Rayón, *La boda de Juan Carlos y Sofía. Claves y secretos de un enlace histórico*, La Esfera de los Libros, Madrid, 2002.

novios un retrato del rey Alfonso XIII, pintado por Benedito, que había desaparecido del Ministerio de Justicia tras la proclamación de la II República.

La Reina hace memoria con Pilar Urbano [5] cuando ésta le pregunta: «Majestad, ¿no hubo algún banquero o algún aristócrata que ayudase en los gastos?» «Yo sé que cuando la boda, hubo un regalo económico fuerte de la Diputación de la Grandeza de España. Y de esa suma es de lo que vivíamos. Teníamos una vida muy austera. El otro día estuvimos repasando papeles y vi que en los años sesenta nosotros gastábamos setenta mil pesetas al mes, para todo: comida, vestidos, peluquerías, viajes nuestros, salir por ahí.» Después no faltaron los regalos y el Rey entró en el mundo de los negocios, aunque no con el rigor, el acierto ni la transparencia con que lo hiciera su abuelo. Eso hay que reconocérselo a don Alfonso XIII, quien elegía para sus inversiones iniciativas empresariales de vanguardia o de evidente interés para la economía nacional, además de prometedoras desde el punto de vista de la rentabilidad esperada. La selección de una empresa por el Rey generaba el interés de muchos inversores, que se animaban a seguirle en su apuesta. Como es natural, Alfonso XIII no acertó en todas sus opciones, alguna de ellas de alto riesgo, pero en su conjunto obtuvo una rentabilidad muy aceptable; es de los escasos aspectos en que admite una comparación positiva con el nuestro, lo que no ocurre respecto a la pulcritud constitucional.

José María Ruiz Mateos reveló, tras la expropiación de Rumasa, que había entregado al Rey 1.000 millones de pesetas en sucesivos maletines, que según cuenta el singular empresario jerezano, el Rey catapultaba con una diestra patada a un escondrijo *ad hoc*. El creador del imperio de la abeja declaró a quien quiso oírle que había proporcionado a Justo Fernández, a la sazón secretario general de Banca de la UGT, documentos que probaban transferencias hechas

[5] Pilar Urbano, *op. cit.*

por el Rey. El veterano sindicalista ha reconocido al autor de este libro que recibió, en efecto, las fotocopias de unas transferencias hechas por el jerezano a bancos suizos a nombre de un supuesto testaferro real. No obstante, nadie le demostró que el titular de la cuenta fuera un testaferro del Rey. Hay que poner en cuarentena las informaciones de Ruiz Mateos, un artista del chantaje, pero hay que lamentar que la justicia no considerara conveniente investigar semejante acusación que podría implicar consecuencias penales para el jerezano por calumnias e injurias al jefe del Estado, dejando limpio al Monarca de toda sospecha.

Lo que es innegable es que, durante unos años, Ruiz Mateos visitó con alguna frecuencia La Zarzuela. En los meses previos a que Franco le designara sucesor a título de Rey —el 22 de julio de 1969—, gente falangista acosó a los Príncipes en todos los frentes, aplicándoles una especie de «luz de gas» en el fluido dinerario. En aquella batalla salieron al quite miembros del Opus Dei que pululaban en torno a Laureano López Rodó, quienes, conquistado Franco, querían hacerse también con el Rey. En este contexto José María Ruiz Mateos, miembro de la Obra de Dios, y dueño del conglomerado industrial más grande de la España de entonces, vio la oportunidad de introducirse en Palacio proporcionando su apoyo con generosidad.

En realidad regalar dinero al Monarca no es delito. No habría inconvenientes de importancia, salvo que está muy feo hacer regalos al Monarca, pues quien regala espera algo a cambio, lo que puede resultar comprometedor. Tampoco era objetable entonces la opacidad con que se entregaban tales donaciones, así como el hecho de que tal opacidad indicara que se trataba de dinero negro, pues cabe recordar que, en aquellos felices sesenta, nadie pagaba realmente impuestos, con excepción de los trabajadores a quienes les eran descontados, como ahora, de la nómina. Hay que reconocer que al jerezano no le faltaba imaginación. En una de estas visitas que hiciera a La Zarzuela propuso una curiosa solución para resolver el secular contencioso de Gibraltar. El empresario cedería su fabulosa finca La Almoraima, situada a los pies del Peñón, para que se instalaran los llanitos a cambio de que abandonaran la infamante colonia británica. Para este singular personaje todo se arreglaba con dinero. Ruiz Mateos, a quien José María López de Letona calificó en conversación con el autor como «un profesional del halago, como pude comprobar cuando venía a verme en mi condición de gobernador del Banco de España», trataba de hacer méritos para que el Rey le concediera un título nobiliario, un condado de Rumasa, tal como consiguió Barrie de la Maza, el de Fenosa, siglas curiosas para dar nombre a un condado: «Fuerzas Eléctricas del Noroeste, Sociedad Anónima.» La amistad con el Rey, que proclamaba por doquier, podría servirle como escudo protector en su aventurada expansión empresarial. Se blindaba así, o pensaba que podía blindar con el marchamo real, su imperio, construido sobre el aire pero bien presente en todos los sectores industriales. Había creado una gigantesca burbuja, sin pagar un duro de los de verdad, apoyándose en apuntes contables ficticios en los bancos que controlaba, en los que, con mil subterfugios, nunca permitió una auditoría independiente. Los socialistas pincharon la burbuja el 23 de febrero de 1983. Fue Ruiz Mateos el precursor de Mario Conde, quien merece un capítulo propio en este libro. El banquero de la gomina no pretendía, sin embargo, más condado que el de su apellido, aunque no hubiera renunciado a ninguna distinción honorífica. Su verdadera meta era mandar en España por designación del Rey y al margen de las urnas, puesto que él, elegido por la sociedad civil, flotaba por encima de la política como salvador de la patria en traje civil. Otro empresario conectado al Monarca desde sus tiempos de sucesor de Franco fue el granadino Camilo Mira, pionero de los McDonald's en España, y que había sido presidente de la Unión y el Fénix. En 1969 consiguió que el Príncipe de España inaugurara el Club Las Lomas, una urbanización de lujo, lo que garantizó el éxito de la promoción. Mira se convirtió en un visitante frecuente de La Zarzuela. Era muy amigo de Armada, entonces secretario de la Casa Real.

El 22 de junio de 1977, tras las elecciones parlamentarias, el Rey le escribe una carta al Sha de Persia pidiéndole dinero para «ponerle» un partido fuerte a Suárez ante una encrucijada histórica: las elecciones municipales que se celebrarían a seis meses vista, pues, según explicaba en la comprometedora misiva, «es ahí donde en mayor medida pondremos nuestro futuro en la balanza». La carta la ha publicado en un libro quien fuera jefe de la Casa del Sha de Persia, Reza Pahlevi, un documento asombroso al que remitimos al lector (véase el documento al final del capítulo). La carta del Rey Juan Carlos está escrita en francés, fechada en La Zarzuela, con la dirección y la despedida a mano. El Rey justifica su petición en el peligro socialista, que «también obtuvo un porcentaje de votos más elevado del esperado, lo que supone una seria amenaza para la seguridad del país y para la estabilidad de la monarquía, ya que me han informado fuentes fidedignas de que su partido es marxista. Una parte de su electorado no es consciente de esto, y les vota con la confianza de que a través del socialismo España podría recibir ayuda de países europeos tan grandes como Alemania, o alternativamente de países como Venezuela, para la recuperación de la economía española. Por esta razón, es imperativo que Adolfo Suárez reestructure y consolide la coalición política centrista para crear un partido a su medida que servirá como sostén de la monarquía y para la estabilidad de España». En definitiva, el Rey pide a su «querido hermano» el Sha que contribuya con diez millones de dólares para el fortalecimiento de la monarquía española, situándola en un ámbito amplio: «(...) el mantenimiento de la civilización occidental y de las monarquías establecidas». El Rey concreta en la carta que en caso de aceptación enviaría a Teherán a «mi amigo personal, Alexis Mardas, que puede acusar recibo de tus instrucciones». La respuesta del Sha a esta carta está fechada el 4 de julio de 1977. Es afectuosa pero, comenta el autor del libro, «muestra mucha más prudencia que la del Rey de España». En uno de sus párrafos dice: «En cuanto a la cuestión a la que hace referencia Su Majestad en su carta, comunicaré mis pensamientos personales verbalmente...»

Aunque la carta habla por sí sola, son pertinentes algunas observaciones. En primer lugar su fuerte verosimilitud. El libro que la ha dado a la luz, *The Shah and I. The Confidential Diary of Iran's Royal Court. 1969-1977*[6], no es un panfleto pergeñado por un golpista intelectual, como tantos otros que se publicaron al rebufo del 23 de febrero de 1981. A su autor, A. Alam, ni le van ni le vienen las cosas de España, y la inserción de esta misiva tendría un interés limitado para sus lectores ingleses. Por otro lado, la Casa de Su Majestad nunca ha desmentido su autenticidad. La segunda observación es lo tristemente significativo que resulta asimilar la monarquía sátrapa del Sha con la parlamentaria que iban a consagrar en unos días las Cortes Españolas. Se abre, pues, un dilema: o don Juan Carlos quería hacer la pelota al Sha legitimando su satrapía, asimilándola a la monarquía española, e incluyéndola, a contrapelo de la geografía y de la historia, en la «civilización occidental», o bien las intenciones democratizadoras de don Juan Carlos estaban teñidas de algún oportunismo. Me inclino por la primera explicación, que el Rey brindaba un halago retórico con la intención de estimular la generosidad del tirano persa. La tercera observación pertinente dibuja un segundo dilema referente al carácter peligroso y marxista del PSOE en una fecha en la que este partido, y especialmente su secretario general, Felipe González, había dado muestras suficientes de moderación: o bien el rey Juan Carlos estaba peor informado que la clase política y la opinión, o bien falsea la situación española para sablear más eficazmente a su «querido hermano». La cuarta observación es de carácter más general y de oportuna aplicación al gremio periodístico y al político, y se resume en un consejo cínico: «Si quieres que algo permanezca en secreto, publícalo en un libro.» Esta carta verdaderamente explosiva, que mostraría el peor pecado de un monarca parlamentario (la falta de neutralidad política, además de otras fal-

---

[6] Asadollah Alam, A. Alikhani (editor), *The Sha and I. The Confidential Diary of Iran's Royal Court, 1969-1977*, Editorial I. B. Tauris, Londres, 1991.

tas menores como la financiación irregular de un partido), no ha tenido consecuencias aunque estaba publicada, bien es verdad que en inglés, desde 1991.

Tenía razón el Monarca respecto a la escasa proclividad de los banqueros españoles a suministrar financiación gratuita a la sospechosa formación de Suárez, un personaje imprevisible al que podía quedarle en su corazón, pongamos, un 20 por ciento de la revolución pendiente falangista y a quien lo mismo «le daba un aire» y nacionalizaba la banca de un plumazo. Los banqueros españoles preferían entonces apoyar con generosidad a la derecha, derecha. Sin embargo, el Monarca no tenía derecho a quejarse, pues el resultado fue muy apreciable cuando decidió pasar la gorrilla a título realmente personal. Alfonso Escámez, presidente del Banco Central y primer administrador de los dineros de don Juan Carlos, fue uno de los primeros portadores de la cesta en la que meterían su óbolo los compañeros de la banca, los siete grandes, que entonces actuaban en comandita. El Rey, siempre generoso, premió sus desvelos incluyéndole en la selecta lista de senadores reales. Fueron Escámez y José Ángel Sánchez Asiaín, presidente a la sazón del Banco de Bilbao, los que al parecer se mostraron más generosos con el Monarca, y Emilio Botín padre, presidente del Santander, el más reticente. Eran tiempos aquéllos en los que al menos las inversiones del Rey aparecían sin velo alguno a su nombre y DNI (que al parecer es el número 1, como corresponde a la más alta magistratura de la nación que desempeña el ilustre ciudadano Juan Carlos de Borbón y Borbón). Una de las colectas destinadas a tranquilizar los nervios del matrimonio real, en la que participaron los siete grandes bancos —hoy han quedado reducidos a dos por las fusiones—, se aplicó a la compra de acciones. Desgraciadamente, poco después de la compra de estos valores destinados a la cartilla real, la Bolsa se derrumbó, por lo que los bancos procedieron a reponer las minusvalías sufridas por los monarcas creándole una cuenta nueva.

La atribución más antigua y tópica sobre ingresos del Rey en el mundo de los negocios, después de la venta al conserje del hotel

Royal de una pluma de oro por debajo de su valor, se refiere al supuesto cobro por el Monarca de comisiones por la importación de petróleo procedente de países árabes, con cuyas monarquías el Rey mantiene relaciones «familiares». Fue durante el primer choque petrolero de 1973-74: los países productores de hidrocarburos se habían coaligado en un cártel, la OPEP, y habían decidido disminuir la producción para elevar fuertemente el precio del crudo, que de un solo golpe se multiplicó por diez. La prioridad más angustiosa entonces fue asegurarse el abastecimiento, sin el cual podría producirse el desmoronamiento de las economías occidentales, cuya energía vital procedía del petróleo. En este contexto, el entonces príncipe de España se apuntó un buen tanto al dirigirse al Monarca saudita, quien le garantizó que España dispondría de todo el petróleo necesario. A nadie en aquellas circunstancias le parecería mal que el joven príncipe de España recibiera la comisión acostumbrada en estas operaciones si es que realmente las recibió. Ésta sería, por otro lado, la intención del rey de Arabia: que nadie se beneficiase salvo el Príncipe de aquel envío vital para España, que sólo contaba con reservas para un mes. Manuel Prado y Colón de Carvajal ha formulado afirmaciones al respecto que no hacen más que enredar las cosas. Cuenta Prado que don Juan Carlos le envió a hablar con el rey Fahd de Arabia: «El Monarca saudí, a título personal, nos concedió cien mil barriles diarios a condición de que en la operación no hubiera ningún intermediario. Entonces el mercado era absolutamente del vendedor, por su escasez, y no quería que nadie se aprovechara de un favor hecho a España. Pero la operación se complicó porque, al intentar unos ejecutivos del INI que la cuota fuera mayor, lo que tenía graves dificultades, apareció un comisionista saudí que pretendía una participación económica importante para resolver el aumento de barriles. Hubo líos, porque me lo comunicaron, y volví a hablar otra vez con el rey Fahd, quien se encolerizó. Finalmente, España tuvo su petróleo, que era de lo que se trataba, al mejor precio y sin desviar un solo dólar a bolsillos avispados. Así queda constancia en un documento ológrafo del entonces embajador de España en Riad, Alfonso Acebal.»[7]

Sorprenden semejantes intrigas financieras, la concesión «a título personal» del Monarca saudí y la necesidad de una carta ológrafa del embajador, cuando no se justificaba ninguna duda al respecto. Según lo cuenta el propio Rey, los hechos no podían ser más sencillos: «Sí, con el rey Fahd me entiendo muy bien, así es desde que los dos nos conocimos cuando éramos príncipes herederos. Me acuerdo de que cuando Franco todavía vivía, hubo, no recuerdo bien el año, una crisis petrolera que nos afectó de forma bastante grave. Barrera de Irimo, que entonces era ministro de Economía, vino a verme para decirme: "Alteza, las reservas de petróleo en España están bajo mínimos. Me pregunto si Vuestra Alteza, habida cuenta de sus relaciones personales con el príncipe Fahd, no podría explicarle que un envío rápido de petróleo nos sacaría de apuros. Si hiciéramos esa petición de gobierno a gobierno, las negociaciones durarían meses, mientras que..." Barrera no terminó la frase, pero comprendí que iba a decir que "entre príncipes las cosas se arreglan más rápidamente". Y tenía razón. Envié a un emisario al príncipe Fahd y su respuesta fue inmediata: "Decid a mi hermano el príncipe don Juan Carlos que le enviaremos todo el petróleo que España necesite." Poco tiempo después recibíamos de Arabia Saudí el petróleo necesario para remontar la crisis.»

Ya ha salido, pues, a escena enredando las cosas Manuel Prado y Colón de Carvajal, quien intervendría con frecuencia como *broker* en importaciones petroleras del mundo árabe. Es un personaje singular, con méritos sobrados para protagonizar la mejor novela picaresca y el más íntimo compañero de negocios del Rey durante tres décadas, hasta nuestros días. Manuel Prado llegó a tener tal influencia en La Zarzuela, tamaña libertad para entrar y salir, que algunos

---

[7] *Historia de la democracia*, fascículo 7, «Memorias políticas de Manuel Prado», El Mundo, Madrid, octubre de 1995.

deslenguados funcionarios reales se referían a él como el «jefe de la Casa Bis» o como «el jefe de la Casa de la Moneda», como expliqué en el capítulo «Una Casa muy oscura».

Manuel Prado, sevillano, descendiente de Cristóbal Colón, un personaje sin más recursos en los años setenta que su imaginación y su gracia para relacionarse y seducir a los poderosos, que no es poca cosa, hizo muy buenas migas con el Rey desde que le conoció a través de su primo, Su Alteza Real don Carlos de Borbón-Dos Sicilias, duque de Calabria. A partir de entonces, cuando don Juan Carlos sólo era aprendiz de rey, éste le confió misiones confidenciales, como puede verse en el capítulo correspondiente, pues Prado, «el manco de oro» (como se le denomina entre los enterados, pues perdió un brazo en un accidente), se merece un capítulo propio. Juan Carlos I proporcionó a Prado la categoría de embajador permanente, lo que le permitía el uso de pasaporte diplomático, de gran utilidad en la realización de gestiones mercantiles de las que se beneficiaban Prado y el Rey en proporciones desconocidas. Por cierto, que tan atípica función diplomática fue siempre observada con reticencia por los profesionales de la carrera, sobre todo cuando Prado empezó a aparecer en las crónicas de tribunales. Prado, sin embargo, presume de que todos los gobiernos se valieron de sus servicios, incluido González, que se sirvió de él en una ocasión, justamente en Riad, pero que prescindió de ellos en adelante, lo que comenta el trotamundos real de forma un tanto despectiva: «Fue la única misión que realicé para el Gobierno socialista. No han querido, como Adolfo Suárez, por cualesquiera razones que respeto, aprovechar mis relaciones y conocimientos de tantos años por el mundo. No es que me alegre, pero me siento cómodo en la ignorancia.» [8]

Pero si los servicios del embajador permanente dejaron de ser requeridos para cuestiones de Estado después de Suárez, sí fueron aprovechados para los negocios como correo real. Su nombre está

---

[8] Ídem, fascículo 6.

ligado, en efecto, a dos casos que pudieran estar relacionados: la explotación de un crédito de 100 millones de dólares que le concediera al rey de España, sin intereses, el de Arabia, y el «regalo» de la misma cantidad por Javier de la Rosa a Manuel Prado —aquél dice que con destino al Rey— a costa de Kio. Manuel Prado reconoce que recibió 100 millones de dólares en concepto de labores de asesoramiento. Javier de la Rosa afirma que fue mucho más y que el dinero entregado a Prado iba destinado a Su Majestad el Rey con el fin de apoyar la causa de la monarquía kuwaití en el exilio tras la invasión del emirato por Sadam Husein. Curiosamente, los kuwaitíes parecen creer a su «bestia negra», Javier de la Rosa: que el dinero entregado a Prado era para el Monarca, como se deduce del hecho de que excluyeran a Prado de la lista de estafadores contra los que han puesto querellas ante la corte londinense. La familia que ahora reina en Kuwait quiere recuperar su dinero, pero trata de no perjudicar directamente al rey de España, por lo que ha eliminado a su administrador privado de la lista de los perseguidos judicialmente por este gigantesco caso de apropiación indebida.

El asunto Kio ha sido el que más peligrosamente ha tocado al Monarca, pues han incidido en él varios factores de alto riesgo: la enorme cuantía del dinero entregado a Manuel Prado y la escandalosa inverosimilitud de la contrapartida de semejante libramiento; las prácticas delictivas de Javier de la Rosa; los frecuentes contactos de J. R. con Su Majestad el Rey; y las indiscreciones de Prado, que en sus conversaciones telefónicas con personalidades del emirato, celosamente grabadas, juraba que actuó en nombre de su patrón. Desgraciadamente para el Monarca, el asunto no está judicialmente concluido —lo investiga en Madrid la juez Teresa Palacios—, a pesar de las opiniones-deseos de algunos de los personajes a los que he pedido opinión. Javier de la Rosa y Manuel Prado siguen en el banquillo de la Audiencia Nacional.

¿Está relacionada la tenebrosa historia de Javier de la Rosa y Manuel Prado con la del préstamo que concediera el rey de Arabia a su «primo» Juan Carlos para que éste se hiciera con un capitalito?

Si no fuera así, si los 100 millones sacados del emirato no estuvieran destinados a pagar el préstamo del rey Fahd, la situación sería aún más comprometida, pues significaría que el Rey podría no haber obtenido 100, sino 200 millones. La historia de este generoso préstamo es la siguiente: Al parecer él rey del país de Mahoma, sensible a los problemas económicos de don Juan Carlos, le confió en los años ochenta 100 millones de dólares para que los invirtiera prudentemente y los devolviera a los diez años sin intereses. Con sólo poner esa cantidad en un banco a plazo fijo habría obtenido una buena fortuna. Sin embargo, el dinero fue confiado a Manuel Prado, que es todo menos prudente, y lo invirtió al parecer en el azaroso mercado de futuros, con resultados catastróficos, de forma que cuando se cumplieron los diez años acordados no había dinero, o al menos no el suficiente, para devolver. El caso es que había llegado el fatídico momento de la amortización del crédito y el rey Fahd había enviado a un primo a cobrarlo. El pánico cundió en Marivent, porque no se disponía de la cantidad exigida o se confiaba en no tener que devolverla. El Rey entra en ebullición: ¡que viene el cobrador del frac con chilaba! Y envía a Manolo Prado a que reciba con toda pompa al correo real. Se desencadenan entonces escenas de zarzuela. Manuel Prado parte veloz a recibir al príncipe árabe, tan veloz que se lanza al aeropuerto militar en lugar de al civil, que es donde aterrizaría el saudita. Prado está confiado, pues observa en el aeródromo una agitación desusada que anuncia visitante de calidad, pero cuando colocan la escalerilla al esperado avión se percata de que quienes bajan del mismo son los duques de Kent, a quienes rinde desesperada cortesía. Juan Carlos monta en cólera, a punto de hacer rodar la cabeza del «manco en quiebra». Finalmente, cuando Prado pudo encontrar al príncipe saudita, se postró rodilla en tierra, como su antecesor Cristóbal Colón ante el trono de los Reyes Católicos, y llorando le imploró el perdón para él y para la real deuda. Después el propio Rey telefoneó a su homólogo árabe quien, con sublime generosidad oriental, no perdonó la deuda pero concedió un plazo adicional de cinco años.

Afortunadamente para el Monarca los kuwaitíes han retirado su querella contra Prado y sólo hay contra él la palabra muy devaluada de Javier de la Rosa, que tenía la convicción de salvar al Monarca de un terrible peligro. Con Manuel Prado, que quizás sea el mejor y más antiguo amigo del Monarca, con el que sigue viéndose discretamente en la actualidad, el Rey puede sentirse seguro. Sea cual fuere la opinión que se tenga del aventurero, lo cierto es que nunca despegará los labios para involucrar al Monarca. No en vano Manuel Prado se define a sí mismo como «el perro del Rey», naturalmente entendiéndolo en el sentido de la muy proverbial lealtad perruna. [9] Es en todo caso una lealtad muy bien retribuida: bien le debe al Monarca encumbramiento y fortuna, haber saltado desde su humilde condición de funcionario de los sindicatos verticales de Franco a príncipe de las finanzas.

Mario Conde es el otro aventurero que ha comprometido al Rey, como veremos con detalle en el capítulo que le corresponde. El banquero que regó con dinero ajeno, el del banco que gestionaba, al Rey, a su padre y a su hermana la infanta Pilar, colocó al Monarca en una situación difícil en la realización de inversiones polémicas, alguna de ellas montada sobre informaciones privilegiadas, que salieron a la luz con motivo de la intervención de Banesto. Sin embargo, no ha sido el dinero lo más peligroso de esta relación peligrosa, sino las conspiraciones políticas en las que pretendía involucrar al Monarca. Ser banquero era muy poca cosa para este ambicioso que logró colocar a su amigo Fernando Almansa de jefe de la Casa de Su Majestad con fines loquinarios que sólo la ambición desmedida puede acariciar.

El último sobresalto real viene de París, donde se ha juzgado el caso Elf, un proceso iniciado el 17 de marzo de 2003, tras ocho años de investigación, para dilucidar la responsabilidad de treinta y siete personas implicadas en delitos de apropiación indebida, enriqueci-

---

[9] Véase la entrevista al final del libro.

miento personal, corrupción, soborno y chantaje a través de una complicada trama de comisiones ilegales, que se estiman en unos 30.000 millones de euros. Los hechos investigados se refieren a los cuatro años de presidencia, de 1989 a 1993, de Loik Le Floch-Prigent. El ex patrón de Elf Aquitaine, respondiendo a las preguntas sobre la compra por esta empresa de Ertoil, filial de Cepsa, afirmó «haber entregado 55 millones de francos en España a numerosos hombres políticos; en particular a los próximos de Felipe González y del entorno del rey Juan Carlos». Le Floch-Prigent, que aseguró haberse encontrado con el Rey en numerosas ocasiones, consideraba necesario pagar al entorno real, pues aunque el Monarca «no puede tomar una decisión, si se opone a un proyecto, es siempre escuchado».

Es muy posible que Le Floch-Prigent mienta, que haya aplicado la estrategia del ventilador ante la imposibilidad de justificar el destino de 55 millones de francos. El mundo del petróleo, que mueve tantos millones de dólares, es muy oscuro y nadie duda de que las petroleras cuentan con sumas muy importantes para corrupciones varias. La corrupción es en este sector, como en muchos otros, el de las armas o el de las inmobiliarias, un instrumento de trabajo. Es posible, insisto, que el patrón de Elf Aquitaine haya metido injustamente al Rey en este asunto con la intención de justificarse asegurando que él no se ha quedado con el dinero, que ha hecho lo que todo el mundo en este sector tan sensible a las complicidades políticas. De hecho, no ha podido probar sus acusaciones y el Tribunal Correccional de París le condenó el 13 de noviembre de 2003 a cinco años de prisión. Podrían mentir también, con similares intenciones, Javier de la Rosa o José María Ruiz Mateos, pero lo que en todo caso se evidencia, y eso es lo más turbador para el crédito de la monarquía española, es que todos estos macropícaros parten de la verosimilitud de tales acusaciones. Vamos, que lo que se diga del Rey relacionándolo con este tipo de asuntos «cuela» perfectamente, y ni recibiría la más mínima consideración si se refirieran a la reina de Inglaterra o a los reyes de Suecia o de Bélgica. Cabe pensar que el Rey es inocente y no ha autorizado las inversiones que hiciera

Mario Conde en su nombre, ni recibido los dineros que Ruiz Mateos y Javier de la Rosa aseguran haberle entregado, que no sabe nada de la utilización de su persona en los negocios que Manuel Prado ha hecho amparándose en su nombre. Todo eso es posible, pero al menos hay que aceptar que las maniobras de estos personajes a los que él ha frecuentado, proporcionan una apariencia muy negativa para la Corona. La conclusión última depende de la credibilidad que se atribuya al desconocimiento del Rey sobre las operaciones que se hacían en su nombre y de los manejos de un personaje como Manuel Prado y Colón de Carvajal que ha sido su íntimo amigo durante todo su reinado.

Las declaraciones *on the record* de las personas a las que he pedido opinión, las formuladas para que sean publicadas, que pueden verse al final del libro, niegan la mayor o muestran su firme deseo de creer en la honorabilidad del Monarca. Mi pregunta fue muy sencilla: «El comportamiento constitucional del Rey ha sido intachable, pero no siempre lo ha sido su ejemplaridad personal, especialmente en lo que se refiere al mundo de los negocios, a las amistades con empresarios que han terminado en la cárcel, a los regalos que recibe, los patrocinios de sus actividades deportivas, etc. ¿Piensa usted que este comportamiento terminará desprestigiando a la Corona?» Cerrado el magnetófono mis interlocutores se han expresado con más soltura y alguno ha optado simplemente por expresar su preferencia de que no les formulara semejante cuestión.

«El comportamiento personal del Rey —me contesta el secretario general de UGT, Cándido Méndez— es de suma importancia para la aceptación de la monarquía, por lo que creo que debe extremarse el cuidado en este aspecto. El ejemplo de una corte sujeta a permanentes escándalos (como es el caso del Reino Unido) es suficientemente ilustrativo de los problemas que pueden generarse. Aquí no estamos en una situación igual.» [10] En un sentido muy simi-

---

[10] Véase la entrevista al final del libro.

lar, en el del deber ser, en el de desear que el problema no sea como se sugiere en la pregunta, se manifiesta el secretario general de Comisiones Obreras, José María Fidalgo: «Yo no tengo datos que me permitan opinar fundadamente sobre la ejemplaridad personal del Rey. Sí reclamo que su comportamiento en lo constitucional y en lo personal sea todo lo ejemplar que se espera de una institución que encarna la Jefatura del Estado en un país democrático y, en consecuencia, opino que de no cuidar suficientemente ese aspecto se contribuiría a un desprestigio altamente inconveniente.» [11] El antecesor de Fidalgo al frente de la secretaría general de Comisiones Obreras, Antonio Gutiérrez, aprecia algún fiasco pasado que, está convencido, ha servido de escarmiento: «De la conducta de alguna persona en la esfera de los negocios, no es responsable el Rey. No obstante, todo indica que, tras algunos fiascos, la Casa Real ha extremado las cautelas en las relaciones personales del Rey y se pone más cuidado en el patrocinio privado de algunas de sus actividades extrainstitucionales.» [12]

No es muy distante la opinión de Antonio Garrigues, que dirige la entidad jurídica más importante de España, especializada en la actividad mercantil: «Las amistades de los Reyes siempre plantean problemas. Los Reyes no deben tener amigos en el sentido convencional de la palabra y deben intentar relacionarse con todos los estamentos de la sociedad de forma equilibrada. Cuando esas relaciones se limitan a los más poderosos y a los más pudientes, los problemas aparecen con facilidad. Pienso que nuestros Reyes han hecho las cosas bien en este sentido y que los aciertos superan con mucho a los errores, errores que como es lógico se magnifican.» [13]

Julio Feo, quien fuera secretario general de la Presidencia con Felipe González, se encuadra en el bando de «los que quieren creer»:

---

[11] Véase la entrevista al final del libro.
[12] Ídem.
[13] Ídem.

«Quiero creer que él personalmente es intachable en cuanto al mundo de los negocios. Otra cosa son las amistades peligrosas; ha tenido amigos que, cuando menos, han tratado de utilizar su nombre, ha tenido gente muy cercana que ha acabado en la cárcel... Pero da la impresión de que ha logrado navegar en aguas procelosas con habilidad. En concreto: fue un gran error consentir el acercamiento de Mario Conde; es verdad que Chokotoua, que fue un buen amigo mío, y Manolo Prado, le utilizaron; Javier de la Rosa, otro que tal baila, que también intentó acercarse. Todos ellos se aproximaron a esas áreas en las que hay oportunidad de tratar y lisonjear al Monarca: la náutica, el mundo del mar. En el caso Mario Conde, la "Operación don Juan" en la clínica, que en el fondo es lógico que el Rey haya agradecido... Luego han intentado ir más allá, pero no lo han conseguido. Javier de la Rosa pensaba que el Rey haría lo que está haciendo la Generalitat con él, pensaba que iban a salir de la Casa Real echándole una mano...» Julio Feo reconoce que «la apariencia de complicidad existe porque ha dejado que esta gente manche su nombre y eso es peligroso», pero cree que el Monarca ahora «se ha alejado de eso.»[14]

También piensa que «se ha alejado de eso» Gregorio Peces-Barba, amigo y consejero del Rey, no menos juancarlista de corazón devenido en monárquico de cabeza, que fue pieza clave en la elaboración de la Constitución y en perfilar el Título II, el referente a la Corona. Al rector de la Carlos III no le constan los hechos que dan pie a la pregunta, y un profesor tiene que atenerse a los elementos científicos indubitados, pero matiza: «Probablemente tenga parte de verdad eso que se dice, y es algo que debe controlarse... En todo caso, si eso ha sido verdad, está en retirada y yo espero que esta última etapa que yo deseo que sea larga de la madurez del Rey sea una etapa donde lo que predomine sea el respeto a la Constitución.»[15]

---

[14] Véase la entrevista al final del libro.
[15] Ídem.

En esto, en lo que Peces-Barba llamaba etapa de madurez del Monarca, se han expresado de forma similar otros entrevistados cuando he dado al botón del *stop* en mi grabadora. Cruzan los dedos y confían en el escarmiento del Rey, que si se ha salvado ha sido en buena parte por la benevolencia periodística. En definitiva, la gran cuestión es si la monarquía soportaría la ruptura de ese pacto no escrito de silenciar los errores de su titular. Cabe esperar, tanto por el escarmiento que pudieran haber producido en el Rey los escándalos que no han podido silenciarse en su totalidad —Conde, De la Rosa, Prado—, como por la edad del Monarca, que entra en la etapa del abuelo venerable, que no sufra el prestigio de la monarquía, que no deja de ser un elemento positivo en un país tan atormentado en su historia por la inestabilidad política. No obstante, permanecen abiertos casos que no permiten ir más allá de las esperanzas y los buenos deseos.

The King of Spain has written to HIM asking for $10 million on behalf of the party led by his Prime Minister.

[King Juan Carlos' letter is in French. The address and valediction are hand-written. It is dated at Zarzuela, 22 June 1977:]

My dear brother,

To begin with, I wish to say how immensely grateful I am to you for sending your nephew, Prince Shahram, to see me, thus providing me with a speedy response to my appeal at a difficult moment for my country.

I should next like to lay before you an account of the political situation in Spain, and of the development of the campaign by the political parties, before, during and after the [parliamentary] elections.

Forty years of an entirely personal regime have done much that is good for the country, but at the same time left Spain sadly lacking in political structures, so much so as to pose an enormous risk to the strengthening of the monarchy. Following the first six months of the Arias government, which I was likewise obliged to inherit, in July 1976 I appointed a younger, less compromised man, whom I knew well and who enjoyed my full confidence: Adolfo Suarez.

From that moment onwards I vowed to tread in the path of democracy, endeavouring always to be one step ahead of events in order to forestall a situation like that in Portugal which might prove even more dire in this country of mine.

The legalization of the various political parties allowed them to participate freely in the [election] campaign, to elaborate their strategy and to employ every means of mass communication for their propaganda and the presentation of the image of their leaders, at the same time that they secured for themselves solid financial support; the Right, assisted by the Bank of Spain;[1] Socialism by Willy Brandt, Venezuela and the other European Socialists; the Communists by the usual means.

Meanwhile, Premier Suárez, whom I had firmly entrusted with the responsibility of government, could only participate in the election campaign during its final eight days, bereft of the advantages and opportunities which I have explained above, and from which the other political parties were able to profit.

[1] The words used are La Banque d'Espagne, but the King almost certainly meant 'The Spanish Banking System' rather than any particular bank.

«El Rey de España le ha escrito a ÉL pidiéndole 10 millones de dólares en nombre del partido dirigido por su Presidente de Gobierno.

[La carta del rey Juan Carlos está en francés. La dirección y la despedida están escritas a mano. Está fechada en La Zarzuela, el 22 de junio de 1977.]

Mi querido hermano,

Para empezar, me gustaría decirte que te estoy inmensamente agradecido por enviar a tu sobrino, el príncipe Shahram, a verme, dando de este modo una rápida respuesta a mi petición en un momento difícil para mi país.

A continuación me gustaría presentarte un informe de la situación política en España, y del desarrollo de la campaña por los partidos políticos antes, durante y después de las elecciones [parlamentarias].

Cuarenta años de un régimen enteramente personal han hecho muchas cosas que son buenas para el país, pero al mismo tiempo, lamentablemente, han dejado a España con una carencia de estructuras políticas, tanto que pueden representar un riesgo enorme para el fortalecimiento de la monarquía. Después de los seis primeros meses del gobierno Arias, que también me vi obligado a heredar, en julio de 1976 nombré a un hombre más joven y menos comprometido, al que conocía bien y que disfrutaba de mi plena confianza: Adolfo Suárez.

Desde ese momento en adelante, me comprometí a seguir en el camino de la democracia, procurando siempre estar un paso por delante de los acontecimientos para prevenir una situación como la de Portugal, que podía ser todavía más nefasta en éste mi país.

La legalización de los diversos partidos políticos les permitió participar libremente en la campaña [electoral], elaborar su estrategia y emplear todos los medios de comunicación para su propaganda y la presentación de la imagen de sus líderes, al mismo tiempo que se aseguraban un respaldo financiero sólido: la derecha, asistida por el Banco de España [1], el socialismo, por Willy Brandt, Venezuela y otros socialista europeos; los comunistas por los medios usuales.

Mientras tanto, el presidente Suárez, al que había confiado firmemente la responsabilidad del gobierno, sólo pudo participar en la campaña electoral durante sus últimos ocho días, desprovisto de las ventajas y las oportunidades que he explicado más arriba, y de las que los restantes partidos se pudieron beneficiar.

---

[1] Las palabras utilizadas son «La Banque d'Espagne», pero el Rey seguramente quería decir «el sistema bancario español» en vez de un banco en particular.

Despite that, alone, and with an organization still hardly formed, financed by short-term loans from certain private individuals, he managed to secure an outright and decisive victory.

At the same time, however, the Socialist party also obtained a higher than expected percentage of the vote; one which poses a serious threat to the country's security and to the stability of the monarchy, since I am reliably informed that their party is Marxist. A certain part of the electorate is unaware of this, voting for them in the belief that through Socialism Spain might receive aid from such major European countries as Germany, or alternatively from countries such as Venezuela, for the revival of the Spanish economy.

For this reason it is imperative that Adolfo Suárez restrúcture and consolidate the Centrist Political Coalition, so as to create a political party for himself which will serve as the mainstay of the monarchy and of the stability of Spain.

For this to be achieved Prime Minister Suarez clearly needs more than ever before whatever assistance is possible, be it from his fellow countrymen or from friendly countries abroad who look to the preservation of Western civilization and of established monarchies.

It is for this reason, my dear brother, that I take the liberty of requesting your support on behalf of the political party of Prime Minister Suarez, at a critical juncture; the municipal elections are to be held within six months, and it is there more than anywhere that we shall put our very future in the balance.

Thus I take the liberty, with all respect, of submitting for your generous consideration the possibility of granting $10,000,000 as your personal contribution to the strengthening of the Spanish monarchy.

Should my request meet with your approval, I take the liberty to recommend a visit to Tehran by my personal friend, Alexis Mardas, who can take receipt of your instructions.

With all my respect and friendship,

Your brother

Juan Carlos

[The Shah's reply to this letter is dated 4 July 1977. It is warmly worded but displays much greater caution than that of the King of Spain: ' ... As for the question to which Your Majesty alluded in his letter, I shall convey my personal thoughts by word of mouth ... ']

Aun así, estando solo y con una organización todavía apenas formada, financiada por préstamos a corto plazo de ciertos particulares, consiguió asegurar una victoria completa y decisiva.

Al mismo tiempo, sin embargo, el Partido Socialista también obtuvo un porcentaje de votos más elevado del esperado, lo que supone una seria amenaza para la seguridad del país y para la estabilidad de la monarquía, ya que me han informado fuentes fidedignas de que su partido es marxista. Una parte de su electorado no es consciente de esto, y les vota con la confianza de que a través del socialismo España podría recibir ayuda de países europeos tan grandes como Alemania, o alternativamente de países como Venezuela, para la recuperación de la economía española.

Por esta razón, es imperativo que Adolfo Suárez reestructure y consolide la coalición política centrista para crear un partido a su medida que servirá como sostén de la monarquía y para la estabilidad de España.

Para que esto se logre, el presidente Suárez claramente necesita más que nunca cualquier asistencia que sea posible, ya sea de sus compatriotas o de países amigos en el exterior que miran por el mantenimiento de la civilización occidental y de las monarquías establecidas.

Por esta razón, mi querido hermano, me tomo la libertad de solicitar tu apoyo en nombre del partido político del presidente Suárez, en estos críticos momentos; las elecciones municipales se van a celebrar dentro de seis meses, y es ahí donde en mayor medida pondremos nuestro futuro en la balanza.

Por tanto me tomo la libertad, con todo el respeto, de someter a tu generosa consideración la posibilidad de conceder $10.000.000 como tu contribución personal para el fortalecimiento de la monarquía española.

Si mi petición encontrara tu aprobación, me tomo la libertad de recomendar una visita a Teheran de mi amigo personal, Alexis Mardas, que puede acusar recibo de tus instrucciones.

Con todo mi respeto y amistad,

Tu hermano,

Juan Carlos

[La respuesta del Sha a esta carta está fechada el 4 de julio de 1977. Está escrita afectuosamente, pero muestra mucha más cautela que la del Rey de España: «... en cuanto a la cuestión a la que hace referencia Su Majestad en su carta, comunicaré mis pensamientos personales verbalmente...»]

(Traducción de Teresa Larraz)

Capítulo IX

REGALOS PARA LOS REYES

He sido testigo personal de lo que cuento: iba yo conduciendo con la debida prudencia por la Nacional VI, desde Madrid hacia Las Rozas, cuando se me echó encima, volando a 300 kilómetros por hora, un vehículo que me pareció identificar como un Ferrari, al que seguía, prácticamente pegado, otro proyectil de gran cilindrada. Al volante del primero, según pude percibir fugazmente, se encontraba el rey Juan Carlos, seguido a duras penas por su escolta, a quien supongo adiestrada por Fernando Alonso, piloto de Fórmula 1, para tan peligrosa misión. Esta secuencia del Rey, que por cierto ya ha cumplido sesenta y cinco años, desempedrando una autopista de alta intensidad circulatoria, proporciona una imagen muy expresiva de su personalidad: la imagen perfecta de un monarca moderno tirando a posmoderno, pero no precisamente la de «un rey del pueblo», un jefe de Estado sencillo y alejado de la ostentación y el lujo que fueron los sanos propósitos con los que inició su reinado. El Monarca es, según la Constitución, y como ya he señalado, irresponsable e inviolable, y por tanto no puede ser sometido a juicio alguno, pero se espera de él que sea el primer cumplidor de las leyes, incluidas las de circulación. Lo que la Constitución no ha podido prohibir son los accidentes consecuencia de una conducción temeraria. En una ocasión en la que don Juan Carlos era descendido de un avión en camilla tras sufrir un accidente, el entonces jefe de la Casa de Su Majestad el Rey, Sabino Fernández Campo, hizo un comentario que se ha hecho célebre: «Señor, un rey sólo puede volver así de las cruzadas.»

A Su Majestad le encantan los regalos, especialmente los regalos caros. Le fascinan los coches potentes, que recibe con frecuencia, en algún caso con envoltorio envenenado. Javier de la Rosa, con otros empresarios, regaló al Rey en 1988 un Porsche deportivo con motivo de su cumpleaños; don Juan Carlos lo aceptó sin remilgos. Unos meses antes el Monarca le había hecho un gran favor: había aceptado las razones de Manuel Prado y Colón de Carvajal contrarias a la petición que le había hecho Felipe González. El presidente del Gobierno había pedido al Rey que enviara a su embajador permanente a informar al emir de Kuwait de que Javier de la Rosa no era la persona adecuada para representar en España a Kio, la agencia oficial que encauzaba las inversiones kuwaitíes en el mundo. Prado le convenció de que no debía vetar a un español que no había sido condenado por tribunal alguno. Unas razones muy discutibles, pues una cosa son las cuentas con la justicia y otra bien diferente la conveniencia o inconveniencia de que determinada persona ejerza una específica función. Javier de la Rosa todavía no había sido procesado, pero ya había ocasionado un fuerte descalabro a la Banca Garriga y Nogués, filial de Banesto, en la que había provocado un agujero de 100.000 millones de pesetas. El Rey y Prado habían salvado a De la Rosa, y éste, a quien no se le puede negar que siempre supo ser agradecido, regaló al Monarca el ostentoso coche. Un detalle menor comparado con los 100 millones de dólares que ingresaría en una cuenta suiza de Manuel Prado y Colón de Carvajal cuando Sadam Husein invadió Kuwait.

El regalo del Porsche está perfectamente documentado gracias al registro judicial efectuado en Quail, la sociedad de Kio que controlaba Javier de la Rosa, y del que dan cuenta pormenorizadamente Pérez y Horcajo en su libro *J. R., el tiburón*. Los pagos por el deportivo, chasis WPQZZZ95ZJS900243, y liquidado por 24.499.930 pesetas, llevan una nota en la que se especifica que «la presente operación está pendiente de importación [con el consiguiente pago del derecho arancelario e IVA] por efectuarse directamente por la Casa Real». La factura es de fecha 10 de octubre de 1988. De la Rosa entregó una señal mediante siete talones de la cuenta 595-41 de la oficina de La Caixa de la calle de Balmes, número 182, de Barcelona, por un total de 3.397.345 pesetas (30 de noviembre de 1988). El resto del importe (21.102.585 pesetas) fue satisfecho por cheque bancario de Banca Catalana e ingresado en las cuentas de Porsche en el Deutsche Bank el 15 de noviembre de 1988. Poco tardó el aventurero catalán de los oscuros negocios en explotar la cercanía a la Corona que la aceptación de este regalo implicaba.

Además de estos obsequios ocasionales ofrecidos por particulares, Juan Carlos I recibe periódicamente otros presentes estructurales y sectoriales: aportaciones en especie, voluntarias pero que se han convertido en costumbres regladas, como las que efectúan los fabricantes de automóviles que rivalizan con sus mejores primicias. Últimamente, por lo menos desde que el Príncipe tiene casa propia, las fábricas doblan el regalo a la Casa Real: un coche de alto *standing* para el Rey y otro para el Príncipe de Asturias. He podido ver con mis propios ojos dos flamantes deportivos preparados para entregar a Su Majestad y Su Alteza en el mes de mayo de 2003. Se trataba de dos Nissan 3502, de dos puertas, color plata, dotados de todos los accesorios opcionales. Hasta ahora la casa japonesa ha entregado a Su Majestad dieciséis magníficos automóviles, una práctica que, al parecer, es seguida por la mayor parte de los fabricantes que producen modelos de gran lujo.

Las empresas del sector aprovechan las visitas de los Reyes a los salones internacionales del automóvil de Madrid y Barcelona —no suelen perderse uno— como termómetro de los gustos reales para posteriormente enviarles los coches «por tiempo indefinido». La marca con la que mantienen unas relaciones más fluidas es Audi-Volkswagen, que acaba de entregar al Príncipe un Audi RS6, el modelo más caro, cuyo precio es de unos 100.000 euros, sin fecha de devolución. Recientemente, durante una visita privada efectuada por los Reyes a Galicia, utilizaron un Audi 8, cuyo precio oscila en el mercado entre los 76.500 y los 89.000 euros. Desde Alemania, el presidente del grupo Audi-Volkswagen, amigo del Rey, le hizo llegar hace años un Audi 4-Sport que fue matriculado a nombre de un miembro de la Casa Real.

Algo parecido ocurre con Mercedes. Actualmente don Juan Carlos dispone de un deportivo SL55 K AMG, valorado en 144.500 euros, a bordo del cual se ha visto últimamente al príncipe Felipe. Volvo se aplica con esmero en atender especialmente a los duques de Lugo. La empresa les renueva los modelos cada seis meses y pone a disposición de la infanta Elena y su esposo coches en Madrid, París y Nueva York, para que los usen en sus actividades cotidianas: recogida de los niños de la guardería, visitas médicas, viajes particulares, etc.

Muestra igualmente su generosidad la casa Ford, cuyo presidente no ejecutivo es Jaime Carvajal y Urquijo, íntimo amigo del Rey, quien en 1976 inauguró junto a Henry Ford II la factoría de Almusafes. El acto de celebración del XX aniversario de esta inauguración coincidió con la salida del Ford Ka, un modelo utilitario que encantó a la Reina, quien lo utilizó durante una temporada. Ahora será probablemente relevado por el Street Ka descapotable, que también le ha encantado. También se le «prestó» a la Reina un Ford Galaxy Multimedia. Doña Sofía prefiere los utilitarios o familiares, pero no por ello es menos exigente: hace un par de años se encaprichó con un monovolumen muy específico que no se fabrica en España, lo que obligó a la marca a comprarlo fuera de nuestro país para poder ofrecérselo. La relación con Ford se remonta al abuelo de don Juan Carlos, Alfonso XIII, que fue accionista de la firma y compró acciones para la Reina y el Príncipe de Asturias. Alfonso XIII trató de convencer a Henry Ford, el primero, el creador de la casa, para que estableciera alguna factoría en España, un proyecto que como decíamos ha podido realizarse en tiempos de su nieto. Un viejo amigo del Monarca me ha relatado una anécdota significativa al respecto: cuando Henry Ford II vino a España, el Rey le pidió que colocara de presidente de la filial española a su amigo íntimo Jaime Carvajal y Urquijo, hijo de los condes de Fontanar. El consejo de administración de la empresa se mostró reticente a esta propuesta. Henry Ford II invitó entonces a sus consejeros a salir a la terraza del edificio donde se encontraban. «¿Veis eso?», les dijo. En la noche madrileña brillaba el logotipo de Ford en un concesionario de la empresa: «Pues eso soy yo.» Carvajal fue nombrado y, al parecer, el consejo de administración, disuelto.

Los coches menos ostentosos se dejan para el relax del verano. Es usual ver al Rey, la Reina, el Príncipe o las infantas conduciendo vehículos más sencillos por Mallorca cuando acuden al puerto deportivo. Por ejemplo, don Juan Carlos utilizó durante el verano de 2002 un Alfa 156 Sportwagon, o el año anterior un New Beetle negro —el famoso «escarabajo» relanzado por Volkswagen, con el que sufrió un pequeño accidente el año 2002.

El caso más singular es el de Porsche. Con un coche de esta marca sufrieron el Rey y la infanta Cristina el accidente más sonado, no por su gravedad —ambos salieron ilesos—, sino por su repercusión en los medios. Aquel 27 de diciembre de 1990 padre e hija se dirigían al Pirineo leridano a pasar unos días de esquí cuando el vehículo conducido por el Monarca se salió de la carretera al pisar una placa de hielo. Sus ocupantes tuvieron que ser asistidos en un puesto de la Cruz Roja mientras esperaban la llegada de los coches de escolta, que no podían alcanzarles ante la velocidad a la que suele marchar el Rey.

Aquel accidente mostró a nuestro Monarca al volante del impresionante Porsche 959 que le había regalado Javier de la Rosa, poco acorde con la imagen de sencillez que se había ganado y que ha quedado ya desfasada. De hecho, en su entorno recomendaron al Rey que se alejara de toda muestra de ostentación. La relación de don Juan Carlos con Porsche ha sido muy estrecha —en la casa aseguran que el Monarca compró dos 911 Carrera 4 en color azul y tapicería de cuero beige—, pero parece que ahora sufre el desinterés real por sus modelos.

La Familia Real no pone objeciones a este tipo de regalos. Aceptó que Lancia le entregara desde Italia al Príncipe un Delta HF Turbo que aún conduce. El Rey tampoco hace ascos a las motos, aunque últimamente, por las cariñosas presiones de la familia, ha renunciado a conducirlas. Antes de la prohibición había aceptado del magnate Malcolm Forbes una Harley Davidson, y del diseñador Incola Trussardi su MV Augusta. Don Juan Carlos llegó a dejarse fotografiar durante la entrega de un sofisticado carrito de golf diseñado por el hijo de la princesa Diana de Francia y el duque Karl, aportando al prototipo una publicidad similar a la dada por el duque de Lugo al monopatín eléctrico que últimamente utiliza el marido de la infanta Elena, Jaime de Marichalar, para desplazarse a toda velocidad por las aceras del madrileño barrio de Salamanca. El Rey tampoco hace ascos a los camiones. Con motivo de una visita a una factoría de la Fiat, don Juan Carlos sugirió que le regalaran un camión. En la factoría le hicieron ver que no lo tenían previsto y que era un problema llevarlo hasta la planta visitada. El Rey se enfadó: «Si no lo han previsto, que lo prevean.» Y los italianos tuvieron que montar el operativo adecuado para que don Juan Carlos recibiera su camión, así como un remolque para su traslado.

Oficialmente el parque móvil de que dispone la Casa Real está integrado por 71 vehículos entre berlinas y coches de representación. Hay 11 Mercedes, 14 Opel Omega, 15 Renault Laguna y 18 Peugeot de distintos modelos: 4 todo-terrenos, 6 furgonetas y 3 autocares. Para su utilización, La Zarzuela cuenta con 65 personas entre conductores, personal de oficinas y lavacoches. Sin embargo, sólo unos pocos dentro de la Casa Real disponen de chófer fijo. Es el caso del Rey, la Reina y el Príncipe, no así las infantas, quizás por vivir fuera de Palacio. Sí disfrutan de este servicio tanto el jefe y el secretario de la Casa, como el secretario del Príncipe y los jefes de distintas áreas.

Todos estos coches de uso oficial se aparcan en tres garajes diferentes. El primero está situado en los terrenos de La Zarzuela; el segundo es una nave en el pueblo de El Pardo, donde además están guardadas las famosas motos del Monarca. En el centro de Madrid se encuentra un tercer hangar a los pies del Palacio Real, en el Jardín del Moro. Llama la atención poderosamente que la Casa Real sea la institución del Estado que más alta factura de combustible presenta al Ministerio de Economía. Así constaba hasta 1994, año en el que se decidió eliminar su publicación en la Memoria del Parque Móvil del Estado. No obstante, fuentes conocedoras de los datos explican tan formidable quema de hidrocarburos: el combustible es pagado por Hacienda y no sale del presupuesto de la Casa de Su Majestad que, como dijimos en el capítulo «Una Casa muy oscura», es en 2003 de 7,22 millones de euros, unos 1.200 millones de pesetas. Esta disponibilidad adicional estimula a La Zarzuela a tirar todo lo posible del Parque Móvil, a diferencia de las costumbres ministeriales, que prefieren aplicar su partida de viajes al uso de transportes públicos convencionales.

El vehículo más deseado, el regalo más preciado, es, sin embargo, el que surca los mares, la madre de todas las pasiones reales. No hay nada que pueda compararse a los barcos de vela de competición o a los yates más veloces. El primer yate real, bautizado *Fortuna*, como el que posee actualmente don Juan Carlos, le fue entregado en 1976 por el rey Fadh de Arabia Saudí, cuando éste era príncipe heredero, al poco tiempo de la coronación de don Juan Carlos. Es un cascajo comparado con el *Fortuna* actual, una embarcación única en el mundo. Para que su regalo fuera verdaderamente especial, los patrocinadores de este último barco costearon el diseño de un prototipo adaptado a las necesidades de la Familia Real. El yate reúne lo último en alta tecnología. Está construido totalmente en aluminio por la empresa nacional Bazán, con una planta propulsora combinada con motores diesel y turbinas de gas que accionan, a través de los correspondientes engranajes reductores, tres chorros de agua. El resultado es una velocidad punta que supera los 60 nudos (más de 100 kilómetros por hora), prácticamente el doble del antiguo *Fortuna*, con una autonomía aproximada de 600 millas náuticas a 48 nudos de velocidad. Sus dimensiones también superan ampliamente a su predecesor, al pasar de los 30 metros de eslora a los 41,8 y transformar los cinco camarotes pequeños en otros cinco dobles, además de contar con un camarote con seis literas para la tripulación. Ésta es la misma que durante años ha tripulado el antiguo *Fortuna* y que, curiosamente, está integrada por un equipo privado contratado por La Zarzuela. Al no tratarse de personal de la Armada, como en su día era el que tripulaba el famoso *Azor* para Franco, la fuerza naval española ha tenido que montar un sofisticado equipo de comunicaciones cuyos detalles y costo son alto secreto, aunque algunas fuentes cifran este gasto en unos 200 millones de pesetas, no contabilizadas en el precio del yate, que asume el Ministerio de Defensa. Todo ello para compensar un hecho insólito: la velocidad del flamante yate impide que pueda seguirle ninguna patrullera de la Armada para protegerle.

El barco, que ha costado 3.000 millones de pesetas según apreciaciones oficiales (otras fuentes indican que el coste final se acercó a los 7.000 millones), fue pagado a escote por un nutrido grupo de empresarios, inicialmente mallorquines, pero a los que, ante las dificultades para conseguir tan alta cifra, se tuvieron que añadir catalanes y grandes empresas nacionales. Una vez más, como en los remotos tiempos de su boda y de la Transición, se movilizó la gorrilla en beneficio del Rey. Los promotores iniciales de la «Fundación Turística y Cultural de las Islas Baleares» fueron veintidós. Tras la Comunidad Autónoma Balear, cuya aportación fue prácticamente simbólica, y las dos asociaciones de Fomento del Turismo de Mallorca e Ibiza que agrupan a docenas de empresarios del sector, son diecinueve los industriales que figuran con sus nombres y apellidos en la inscripción de la fundación en el *Boletín Oficial de la Comunidad*. La práctica totalidad aporta a sus empresas como socios fundadores y sólo dos figuran a título individual. He aquí la lista de los primeros iniciados:

1. Jaume Matas, presidente, y José María González Ortea, en representación de la Comunidad Autónoma de las Islas Baleares.
2. Manuel Vicens Ferrer, en nombre de la Asociación Fomento del Turismo de Mallorca y de la de Fomento del Turismo de Ibiza.
3. José Francisco Conrado de Villalonga, en nombre de La Caixa.

4.   Pere J. Batlle Mayol, en nombre de la Caja de Ahorros de Baleares.
5.   Gabriel Escarrer, en nombre de Inmotel Inversiones.
6.   José Linares Colom, en nombre de Iberoestar, Hoteles y Apartamentos.
7.   Enrique Piñel López, en nombre de la Banca March.
8.   Juan José Hidalgo, en nombre de Air Europa.
9.   José Luis Carrillo Benítez, de Hoteles Globales.
10. Gabriel Barceló, en nombre de Hoteles Dux.
11. Antonio Fontanet Obradro, en nombre de Productos Fontanet.
12. Carmen Matutes, en nombre de Agrupación Hotelera Doliga.
13. Isabel García Lorca, en nombre de Viajes Soltur.
14. Miguel Roselló Ramón, en nombre de Roxa, S. A.
15. Gonzalo Pascual Arias, en nombre de Spanair.
16. Miguel Ramis Martorell, en nombre de Grupotel.
17. Pedro A. Serra Bauzá, en nombre de Riu Hoteles.
18. José Antonio Fernández Alarcón Roca, en nombre propio.
19. Susana Carrillo Szymanska, en nombre propio.

El procedimiento elegido —pagar a escote el barco entre un selecto grupo de empresarios— ha merecido críticas bien fundadas. En efecto, si el Gobierno estima que el Rey necesita un yate para realizar con dignidad sus tareas de jefe del Estado, una de las cuales es la de jefe de relaciones públicas de la nación, lo más transparente y lo menos comprometido es que sea el Gobierno el que incluya la correspondiente partida en el presupuesto que debe ser votado en el Parlamento. Que el titular del barco sea el Patrimonio Nacional no quiere decir que salga gratis. Las empresas y particulares que lo han patrocinado descuentan una parte de sus impuestos aplicando las correspondientes desgravaciones legales de hasta el 30 por ciento de la base imponible del Impuesto de Sociedades o de hasta el 3 por ciento del volumen de ventas. Son las ventajas fiscales de que disfrutan las fundaciones de interés cultural, que es la forma adoptada por los potentados que gestionaron el formidable regalo. Además el Estado tiene que hacerse cargo de todos los gastos de mantenimiento, que son cuantiosos, y de los suministros necesarios para que vivan a cuerpo de rey tanto el Rey como los reales invitados. La justificación que ha dado la fundación pro-yate, que capitanean Carmen Matutes y Gabriel Barceló, ha sido «fidelizar con Mallorca» a la Familia Real, para que siga disfrutando en esta maravillosa isla sus vacaciones.

La corte de Mallorca proporciona notables beneficios por la promoción turística que genera, y porque acude a su rebufo la *jet set* mundial, pero este argumento, válido desde la perspectiva de los intereses de la isla, alberga algunas contraindicaciones si se considera desde una perspectiva nacional. En efecto, es obligación del Rey velar por todas las comunidades españolas, evitando los agravios comparativos, lo que no sólo ha ocurrido respecto al agosto balear, que ha sustituido el tradicional veraneo de sus antepasados en San Sebastián. Y con una diferencia: el palacio de Miramar, donde se hospedaba la Familia Real, había sido comprado por la madre de Alfonso XIII, la reina María Cristina, de su peculio particular. Se hicieron, sin embargo, a este Rey algunos regalos con la intención de retenerle en sus vacaciones donostiarras, que el Monarca aceptó y registró como propiedad, pero que luego hizo caso omiso de ellos, como indico en otro capítulo.

Los veranos reales no se los disputa ya nadie a Mallorca. Las regias regatas en el puerto deportivo, los paseos de la reina Sofía por las calles comerciales y la presencia del Príncipe y las infantas en las zonas de copas se han convertido en sus más conocidas señas de identidad. Hay demasiados intereses en juego como para andarse con tonterías, pues el turismo genera cerca del 85 por ciento del PIB balear, unos ingresos de casi un billón de pesetas al año. Los veranos los tienen asegurados los mallorquines, que han puesto mucha *fortuna* en ello.

Ha habido un intento frustrado de hacerse con los inviernos reales, en pugna con la asentada costumbre de la familia de esquiar en la localidad catalana de Baqueira Beret. Se había hecho ilusiones Canarias, donde don Juan Carlos recibió otro regio obsequio de manos del rey Hussein de Jordania, ya difunto, quien regaló hace unos años a su amigo la residencia privada que el monarca hachemí se había construido en la paradisíaca isla de Lanzarote.

Cuando en las Navidades de 1999 la Familia Real optó por descansar en esta isla, se produjo un movimiento de disgusto en Cataluña por una decisión que dejaba a la citada estación de deporte de nieve sin la real promoción. Las Canarias en ese momento también jugaron su baza y desde que don Juan Carlos dispone de la residencia cedida por Hussein, la Familia Real ha acudido a pasar temporadas en distintas ocasiones, un reparto de lugares de descanso que, a juicio de algunos expertos constitucionalistas, debería producirse más a menudo.

Los veranos reales están perfectamente fidelizados en Mallorca, y a ello ha contribuido la Fundación Turística Balear con su espléndido regalo. Los ricos patrocinadores, especialmente los fundadores, que aportaron 100 millones de pesetas por barba, no se han sentido defraudados, pues don Juan Carlos ha sabido ser agradecido en lo que en el fondo los obsequiantes más deseaban: el «roce» con los Reyes, que se capitaliza bien, y no sólo en el mercado de las vanidades. La «fundación pro-yate» organiza desde 1998 un concierto de música clásica en la catedral de Palma de Mallorca el Lunes Santo, al que tanto don Juan Carlos como doña Sofía no han faltado una sola vez.

Cuando el barco estuvo a punto de entrega, don Juan Carlos participó en una cena que levantó una encendida polémica en la prensa local. Asistió don Juan Carlos a la finca que el delegado de La Caixa, Francisco Conrado de Villalonga, posee en Santa María de Camí, a pocos kilómetros de Palma. Allí el Monarca departió con algunos de los patrocinadores del obsequio para «comentar el desarrollo de las obras», según explicaba *Diario de Mallorca*. El encuentro estuvo a punto de poner al Monarca en un serio compromiso institucional cuando se supo que había asistido Jaume Matas, que era presidente del Gobierno balear cuando se constituyó la fundación, pero que desde las elecciones del 13 de junio anterior se había convertido en honorable miembro de la oposición al Gobierno de coalición presidido por el socialista de Francesc Antich, quien no fue invitado. Para justificar la ausencia del máximo representante de la comunidad autónoma, institución que figura entre los «paganos» aunque su aportación fuera simbólica —cinco millones de pesetas—, el «cajero», Conrado de Villalonga, se vio obligado a hacer unas declaraciones posteriores en las que calificaba la cena de estrictamente privada.

Tampoco ha quedado defraudada la industria hotelera mallorquina, que es la principal fuente de riqueza de la isla. Hoy la imagen de Palma de Mallorca está indisociablemente unida al palacio de Marivent, residencia estival de la Familia Real española. Situado en Cal Mayor y de cara a la bahía, este edificio fue construido en 1923 por el arquitecto mallorquín Guillermo Forteza para Juan de Saridakis, un artista griego, ingeniero de profesión, que decidió afincarse en Mallorca cautivado por su luz y su paisaje. Muerto éste, la viuda del arquitecto cedió la finca al Patrimonio Nacional para el disfrute de los Reyes.

Previendo que las infantas y el Príncipe formarían sus propias familias y Marivent comenzaría a quedarse pequeño, el Gobierno balear, a mitad de la década de 1990, firmó un convenio con el Ministerio de Defensa para hacerse con la cesión por noventa y nueve años de unos terrenos anexos a Marivent que han sido habilitados para uso de la Familia Real. Se trata de la finca Son Vent, de cuyo mantenimiento y conservación se está ocupando el Gobierno de las islas. El palacio que incluía la finca ha sido rehabilitado y fue estrenado por los Reyes de Bélgica en agosto de 2002. El Gobierno balear ha rehabilitado igualmente otras dos edificaciones más pequeñas llamadas Son Ventet, edificio de dos plantas y unos 150 metros cuadrados, antigua residencia de oficiales, con un presupuesto cercano a los 800 millones de pesetas, y la Casa dels

Posaders, de unos 70 metros cuadrados, destinadas a la recepción de invitados.

Mallorca es una buena fuente de ingresos para el Rey en concepto de *merchandising* y patrocinio de ropa y equipamientos deportivos, bebidas, relojes, etc. Son el equivalente moderno de los dineros que recibía Alfonso XIII por conceder reconocimientos de «proveedores de la Real Casa». Poco a poco los miembros de la Familia Real se han convertido en atractivos modelos de publicidad, a veces subliminal y otras descarada. La Copa del Rey de Vela se denomina Copa del Rey-Trofeo Agua Brava; el Monarca participa a bordo del *Bribón*, propiedad de José Cusí y patrocinado por La Caixa, luciendo en el chaleco el logotipo de la entidad financiera; sus pantalones son Burberry; los relojes Breitling dan nombre a la regata que organiza el club náutico Puerto Portals, en la que participa el Príncipe a bordo del *CAM* (Caja de Ahorros del Mediterráneo), que ha desbancado al *Sirius,* propiedad de la Armada española, un cambio de yate que provocó malestar en la tripulación. Tanto el Rey como el Príncipe se calan las camisetas de Hermenegildo Zegna cuando participan en el trofeo que organiza esta marca en Barcelona, y ambos participan en la Regata Freixenet o en la Semana Náutica del Puerto de Santamaría que organiza Osborne. También se apuntan a Rolex, patrocinador del campeonato del mundo IMS, con participación del *Bribón*. La infanta Cristina compite normalmente a bordo del *Azur de Puig*, con prendas con los colores y el logotipo de la colonia, logotipo que comparte el niño de la duquesa de Palma de Mallorca, de dos años. El pequeño ha sido fotografiado sentado en su sillita de paseo Jané o vestido con pantalones Oshkosh. El patrocinio, desde luego, no se limita a Baleares y Cataluña, ni a marcas de ámbito nacional: Endesa, Bazán, Amena, Botas Nórdica, tablas Rosignol o anoraks Descente.

Para resumir, y para que el lector se oriente y sepa cuáles son las reales marcas, he aquí una lista de las principales:

— *Agua Brava:* principal patrocinador de la Copa del Rey-Trofeo Agua Brava.

— *Azur de Puig:* patrocinador del barco del mismo nombre con el que compite la infanta Cristina. Ella y su hijo Juan visten habitualmente camisetas con los colores y el logotipo de la marca de colonia.

— *Breitling:* marca de relojes que organiza cada año un trofeo de vela en el que participan habitualmente tanto el Rey como el príncipe Felipe.

— *Burberry:* marca del equipamiento de *sport* utilizado por el Rey a bordo del *Bribón* y del príncipe Felipe a bordo del *Aifos.*

— *CAM:* la Caja de Ahorros del Mediterráneo patrocina el barco del mismo nombre, con el que el príncipe Felipe ganó un trofeo Breitling.

— *Hermenegildo Zegna:* la marca de ropa organiza cada año en Barcelona un trofeo de vela en el que participan habitualmente el Rey, luciendo ropa de la marca, el Príncipe y la infanta Elena.

— *Freixenet:* marca de cava catalán que organiza desde hace tres años en Barcelona una regata a la que acuden los barcos del Rey, el Príncipe y la infanta Elena.

— *Fumarel:* marca del equipamiento deportivo lucido por la infanta Elena, presidenta del Comité Paralímpico Español, y Jaime de Marichalar durante los Juegos de Sydney.

— *La Caixa:* patrocinador del *Bribón*, yate con el que compite el Rey. Mientras que toda la tripulación luce la imagen corporativa de la entidad catalana en los polos deportivos, el Monarca sólo lo hace en el chaleco que utiliza en las competiciones y entrega de premios.

— *Osborne:* nombre de la Semana Náutica que organiza anualmente, a finales de agosto, el Real Club Náutico de El Puerto de Santa María y en la que suelen participar tanto el Rey como el Príncipe y la infanta Cristina.

— *Rolex:* marca de relojes patrocinadora del Campeonato del Mundo IMS que se celebró en Valencia, en el que participó

el *Bribón* luciendo en su proa la imagen corporativa de la
compañía.
— *Rossignol:* una de las marcas de equipamiento de esquí más
utilizada por la Familia Real.

A título de mera curiosidad, dentro de este capítulo de regalos
a los Reyes, recojo lo que apareció en abril de 2003 en la prensa nica-
ragüense. Al parecer los reyes de España son propietarios de una
isleta paradisíaca, El Icacal, en el lago de Granada, que les fue entre-
gada durante la visita que nuestros Monarcas hicieron a esta comarca
en 1992. «La isleta se le entregó con escritura y todo al Rey de
España», ha declarado recientemente el ex alcalde Urbina, que fue
quien hizo el regalo con una idea similar a la de los empresarios
mallorquines: atraer el turismo. Suponemos que este regalo se hizo
a título meramente simbólico.

Consta un regalo rechazado por el Rey: el que trató de hacerle
Mario Conde cuando pretendía conquistar al Monarca, un reloj
valioso de coleccionista. Al no conseguir la entrada directa en La Zarzuela, el banquero lo intentó por medio de don Juan, a quien rodeó
de todo tipo de atenciones y pagó finalmente la clínica de Pam-
plona donde murió el conde de Barcelona. Cuando, finalmente,
Mario Conde conquistó el corazón del Monarca, los regalos fueron mucho más comprometedores que el rechazado reloj del millón
de pesetas (véase el capítulo «El golpe de palacio de Mario Conde»).

Un jeque árabe que vino a España llegó como los Reyes Magos
de Oriente, con las alforjas llenas de presentes para los personajes
principales. Regaló valiosas joyas a la Familia Real, y al Príncipe
una daga árabe cuya empuñadura estaba incrustada con piedras pre-
ciosas. Don Felipe mandó desmontarla y, con tales piedras precio-
sas, le hicieron una pulsera que regaló, como tributo de amor eterno,
a Isabel Sartorius, su novia de entonces. A los ministros, a la sazón
gobernaba el PSOE, les regaló el generoso príncipe árabe un reloj
de oro a cada uno. Los ministros, que no sabían qué hacer con aquellos relojes, los depositaron en las cajas fuertes de sus respectivos

departamentos. El Gobierno se planteó entonces la necesidad de regular este tipo de presentes. Se lo comentaron al Rey, pero éste se negó en redondo: «Qué queréis. Está uno aquí pringando todo el día y encima me pedís que rechace estos detalles...»

Es la única objeción que se conoce que el rey Juan Carlos I de España haya formulado para no estampar su firma en una ley, algo que ciertamente el Gobierno no planteó formalmente, pues en ese caso el Monarca no habría podido negarse. Un rey parlamentario no podría negarse ni siquiera a firmar su propia sentencia de muerte, como decía Bagehot, el gran estudioso de las monarquías occidentales. El Rey de los belgas, Balduino, tuvo que recurrir en su día al truco de abdicar por un día, pues su conciencia le impedía firmar la ley del aborto aprobada en el Parlamento. La tuvo que firmar el regente más breve de la historia. No deja de ser significativo que la única objeción del Rey de España se refiriera a evitar que le cortaran los regalos que recibe en su condición de jefe del Estado.

Capítulo X

MANUEL PRADO Y COLÓN DE CARVAJAL. EL PÍCARO Y EL REY

Manuel Prado es el amigo. «Un amigo muy íntimo [...], el único en que podía depositar mi confianza», cuenta el Rey a José Luis de Vilallonga al referirse a la misión que le confió cerca de Ceaucescu para que éste enviara un mensaje a Santiago Carrillo, secretario general del Partido Comunista de España. La Reina incluye a Manuel Prado entre las personas de la casa, con minúscula, según relata doña Sofía a Pilar Urbano comentando los sucesos del 23-F: «Sacamos unas cosas para tomar, unos sándwiches, café. Vinieron mis cuñadas, Pilar y Margarita. Nos juntamos la familia, las personas de la casa, Mondéjar, Valenzuela, Sabino, Manolo Prado y algún otro amigo de mi marido.» Manuel Prado y Colón de Carvajal es el correo del Rey, el «embajador» permanente, el socio, el administrador, pero sobre todo es el amigo que le ha acompañado ininterrumpidamente a lo largo de su reinado. Prado es el secretario de todos los secretos. Es un personaje que combina características de pícaro y de héroe. Ha hecho fortuna a la sombra del Monarca —se presenta como «administrador privado del Rey»—, pero también éste se ha beneficiado de sus buenos oficios. Es algo así como el «juanguerra» de don Juan Carlos.

Ahora está condenado por sus trapicheos con Javier de la Rosa en la primera pieza separada del macrosumario de Kio instruido por la juez Teresa Palacio. Como se ha dicho, fue eliminado, por consideración del emir kuwaití hacia el rey de España, de la lista de los que persigue el emirato en la Corte Comercial de Londres, sede de las operaciones internacionales de la agencia pública kuwaití en busca del dinero desaparecido. Kio acusó a Javier de la Rosa de apropiarse de más de 100.000 millones de pesetas y de acumular unas pérdidas de 500.000 millones. Manuel Prado no ha podido negar que recibió 100 millones de dólares del catalán, pero asegura que no procedían de Kio, sino de otros negocios que emprendió con Javier de la Rosa. Los 100 millones de dólares los cobró en concepto de asesoramiento, dictámenes, etc., una justificación que recuerda las cuentas del Gran Capitán cuando fue requerido a explicar sus gastos en Flandes.

Prado se ha salvado de la persecución kuwaití a costa de implicar involuntaria pero imprudentemente a Juan Carlos I de España. No es que acusara al Monarca —en eso Prado es una tumba—, sino que el Rey aparece en sus conversaciones telefónicas entabladas con importantes personalidades del emirato. Casualmente tales cintas aparecieron en el despacho de Javier de la Rosa, quien las utilizó para justificar que los 100 millones de dólares habían salido de Kio para premiar los servicios del Monarca en la guerra del Golfo. El 28 de enero de 1997, Manuel Prado declaró en la Fiscalía de Cataluña como perjudicado por tales grabaciones, que fueron entregadas por J. R. al Ministerio del Interior en marzo de 1996. Las cintas fueron el origen de una querella mutua: Javier de la Rosa se querelló contra Prado por calumnias y éste contra aquél por el pinchazo de su teléfono. La solución fue salomónica: no había calumnia ni los pinchazos eran achacables al catalán.

El «administrador privado del Rey» se ha librado por los pelos de la Corte Comercial londinense, pero no de los juzgados de Barcelona, Madrid y Sevilla. El juez Joaquín Aguirre, de la Ciudad Condal, decretó en diciembre de 1995 orden de prisión contra Prado por las irregularidades de Grand Tibidabo, empresa de la que era vicepresidente. Prado eludió la prisión tras depositar 150 millones de pesetas de fianza. El sevillano de adopción se había apropiado por medio de artilugios contables —aparcamiento de acciones o *lease-back*— de 1.500 millones de pesetas de la caja del Consorcio Nacional del Leasing-Grand Tibidabo. Al mismo tiempo, una empresa vinculada a Prado, Libra Invest, concedía a Nueva Madrugada, una instrumental de Javier de la Rosa, un préstamo por idéntica cantidad, 1.500 millones de pesetas. El préstamo concedido por Grand Tibidabo a Prado estaba avalado por unos terrenos suyos en Dos Hermanas (Sevilla), que ante el incumplimiento de la devolución de los préstamos pasaron a ser propiedad de Tibidabo. Cuando los terrenos fueron tasados por un perito judicial resultaron valer menos de la mitad, 658 millones de pesetas, por lo que la operación se saldó con una pérdida para la empresa catalana de 900 millones. El auto judicial estimó que ambos empresarios se habían favorecido perjudicando a Grand Tibidabo y que habían cometido delitos de estafa y apropiación indebida.

Por otra parte, el juzgado número 9 de Sevilla recibió, en diciembre de 2000, el encargo de la Audiencia Nacional de investigar un presunto delito fiscal del «embajador» Prado por no haber declarado a Hacienda unos ingresos de 1.900 millones de pesetas que recibió de Torras-Kio en la denominada «Operación Wardbase», cuando era consejero de la Expo-92 y tenía residencia en Sevilla. En septiembre de 2001 el juzgado sevillano devolvió el caso a la Audiencia Nacional razonando que el presunto delito fiscal estaba conectado con lo que investigaba la Audiencia, y que no estaba claro cuál era la residencia del empresario a efectos fiscales, si España o Suiza.

El 18 de diciembre de 2002 la Sección Primera de lo Penal de la Audiencia Nacional notificó la condena de cinco años y medio de prisión para De la Rosa y dos años de cárcel para Prado por delitos de apropiación indebida y falsedad documental por el abono a Wardbase, empresa fantasma de Prado, de cerca de 2.000 millones de pesetas procedentes de Kio, que posteriormente fueron a parar a una cuenta suiza del «embajador». Se condenaba también al sevillano de Quito a devolver dicha cantidad —12 millones de euros— al Grupo Torras. El tribunal declaró probado en su sentencia, de la que fue ponente la magistrada Manuela Fernández Prado, que, siguiendo las instrucciones de Javier de la Rosa se llevó a efecto la salida de 2.000 millones de pesetas desde el Grupo Torras bajo la cobertura de un contrato simulado entre la sociedad Wardbase y

Torras Papel para la supuesta construcción de una planta de celulosa, Celulosa de Las Ardenas, en Bélgica. Casi la totalidad de ese dinero, 1.900 millones de pesetas —se prueba en la sentencia—, tuvo como destino la cuenta de Manuel Prado y Colón de Carvajal en Suiza. El fallo indicaba también que Prado no era un mero partícipe a título lucrativo de los hechos y, por tanto, le consideraba autor de un delito de apropiación indebida en concepto de cooperador necesario. Nada se dice del escrito de 68 folios presentado en la Audiencia Nacional por Javier de la Rosa, en noviembre, en el que trataba de implicar al Rey.

No me extenderé aquí en los rocambolescos episodios del préstamo de 100 millones de dólares concedido por el rey de Arabia a Juan Carlos I de España, que al parecer invirtió Prado con muy mala fortuna. Ni tampoco en los avatares de ópera cómica que se produjeron cuando el rey *moro* intentó recuperar su dinero al cumplirse el plazo (véase el capítulo «Juro no volver a pasar hambre»). Es, sin embargo, pertinente hablar ahora de la posibilidad de que los 100 millones de dólares que Javier de la Rosa entregara a Prado estuvieran destinados a cubrir tamaño agujero. Este asunto de los dineros de Kio, que Javier de la Rosa afirma haber entregado al Rey, a través de su hombre de máxima confianza, en una cuenta suiza es el asunto más comprometedor para el Monarca entre aquéllos en los que Prado ha intervenido. También han afectado al Rey los negocios particulares fraudulentos realizados por el catalán y el sevillano, que han llevado al sedicente administrador del Rey al banquillo.

Todo empezó cuando Prado convence en 1987 al Monarca para que le releve de una misión comprometida que ya he mencionado: viajar a Kuwait para convencer al emir de que Javier de la Rosa no era la persona adecuada para representar a Kio en España, tal como Felipe González le había pedido al Rey. Semejante servicio le reporta el más profundo agradecimiento del catalán, que le da participación en casi todos los negocios que emprende a partir de aquella negativa. Veamos esquemáticamente cuáles fueron estos negocios:

— 1989. Prima Inmobiliaria, filial de Torras, compra el 52 por ciento del castillo de los Garciagos, una de las inversiones más desastrosas de Prado. Fue un gran favor y después una fuente de quebraderos de cabeza judiciales, ya que se prodigaron los «artilugios contables», expresión que se generalizaría a partir de la intervención de Banesto el 28 de diciembre de 1993. Mario Conde también llegó al corazón de Prado pasando por el castillo de los Garciagos.

— 1990. Acuden juntos —Javier de la Rosa al frente de Quail y Prado de Trébol Internacional— a la compra de la siderurgia Aristráin, a la muerte de su dueño, José María Aristráin. Finalmente la familia aborta la operación.

— 1990, octubre. Kuwait es ocupada por Sadam Husein. Javier de la Rosa remite a Prado 80 millones de dólares a su cuenta en la Société Générale de Banque (Sogenal) en Ginebra. Posteriormente De la Rosa le enviaría otros 20 millones que completarían los 100 millones en cuestión.

— 1990, diciembre. Prado accede a ser consejero de Tibidabo y, después, vicepresidente. A través de esta empresa se harían con el control del Consorcio Nacional del Leasing (CNL), una de las grandes estafas de Javier de la Rosa.

— 1991, abril. Javier de la Rosa y Manuel Prado y Colón de Carvajal compran acciones de CNL valoradas en 8.250 millones de pesetas, dinero que consiguen en préstamo del Banco Hispanoamericano con garantía solidaria de Quail España, empresa de Kio.

— 1991, mayo. Javier de la Rosa procede al vaciamiento del CNL, una entidad hasta entonces muy prudente, en la que colocaban su dinero más de 8.000 personas, en muchos casos los ahorros de toda la vida. J. R. vende la cartera de *leasing* —razón social de la empresa— al Banco Hispano Americano, y la mismísima sede de la corporación, en Diagonal 525, a la Generalitat, que la utilizaría como consejería. Con todo ello se hace con 31.000 millones de pesetas. Esta operación tiene que ver con la financiación del periódico pujolista *El Observador*, que promueve Luis Prenafeta.

— 1991. De la Rosa y Prado se hacen con el 1 por ciento del Banco Hispano Americano, procedente de la autocartera que luego revendieron al banco generando buenas plusvalías.

— 1991, junio. En la primera junta tras la OPA sobre el CNL celebrada el 28 de junio de 1991, Prado es nombrado vicepresidente de la nueva sociedad que ahora se denomina Tibidabo.

— 1992, febrero. Tibidabo ha crecido y se ha convertido en Grand Tibidabo. Se produce una doble operación de *lease back*. Prado se lleva en concepto de préstamo que nunca devuelve 1.500 millones de pesetas con la garantía de una participación en Expovillas, promoción hotelera de la empresa de Prado, Trebolquivir, que luego cambiará con permiso de J. R. por unos terrenos en Dos Hermanas que no valen más que un tercio del dinero que se había llevado. Recíprocamente, una empresa de Prado, Libra Invest, concede a Nueva Madrugada, patrimonial de J. R., otros 1.500 millones. El juez Aguirre de Barcelona calificó estos hechos de estafa y apropiación indebida.

— 1992, junio. Javier de la Rosa implica a Prado a través de su filial Trébol Condal, que preside Carles Vilarrubí en el Consejo de Administración de Bamsa, una sociedad de capital riesgo sobre la que había practicado una OPA.

El «administrador privado del Rey» tiene que cumplir con tan abrumadora ayuda del catalán que no sólo le ha asociado en sus pelotazos, sino que se había tomado las mayores molestias para intimar con el san Pedro de La Zarzuela, el amo de todas las llaves: intentó hacerse con una finca en Huelva, lindante con la suya; y compró una caseta en la Feria de Sevilla para alternar con el «administrador». Javier de la Rosa despotricaba entonces contra todo el mundo menos contra Su Majestad. Cuando empezó el escándalo en 1991 (tras la guerra del Golfo), De la Rosa atacó a bancos y periodistas, entre otros, pero dejando a salvo al Rey. «Fueron momentos —dicen Pérez y Horcajo— aquéllos de 1990 de estrecho contacto con Manuel Prado y Colón de Carvajal. La relación que le franqueó las puertas de La Zarzuela y le facilitó una fotografía dedicada por el Monarca con la que impresionaba a quienes entraban en su despacho como incautos corderos en el matadero.» [1]

Cuando, terminada la guerra y vueltos los emires a su emirato, comprueban que Jaffar y su «hermano» De la Rosa han vaciado la caja, éste tiene que abandonar la vicepresidencia de Torras, la cabeza del consorcio de Kio en España. Ahora el intrépido catalán necesita más que nunca la respetabilidad que irradia el Monarca. En junio de 1992, Manuel Prado le organiza un pequeño refrigerio con la Familia Real al completo. J. R. saca pecho. Quiere demostrar que está bien protegido. De vuelta a Barcelona se encuentra en el aeropuerto con Miguel Roca, a quien invita a hacer el viaje en su avión privado. Tenía prisa en que se supiera en Barcelona y en el mundo con quién había comido y lo cordialmente que habían conversado. Cuando, a finales de 1993, Prado intenta desmarcarse, ya es demasiado tarde. Utiliza como pretexto la incompatibilidad de Grand Tibidabo con la presidencia de Partecsa, el parque recreativo construido en el recinto de la Expo. J. R., que intenta retenerle sin éxito, se lo lleva consigo en la caída. El «administrador real» es no sólo beneficiario en algunas estafas de J. R., sino también cooperador necesario. Han desaparecido las hostilidades y ya sólo se verán, no juntos sino frente a frente, en el banquillo de los acusados que comparten.

Pero si la prensa no investigó a fondo las acusaciones, muchas de ellas sumamente burdas, contra el Rey, la justicia hizo lo mismo. Las denuncias de Javier de la Rosa exigían que el poder judicial excitara su celo contra quien calumniaba al jefe del Estado asegu-

---

[1] Manuel Pérez y Xavier Horcajo, *J. R., el tiburón*, Ediciones Temas de Hoy, Madrid, 1996.

rando que tenía cartas con membrete de la Casa Real; que disponía de grabaciones en el hotel Claridge de Londres en las que don Juan Carlos agradecía las aportaciones hechas a Prado; que podía presentar cartas de Prado, quien en nombre del Rey agradecía el envío de 429 millones de dólares. El fiscal general del Estado, Carlos Granados, trató de conjurar el escándalo asegurando que «el Rey era totalmente ajeno» a los negocios entre De la Rosa y Prado, pero no estimó conveniente instar el procesamiento del supuesto calumniador. Una faena para el Monarca, pues un juicio por calumnias habría permitido dejar libre de polvo y paja el buen nombre de don Juan Carlos para hoy y para la historia. Como en otros episodios relacionados con el Monarca, se optó por movilizar al CESID, organismo que había realizado grabaciones al Rey y a su entorno pícaro y que presionó para que Manuel Prado y Colón de Carvajal huyera de España. *El Mundo* publicaba el 13 de junio de 1995 la lista de noventa y tres cintas grabadas, supuestamente de forma aleatoria, entre noviembre de 1983 y octubre de 1999, entre las que se destacaban:

— Conversaciones del empresario y político José Antonio Segurado con el príncipe georgiano Zourab Tchokotoua, *Zu* para los amigos, amigo íntimo del Rey hasta que fue acusado de estafa en Mallorca (10 a 24 de octubre de 1984).
— Conversaciones de Su Majestad (octubre de 1990).
— Conversaciones de Zu con Manuel Prado y Colón de Carvajal (1985 y 1986).

Emilio Alonso Manglano, que había sido puesto al frente de nuestros espías por Calvo Sotelo y confirmado por Felipe González, disfrutaba con su trabajo. Monárquico de corazón, le encantaba proteger y hasta sobreproteger al Monarca y tener al mismo tiempo la mejor información sobre él. El jefe de los servicios de espionaje durante quince años se encargaba de facilitar el descanso del Rey proporcionándole «casas seguras». Garantizaba, en efecto, su seguridad frente a todos menos frente al CESID, que grabada hasta la respiración real. El organismo de la carretera de La Coruña, a la salida de Madrid, conocía al dedillo las inversiones de don Juan Carlos, siempre con la intención de protegerle. A Manglano le encantaba comer con los banqueros y otras personalidades de la vida económica, le fascinaba presumir de su poder, que era la información, haciendo guiños que indicaban que estaba al cabo de la calle de la vida y milagros de todos ellos.

El CESID no fue el único que trató de forzar la huida de España de Manuel Prado y Colón de Carvajal, un personaje que sabía demasiado: Fernando Almansa, jefe de la Casa del Rey desde 1993, le pidió que se refugiara en Suiza, y el periodista Luis María Anson, custodio de la monarquía en servicio permanente, personaje que fuera muy activo en el Consejo Privado de don Juan y que tiene pleno acceso a La Zarzuela, presionó en el mismo sentido, es decir, que se refugiara en Lausana, donde «Manolo» tiene reconocida la residencia. Anson va más lejos e intenta que Juan Carlos I abdique en su hijo Felipe para salvar a la institución, que él estima muy deteriorada por el escándalo.

Sin embargo, el embajador permanente no está por la labor. Representa demasiado en la vida del Rey y sabe que nunca será abandonado por éste. «Manolo», un buscavidas de resonante apellido pero sin fortuna familiar, a quien se le supone descendiente de Cristóbal Colón por parte de madre, nació en Quito en 1931, hijo de un diplomático chileno que luchó como voluntario franquista en la guerra de España. Estudió Derecho en Madrid. Empleado primero y después empresario, fue mando intermedio en el sindicato franquista del metal. Conoció a don Juan Carlos cuando éste era príncipe de España, en una cena organizada por su primo el infante don Carlos de Borbón Dos Sicilias, duque de Calabria. Y parece que congeniaron a primera vista, «una relación intensa en la frecuencia y honda en la afectividad», según expresión de Prado. «Le esperaba en la linde de la finca de El Pardo —cuenta en unas memorias elaboradas con la colaboración de Joaquín Bardavío—. Mi familia tenía un chalé en la urbanización de Casaquemada, en la frontera con La Florida, y hasta allí iba el príncipe don Juan Carlos en un modesto todo-terreno. Dejaba el coche y a través de un ágil salto de la tapia se presentaba en la clandestinidad ingenua y libre de mi mundo. Aquella casa era como un botellón de oxígeno para una vida encorsetada y vigilada en el entonces palacete de La Zarzuela, donde su augusto inquilino se sentía por temporadas huésped o rehén de la Historia, pero nunca como señor de su casa.» [2]

Pronto vio la oportunidad de enriquecerse cultivando a determinados aventureros, como el supuesto príncipe georgiano Zourab Tchokotoua, de confusa andadura, casado con Marieta de Salas, una de las amigas de la Reina, con la que ésta suele o solía ir de compras, y también amigo de Javier de la Rosa (quien le señaló en su declaración judicial como mediador de un dinero entregado al Rey de parte de Kio) y juzgado él mismo por una estafa inmobiliaria en Palma de Mallorca. También conocía a Simeón de Bulgaria el depuesto rey búlgaro entonces en el exilio, casado con Margarita Gómez Acebo, que le sitúa en el entorno familiar de Juan Carlos I. Simeón es un interesante personaje, muy introducido en la corte franquista, que no quiso reinar en su país cuando tuvo la oportunidad. Hoy es jefe del Gobierno en la República Búlgara pero no está por la labor de ser rey restaurando una monarquía a la que no ve muchas posibilidades de consolidación. Simeón de Bulgaria disfruta también de buena entrada con la monarquía alauita, que le honró nombrándole consejero de un patronato que administra la fortuna del rey de Marruecos. Con ellos emprendió Prado su primera aventura empresarial: un consorcio que denominó Trébol, del que Prado es socio mayoritario, dedicado a las inversiones inmobiliarias y a cuantas oportunidades puedan presentarse.

Manolo intermediaba todo lo intermediable y lo no lícitamente intermediable, como el buen nombre de Su Majestad. Empezó a

---

[2] *Historia de la democracia*, fascículo 7, *op. cit.*

ser requerido en los años setenta por distintas multinacionales en busca de personas bien situadas políticamente, a ser posible en la corte del rey Juan Carlos I. La compañía Ford, que siempre ha mantenido esta política y que había contratado a Jaime Carvajal Urquijo, no dudó en reclutar como consejero al jefe de la «Casa bis» de Su Majestad. Otro tanto hizo la General Electric, que como otras multinacionales estadounidenses practica la misma política. Encontró un campo idóneo en el comercio internacional, entre el *import-export* de petróleo, de barcos, de bienes de equipo, sin dejar las representaciones más o menos institucionales como la Fundación Onassis, la oficina de la Abu Dhabi Development Agency o el transporte aéreo de Costa Rica, que le mantenían conectado con las personalidades más influyentes.

Manuel Prado tuvo su momento épico cuando, en 1975, unos meses antes de la muerte de Franco, don Juan Carlos, a la sazón príncipe de España le envió, a título particular, a una misión secreta a Rumanía para entregar un mensaje a Santiago Carrillo por medio del dictador rumano Nicolai Ceaucescu. El futuro Rey quería pedir un voto de confianza a los comunistas con la promesa de que, cuando las circunstancias lo permitieran, sería legalizado el Partido Comunista.

La historia, tal como la cuenta el Rey a Vilallonga, tiene los toques rocambolescos con los que probablemente adornaría su historia su embajador de fortuna: en Bucarest «lo encerraron durante dos días en una especie de entresuelo, donde sólo podía ver la luz a través de un ventanuco con un par de barrotes. El ventanuco se encontraba a la altura de la acera, y nuestro amigo veía pasar los pies de los transeúntes que, demasiadas veces para su gusto, estaban calzados con botas militares, lo cual le hizo pensar que le habían encerrado en un cuartel. El pobre lo pasó muy mal, pues en aquel país y en aquella época, ya sabes. [...] "Hubo momentos en que creía que no volvería a ver mi patria ni a mi familia", me confesó más tarde». Un párrafo que he recogido con alguna extensión, pues muestra tanto los ardides del cortesano para conmover al Príncipe como el talante bondadoso y crédulo de don Juan Carlos. Carrillo me desmiente todos estos detalles noveleros, aunque confirma lo esencial del mensaje enviado por quien, dos meses después, sería nombrado jefe de Estado por segunda y definitiva vez. En efecto, según cuenta el propio Rey, «el mensaje que yo quería que transmitiera de viva voz al Presidente rumano consistía, más o menos, en pedirle que comunicara a su amigo Carrillo que don Juan Carlos de Borbón, futuro Rey de España, tenía la intención de reconocer, en cuanto accediera al trono, al Partido Comunista de España, así como a los demás partidos políticos. Ceaucescu también tenía que pedir a Carrillo que tuviera confianza en don Juan Carlos. Si él estaba de acuerdo todo saldría bien. En caso contrario, las cosas podrían resultar muy difíciles y complicadas en España si había que contar con la oposición del Partido Comunista». La respuesta de Ceaucescu fue la siguiente: «Carrillo no moverá un dedo hasta que seáis rey. Después habrá que concertar un plazo, no demasiado largo, para que sea efectiva vuestra promesa de legalización.»

Como el tiempo pasa y uno se olvida de lo que ha dicho hace tiempo, el propio Prado, en un artículo-memoria puesto en buena prosa por Joaquín Bardavío, proporciona detalles de aquella gestión que indican que aquello no tuvo el menor peligro, ya que, como era natural, recibió todas las facilidades propias de un asunto en el que estaba directamente interesado el dictador rumano: «Me puse en contacto con el embajador rumano en París y le insinué la naturaleza de mi misión. Hombre bien informado, el diplomático me allanó el camino. Con el enorme secretismo propio de aquel país y de aquella época, me llevaron hasta Bucarest como si de un superespía se tratara. Incluso el trayecto París-Bucarest lo hice en un gran avión comercial fletado para mí exclusivamente, con la compañía de cinco o seis policías.» [3]

---

[3] *Historia de la democracia*, fascículo 6, *op. cit.*

El Príncipe le envía a primeros de noviembre de 1975 —Juan Carlos sería Rey el 22 de ese mes, dos días después de la muerte de Franco— a Washington con una doble misión: en primer lugar pedir el apoyo estadounidense para hacer frente a la Marcha Verde que había organizado Hassan II para hacerse con el Sahara Occidental; en segundo lugar, para expresar las firmes intenciones democratizadoras del Monarca. El secretario de Estado, Henry Kissinger, tenía planeado venir a España para negociar sobre las bases, pero don Juan Carlos quería que el acuerdo se elevara a la categoría de tratado, lo que exigía la aprobación del Senado, y ello implicaba el reconocimiento implícito de que en España se iniciaba un nuevo régimen. Con idénticas intenciones, que se reconociera internacionalmente que el propósito del Rey era traer la democracia rápidamente, en menos de seis meses, le envía a París para que se entreviste con el presidente Valéry Giscard d´Estaing.

Prado se había ganado un pasaporte diplomático de embajador *at large*. Según la jerga de la carrera, es el que no tiene un destino concreto ni tiene relación de dependencia directa con el Ministerio de Asuntos Exteriores, pero que le permite presentarse con la prestigiosa condición de embajador. Con semejante pasaporte que le identifica como correo del Rey y una residencia en Ginebra, las oportunidades mercantiles y de blindaje son considerables. Más tarde el Rey le encargó pactar con Arnaud de Borchgrave para que éste filtrara una declaración del Rey en la que calificaría a su presidente Arias de «desastre sin paliativos», con el objeto de provocar su dimisión. Se apunta también el embajador en misión permanente el envío a España de 100.000 barriles de petróleo de Arabia Saudí, silenciando, como ya se ha comentado en otro capítulo, que la gestión fue realizada directamente por su patrón, el Rey. Además lo hizo lanzando sombras de sospecha sobre los comerciales del INI.

El embajador en misión permanente, según cuenta, cumplió otras misiones reales de acuerdo con el presidente Suárez: hablar con el jefe de los servicios franceses de espionaje, conde de Desmaranges, para estrechar la colaboración entre ambos países en materia de terrorismo; hablar con el presidente mexicano, López Portillo, antes de que se restablecieran las relaciones diplomáticos entre ambos países y pedirle que no recibiera a una delegación del entorno etarra; negociar la liberación de presos españoles de la dictadura argentina; encabezar una misión humanitaria en Nicaragua tras la caída de Somoza, etc. «Con Felipe González —cuenta el embajador especial— colaboré una sola vez. En el viaje que hizo a Arabia Saudí al principio de su mandato, me llamó para que fuera a Riad y preparara la visita en mi condición de embajador en misión permanente. Proporcioné toda la información de que disponía y supongo que mis servicios fueron satisfactorios.» Prado, entre dolido y displicente, se lamenta de que los socialistas prescindieran de sus servicios: «No han querido como Adolfo Suárez, por cualesquiera razones que respeto, aprovechar mis relaciones y conocimientos de tantos años por el mundo. No es que me alegre, pero me siento cómodo en la ignorancia.»

Manuel Prado sufre un lapsus de memoria. No fue ésta la última vez que el embajador especial fue solicitado por los socialistas, pero se comprende que no quiera acordarse de aquella que fue su gran oportunidad, pero también el origen de sus desgracias. En 1987 el Gobierno intenta, como decíamos antes, que Kio no esté representado en España por Javier de la Rosa, cuyos antecedentes en la gestión de la Banca Garriga Nogués y Aguas de Almería eran conocidos, especialmente por el vicepresidente Serra. El Rey sugiere a González que utilice los servicios de su embajador permanente para informar al emir de Kuwait de que el Gobierno no quiere a Javier de la Rosa como representante de los intereses de Kio en España. Prado, por una vez, se resiste a los deseos reales. En un libro de Jesús Cacho se recogen unas declaraciones de Prado, al menos aparentemente, pues en el libro no se dice con claridad meridiana que se trate de algo dicho personalmente por el hombre del Rey, ni tampoco aparecen comillas ni guiones: «Un día, hará cinco años, me llama el Rey y me dice que tengo que prestarle un servicio, que tengo que ir a Kuwait con una carta suya para el emir. Le ha visitado el presidente del Gobierno y le ha dicho que hay que decir a los kuwaitíes que inversiones en España todas las que quieran, pero que con Javier de la Rosa, ni hablar. Ése no puede ser su hombre en España. [...] y yo le miro a los ojos y le digo: "Señor, yo no voy a Kuwait." "Pero, ¿cómo? ¿Me estás tomando el pelo?" "No, señor, pero yo creo que eso es una injusticia. ¿Es que este hombre ha sido juzgado por algún delito y condenado por los tribunales de justicia? No, ¿verdad?, pues entonces no se puede hacer eso, no podemos hacer eso, usted tiene que amparar a todos los españoles por igual." Y el Rey me dijo: "Tienes toda la razón, Manolo, no vayas a Kuwait, ya me encargo yo de decírselo a Felipe."» [4]

Frustrada esta misión, el Gobierno recurre a Julio Feo, secretario de la Presidencia y hombre a quien Felipe suele enviar, como el Rey a Prado, a misiones especiales, para convencer al máximo responsable de Kio, Fouad Khaled Jaffar, de que releve a su hombre en España y consiga al menos que frene la campaña de entrada hostil de la entidad árabe en los bancos españoles. Jaffar, que había unido su destino a De la Rosa en lo que luego se vería que fue una de las mayores estafas de la historia, contesta que De la Rosa es su hermano y que todo lo que haga tiene sus bendiciones. Manuel Prado ha explicado que a partir de entonces De la Rosa le «acosó» con maravillosas ofertas de negocios. Semejante acoso benigno para pagar su caballeresca actitud frente a los designios felipistas se traduciría en las numerosas iniciativas conjuntas que llevarían a ambos a las puertas de la cárcel y al Rey a la situación más comprometida de su reinado.

El Rey premió generosamente los servicios de su hombre de confianza. En septiembre de 1976 fue nombrado presidente de Iberia: la presidencia de nuestra compañía de bandera era considerada entonces como la reina de las presidencias, y el nombramiento estaba

---

[4] Jesús Cacho, *M. C., un intruso en el laberinto de los elegidos*, Ediciones Temas de Hoy, Madrid, 1994.

reservado tradicionalmente a la decisión del jefe del Estado. Así procedió Franco, que solía colocar a su frente a ex ministros —Prado sucedió en el cargo al ex ministro de Trabajo Jesús Romeo Gorría—, y así lo hizo el flamante Rey en un momento en el que Suárez acababa de ser nombrado presidente del Gobierno. Su principal aportación a la compañía que presidió durante dos años, hasta el 15 de noviembre de 1978, fue pintar en los aviones la corona real. Intentó también cambiar el nombre de la empresa por «Iberia, Reales Líneas Aéreas de España», pero aquello generó la polémica y la propia Zarzuela lo desaconsejó por entender que podía dar la impresión de unas prisas excesivas. Por lo demás su gestión fue muy buena, si uno se atiene a los resultados de la entidad, que había perdido 800 millones de pesetas cuando él la tomó bajo su mando, mientras que en el primer ejercicio de Prado obtuvo 240 millones de beneficios y en el segundo y último cerca de 800 millones.

Como dirigente ejecutivo de Iberia fue elegido presidente de la IATA, la Asociación Internacional de Líneas Aéreas, en cuya dirección se turnan los máximos responsables de las principales compañías asociadas. Simultáneamente fue nombrado presidente del Centro Iberoamericano de Cooperación, un organismo que en tiempos de Franco se denominaba Instituto de Cultura Hispánica y que se dedicaba, básicamente, a proporcionar becas para que estudiaran en España estudiantes iberoamericanos. Luego fue rebautizado como Instituto Iberoamericano de Cooperación (ICI). Prado sucedió en este puesto a Alfonso de Borbón Dampierre, el primo del Rey, y fue cesado fulminantemente por Calvo Sotelo, en febrero de 1982 (en un rasgo de valor, pues el Presidente sabía de dónde procedía el nombramiento), por indisciplina con el ministro de Asuntos Exteriores, José Pedro Pérez Llorca.

Pero al «jefe de la Casa bis» no le mueve nadie de su estratégico sofá de Palacio. No era para menos: Prado no se cortaba en el envío de cartas de negocios con el membrete de la Casa de Su Majestad, que no constan en parte alguna. A veces Sabino o Almansa, sucesivos jefes de la Casa, recibían misivas en contestación a ellas y se veían obligados a preguntar directamente a Su Majestad, quien con toda naturalidad les decía: «No os preocupéis, las ha enviado Manolo.»

A «Manolo» no se le ha regateado ningún honor: el Rey le nombró senador por designación real en junio de 1977. En julio de 1981 fue designado presidente de la Comisión del V Centenario, honor que no pudo explotar en 1992, cuando se celebró la Expo en Sevilla y Felipe González le vetó como comisario. Prado se había implicado de tal forma en conseguir que Sevilla fuera sede de la exposición universal que se celebra cada cuatro años en una ciudad distinta, que conspiró todo lo que pudo contra los Juegos Olímpicos de Barcelona para que no entorpecieran su proyecto. Contaba con el apoyo del presidente del Gobierno, Leopoldo Calvo Sotelo, que prefería apoyar el V Centenario, pero se topó con un adversario tenaz, el entonces alcalde de Barcelona, Narcís Serra, que contaba con la decisión del siempre influyente Samaranch. Así lo recuerdan Jaume Boix y Arcadi Espada en la biografía de quien durante tantos años fuera presidente del Comité Olímpico Internacional: «Especialmente beligerante contra la aspiración barcelonesa se mostró Manuel Prado y Colón de Carvajal, uno de los máximos responsables de la conmemoración del Descubrimiento, cuya influencia en La Zarzuela estuvo a punto de hacer peligrar el patrocinio real a la candidatura barcelonesa. Pero finalmente ese patrocinio se oficializó solemnemente en el curso de una visita real a Barcelona el día 30 de mayo [de 1981] y al día siguiente el pleno del ayuntamiento aprobó la iniciativa por unanimidad.»[5]

Prado es miembro fundador de la Fundación de Ayuda contra la Drogadicción, que preside la Reina y que se ha convertido en un club muy selecto de la alta sociedad civil. Ha sido presidente de Adena; preside la Fundación Purina para la Defensa de los Animales de Compañía; es caballero de la Orden Militar de Santiago; caba-

---

[5] Jaume Boix y Arcadi Espada, *Samaranch: el deporte del poder*, Espasa Calpe, Madrid, 1999.

llero de Honor y Devoción de la Soberana Orden Militar de Malta; caballero del Real Cuerpo Colegiado de Hijosdalgos de la Nobleza de Madrid. Tampoco le faltan condecoraciones españolas y extranjeras: Gran Cruz al Mérito Aeronáutico; Gran Cruz al Mérito Naval; Comendador de la Legión de Honor de Francia; o Real Orden de Abdul Aziz de Arabia Saudí, entre otras. Es poco probable, sin embargo, que reciba el galardón más preciado para un personaje que tantos servicios ha prestado al Monarca en las últimas tres décadas: el Toisón de Oro.

Sus negocios han sido variopintos, casi siempre en el terreno de la intermediación: desde gestiones para exportar barcos hasta el tráfico de armas pasando por la actividad inmobiliaria. No se puede decir que Prado pase a la historia por su habilidad de gestión, aunque sí tiene posibilidades de aparecer en el *Guinness* de los grandes desastres. Su irrupción y la de su hermano Diego (que sería secuestrado por ETA en 1983, confundiéndole quizás con Manuel) en la banca es uno de los capítulos negros de su trayectoria empresarial. Los Prado y Colón de Carvajal fueron los promotores del Banco de Descuento, que presidía Diego cuando, con un agujero de 20.000 millones de las pesetas de entonces, tuvo que ser intervenido por el Banco de España en 1981.

El administrador privado de Su Majestad se ha metido en muchos charcos. Su declinar comienza con la caída de su socio Javier de la Rosa tras la primera guerra del Golfo y el ascenso de Mario Conde en Palacio, una operación que culmina en enero de 1993 cuando «coloca» de jefe de la Casa de Su Majestad el Rey a Fernando Almansa en sustitución de Sabino Fernández Campo. Este episodio conviene que se consulte en el libro de Jesús Cacho ya citado, *M. C. Un intruso en el laberinto de los elegidos*, que es como escuchar la voz del principal protagonista, el banquero prodigioso. Asegura Cacho que a finales de septiembre de 1992 ya estaba don Juan Carlos prendado de Mario Conde. Cenó con el Rey en casa de Francisco Sitges, íntimo del Rey y a la sazón presidente de Asturiana del Zinc, perteneciente al grupo Banesto. Todos coincidieron en que era urgente cesar a Sabino, «un auténtico peligro para el Rey, un hombre —afirmaban— víctima de algún tipo de inestabilidad psíquica de la que —habían descubierto— estaba recibiendo tratamiento médico». Una verdadera canallada de la que Cacho ha pedido noblemente disculpas a Sabino, quien si visitaba a una psicóloga, lo hacía en relación al tratamiento de un miembro de la Familia Real. Pero sigamos resumiendo la versión de Cacho, muy fiable, sobre la trama: Mario propuso para el cargo a Fernando Almansa, amigo y compañero de Deusto. El banquero, cuyas relaciones con el Rey iban por el mejor camino, trabajaba activamente en los últimos meses de 1992 en la sustitución del jefe de la Casa Real. El nombre de Fernando Almansa iba ganando puntos, porque tampoco le venía mal a Manuel Prado, ya que él y Julio Prado, conde de la Conquista, se habían pasado la vida cazando en casa del padre de Fernando Almansa, y el Rey no daba un paso sin contar con «Manolo».

Manolo y Mario lo tenían todo bien atado, pero el Rey no acababa de decidirse. El relevo de Sabino se produjo finalmente el 8 de enero de 1993, no sin que Felipe González intentara por todos los medios retrasarlo generando gran alarma en Palacio. Sabino comenta: «Yo salí por una puerta, y por otra entró Mario Conde.» A los pocos días, Manolo y Mario almorzaron juntos en Los Carrizos para evaluar los resultados del relevo de Sabino por Almansa. El banquero notaba a Prado crítico con Su Majestad. Manolo parecía estar celoso de las relaciones de Mario con el Rey. Mario le tranquiliza: «Cualquiera que sea la evolución de los acontecimientos, tú serás siempre el director de la orquesta.» Mario ya estaba en Palacio. Hasta la gente de seguridad lo decía: «Aquí quien manda ahora es Mario Conde.» Un día, en un arrebato, el propio Monarca lo confiesa ante dos testigos: «Joder, es que desde que le hice caso a mi padre, las cosas que yo le consulto a Mario salen cojonudamente. Mario ha sustituido ya a Alfonso Escámez como banquero privado real.» Asesor, confesor y banquero.

El sábado, 2 de octubre, Conde y su familia reciben al matrimonio Almansa en La Salceda. El jefe de la Casa Real parece hallarse plenamente integrado en su nueva tarea, consciente, sin embargo, de ser un peón en un proyecto más amplio. No obstante, Fernando se inclina por apoyar a Aznar. Y el gran Mario se queda mudo. ¿Será ésta una opinión de Su Majestad? Mudo y asombrado de que el hombre que conoce su inmenso poder, hasta el punto de haber conseguido quitar a Sabino y nombrarlo a él, a quien el Rey no conocía en absoluto, se le resista. El 29 de noviembre Conde cena con el Rey en compañía de Manolo Prado. El sevillano vuelve a tener una posición fuerte cerca del Monarca. Hasta aquí la versión resumida de Jesús Cacho.

La caída de Conde y de De la Rosa, y la entrada de ambos en la cárcel unos meses después, en diciembre de 1994, el primero en Alcalá-Meco y el segundo en Can Brians, une también sus intereses y ambos deciden coordinar el chantaje al Estado en el llamado «Pacto de La Salceda». Conde contaba además del mutuo interés con una buena carta para estimular la colaboración del catalán: el expediente en su poder sobre las irregularidades cometidas por aquél como vicepresidente ejecutivo en la Banca Garriga Nogués, filial de Banesto durante la presidencia de Pablo Garnica, que costó al banco un agujero de 100.000 millones de pesetas. Conde estuvo dispuesto a proporcionar a De la Rosa una carta exculpándole de aquellos hechos. Aquí se inician los *annus horribilis* del Monarca. Conde, sin embargo, elude implicar al Rey, centrando su presión sobre Felipe González, al que implicó en el caso GAL con documentos proporcionados por Perote, que había sacado clandestinamente del CESID, donde ocupaba el cargo de jefe de Operaciones. Mientras, De la Rosa apunta ya directamente al Monarca y a Jordi Pujol, a quienes recuerda insidiosamente: «Todavía estoy en la cárcel.»

Según cuenta Ernesto Ekaizer, el 16 de mayo de 1994 el Rey envía a Manuel Prado a entrevistarse con Felipe González y se preparaba para entrevistarse poco después con el líder de la oposición, José María Aznar. Prado quería proponer a ambos, en nombre de Su Majestad, algún tipo de consenso para dejar algún títere con cabeza en España, incluida la del Rey, pues De la Rosa amenazaba con hacer públicos presuntos pagos a partidos y personalidades públicas y las inversiones del Rey a través de Banesto. Después, en conversaciones directas del Rey con Felipe, éste le sugiere que reciba a Conde, como así hace. El 13 de junio, tres días antes de las elecciones europeas, Prado, utilizando la mediación de su amigo Javier Arenas, visita a José María Aznar, quien en conversación mantenida con el periodista le expresa su impresión de que el Gobierno socialista podría estar interesado en extender hacia el PP las sospechas sobre asuntos turbios. No obstante, tras el éxito de este partido en las elecciones europeas lanza el mensaje de administrar «con serenidad» su victoria «al servicio de la Corona, la democracia y España». Ekaizer intuye que «Prado pensó que el presidente del PP había tomado en serio la conversación de tres días antes» [6].

---

[6] Ernesto Ekaizer, *Vendetta*, Plaza & Janés Editores, Barcelona, 1996.

Capítulo XI

EL GOLPE DE PALACIO DE MARIO CONDE

No fue el banquero gallego una de las amistades peligrosas del Rey, fue la más peligrosa, la más comprometedora. Compartió el destino carcelario, inquietante para la monarquía, con otros financieros que integraron la corte de los negocios de Juan Carlos I: Manuel Prado y Colón de Carvajal, Javier de la Rosa, José María Ruiz Mateos, Francisco Sitges, Zourab Tchokotoua, Alberto Cortina y Alberto Alcocer. Conde superó a todos en ambición. No buscaba prioritariamente forrarse a la sombra del Monarca, como Manuel Prado o Zourab Tchokotoua; tampoco era su principal objetivo, aunque sí uno de ellos, como lo fue para Javier de la Rosa y Ruiz Mateos, protegerse tras el escudo real en su aventurada forma de concebir los negocios; ni siquiera buscaba beneficiarse del prestigio social de cazar, esquiar, navegar o divertirse con el Monarca, como los Albertos, Miguel Arias y tantos otros. Su objetivo supremo, aunque insisto no el único, consistía en obtener del Monarca el poder político por detrás de las urnas. Hay, pues, que destacarle entre los personajes que han integrado la nueva corte de Juan Carlos I, quizás más irritante y desestabilizadora que la corte de aristócratas que rodeara a su abuelo Alfonso XIII, una casta ésta que Juan Carlos había tenido el buen criterio de no reproducir, marcando así simbólicamente el nacimiento de una monarquía parlamentaria moderna. Sin embargo, el nuevo soberano no supo evitar que se organizara en su entorno una camarilla de aventureros y aprovechados que, en un porcentaje sonrojante, han terminado en la cárcel o se encuentran en camino.

Mario Conde no fue un «*broker* del poder» al estilo de Manuel Prado, Javier de la Rosa o el príncipe Zourab Tchokotoua, según los definiera acertadamente Manuel Pérez y Xavier Horcajo en su libro *J. R. El tiburón*. Fue mucho más: un mago del arribismo que puso sitio al alcázar real con éxito, colocó a su hombre, Almansa, de alcaide, y se reservó el puesto de valido y confesor de Su Majestad. El dinero, o más exactamente el éxito económico, contaba, desde luego, en su estrategia, pero entendiéndolo como fuente de carisma y como instrumento de su ambición de liderazgo. La crónica de este personaje no encaja, pues, plenamente ni en la sección de sucesos ni en la de la economía golfa, aunque proporcionara sobrado material para encabezar ambas secciones. Es un personaje de primera página con entrada franca a las secciones políticas de los diarios en grado de frustración.

Habría que diferenciar dos etapas en su hoja de ruta. En la primera actúa como delincuente poco común, aplicado febrilmente a acumular capital a costa del banco con más determinación que prudencia. Ambicioso, impaciente, trabaja con la arrogancia del convencido de que a un hombre de su inteligencia y de su formación, abogado del Estado, número uno de su promoción, virtuoso de la ingeniería financiera, no le pueden pillar con las manos en la masa. En la segunda etapa se maneja con la desenvoltura y la arrogancia del personaje sin límites, convencido de que alcanzará la cima a lomos de su inteligencia, con un formidable despliegue de carisma y potencia seductora. Ha decidido llegar a ser por mérito propio el personaje más poderoso: un líder social como lo fuera Agnelli en Italia, con una autoridad que le situaría por encima de los políticos, mandando sobre los políticos. «Conde quiere ser Agnelli», titulaba una portada de la revista *El Siglo*, en la que se sostenía que al banquero le inspiraba más este industrial, muy respetado por la sociedad italiana, que Silvio Berlusconi, personaje un tanto atrabiliario, de turbio pasado económico en el origen de su fortuna y a quien entonces, a pesar de su poderío mediático, no se le adivinaba que alcanzaría un poder casi absoluto. Sería, sin embargo, inexacto, a la vista de lo visto, calificar las estafas de Conde como delitos de intencionalidad política, aunque se comprende que en su defensa haya tratado de explicar su desgracia, la intervención del banco y el ingreso en la cárcel de Alcalá Meco como una reacción defensiva del «sistema» para impedir su irresistible ascensión.

La extraordinaria relevancia de Mario Conde en la historia que origina este libro se debe a que su increíble aventura provocó una inflexión apreciable del prestigio de la Corona. El banquero fue más allá de la mera utilización del Rey como escudo político dentro de una estrategia en la que hay que inscribir la compra de medios de difusión, destinada a protegerse de los peligros inherentes a una gestión aventurada y fraudulenta. Mario Conde esperaba mucho más de la Corona: su respaldo para alcanzar el poder político. Hay que despejar aquí un malentendido. Cuando el banquero alcanza el favor del Rey no era, a pesar de lo que me decía un portavoz de la Casa de Su Majestad, un personaje libre de sospechas, un importante banquero sin mácula, sino un gestor polémico que había realizado operaciones que desprendían muy mal olor al frente de una entidad con más agujeros que un colador. El olor había llegado al Banco de España y a las demás entidades financieras, y resultaba fétido para las tradicionales familias del Banco Español de Crédito —los Masaveu, los Argüelles, los Herrera—, quienes podían permitirse expresar su opinión libremente por su independencia económica, el dinero que se jugaban en la entidad y su prestigio personal y familiar labrado a lo largo de décadas. Se había producido además un hecho muy relevante: Pedro Masaveu, uno de los mayores accionistas del banco, quien fue el primer presidente de la Fundación Príncipe de Asturias, miembro de una de las familias con más pedigrí y más implicada en la historia del Español de Crédito, cuya fortuna ya inmensa se había agigantado al vender a Ruiz Mateos el banco que llevaba su nombre, se negó a firmar las cuentas del ejercicio de 1992.

La difícil situación de Banesto y la gestión heterodoxa de Mario Conde corrían incontenibles de boca a oído, como una década antes se extendía el rumor de que Rumasa terminaría por estallar. Ciertamente la prensa se expresaba con mucha cautela, tanto por la prudencia obligada como por otras razones no tan santas: el miedo a perder la publicidad y sobre todo por consideración a la fuerte presencia del Banco Español de Crédito en el accionariado de grandes medios de difusión. Esta circunstancia no sólo ejercía un efecto directo entre los periodistas asalariados, sino que también generaba en los demás editores el típico reflejo «hoy por ti, mañana por mí», plasmado en un viejo proverbio: «Perro no come perro.» No obstante, publicaciones de menos envergadura, e independientes de los grandes conglomerados, como las que tengo el honor de gestionar (el semanario económico *El Nuevo Lunes* y la revista de información general *El Siglo*), sí se ocuparon de informar puntualmente de lo que estaba ocurriendo, lo que valió a este editor los zarpazos de alguno de los escribanos del banquero.

El Rey pudo ser seducido por el encanto y la simpatía del gallego, y ello es muy humano. Había recibido el Monarca avisos de gente de mucho peso, como su buen amigo Juan Abelló, el mejor conocedor del personaje del que había sido jefe en Antibióticos y socio y aliado fundamental en la venta de Antibióticos a Montedison (que reportó 450 millones de dólares) y en la conquista de Banesto. Habrían llegado igualmente a los oídos reales las advertencias de otro amigo, viejo monárquico y de una tradicional familia de Banesto, Juan Herrera, marqués de Viesca de la Sierra, casado con Dolores Martínez Campos, hija del duque de la Torre, que fue preceptor del Rey y presidente de Petromed, una de las sociedades en las que Conde desarrolló su contabilidad imaginativa. Y desde luego recibiría las advertencias del jefe de la Casa, Sabino Fernández Campo, quien fue el gran objetivo a abatir por el nuevo amigo del Rey, lo que consiguió aplicando inmisericordemente la calumnia: que Sabino conspiraba para que el Rey abdicara, que intoxicaba a la prensa contra Su Majestad, que se permitía comentarios desleales sobre miembros de la Familia Real, etc. El Rey puede equivocarse como todo el mundo, pero lo que no puede negarse es que, ya entonces, la figura de Mario Conde podía calificarse por lo menos de «problemática», y por tanto la amistad real, de arriesgada.

Es probable que Juan Carlos I se dejara impresionar por su padre, a quien Conde había cultivado con tanto esmero, y que aceptara las explicaciones del gallego como producto de la insidia de sus adversarios: «Son reacciones típicas de las "viejas familias", que no entienden los nuevos métodos de gestión, o peor aún, que en su irreductible endogamia no admiten que se cuelen plebeyos de mérito en el *sancta sanctorum* de las grandes finanzas.» Es posible que el Rey llegara a creerse las maldades del banquero: que Masaveu, «ya sabe Su Majestad, también asturiano», no firmaba las cuentas por las insidias de su amigo Sabino. Todo eso es posible y tremendamente humano, tan humano como el Monarca, incapaz de ver la viga en el ojo del amigo, quien, como dice un periodista que le conoce bien, Jaime Peñafiel, «defiende tanto a sus amigos que, si se le advierte que uno es tuerto, lo arregla mirándolo de perfil. Y si se le dice que otro es manco del brazo derecho, lo mira tan sólo por el lado izquierdo», porque este tipo de amistades «no son un alma de dos cuerpos, que decía Aristóteles, más bien un arma de dos filos»[1]. Hay que rendirse a la evidencia: la poderosa nariz del rey Juan Carlos, de la que presume con justicia, no le sirve para los amigos.

El 9 de junio de 1993, seis meses antes de la intervención de Banesto por el Banco de España y tres días después de las elecciones generales ganadas de nuevo por Felipe González, se produce la apoteosis del doctorado *honoris causa* en la Universidad Complutense de Madrid. Hay quien alude a esta ceremonia, a la que no faltó nadie importante, como una justificación para que el Monarca, como tantos otros, se dejara seducir por quien había alcanzado la cresta de la ola. Olvidan que tal apoteosis sólo fue posible por el respaldo del Rey y de su anciano padre, quien muerto dos meses antes no pudo asistir a la consagración de su pupilo. La presencia de don Juan Carlos, que obligaba a todos los demás, no fue, pues, un deber de su oficio, el que tiene el Rey de todos los españoles de respaldar, con la debida solemnidad, los éxitos ciudadanos, los hechos más

---

[1] Jaime Peñafiel, *¿Y quién salva al Príncipe?*, Ediciones Temas de Hoy, Madrid, 1996.

relevantes de la sociedad en la que reina. Por el contrario, fue una
muestra turbadora de la influencia del aventurero sobre la Corona
y de la decidida beligerancia de ésta a favor de aquél. Según cuenta
Jesús Cacho, el Rey había invitado poco antes a merendar a Alfonso
Escámez, presidente de la Fundación de la Universidad Complutense, y al rector Gustavo Villapalos. Sin ninguna clase de preám-
bulos, el Monarca entró derecho en materia dirigiéndose a Escámez: «Bueno, Alfonso, estoy viendo que aquí hay gente de gran
relevancia social cuyos méritos no han sido reconocidos todavía y
ya es hora de que se reconozcan. En esta línea he pensado que sería
bueno darle a Mario Conde un doctorado *honoris causa*. Es un favor
que os pido y que no podéis negarme.» [2]

Aquello fue el acabose. Lo nunca visto en la universidad y en
la corte. Nunca un personaje había llegado tan alto, ni las instituciones tan bajo. En realidad fue el canto del cisne antes de la defunción social, que entonces el gallego no podía barruntar. Los de
J. P. Morgan, allí presentes, tenían que estar impresionados ante tal
despliegue del poder, y poco después, aquel verano de 1993, apo-
yarían sin reservas la macroampliación de capital por la que Conde
metió en el banco 94.000 millones de pesetas. Sólo faltó Felipe
González, cuya presencia estaba anunciada, pero que a última hora
decidió no acudir. Salvo la llamativa ausencia presidencial, allí en
el varias veces centenario marco de la Universidad Complutense, la
más importante del país, en el paraninfo del viejo caserón de San
Bernardo, sólo utilizado para actos solemnes, se concentró el gran
poder: el económico, el político, el mediático, los colegios profesionales y hasta algún profesor universitario. No faltaba, del Rey
abajo, casi ninguno, aunque ciertas ausencias, como la de Emilio
Botín, presidente del Banco de Santander, y Luis Valls, responsable
del Popular, fueron significativas. No faltaron otros colegas importantes como Alfonso Escámez, Claudio Boada, José María Amusá-

---

[2] Jesús Cacho, *op. cit.*

tegui, Emilio Ybarra y Francisco Luzón. Todo el «sistema» a los pies
de «Su Majestad el Banquero del Rey». No faltó ni el gobernador del
Banco de España, Luis Ángel Rojo, que conocía todo lo que se
podía conocer entonces sobre la situación de Banesto, pero que
no podía hacer un feo al Monarca. Tampoco faltaría a la cita Jesús
Polanco, el presidente de Prisa, el editor más influyente del país,
apodado «Jesús del Gran Poder», ni el alcalde de Madrid, José María
Álvarez del Manzano, ni Adolfo Suárez, un hombre que le debía
mucho al banquero. La apoteosis podía haber sido aún más sonada:
el deseo del Rey era que el acto hubiera tenido lugar el día 20 de
mayo, coincidiendo con el séptimo centenario de la Universidad,
y unir a tan extraordinaria ocasión la entrega de la medalla de oro
de la Villa. Finalmente y a regañadientes el Rey accedería a que el
acto se celebrara en una fecha menos señalada y a que la *laudatio*
corriera a cargo *sólo* de Schlomo Ben Ami, ex embajador de Israel
en Madrid. Posteriormente éste afirmaría que su intervención en
aquella exaltación se debió a una petición del Rey. En su discurso,
Mario Conde insistió en su cantinela de la sociedad civil, la crítica
a la clase política, la necesidad de «fórmulas imaginativas», de alumbrar «la democracia de los ciudadanos». Luis Carandell, el amable y
socarrón periodista ya desaparecido, comentaba el acontecimiento
en la revista *El Siglo* con estas palabras: «Acto público en tecnico-
lor en el Paraninfo con asistencia de don Juan Carlos I. El señor
Conde, a quien muchos jóvenes quieren parecérsele de mayores,
habló de política. La relación de don Mario con la política es, dicho
en pocas palabras, de quiero pero no quiero. Desmiente continuamente que él quiera dedicarse a la política, pero habla de ella y hasta
ofrece programas cada vez que la ocasión se le presenta. Defendió
el liberalismo, pero dijo que "el mercado tampoco es perfecto" y
que "entre progreso técnico y progreso social no hay una relación
automática", propugnando "un código de valores compartido" en
una "democracia de ciudadanos". Parece difícil, ahora que el señor
Aznar ha dado un gran impulso a su partido, que puedan quedar
dudas acerca de quién será la cabeza visible de la derecha centrada.

Pero el señor Conde no parece cesar en su intento de mantenerse en la reserva por si acaso.»

Cabe preguntarse si la conquista del Rey y la campaña para hacerse con el poder político por un atajo inconstitucional respondía a una huida hacia delante para superar por elevación las dificultades del banco o si respondía a la compleja personalidad del gallego, mezcla de pícaro y de megalómano. Cabe preguntarse igualmente si otras decisiones atípicas, como la compra de medios de difusión, la apoteosis de la Complutense, el seminario en Moscú sobre la Transición española en julio de 1991, con Alfonso Guerra y Gustavo Villapalos en el cartel, la misión en Israel y la curiosa visita al Papa respondían a las argucias del pícaro o a las locuras del megalómano. Nunca lo sabremos, pues es imposible penetrar con seguridad en la mente de nadie y menos en la de Mario Conde. Atengámonos pues a los hechos: su operación salvapatrias desde Palacio, «soplada» por el propio Conde a periodistas de confianza, no ha podido ser desmentida. Fueran cuales fueran sus motivaciones, lo cierto es que en el terreno de los hechos a Mario Conde se le puede asimilar con más propiedad a Alfonso Armada que a Manuel Prado, Javier de la Rosa, el príncipe de Tchokotoua, Miguel Arias, Paco Sitges, Kovacs, Oliver Mateu y otros amigos interesados. Fue un golpe de Estado como el del 23-F, en grado de frustración. Con notables diferencias, naturalmente. Entre ellas la muy obvia de la ausencia de Tejeros y con consecuencias también muy diferentes: gracias al 23-F Juan Carlos I consolidó su puesto y enalteció su figura como rey demócrata. En cambio, el asalto de Conde a La Zarzuela produjo uno de los momentos más comprometidos para la Corona, iniciándose allí un proceso todavía incipiente de deterioro de la institución, que sólo se contiene gracias al gran caudal de simpatía acumulado y al silencio de la prensa.

El asalto a la voluntad del Rey fue una obra maestra de planificación, de audacia y de meticulosa ejecución. Mario Conde trabajó duro en su objetivo desmintiendo el tópico de la pereza española: el mejor argumento contra las teorías conspiratorias es que nadie se toma tantas molestias como exige una conspiración en forma. Mario Conde se las tomó y cumplió su plan sin desmayo, con abundancia de inspiración pero también de transpiración. Atacó la ciudadela por medio de regalos y halagos: desde un reloj de coleccionista comprado en una subasta de Londres, valorado en tres millones de pesetas, y que como indicamos Sabino devolvió, hasta su oferta de regalar al jefe del Estado el barco que le construía Mefasa, para lo cual tomó la decisión —injustificable desde la racionalidad inversora— de adquirir, a costa del banco naturalmente, el astillero que lo construía. Por otro lado no perdía oportunidad de hacerse notar en las competiciones preferidas de la Familia Real en la bahía de Palma, con su barco bautizado con el nombre del banco. Al no conseguir rendir la plaza en el asedio frontal, Conde rodeó al Monarca por tierra, mar y aire.

Su jugada maestra fue la seducción del padre, el conde de Barcelona, un don Juan que no pudo ser Juan III. ¿Cómo no se había dado cuenta nadie de lo vulnerable que era este hombre, inmerso en la melancolía y el aburrimiento, un eterno proyecto de Rey que arrastraba una vida tediosa y sedienta de consideración? Mario Conde lo cogió al vuelo y se dedicó a su conquista con todas sus armas de seducción. Lo explica bien José Luis de Vilallonga: «Don Juan está solo. Le queda el mar, pero hasta el mar parece haber empequeñecido. Es el momento en que hacen su aparición los encantadores de serpientes, los intrigantes, los maniobreros, los grandes enredadores, los Trevijanos de toda especie. La soledad es la única explicación de por qué don Juan le hace entrega de su confianza al notario granadino, como explica también el que más tarde don Juan acogiera en su hogar a Mario Conde, con el que consumía las horas en interminables partidas de cartas.» [3]

Conde explotó sabiamente la amargura del conde de Barcelona y la mala conciencia del hijo, que parecía atormentarle desde que

---

[3] José Luis de Vilallonga, *Franco y el Rey*, Plaza & Janés Editores, Barcelona, 1999.

aceptó, por el bien de la dinastía y de la Democracia, el salto dinástico exigido por Franco. Don Juan había aceptado la ruptura de la
línea sucesoria, que es esencial para la legalidad monárquica,
haciendo de tripas corazón y con la enorme frustración de quien
lleva esperando toda una vida que Franco le pasara los poderes o
que, una vez muerto el dictador, se le reconociera su derecho. Aceptó
su destino con la grandeza propia del que no tiene capacidad, pero
esperaba que al menos su hijo correspondiera con determinadas
muestras formales de deferencia, los honores propios de un rey sin
reino. El acto supremo de renuncia, su abdicación el 14 de mayo de
1977, pocos días antes de las elecciones para unas Cortes que reco-
nocerían al hijo como heredero legítimo de la dinastía histórica, se
hizo casi de tapadillo, sin la escenografía que él deseaba. No tuvo
lugar en el Palacio Real, sino en la residencia privada del Rey, sin
más parafernalia que la propia de un consejo de familia y con escaso
eco en la prensa. «Llegaron a pedirme que hiciera la renuncia por
carta, como quien se despide de un familiar. Acabé con todo ello al
exigir: "Mira, con Televisión y por lo menos en Palacio." Y ya ves,
como no me dejaron hacerlo en el Palacio Real, tuvo que ser en
La Zarzuela, a pesar de que yo había dicho: "En el Palacio Real es
donde se hacen estas cosas."» Así se quejó don Juan a Pedro Sainz
Rodríguez. [4]

Conde había conocido al conde de Barcelona mucho antes, en
1985, cuando era consejero delegado de Antibióticos, en una cena
en casa de José Antonio Martín y Alonso Martínez. Ahora había llegado el momento de pasar al ataque: le corteja, le invita a comer en
el Salón del Consejo y le recuerda que allí fue agasajado su padre,
Alfonso XIII, accionista del Banco Español de Crédito; le enseña
una fotografía que inmortaliza aquel momento; le acompaña durante
tediosas veladas en el chalé Giralda de La Moraleja; lo halaga insi-
nuándole que en él, en Juan III, se deposita la legitimidad monár-

---

[4] Pedro Sainz Rodríguez, *Un reinado en la sombra*, Editorial Planeta, Barcelona, 1981.

quica, olvidándose obsequiosamente de que Juan III ha abdicado hace quince años; aborda el tema del yate de don Juan, el *Giralda*, y le invita al suyo, al *Alejandra*. Le dice: «¿Sabe, señor, cómo se llama el camarote de babor? Camarote de don Juan.» En 1989, según cuentan Encarna Pérez y Miguel Ángel Nieto en un libro que, entre otros méritos, tiene el de haber sido publicado cuando Mario Conde estaba en la cumbre del poder, el banquero saldría con el yate *Banesto* al encuentro del padre del Rey en la isla de Elba, donde cenaron en la pizzería La Caleta, en Portoferraio. En otras ocasiones, relatan los autores, se encontrarían en Porto Cervo, el exclusivo club marítimo propiedad del príncipe Sadudrín Aga Khan, en las costas de Cerdeña. En 1992, Conde y don Juan volverían a navegar juntos por la costa balear, e incluso harían juntos la travesía desde Mallorca a Cádiz para presenciar la partida de la Regata del Descubrimiento. [5]

El conde de Barcelona es huésped asiduo de las fastuosas fincas del banquero. Le encanta Los Carrizos, y es justamente en esta finca donde, según cuenta Jesús Cacho, se atraganta con una albóndiga y es ingresado en la clínica de la Universidad de Navarra. Allí Conde le visita con frecuencia, con el reconocimiento del atribulado hijo —«Se aburre con todos menos contigo»—, en unas visitas de incógnito diligentemente filtradas a la prensa. Y finalmente, cuando don Juan muere, se hace cargo —el banco naturalmente— de la factura de la clínica. Este extremo ha sido desmentido por Alfonso Ussía, hijo del conde de los Gaitanes, quien fuera el intendente de «Juan III», que ha mostrado la factura pagada por La Zarzuela. No obstante, éste es un extremo que me ha desmentido una fuente de la mayor confianza. La factura se ha cargado, en efecto, a la Casa de Su Majestad, pero ello no es óbice para que alguien haya ingresado previamente el dinero en la cuenta real. Ese alguien se llama Mario Conde. Don Juan corresponde como un señor en vida, y a punto estuvo de

[5] Encarna Pérez y Miguel Ángel Nieto, *Los cómplices de Mario Conde*, Ediciones Temas de Hoy, Madrid, 1993.

hacerlo después de muerto, según se desprende de la minuciosa narración de Jesús Cacho, que un Conde implacable quería convertir en testimonio desde ultratumba a favor de sus ambiciones.

Durante su vida activa, el conde de Barcelona —no sé cómo le dejaron al pobre este título, que es inseparable de la realeza— telefonea en 1990 a Guillermo Luca de Tena por encargo de su protector. Intenta facilitar los intentos del banquero de penetrar en *ABC*, el diario monárquico ya centenario, una operación que finalmente no prospera. Envía una carta al ministro de Defensa, Julián García Vargas, pidiéndole que proponga al banquero para la Cruz del Mérito Naval, una condecoración que le hacía mucha ilusión. En los últimos días de don Juan, Conde, que le visita con frecuencia en la clínica, de incógnito y entrando por la cocina, pero filtrando astutamente la visita a los periódicos, coincide «tontamente» con el Rey, que visita a su padre moribundo, y allí se estrecha una amistad intensa que será interrumpida por la intervención del banco y el ingreso del banquero en prisión acusado de apropiación ilegal, alteración del precio de las cosas, falsificación de documento público y otras transgresiones del Código Penal.

El libro de Jesús Cacho proporciona numerosos detalles de cómo, a la inversa que en el Tenorio, don Juan es seducido por el doncel. Hay párrafos notables, como aquél en el que Conde, abrumado por la responsabilidad, accede a hacerse cargo del rey Juan Carlos. Tras despedir fulminantemente a Sabino, le coloca a Fernando Almansa para protegerle, porque don Juan le ha pedido que vele por su vástago. Esta descripción merece un puesto en el santoral para el banquero y el Pulitzer o quizás el Nobel de literatura, por su inigualable emoción poética, para el periodista. El banquero de Tuy le confiesa a don Juan Carlos, quien, según Cacho, asiente en silencio: «Tengo que seguir ayudándole, porque me lo pidió don Juan en varias ocasiones, aunque sé de sobra que eso me va a crear enemigos y complicaciones sin cuento, va a provocar los celos de mucha gente, temerosa de mi influencia en la Casa Real, aunque yo sólo quiero ayudarle. En fin, tendré que aguantar muchas tarascadas, éste es uno de los papeles que me ha tocado desempeñar en la vida y voy a seguir haciéndolo.»

Pueden asaltarnos dudas sobre la exactitud de este pasaje, pero no las hay de que lo que el periodista cuenta es la versión de Mario Conde, que hasta ahora nadie se ha tomado la molestia de desmentir. Han quedado vistos para la historia unos hechos evidentes: que don Juan se prestó a los propósitos del banquero para alcanzar el poder político; y que asumió la teoría de que el país marchaba hacia el desastre y que por tanto era preciso que el Monarca interviniera para reconducir la situación. «Veo a España mal, algo desgarrada y con la unidad amenazada», declaraba don Juan al *Diario de Navarra* entre sus últimos suspiros. Cacho explica: «En el entorno de Palacio algunos sospechan que detrás de esas declaraciones está Mario, porque don Juan no puede prácticamente articular palabra; el banquero lo niega, aunque en el fondo coincide plenamente con él, por más que piense que ése no era el vehículo adecuado para hacerlas.»

Don Juan puede prestar un último servicio al país, un servicio *post mortem* acuñado en su testamento político «... y por eso cree Mario —dice su oráculo— que el conde de Barcelona debería dejar una especie de testamento político que fuera el segundo de sus manifiestos —el primero fue el de don Juan frente a Franco—, un documento que resultaría trascendental para España y, sobre todo, para la Corona, porque el hecho de que la figura de don Juan se engrandezca después de su muerte será una magnífica noticia para la institución monárquica. El banquero tiene muy claras las ideas centrales de ese documento: la necesidad de potenciar la sociedad civil y la Corona con ella, puesto que desde ella recibe la legitimidad directa y no a través de los políticos. La idea de España en la pluralidad y la idea de Europa en la diversidad. Ha hablado del tema con alguno de sus amigos, entre ellos Rafael Pérez Escolar, y a todos les ha parecido una magnífica idea.

Un Mario Conde crecido quiere hacerle también el discurso al hijo para su mensaje de Navidad. No debe el Rey ocultar la gravedad de la situación política, que es la idea fuerte de la consigna «condal», ni olvidarse de mencionar la mítica sociedad civil. «Al final —cuenta Cacho—, Su Majestad no tuvo más remedio que cambiar algunas cosas y mezclarlas con ideas procedentes de otras fuentes, una pena, piensa el banquero, convencido de que lo que él ha escrito es lo que la sociedad española está esperando oír de labios del Rey. [...] La tijera real no fue óbice para que meses después, con motivo de la investidura de Mario como doctor *honoris causa* por la Complutense, algunos, muy pocos, pudieran apreciar ciertas evidentes similitudes entre el discurso a los españoles el 24 de diciembre de 1992 y el discurso de investidura de don Mario Conde.»

Las afirmaciones de Conde-Cacho son difíciles de contrastar. Don Juan ha muerto y el Rey, evidentemente, no va a decir esta boca es mía. En cierta manera puede servir a estos efectos otro libro: la biografía escrita por el periodista Manuel Soriano sobre Sabino Fernández Campo, en la que uno puede intuir que recoge el pensamiento del defenestrado jefe de la Casa de Su Majestad. Pues bien, la versión de Soriano no discrepa, juicios de valor aparte, de la versión de Cacho. «En el otoño de 1992 —dice Soriano— Mario Conde se veía con la fuerza suficiente para echarle un pulso al principal consejero del Rey.» Y añade algún detalle interesante: «Conde hablaba con frecuencia sobre la necesidad que este país tenía de un gobierno de gestión que llenara la etapa ente el PSOE y el PP. Y lo hacía entre otros con Antonio Barrera de Irimo, que fue el ministro de Hacienda del último Gobierno de Franco. Barrera habló de esta cuestión en la CEOE, donde se dio a conocer una terna de la que debería salir el presidente del Ejecutivo Ideal. Los tres nombres eran: José Ángel Sánchez Asiaín, José María Cuevas y Mario Conde.» Y más adelante, bajo un ladillo de título muy expresivo, «El golpe que no pudo parar», reflexiona: «Desaparecido el cancerbero que guardaba al jefe del Estado, creían que el paso estaba libre. En el 23-F no ocurrió así porque Armada pensaba que su amigo Sabino le abriría las puertas de La Zarzuela. Muchos aprendieron aquella lección y concluyeron que para impulsar planes políticos distintos a los del Gobierno y la oposición, primero había que neutralizar a Sabino.»

Seducido el padre y conquistado el hijo, Conde, que no quiere dejar cabo suelto, se dedica a cultivar a la demás familia, talonario en ristre. Colocó a la infanta Pilar, hermana del Monarca, en la Fundación Banesto. Antes había intentado hacerla consejera del banco, pero de nuevo Sabino se opuso con firmeza. La gestión imaginativa de Conde ya producía entonces, como hemos comentado, algunos escalofríos. Cabe preguntarse la que se habría armado, el escándalo nacional e internacional que se habría desencadenado, si en el momento de la intervención del banco aparecía en su consejo de administración —responsable con el presidente de la gestión de la entidad— un miembro de la Casa Real. La explicación que aportan quienes han podido recoger las confidencias de Conde es que, de esta forma, la infanta, en situación económica apurada al quedarse viuda, podía pagar una antigua deuda de siete millones de pesetas contraída con el banco por su difunto esposo, Luis Gómez Acebo. Banesto potenció también la presencia en la entidad del duque de Calabria, Carlos de Borbón-Dos Sicilias, primo del Rey, que entronca con una de las ramas descendientes de Isabel II y, por ello, sería el primero en la línea de sucesión si desaparecieran todos los descendientes directos de Alfonso XIII: don Juan Carlos, el príncipe Felipe, las infantas Elena y Cristina con sus respectivos hijos y las hermanas del Rey y descendencia.

Conde se había convertido no sólo en el tutor de Juan Carlos I de España, sino en su banquero de cabecera. Cuando el banco fue intervenido y desembarca en él el equipo gestor enviado por Emilio Ybarra, el presidente del BBV, dirigido por Alfredo Saenz Abad, aparecen un par de cuentas turbadoras que inquietan al nuevo presidente de Banesto y al director del CESID, Emilio Alonso Manglano. Una de esas cuentas, de la que informa pormenorizadamente Ernesto Ekaizer, constituye una de las mayores preocupaciones de Mario Conde el día después de que se consumara la intervención de Banesto. Según cuenta el periodista en su libro *Vendetta*, Juan

Carlos tenía una cuenta —la 8317-172— en la sucursal madrileña de Banesto situada en el Paseo de la Castellana, número 7. La cuenta existía desde 1989 y fue utilizada por indicación del presidente de Asturiana de Zinc, Francisco Sitges, para que el Monarca comprara acciones de esta compañía, de la que se esperaba una fuerte revalorización. La compra se hizo por un montante de 200 millones de pesetas. Cuando el Banco de España interviene Banesto, el Día de los Inocentes de 1993, la cuenta tenía un descubierto de 150 millones de pesetas. El día siguiente Conde llamó a Cándido Fernández, que era director general adjunto encargado de instituciones y «operaciones especiales», dándole instrucciones para que alguien cubriera semejante descubierto. El empleado recurrió a Alfonso Fierro Jiménez-Lopera, presidente de Sindibank, quien después de hablar con el Rey, que esquiaba en Baqueira Beret, deposita los 150 millones en Banesto y abre al Rey una cuenta de crédito por la misma cantidad en Sindibank. Esta cuenta no tiene misterios de tono mayor si quitamos un par de sorpresas menores: la primera es que Asturiana de Zinc, tal como había indicado su presidente y amigo del Rey, Paco Sitges, experimentó en efecto una fortísima revalorización que la elevaba a la categoría de pelotazo. Sorprende por tanto que después de recibida la confidencia, el banquero del Rey, tan listo como es, no se ocupara de tomar tales beneficios y correr en otra dirección, evitando el descalabro anunciado. La otra sorpresa menor es que quien le administrara las finanzas en la Casa del Rey aceptara sin pestañear que la real cuenta permaneciera en números rojos tanto tiempo. Nadie pareció percatarse de ello hasta que Fierro sacara al Monarca del atolladero para evitar que su nombre se viera involucrado en el momento en que la entidad cambiaba de manos. Por cierto, cabe preguntarse si se le aplicaron los fuertes intereses de demora con que la banca castiga a los demás mortales en estos casos.

Pero Ekaizer menciona otra cuenta sometida al más espeso de los misterios. Según narra el periodista, en los primeros meses de 1993 Conde abre otra cuenta a nombre de Juan Carlos I que no se pasa a la real firma —una rara especie de proyecto de cuenta que fue posteriormente numerada, en abril, como 148963-172—, con la que compra derechos de la gran ampliación que prepara, y además adquiere acciones de esta entidad por un total de 202 millones de pesetas. Tales derechos y acciones fueron vendidos en mayo por 227 millones, obteniéndose una plusvalía de 25 millones de pesetas. ¡Cómo no va a salir adelante la ampliación y el banco si el propio Rey ha puesto su dinero! Pero no quedó ahí la cosa: en octubre se adquirieron con cargo a la cuenta misteriosa acciones de distintas compañías por 1.528 millones de pesetas, que proporcionaron al Monarca, pocos días después, 100 millones de plusvalías, todo ello, según señalaría tras la intervención del banco la Casa del Rey en una carta enviada a la nueva dirección de la entidad, sin que el Monarca tuviera ni idea de tan clarividentes operaciones. Según explicó Mario Conde a Cándido Fernández, el Rey firmó dicha póliza junto con la renovación de la anteriormente mencionada, durante una cena celebrada el 29 de noviembre de 1993 a la que sólo asistieron el Monarca y su banquero, pero los originales de ambas pólizas nunca aparecieron, o al menos no están donde deberían estar: en los archivos de Banesto. Entre la palabra de Conde, para quien el farol era un instrumento de trabajo, y la del Rey, nos quedamos con la palabra real, naturalmente. Sin embargo, para los efectos de lo que venimos indicando, la pérdida de prestigio de la Corona por su intimidad con el banquero no resulta fácil de obviar.

Pero, ¿cuál era la doctrina en nombre de la cual Mario Conde levantaría la bandera revolucionaria con el apoyo de Su Majestad? He acudido en busca de respuestas al libro que el banquero de Tuy firma con su propio nombre: *El sistema* [6]. Es un opúsculo escrito con el legítimo propósito de exculparse y denunciar al culpable. En realidad no hay un culpable individual, sino una coalición: «… una actuación coordinada del Banco de España, del Gobierno, del sis-

---

[6] Mario Conde, *El sistema. Mi experiencia del poder*, Editorial Espasa-Calpe, Madrid, 1994.

tema financiero y de los partidos políticos», prácticamente de la humanidad en su conjunto. El libro, además de confuso, contradictorio e inconsistente, es poco original. Pretende demostrar, simultáneamente, que el autor no era un político ni pretendía actuar en política, pero que el banco fue intervenido exclusivamente por razones políticas, y no sólo por el partido gobernante, el socialista de Felipe González, sino por los partidos en general, por la izquierda y por la derecha. La explicación de tan extraño contubernio es que los partidos no son libres, sino que están secuestrados por el «sistema». Aun así, las formaciones políticas convencionales tienen la suficiente autonomía y son tan endogámicas como para cerrar el paso a un intruso como Mario Conde, que hace peligrar sus privilegios. Una pena que todos los partidos, tan bien informados, y el Gobierno, con tantos aparatos de espionaje, se equivocaran sobre las intenciones de Mario Conde; una lástima que un gran banco cayera por un malentendido.

Merece la pena que dediquemos alguna atención a la tesis de *El sistema*, sobre la que Mario Conde elabora su manifiesto político. En resumen, su contenido responde al siguiente hilo argumental:

1. El Estado tiene secuestrada a la sociedad civil. Su instrumento: la partitocracia.
2. El sistema (algo que no se define pero que es el verdadero poder, económico, por supuesto) tiene secuestrados a los partidos políticos.
3. Es absolutamente necesario que la sociedad civil alcance el poder, revitalizando así la Democracia.

¿Y cómo llega la sociedad civil al poder? Jubilando a los políticos profesionales y dejando que, por ejemplo, un empresario —o un banquero— se haga cargo del Gobierno y cuando acabe —no se explica con qué—, pues vuelva tranquilamente a su empresa o al banco de donde procedía —tampoco se explica con qué—. De esta forma, Conde redescubre, 2.700 años después de los tiranos griegos, el gobierno aristocrático. Todo en nombre de la verdadera Democracia.

¿Cuál es el futuro de la Revolución Pendiente? Pues para que florezcan los almendros, como diría poéticamente Mao Tse Tung, se tienen que dar tres condiciones:

1.ª   Descontento derivado de que «así no se funciona».
2.ª   Una ideología con respuestas claras y contundentes.
3.ª   Un conjunto de personas que den cuerpo a la ideología del cambio.

La primera condición ya se da en España, las otras dos todavía no han florecido.

A estas alturas no quedan dudas de que el banco que dirigió Conde durante seis años estaba hecho unos zorros —un agujero de 605.000 millones de pesetas— y también se ha demostrado que Mario Conde metió mano en la caja a través de ingeniosos artilugios contables. No es un presunto delincuente, sino un delincuente condenado por los tribunales en sentencia firme. Había, pues, razones objetivas para la intervención de la entidad, algo en lo que coincidió el Congreso de los Diputados en pleno, y resultaba irrisorio considerar que tal decisión se hubiera tomado por el miedo de los políticos profesionales a la irrupción del Espartaco de la sociedad civil. Independientemente del acierto técnico de la medida adoptada por el Banco de España, ¿había razones para temer al político que amenazaba con cambiar el sistema? Parece claro que su irrupción beneficiaba objetivamente a la izquierda, pues restaría votos al Partido Popular, que ya estaba en el umbral de La Moncloa. Así le pareció a esta formación, que se preocupó seriamente de las maniobras del banquero y de las buenas relaciones que aparentemente mantenía con Felipe González y, durante una época, con Jesús Polanco. Un diputado popular importante, Gabriel Cisneros, me lo confirmó asegurándome que Conde había intentado una OPA hostil sobre el Partido Popular, aprovechando las elecciones al Parlamento Europeo. [7]

Según Cisneros, Mario Conde intentó hacerse con el control de este partido con la colaboración de determinados cuadros medios y superiores del mismo y de algunos periódicos como el *ABC*. El pretexto de su ofensiva fue la exigencia de un referéndum para el Tratado de Maastricht que Aznar con la anuencia de González habían acordado no convocar en recuerdo de la experiencia sobre el referéndum de la OTAN. Según cuenta Cisneros en la entrevista que se recoge al final del libro, «Aznar consiguió abortar aquella tentativa».

¿Merecía la pena tanto empeño y tanto dinero para conquistar a un monarca parlamentario sin auténticos poderes? Volvemos al resbaladizo terreno de la exégesis. ¿Ciega la ambición a Conde, quien llega a creerse sus propias fantasías? ¿Piensa, como una década antes pensaban los conspiradores del 23-F, que el Rey puede dar un golpe de timón? ¿Llega a creerse realmente que el Monarca le confiará, como indiscutido líder de la sociedad civil, la tarea de enderezar la compleja situación de la patria? Es difícil creer en semejantes cosas, pero todo es posible cuando la ambición se dispara y los cortesanos te halagan más allá del ridículo. Pero Conde es mitad héroe y mitad pícaro, y cabe también preguntarse si semejante retórica salvapatrias tenía un objetivo funcional, el mismo que le movió al control de los medios: su blindaje frente a un banco en quiebra. Quizás la verdad se encuentre en la síntesis de ambas hipótesis, en la combinación bifronte del héroe y del pícaro. Héroe o pícaro o héroe y pícaro, ha sido la suya una peripecia de tragedia griega. No ha sido un delincuente de tres al cuarto, un simple ladrón de guante blanco del máximo nivel: ha sido un monstruo de la ambición capaz de representar y hasta de sobreactuar su papel con audacia suprema. Con orgullo y pasión, a diferencia de otros personajillos de su

---

[7] Véase entrevista a con Gabriel Cisneros al final del libro.

entorno. Fue un personaje fascinante que no sólo encandiló al Rey, a la Familia Real y a su corte, sino que fue considerado por muchos como un modelo a imitar. «Los jóvenes quieren parecerse a Mario Conde», decía el rector Villapalos en la apoteosis del doctorado *honoris causa*. Conde inquietó a la clase económica y a la política y generó en muchos sectores de la sociedad la apremiante decisión de ganar dinero rápidamente, que era el mensaje que encarnaba el joven banquero. No es sorprendente que, independientemente de su poderío mediático, encandilara a muchos periodistas, que vieron en él lo que más puede emocionarnos: arrogancia, heterodoxia y desparpajo. Y no sólo porque comprara hagiógrafos, aunque ciertamente compró de la forma más inteligente a algunos, sino porque fueron irresistiblemente enganchados por esa forma tan suya de hacerles sentirse importantes, partícipes en una operación indefinida, difusa, contradictoria pero fascinante; cuanto más difusa, más fascinante. Incluso después de caído el héroe ha tenido quien le escribiera y quien le comprara historias apasionantes, y fieles en todo a la verdad menos en lo esencial. El precio pagado por recibir los pormenores de esta historia que le introduce a uno en las más reservadas instancias del poder podría ser que la conclusión, el hilo conductor de sus obras, destacara que el gran hombre, con sus pecados que nadie desconoce —¿quién está libre de ellos?—, habría caído no por sus yerros, que todos los cometen, incluidos los banqueros más encumbrados, sino por la envidia y el miedo de los políticos y los poderosos del sistema, por el rechazo al verdadero líder, por el castigo al intruso que asalta la sociedad endogámica. A los peores periodistas se les compra con dinero, a los buenos sólo con información.

Cuesta creer en la veracidad de toda esta tremebunda historia cuando, diez años después, uno contempla a Mario Conde en la cárcel, aislado socialmente, mientras el «incapaz José María Aznar» —según la calificación profética que de él hiciera el banquero de Tuy— se encuentra en la cumbre de su poder, y los denostados partidos cumplen su función en una democracia representativa cargada de defectos, «el peor de los regímenes, excluidos todos los demás», según la brillante expresión de Churchill. El hombre de Conde en Palacio ha sido cesado por motivos que nada tienen que ver con la aventura «condal», sino por un resentimiento principesco, pero no deja de tener un cierto valor simbólico. Su fracaso, que, como suele ocurrir cuando se profetizan los acontecimientos a toro pasado, estaba cantado, ha demostrado la fortaleza, la salud de esta democracia aparentemente enclenque. Ni la influencia del banquero en los medios, en ciertos políticos y en el Rey sirvieron para impedir primero la ruina de su banco y luego su procesamiento.

Una incógnita sobre la que sólo caben aproximaciones es hasta qué punto el Monarca intentó interceder por su amigo y proteger a su protector. Si el libro citado de Jesús Cacho es básico para seguir los movimientos del banquero cerca del Rey hasta su caída, a partir de este momento es imprescindible seguir a Raúl Heras y su obra *La cacería*[8]. Rafael Pérez Escolar ha escrito un memorando al Rey por medio de un ministro de Franco que Heras no identifica. Abro un paréntesis para recordar a los lectores que Pérez Escolar fue juez y es un habilísimo abogado e importante cómplice de Conde en algunos de los artilugios contables (por ejemplo en Oil-Dor, donde, de pronto, una compañía sin actividad, de distribución de gasolina sin gasolineras y valorada en los balances societarios en 20 millones de pesetas, se convierte por arte de magia en un activo que vale 15.000 millones de pesetas, gracias a su posible futura capacidad de soborno para obtener licencias). Pues bien, Enrique Lasarte, el último consejero delegado de Banesto con Conde, informa a los reunidos en su casa, a su esposa, María José, la de Mario Conde, Lourdes, y la de Ramiro Núñez, que la respuesta real al memorando de Pérez Escolar ha sido muy positiva: «Su Majestad considera que el juez y abogado es de los pocos españoles que en todo momento se han mantenido fieles a él. Sobre Mario expresa palabras de afecto, aunque muy dolido por el libro de Jesús Cacho. Dice que va a hacer

---

[8] Raúl Heras, *La cacería*, Ediciones Temas de Hoy, Madrid, 1995.

todo lo posible por ayudar.» Raúl Heras, desde la perspectiva de Dios, nos relata el pensamiento de Mario Conde:

«Piensa en el Rey: ¿qué estará pasando por la cabeza del Monarca en esos momentos? Supone que su estado de ánimo será el de una persona confundida y apenada. El lunes, día 18 de diciembre, poco antes de comenzar sus declaraciones ante el juez García-Castellón, suena en casa de Conde el teléfono a las nueve de la mañana. Es Manolo Prado con quien no ha hablado desde hace mucho tiempo:

»—Mario, te llamo para decirte que yo, y ya sabes quién soy yo, sigo en el mismo sitio de siempre y nada ha cambiado. Yo, y ya sabes quién soy yo, te mando ánimo, apoyo y suerte.

»—Manolo, yo te digo, y ya sé quién eres tú, que la verdadera fidelidad se demuestra en momentos como éste, cuando está en juego la libertad de una persona. Es muy fácil hablar de fidelidades en abstracto, pero lo importante es comprobarlas en situaciones límite. Por eso te digo a ti, y ya sé quién eres tú, que tengas plena seguridad de que mi fidelidad no tiene fisuras.»

Por aquellas fatídicas fechas Javier de la Rosa también llamaba a La Zarzuela exigiendo protección. La prensa había sido informada diligentemente de que Conde y De la Rosa se habían reunido el 25 y 26 de febrero en la finca La Salceda, que el gallego posee en la provincia de Toledo, para optimizar sus presiones. Antes de este cónclave, ambos, con sus respectivas esposas, Lourdes Arroyo y Mercedes Misol, se habían reunido a comer en la residencia de Conde, en la calle de Triana de Madrid, pocos días después de que el juez Aguirre hubiera decretado la libertad provisional del empresario catalán previo pago de una fianza de mil millones de pesetas. «Yo estoy hasta los cojones, tú —dice De la Rosa finamente, según la versión de Raúl Heras—. Cuatro meses y medio son cuatro meses y medio, así que no tengo que soportar nada a nadie porque todos me deben cosas, muchas cosas. Ya no tengo más fidelidades que mi familia y, por tanto, lo demás para mí no cuenta.» Mario Conde le

pregunta que hasta dónde está dispuesto a llegar: «¡Hasta donde haga
falta! —responde con énfasis—. Y para que lo tengas más claro: todos
me han fallado, me han dado la espalda. Incluso Mercedes ha llamado insistentemente a La Zarzuela durante estos días, y al final
consiguió hablar con Fernando Almansa.»

Ya en la finca «condal» de los Montes de Toledo, Javier de la
Rosa, según la versión de Raúl Heras, se explaya en una explicación muy didáctica: «El problema es que cuando Kio hace una
ampliación de capital en Torras de aproximadamente mil millones
de dólares, se transfieren unos trescientos millones más que son
empleados en efectuar diversos pagos a determinadas personas. Ahora
resulta que me los están reclamando los kuwaitíes en Londres, y no
me va a quedar más remedio, si todo sigue como hasta ahora, que
hablar y desvelar a los beneficiarios finales del dinero, que sirvió
entre otras cosas para acercar voluntades a Kuwait y a la familia Al-
Sabah en la guerra del Golfo.» Mario Conde intenta que la supuesta
munición del catalán no se dirija contra Su Majestad: «Quiero que
sepas que éste es un asunto de Estado fundamental para mí.» Y más
adelante dice: «... tienes que entender que cada uno de nosotros tiene
sus propios condicionamientos y sus fidelidades, racionales o no.
Para mí el tema es una *conditio sine qua non* o, dicho más claramente,
creo y te pido que dejes toda esa información aparte.» Es evidente
que estas afirmaciones, sugerencias, insinuaciones, indirectas, puntos suspensivos, etc., como las que recogimos de Jesús Cacho, no
son la verdad del Evangelio, ni pruebas para un tribunal ni testimonio irrefutable para los historiadores, pero lo que no puede negarse,
y con ese propósito lo recojo, es que es la versión, la perspectiva de
Mario Conde, lo que en sí mismo es un dato, independientemente
de cuál sea la verdad. Conde puede faltar a ella —es un experto en
manejar la mentira como instrumento de trabajo—, pero es su visión
de los hechos.

De lo que no hay duda es de que el Rey intentó mediar, aunque ciertamente no con mucho énfasis, antes y después de la intervención de Banesto. Ernesto Ekaizer, periodista de *El País*, desde

una perspectiva muy diferente a la de Cacho y Heras, cuya base uno adivina en las proximidades de La Moncloa, cuenta en su libro *Banqueros de rapiña*[9] los acontecimientos del día antes: «Mario Conde seguía esa mañana tras la pista del rey Juan Carlos. Hacia el filo de la medianoche del día anterior, 27 de diciembre, llamó por teléfono a Manuel Prado y Colón de Carvajal, el amigo del Rey, a su casa de Sevilla. Le pidió disculpas por la hora, y le dijo que había intentado comunicar sin éxito con el presidente del Gobierno, lo que era cierto, y que quería hablar con el Rey. Prado le dijo que no podía ayudarle a esas horas. En la mañana del martes 28, Conde volvió a llamarle. Prado le dijo que si bien el Rey estaba en Madrid, se ausentaría unas horas, y le aconsejó que volviese a llamarle más tarde. Al parecer, Prado había hablado con el Rey y le había informado de la comunicación con Conde el lunes 27. Prado interpretó, por las cosas que le dejó caer el Rey, que estaba al corriente de lo que ocurría en Banesto, y que mantenía hilo directo con el presidente del Gobierno, Felipe González. Ese martes 28, Conde finalmente no habló con el Rey.» Añade Ekaizer que finalmente el Rey habló por teléfono con Conde a la mañana siguiente, el día 29, y éste le dijo que el día anterior había hablado con González y Aznar. Don Juan Carlos le aconsejó que respetara la decisión del Banco de España.

Un par de meses después, el lunes 16 de febrero de 1994, don Juan Carlos convocaría en La Zarzuela a Luis Ángel Rojo, gobernador del Banco de España, para preguntarle por qué no fue posible adoptar alguna medida antes de la ampliación de capital del verano de 1990. Rojo explicó, según cuenta el periodista, que el grado de conocimiento de la realidad del banco no permitía en junio de 1993 rechazar la ampliación de capital y destituir en aquel momento al consejo de administración de Banesto con Mario

---

[9] Ernesto Ekaizer, *Banqueros de rapiña. Crónica secreta de Mario Conde*, Plaza & Janés Editores, Barcelona, 1994.

Conde a la cabeza. En otro libro ya citado, *Vendetta*, publicado posteriormente, narra Ekaizer los acontecimientos que se sucedieron: a mediados de mayo de 1994, el Rey había sugerido a González que recibiera a Manuel Prado, y así lo hizo el 16 de mayo. Poco después se entrevistaría con el líder de la oposición, José María Aznar. «Quería expresar a uno y a otro —cuenta Ekaizer— que veía un clima exasperado en la vida política y que quizás fuese necesario, pensaba, llegar a algún tipo de consenso para dejar algún títere con cabeza en España.» Después el Rey le pide a González que reciba a Conde: «Por aquellas fechas —informa el periodista de *El País*— el Rey establecía una diferencia entre Conde y De la Rosa. El primero deseaba, a sus ojos, llegar a algún tipo de acuerdo de caballeros con el Gobierno; con el segundo, según ese mismo punto de vista, no se podía hacer nada.» El 9 de junio, tres días antes de las elecciones europeas, Aznar recibe al enviado del Rey, aunque no es éste quien se lo pide al líder del PP. Prado tiene que recurrir a su amigo Javier Arenas para que haga el recado. Aznar se muestra reticente, pues piensa que el Gobierno socialista podría estar interesado en extender fuera de sus fronteras las sospechas sobre asuntos turbios y que, en cierto modo, la actividad insinuante de personas como Conde y De la Rosa podía ser utilizada para ese fin.

Desgraciadamente, en todo este asunto, la Corona se ha dejado algunos pelos en la gatera; nada irreparable, entre otras cosas porque la prensa decidió mirar para otro lado y quizás porque la sociedad decidió cerrar los oídos. Al frente de la Casa de Su Majestad se encuentra ahora un diplomático experimentado y se supone que Su Majestad en persona ha aprendido la lección, como todos aprendimos la del 23-F, con la diferencia de que, a partir del golpe de Armada, la Democracia se fortaleció gracias a la intervención del Monarca, mientras que, tras la intentona de Conde, la Democracia se ha fortalecido a pesar de la imprudencia del Monarca.

Capítulo XII

Sabino, el guardián de Su Majestad

Es perfectamente natural que los reyes utilicen a las personas que les sirven mientras les son útiles, y también que prescindan de ellas cuando descubran la falta de esa utilidad o se les ponga de manifiesto por otras personas interesadas en el alejamiento del servidor, con determinadas intenciones. Es asimismo explicable que los reyes procuren encontrar el subterfugio adecuado para no tener que enfrentarse directamente con el desagradable momento de la destitución.

En el caso de Sabino Fernández Campo, y aunque él se haya mostrado siempre con la reserva y prudencia que le caracterizan, se habló mucho de un famoso almuerzo en el madrileño restaurante Horcher, durante el cual don Juan Carlos informó a Su Majestad la Reina de que Sabino, también presente, dejaba La Zarzuela porque había presentado su dimisión irrevocable y hasta señalado una fecha inmediata para su cese. Ése es también el momento en que Sabino se entera de que ha dimitido. Es lógico imaginar la sorpresa de la Reina, imaginamos que semejante a la del general ante aquella sorprendente e inesperada noticia.

El jefe de la Casa llevaba casi dieciséis años al servicio directo de Su Majestad, primero como secretario general y luego como jefe, siempre cerca de la Familia Real en los momentos más dulces y en los más duros. Era algo más que un alto servidor del Estado: al jefe de la Casa de Su Majestad el Rey, con categoría de ministro, se le consideraba como un miembro de la familia, y ella, la Reina, le estimaba como un hombre en el que apoyarse en momentos de preocupación o de tristeza. Si la Reina no podía explicarse lo sucedido, sin duda el Rey le habrá proporcionado una explicación adecuada a la manera de proceder que es obligada en el ejercicio de su elevada función.

El teniente general Fernández Campo no tenía entonces, en el tenso almuerzo de Horcher, todas las claves de la decisión real. Después se enteraría de que Mario Conde, que le espiaba recurriendo a unas técnicas que ya había empleado en Banesto, proporcionó al Monarca alguna cinta en la que se habían grabado conversaciones a las que se dio una interpretación aviesa. El banquero de Tuy había usado sin escrúpulos todas sus artimañas para hacer saltar el tapón que dificultaba sus manejos.

El jefe de la Casa había expresado al Rey, al cumplir años o pasar a determinadas situaciones de reserva en la carrera militar, la posibilidad de retirarse si así lo estimaba el Monarca. Pero, como es natural, sin presentar una dimisión, inconcebible en ese cargo, ni señalar plazos para recuperar la libertad y acometer proyectos personales largamente acariciados. No quería verse en la penosa situación en que se encontraba el marqués de Mondéjar durante sus últimos meses de servicio. Nicolás Cotoner, el segundo de los padres que el Rey se atribuye, ya bien entrado en sus ochenta años, arrastraba su humanidad por los pasillos de Palacio como una pieza de museo. Juan Carlos no veía la forma de cesarlo, y cuando finalmente se armó de valor, en 1990, al cumplir el marqués ochenta y cinco años (treinta y cinco al servicio real), lo hizo con suprema emoción y colmándole de honores: le concedió el Toisón de Oro, la más alta distinción de la Corona y la Gran Cruz de Carlos III, la condecoración más importante del Estado; también le nombró jefe honorario de la Casa mientras viviera, y le permitió el acceso a su despacho y a las instalaciones de Palacio cuando lo estimara conveniente.

Sabino esperaba marcharse en cuatro meses, de forma natural, con honores semejantes a los de su antecesor después de un servicio eficaz a lo largo de casi dieciséis años. Unos meses antes, el 30 de abril de 1992, el Rey le había concedido el condado de Latores, su pueblo asturiano, y en la exposición de motivos el Monarca expresaba, en primera persona, su profundo reconocimiento: «... me ha asistido en todo momento, con agudo talento, prudente crite-

rio, leal consejo y generosidad ilimitada en las tareas que me ha
correspondido realizar a lo largo de una etapa trascendental en la historia de España, durante la que se llevó a buen término la Transición política que ha culminado en el asentamiento de la Democracia y de la monarquía parlamentaria». El condado de Latores, con
grandeza de España, se le otorgaba para disfrute suyo y de su descendencia, lo que representaba una excepción respecto a otros títulos
otorgados por el Monarca, incluso los concedidos a las infantas, que
se extinguirán con sus titulares. Este reconocimiento en vida, ¿era
una indirecta para que dimitiera o significaba una confirmación en
el cargo para animar y enaltecer a quien, en algunas ocasiones, había
expresado su deseo de jubilarse? Sabino lo interpretó, incorrectamente, de esta última forma.

La realidad es que el Rey deseaba ardientemente desembarazarse de un tutor que, en su celo por salvaguardar el prestigio de la
monarquía, llegaba a resultar molesto. No estaba nada seguro de que
Sabino fuera a marcharse de verdad, a pesar de sus frecuentes alusiones a ello, que pudieran interpretarse como una táctica para obtener
«más cariño», para que se notara su valía y se temiera su ausencia.
El inconveniente de toda dimisión es que pueden aceptártela. El
Rey la forzó aquel 28 de diciembre. Más valía ponerse colorado un
día que amarillo un año. A sus cincuenta y cuatro años, al Rey se le
abría un apetecible panorama de libertad; anhelaba un ayudante de
su edad que no pusiera coto a sus diversiones.

El viejo general le prevenía contra unos peligros que para el
Monarca representaban sus mayores satisfacciones. Al jefe de la Casa
le preocupaba que Juan Carlos se labrara una fama indeseable de
rey frívolo, aplicado en quemar coches de alta cilindrada, la caza y
otras emociones, y rodeado de amigos banales. Se sintió obligado a
expresar su respetuosa discrepancia ante la forma en que transcurrían las vacaciones del Monarca en Mallorca, rodeado de una corte
de millonarios, aventureros y ociosos de la *jet set* que eran pasto
suculento de las revistas del corazón. Preocupaba sobre todo al jefe
de la Casa de Su Majestad la imprudencia de ciertos negocios, y de

modo particular los que se hacían bajo la fachada de su amigo Manuel Prado y Colón de Carvajal, el «jefe de la Casa bis», según la maledicencia funcionarial, y «administrador privado del rey Juan Carlos», según se presentaba a sí mismo el polémico personaje. Fernández Campo alertaba a Su Majestad sobre el patrocinio de sus actividades deportivas; le había hecho notar lo perjudicial que era para su imagen aparecer durante sus vacaciones como un «monarca anuncio» de la cabeza a los pies; se mostró contrario a las entrevistas frívolas, excesivamente confianzudas, como la concedida a la atractiva periodista británica de la cadena ITV, Celine Scott, que llegó a La Zarzuela recomendada por el ex rey Constantino II; y lo más peligroso de todo: trató de ponerle en guardia sobre los riesgos de una confianza excesiva con Mario Conde, que entraba y salía de Palacio como Pedro por su casa, lo que no dejaba dudas entre el funcionariado sobre quién mandaba allí.

Si Manolo Prado y Colón de Carvajal era el «jefe de la Casa bis de Su Majestad», Mario Conde parecía el genuino jefe de la misma. Sabino se había opuesto a determinadas iniciativas de Conde, que a veces produjeron disgusto. Tampoco le parecía conveniente que personas de la Familia Real, como su hermana la infanta Pilar, estuvieran a sueldo de Mario Conde en la Fundación Banesto, y al menos consiguió que ella no fuera nombrada consejera del banco, como pretendía su presidente. Algún miembro de la familia del Rey, cuando se enteró del cese de Sabino, le comentó a don Juan Carlos: «Menos mal que se ha ido, es que Sabino se oponía a todo.»

Sabino no es un beato, sino todo lo contrario: es más bien amplio de miras. No se escandalizaba lo más mínimo por las aventuras del Rey, que podrían resultar envidiables, pero consideraba su deber, por arriesgado que fuera, llamar la atención del Monarca cuando de su relación podrían derivarse consecuencias políticas. Con frecuencia Sabino se veía obligado a paliar excesos de la generosidad de don Juan Carlos, que es una persona de gran corazón. Planteó objeciones al libro de Vilallonga, un aristócrata muy peculiar que había hecho méritos muy especiales, y a otro libro proyectado por el primo de don Juan Carlos, Miguel de Grecia, que andaba corto de dinero y le habían hecho una buena oferta por un opúsculo de conversaciones con el rey de España. El general logró parar la edición, a lo que el autor no planteó dificultad alguna, y recuperó unas cintas en las que se escapaba alguna indiscreción real. Evitó igualmente la publicación de unas conversaciones con Baltasar Porcel, amigo de muchos años y buen escritor, quien comprendió la situación perfectamente.

El modo utilizado para despedir al jefe de la Casa, que podía calificarse de fulminante, contrastaba con la pretendida armonía reinante en Palacio y daba pie a todo tipo de especulaciones que no se apagaron con los honores otorgados al cesado. No recibió el Toisón de Oro, pero sí la Gran Cruz de Carlos III; el Rey le nombró, como al marqués de Mondéjar, consejero privado, lo que Sabino aceptó agradecido, pero que, escrupuloso hasta el fin, consideró improcedente, pues el Consejo Privado recordaba al de don Juan en Estoril, y ya en su día, cuando se debatió la Constitución, no se había creído oportuno introducirlo porque podía interpretarse como un gobierno en la sombra y por tanto una intromisión del Rey en las atribuciones del Ejecutivo. Agradeció profundamente, sin reserva alguna, sintiéndose muy halagado de que la Familia Real en pleno presidiera el acto, su ingreso en la Real Academia de Ciencias Morales y Políticas, el 28 de junio de 1994. La caída de Sabino había sido la crónica de una muerte muy poco anunciada, un secreto perfectamente guardado por los pocos que estaban en el ajo: el Rey, Mario Conde, Fernando Almansa y Rafael Spottorno. «Todo había ido bien —manifestó una persona próxima al general— hasta los últimos cinco minutos.» ¿Qué había ocurrido para que se produjeran tales prisas? «El día que se anunció el relevo de Sabino —cuenta Soriano— un colaborador del presidente de Banesto comprendió por fin las enigmáticas palabras que, seis meses antes, había escuchado a Conde: "No creo que el Rey hable mal de mí; si fuera así sería yo el primero en enterarme. Y espera unos meses, porque se producirán acontecimientos en la organización de La Zarzuela."» [1] Ganada la confianza real tras el éxito de una operación muy bien montada —véase el capítulo «El golpe de palacio de Mario Conde»—, pretendía el gallego hacerse con el poder político por un retorcido atajo inconstitucional que debería ser allanado por la Corona. El palaciego demócrata, cuya diligente actuación fue decisiva en el golpe de Estado de 23-F, no podía asistir inactivo a otra intentona, aunque fuera civil y un tanto mercantil, y sin Tejero. Está claro que el Rey nunca aceptaría un golpe semejante después de haberse jugado la vida por salvar la monarquía parlamentaria y la Constitución, pero tampoco se decidía a cortar con el banquero, a quien estaba agradecido. Se encontraba atrapado por la personalidad seductora de Mario Conde, por los servicios económicos que el presidente del Español de Crédito le prestó en inversiones atractivas, así como por las atenciones que había dispensado a su padre, con quien el Rey mantenía unas relaciones marcadas por la mala conciencia.

El banquero no mostró escrúpulo alguno en los medios utilizados para quitarse de encima el último obstáculo. Aplicó concienzudamente sus conocidas artes para el espionaje y su virtuosismo en la mentira como eficaces instrumentos de trabajo. Le contó al Rey —y el periodista Jesús Cacho al mundo— que Sabino recibía asistencia psíquica. Hay que reconocer en honor de Cacho, que después pediría perdón a Sabino por divulgar semejante especie, que le habría sido filtrada torticeramente, y que el periodista publicó en su libro *M. C., un intruso en el laberinto de los elegidos*.

También se acusó al jefe de la Casa de indiscreciones con la prensa, de ganarse su apoyo a cambio de exclusivas y de haber conspirado para que el Rey abdicara en su hijo. Manuel Soriano, en la biografía que ha escrito sobre este personaje, le califica de «genio del *off the record*»[2] y se extiende con notable penetración en sus habilidades para que los periodistas se fueran contentos, sin que él

---

[1] Manuel Soriano, *op. cit.*

tuviera que traicionar ningún secreto: «Existía —dice Soriano— un pacto tácito entre Sabino y la prensa, según el cual todos los temas importantes que afectaban al Rey y a su familia se consultaban con él antes de publicarse. En muchas ocasiones, naturalmente, no salían a la luz. Cuando se trataba de persuadir al periodista de que desistiera de sus propósitos, el argumento más habitual era: "Este tema no conviene." Siempre utilizaba unas formas impecables, exentas de la más mínima brizna autoritaria.» En cuanto a la especie de su participación en una conspiración para que el Rey abdicara, Soriano la califica de calumnia, «o sea, una acusación falsa hecha malintencionadamente para causar daño». Soriano concluye: «Sabino fue víctima del microcosmos madrileño integrado por un puñado de ambiciosos empeñados en ser más ricos, más poderosos y más famosos, saltándose la legalidad y la Constitución si es necesario.»

El caso es que el 8 de enero de 1993 el golpe se había consumado. Sabino en la calle, Almansa en Palacio y Prado, el jefe de la Casa bis, neutralizado. Mario Conde se había hecho con todas las llaves de Palacio. Fernando Almansa, amigo íntimo de Conde, de cuarenta y cuatro años de edad, diplomático, era la persona idónea, y su nombramiento podría venderse como «civilización» y rejuvenecimiento de la Casa de Su Majestad. El nuevo secretario general, también diplomático, de cuarenta y siete años, ofrecía idéntico perfil. Los dos jóvenes de la «Carrera» relevarían a dos militares mayores del Cuerpo de Intervención, Fernández Campo y Joel Casino. Como ya se ha dicho, Fernando Almansa, vizconde del Castillo de Almansa, desconocido para el Monarca y para la mayoría de los mortales, un diplomático de nivel medio que no había superado el puesto de subdirector general en un ministerio como el de Relaciones Exteriores, plagado de subdirectores, y que aparte del título de vizconde no mantenía más relación con la Corona que

---

[2] Manuel Soriano, *op. cit.*

el hecho escasamente destacable de que su padre había sido representante de don Juan en Granada, había alcanzado una posición envidiable por la gracia de su compañero de los jesuitas de Deusto. Con él contaba Conde como pieza fundamental para su campaña.

Afortunadamente, ni la situación del país era tan grave como la pintaba Mario Conde, ni el Rey se habría prestado a sus fantasías, ni Almansa traicionó las obligaciones de su puesto. Con el banco intervenido y Conde en la cárcel, el vizconde del Castillo de Almansa pudo permanecer una década al frente de la Casa de Su Majestad, libre de las presiones de quien le colocara al frente de la misma. La prisión de su amigo, lamentable para él como es natural, le liberó de una doble lealtad de muy complicada gestión. El cargo de jefe de la Casa es tradicionalmente de largo desempeño, por lo que no era prudente cesar a su titular en aquel momento, pero al Rey se le notaba incómodo por una presencia ligada a aquellos acontecimientos. Ha permanecido una década en tan alto cargo hasta que su cabeza rodó a petición del Príncipe heredero por haber sido el infausto mensajero que, en nombre del Rey, le conminara a romper con la modelo noruega Eva Sannum.

Ahora el Rey ha vuelto a contar con una persona mayor que él, Alberto Aza, un diplomático de toda la vida, que hizo una extraordinaria labor como embajador en Londres, alto fontanero de Adolfo Suárez en la Transición, con quien se puede sentir eficazmente atendido. Juan Carlos I, que va frisando una edad en la que las pasiones se templan, está asumiendo, según me cuentan amigos suyos de toda la vida, una nueva actitud que alumbrará una imagen diferente: la de un Monarca sabio y reposado, la de un abuelo venerable. La experiencia ha sido muy dura. Sufrió los sobresaltos del asunto Conde y el procesamiento de su jefe de la «Casa bis», administrador privado y amigo de toda la vida, Manolo Prado y Colón de Carvajal, así como el chantaje de Javier de la Rosa.

No es aventurado adivinar en el general Fernández Campo un profundo resentimiento, matizado por un filosófico escepticismo y por la penosa sensación de haber sido atropellado injustamente. Hay que echarse al coleto mucha filosofía, considerables dosis de sabiduría socrática y una buena ración de estoicismo senequista para aceptar como si no fuera con uno que, tras tantos años de inteligente servicio a la monarquía, fuera despedido de Palacio con tan malas maneras, como quien se desprende de un criado infiel.

En una de sus *Impresiones* recogidas en el libro de Sabino ya citado, éste se venga perdonando: «La mejor venganza es el perdón, sobre todo cuando aquél a quien perdonamos es poderoso.» Se vale del desprecio, y aunque no dice a quién lo aplica, se adivina que está pensando en Mario Conde. Se ha convertido el general de Intervención en perito en Desprecio, una pasión que considera virtuosa: «Hay un sentimiento que quizá no es apreciado de ordinario en todo su valor y utilidad. Es el desprecio. Porque cuando conseguimos despreciar profundamente a una persona, esa sensación que, en principio, puede parecer vituperable, se convierte en antídoto para otras mucho más graves y perjudiciales. El desprecio evita el odio, el rencor, la animadversión o el deseo de venganza, que pueden emponzoñar nuestra alma. Los que sufren y pierden pueden ser objeto de desprecio de los que a su vez son despreciables por ello; pero también los que disfrutan y ganan pueden ser despreciables con mayor intensidad y justificación. Al desprecio a estos últimos seres, que se caracterizan por su profesionalidad en la traición, en la calumnia o en la cobardía, es al que me refiero para considerarlo beneficioso, reconfortante y tranquilizador. Ese ser despreciable no merece que se le guarde rencor ni que sintamos la amargura de no perdonarle. El mayor alivio consiste en olvidarle, en no prestarle atención alguna, en concederle el puesto relegado que le aleje de nuestras preocupaciones y de nuestros recuerdos.»

Esta reflexión me recuerda la que dejó escrita en sus apasionantes memorias la infanta Eulalia, hermana de Alfonso XIII, quien también sufrió las conspiraciones palaciegas y la calumnia: «A todos los que me hicieron daño los he olvidado, que es el modo más fuerte de perdonar.»[3] Rara vez ha mencionado Sabino a su adversario con nombre y apellidos. Preguntado por la periodista Consuelo Font, de la revista *Tiempo*, en mayo de 2003, si sentía satisfacción al verle en la cárcel, contesta: «No, satisfacción, no. Además, yo sólo creo en la justicia divina, considero todas las demás imperfectas. Aparte de que he llegado a un punto en que me gusta mucho perdonar. Es algo que cuesta trabajo, pero si lo repites, te acaba convirtiendo en una buena persona. Y quiero ser una buena persona.»

El general, que cuando escribo este libro ha cumplido ochenta y cinco años —nació el 17 de marzo de 1918—, una edad que califica de «preocupante», está dolido, pero no por ello se ha refugiado en una melancolía pasiva ni callada, sino todo lo contrario. Ahora es un ciudadano privado, muy privado, pero no se priva en absoluto de la palabra. «Vivo en un reducido apartamento de Madrid —cuenta en sus *Impresiones*—. No tengo servidumbre ni cocinera que me haga las comidas en la diminuta cocina de donde saldrían humos y olores que inundarían la estancia. Carezco de sitio para los libros, que se amontonan en el suelo o aparecen tirados debajo de las mesas. No puedo recibir a nadie para ofrecerle un almuerzo o una cena. Vivo modestamente, sin lujos, sin realizar viajes de recreo, sin diversiones ostentosas. Por eso a veces pienso en lo que supondría tener mucho dinero y poder disponer de cuanto me falta... Pero seguir viviendo exactamente igual que ahora.»

Sabino Fernández Campo vive más o menos como ha vivido siempre, sin apreturas económicas pero sin excesos, y desde luego sin ostentaciones. La primera impresión que produce es la de un hombre tímido, discreto, dotado de un notable sentido común, y su larga carrera profesional así parece demostrarlo. No resalta su condición de militar, en todo caso la de un militar de oficina, lo que no se aleja de la realidad, pues el cuerpo al que pertenece, el de Intervención del Ejército, no se dedica a intervenciones bélicas, sino

---

[3] Eulalia de Borbón, *op. cit.*

a las propias del oficio de interventor de las cuentas. Como militar de oficina no debía de tener precio, pues fue el jefe de las respectivas secretarías de seis ministros del Ejército, desde Barroso hasta Álvarez Arenas. Otra responsabilidad que le va como anillo al dedo es la de subsecretario, el hombre que hace funcionar un departamento ministerial. Lo fue en el de Presidencia con Alfonso Osorio en el Gobierno Arias, y de Información y Turismo en el Gabinete de Adolfo Suárez. Y, naturalmente, su consagración, el menester en el que pudo dar lo mejor de sí mismo, fue el de secretario general de la Casa de Su Majestad el Rey, a cuyo cargo accedió en julio de 1977. Después, de 1990 a principios de 1993, fue jefe de este organismo de apoyo al Monarca, cerca del cual cumplió su trabajo rozando la perfección. No quisiera que de estas leves pinceladas surgiera la figura del típico burócrata encumbrado, pues a Sabino le adornan, además de su capacidad de organización, otras habilidades —olfato político, mano izquierda para tratar con el Monarca y con otros poderosos, habilidad diplomática, etc.— que superan los requeridos para la alta administración y parangonan su oficio con el que desempeñaron otros famosos personajes que ejercieron de secretarios de príncipes: Nicolás Maquiavelo o Antonio Pérez, el secretario de Felipe II.

No tengo que esforzarme mucho en demostrar, por otra parte, que el teniente general honorario Sabino Fernández Campo no es un «peligroso» izquierdista: hijo de familia de clase media, recibió una fuerte impresión por la revolución de Asturias que estalló en el mismo momento —1934— en que iniciaba sus estudios de Derecho en la Universidad de Oviedo. Desencadenada la sublevación franquista, el joven estudiante de dieciocho años se alistó como voluntario en las Milicias de Falange. Alférez provisional durante la Guerra Civil, al terminar la contienda, en la que fue condecorado con una Laureada colectiva, ingresó en el Cuerpo de Intervención del Ejército. No es un peligroso extremista, pero sí un demócrata a carta cabal, de lo que dio muestras fehacientes durante el golpe de Estado del 23 de febrero de 1981. Durante la Transición estuvo ali-

neado en las posiciones conservadoras de Alfonso Osorio, un monárquico que ayudó a don Juan Carlos en su tarea de alumbrar un
nuevo régimen, y antes había mantenido muy buen trato con el
ministro del Ejército, monárquico y franquista, Juan Castañón de
Mena, que fue quien le puso en contacto con el entonces Príncipe
de España.

Ahora, a pesar de cargar con tantos años a sus espaldas, su actividad es muy intensa, en ocasiones frenética. No para en casa; le
reclaman para que pronuncie conferencias, asista a coloquios, escriba
libros propios o prologue los ajenos. Es el oráculo público que emite
sentencias perfectamente descifrables sobre la monarquía, medita en
voz alta sobre su futuro y alerta sobre los peligros que la acechan.
Y es que, jubilado, en esa reserva a la que llegó con el empleo de
teniente general honorario, algo insólito en el Cuerpo de Inter-
ventores del Ejército, se dedica en cuerpo y alma a desplegar una
infatigable y muy leal colaboración con la Corona, aunque desde
fuera, por supuesto. Es un papel entre Pepito Grillo y «mosca cojo-
nera» que supongo provoca en el Monarca un entusiasmo perfectamente descriptible. Liberado de sus responsabilidades, aunque aún
le corta un poco su condición de consejero privado del Monarca,
cuyos consejos éste no ha utilizado desde el cese, dice lo que estima
que debe decir con ingenio y lo escribe con extremada pulcritud
y elegancia.

De momento sus libros han sido «doctrinales», pero si un día se
decidiera a escribir sus memorias sería la bomba nuclear. Sabino,
quizás para que no se la pongan a él, no ceja de desmentir que aca-
ricie tan siniestras intenciones. «Las escribo y las rompo a continuación», dice cuando le preguntan. Es fiel a una máxima: «Habla
nada de ti, poco de los demás y mucho de las cosas.» Siempre la
aplica en sus escritos, y añade con gracia y razón: «Lo que interesa
al público no se puede decir, y lo que se puede decir no interesa al
público.» Cabe alguna esperanza desde la expectativa del lector
curioso, pues el general opina que, siendo la discreción una gran
virtud, sería un pecado el exceso y ocultar hechos que la gente debe

saber. Su sentido de la discreción necesaria y hasta del secreto obligado en quien ha ocupado un cargo de tan alta responsabilidad se compensa con su criterio de que, a veces, el silencio es complicidad, y es su convicción que el servidor público, en determinadas ocasiones, debe informar a los ciudadanos de ciertos hechos, para evitar los abusos y estimular los propósitos de enmienda y el sagrado temor a la opinión pública.

«La discreción —cavila en uno de sus proverbios— es el sacrificio de no contar cuanto nos apetece, pero contar lo que debe contarse, aunque no os apetezca contarlo.» Y en otro de ellos redondea la idea: «La discreción no siempre es virtud, porque en ocasiones puede convertirse en encubrimiento, complicidad o cobardía.» Y de forma un tanto traviesa ha acuñado otra máxima: «No es que yo sea discreto, sino que tengo la suerte de que lo sean las personas con las que soy indiscreto.» Compensada por otra para tranquilizar los nervios de los posibles aludidos: «No os alarméis por lo que digo. Tranquilizaos por lo que no digo.» Entre las cosas que dice que no dice, hay una especialmente inquietante: cuando asegura que hay aspectos del golpe del 23-F que sigue sin entender.

Aunque el general, siguiendo su máxima, no hable de personas, a veces se adivina lo que quiere expresar, como cuando avisa al Rey de que no se confíe demasiado en su popularidad, puesto que puede trocarse rápidamente en su contrario. «La impopularidad —sentencia en sus *Escritos morales y políticos*— se produce a veces de una manera brusca, como los movimientos de una veleta impulsada por vientos contrarios [...] no hay que confiarse. Pensemos que el cariño, la admiración y la popularidad han de ganarse momento a momento.» [4] También se le entiende cuando, en el mismo libro, avisa sobre las malas compañías: «La habilidad, que debe ser casi un instinto, para distinguir las relaciones adecuadas de las peligrosas, la

---

[4] Sabino Fernández Campo, *Escritos morales y políticos*, Ediciones Nobel, Oviedo, 2003.

acertada elección de las amistades más íntimas, los contactos sociales y las actividades familiares, son factores que deben combinarse para llevar a cabo una función real en la que incide con enorme fuerza la vida privada. De ahí la dificultad que encierra la acción real, que alcanza en ocasiones la categoría de verdadero arte.» Y se le adivina cuando llama la atención al Príncipe sobre Eva Sannum pidiéndole «reflexión, prudencia e incluso sacrificio».

En muy contadas ocasiones elude su opinión en todo aquello que puede contribuir al perfeccionamiento de las instituciones. No ató su lengua en el acto de despedida como jefe de la Casa de Su Majestad en presencia de la Familia Real al completo, aunque en aquella solemne y emocionada ocasión lo hiciera de forma algo abstracta, vagamente alusiva al referirse a los valores fundamentales que debe tener un rey: «Son la ejemplaridad y el sacrificio. Casi me atrevería a refundir en una sola estas dos condiciones, porque la ejemplaridad exige sacrificio, y sin sacrificio, sin vocación, sin conocimiento profundo de esas elevadas y honrosas obligaciones, es difícil el oficio de reinar.» Y lo hizo, también en presencia de los Reyes, en el solemne acto de ingreso en la Real Academia de Ciencias Morales y Políticas celebrado el 28 de junio de 1994, cuando eligió para su discurso el tema «Una relectura de *El Príncipe* de Maquiavelo», en el que prevenía al Monarca sobre los cortesanos aduladores. La longitud del mismo no permitía la lectura íntegra, y en su resumen leído evitó algún párrafo que habría resultado molesto al recomendar al Rey que no se mostrara agradecido a nadie individualmente, aunque esto parezca demasiado duro, «porque el príncipe no puede admitir beneficios o favores (principalmente en el aspecto material) que aprisionen su voluntad, le resten independencia y le impidan obrar siempre con libertad y justicia». El nuevo académico, escocido por el uso que había hecho Mario Conde de su poderío en la prensa contra su persona, no perdió la oportunidad de referirse a esta cuestión, y no tan de pasada como él indica: «No olvidemos tampoco —y voy a decirlo muy de pasada— las circunstancias que en todo el mundo pueden darse en los referidos medios de comunicación, a veces concentrados en personas o entidades poderosas, que los controlan y orientan como base para conseguir una seguridad en cuanto a las informaciones que puedan afectarles, y una capacidad de dominio que llega a estar por encima del propio poder político. No sé si será oportuno recordar a estos efectos la frase de Jean-Jacques Rousseau: "Que ningún ciudadano sea lo bastante poderoso para comprar a otro ni demasiado pobre como para verse obligado a venderse."»

Y Sabino continuó su prédica de forma más directa y clara en su libro ya citado, *Escritos morales y políticos*: «No es que se ponga en duda la legitimidad de una persona o una institución, salvo en casos extremos, pero el descrédito popular es una nota negativa que manifestaría un rechazo en esa identificación que deseábamos, en el plano de los sentimientos, para la relación entre el pueblo y el Rey. Eso nos conduce, en todo caso, a pensar que no hay que fundarse jamás en el grado de popularidad para sacar conclusiones políticas. Incluso una relación muy positiva y durable puede verse comprometida rápidamente.»

Capítulo XIII

Y demás familia

P ara la debida ilustración de los legos en la materia, Su Majestad
el Rey ha tenido la amabilidad de explicarnos en qué consiste
exactamente la Familia Real, diferenciándola de la familia del Rey.
Aquélla está integrada por el Rey, la Reina y el Príncipe, así como
por las infantas Elena y Cristina, sus maridos y sus hijos, y las dos
hermanas del Monarca, también infantas, Pilar y Margarita. De no
haber muerto formarían también parte de la Familia Real el padre
de don Juan Carlos, don Juan, y su madre, María de las Mercedes.
No integran la Familia Real los hijos de las hermanas ni sus maridos; tampoco los primos ni los hermanos y sobrinos de la Reina.
Todos éstos forman, sin embargo, la familia del Rey, que no es lo
mismo. Se da un caso especial: el duque de Calabria, Carlos de Borbón-Dos Sicilias y Borbón-Parma, que aparece en la línea sucesoria después de los hijos y de los nietos de los Reyes al agotarse la
línea válida para la sucesión de los descendientes de Alfonso XIII. El
duque de Calabria es descendiente de otra rama borbónica, la de la
hija de Alfonso XII, María de las Mercedes, Princesa de Asturias antes
de que naciera su hermano Alfonso XIII, y casada con Carlos de
Borbón-Dos Sicilias. Este primo de don Juan Carlos es también
infante de España por decisión del Rey. Ambos tienen la misma edad
y les une gran amistad desde niños. Don Juan Carlos le ha concedido la condecoración real más codiciada, el Toisón de oro. La princesa Irene, hermana de la Reina, que vive desde hace tantos años en
La Zarzuela, se consideraría en la vida plebeya de la familia, pero no
es miembro de la Familia Real, que es el «núcleo duro» de la Corona.
Después de la familia del Rey aparecen, como en cualquier otra
casa, los parientes más o menos alejados, tíos, tías, primos y primas

en segundo o tercer grado, además de aquellos que esgrimen el apellido Borbón con más o menos derecho. Son los que Juan Balansó,
recientemente fallecido, incluía en «la familia irreal». El último que
ha conseguido el derecho a que le llamen Borbón ha sido, tras el
consiguiente proceso judicial, don Leandro Alfonso de Borbón Ruiz,
hijo de Alfonso XIII y de la actriz Carmen Ruiz Moragas. Es, por
tanto, tío del rey don Juan Carlos. Cuenta Balansó que esta actriz,
que estrenó *La Malquerida* de Jacinto Benavente, fue la favorita oficial de Alfonso XIII. Se había casado con un torero, Rodolfo Gaona,
del que se separó muy pronto. En 1926 dejó de trabajar y vivió ins-
talada en un lujoso chalé de la madrileña avenida del Valle. Aquel
mismo año dio a luz una niña, Teresa Alfonsa, y en 1929 a un niño,
Leandro Alfonso. «A la caída de la monarquía —informa quien fuera
uno de los mayores expertos en estos temas— se declaró fervorosa
republicana.»[1] Leandro Alfonso ha escrito un libro de memorias
que se está vendiendo como rosquillas, en el que proclama, orgulloso, su estirpe: «Por los genes que llevo, soy bisnieto de Isabel II,
nieto de Alfonso XII, hijo de Alfonso XIII, hermano de Juan III y
tío de Su Majestad el Rey Juan Carlos I. Si es que vivo para cuando
llegue ese momento, podré ser tío abuelo de Felipe VI. Creo que
éstos son suficientes títulos como para negarme a pasar desapercibido a través de la Historia de España.»[2] Don Leandro formaría
pues parte de la familia del Rey, no de la Familia Real. No fueron
don Leandro y su hermana los únicos hijos extramatrimoniales de
Alfonso XIII, a quien se le atribuyen por los menos otros dos, uno
de una aristócrata y otro de una institutriz de Palacio.

En una monarquía lo público y lo privado se confunden. O
mejor dicho, lo privado desaparece y la familia representa la continuidad del Estado, el banquillo que garantizaría una respuesta defi-

---

[1] Juan Balansó, *La familia real y la familia irreal*, Editorial Planeta, Barcelona, 1995.
[2] Leandro Alfonso Ruiz Moragas, *El bastardo real*, La Esfera de los Libros, Madrid,
2002.

nida a las contingencias de la vida. Pero además de esta función estabilizadora que propicia la tranquilidad de que todo está atado y bien atado, la Familia Real representa un símbolo vivo: es como la familia de todos, con la que envejecemos, la que marca el pulso de las generaciones, pero al mismo tiempo y, paradójicamente, no es como las demás familias: irradia la convención de que sus integrantes son muy diferentes a los demás mortales. Si no fuera así podría dudarse del derecho de unos señores «normales» a reinar sobre nosotros y a desafiar la norma básica de la democracia: la igualdad ciudadana. Por eso la Familia Real es también, en cierta manera, la familia irreal que se exhibe en un zoo dorado, sometida a la contemplación general. Sus miembros tienen derecho a sueldo, cuya cuantía, quizás el secreto mejor guardado, es fijada a voluntad por el Rey y *pater familias* sin que medie convenio alguno de referencia, ni cláusula de revisión en razón del IPC, ni se fijen contraprestaciones laborales, dietas de viaje, vacaciones ni régimen alguno de incompatibilidades. El Rey fija su propio sueldo, el de la Reina, el del Príncipe de Asturias y el de ambas infantas según su libre criterio, sin la menor transparencia, a cuenta de la asignación presupuestaria de la Corona, que lacónicamente indica su destino global: «para el sostenimiento de su familia y su Casa». Así se explica, hasta donde es posible, en el capítulo «Una Casa muy oscura». Todos los miembros de la familia tienen también derecho a secretaría y ayudantes, aunque los usen más bien poco, entre otras razones porque paran poco en casa.

Hasta ahora «hemos casado», mejor o peor, a las infantas y el Príncipe está a punto de hacerlo. No es el momento de hablar del Rey, ni de la Reina, ni del Príncipe de Asturias, sino de las infantas y sus esposos en primer lugar, y luego de todos aquellos Borbones que forman parte de la familia del Rey en distintos grados, de la vida y milagros de la demás familia. Ni el príncipe Felipe ha buscado sus novias entre gente de su real raza ni las infantas se han casado con personajes de sangre azul. Todos ellos han mostrado una preferencia inequívoca, radical se podría decir, por los matrimonios morganáticos, un adjetivo de uso exclusivo de las monarquías. Todos ellos se han casado

—o ennoviado— con personas sin título ni dinero. De acuerdo con las viejas normas borbónicas, que según algunos monarcólogos siguen vigentes apoyadas en el artículo 57 de la Constitución que atribuye a Juan Carlos la condición de legítimo heredero de la dinastía histórica, todos ellos serían excluidos de la línea sucesoria. [3]

No son los hijos del Rey propicios a las grandes bodas, para desesperación del augusto padre, que alguna vez se ha manifestado sin tapujos un poco harto de «tener que apoquinar con todo», lo que no quiere decir que hayan elegido el modelo nórdico, en el que los Reyes y familia se precian de hacer la misma vida sencilla que los demás ciudadanos. Las infantas se han casado con personajes de medio pelo, pero les encanta la vida de millonarios. La Familia Real cumple teóricamente un papel referencial como familia de todos, y así lo fue en los primeros momentos, cuando se la percibía como una familia sencilla, pero hoy la única referencia que prevalece es la meramente generacional, la del melancólico paso del tiempo: «Nos casamos cuando la boda de la infanta Elena»; «Tu sobrina debe tener ya la edad de Froilán»; «La niña lleva el camino del Príncipe, treinta y cinco años, y sigue soltera.»

No hay otras zonas de encuentro cómplice para la mayor parte de los ciudadanos que viven una vida sencilla. Es poco frecuente, por ejemplo, oír conversaciones del siguiente jaez: «Mi Porsche 911 derrapa como el del Príncipe»; «Le he dicho a papá que tiene que

---

[3] Ya he señalado en otra parte que estoy entre los que opinan que no hay más base de derecho para la monarquía que el que se desprende de la Constitución, y no puede por tanto acudirse ni a la Pragmática Sanción ni a ninguna de las normativas sucesorias de otros monarcas. El célebre artículo de la Constitución no proporciona derechos históricos, y la condición reconocida del Rey como heredero legítimo de la dinastía histórica sólo sirve para fijar el orden sucesorio, y por eso se sitúa en este capítulo sucesorio. La única limitación para el matrimonio de los herederos es la oposición explícita del Rey y las Cortes, y no se indica la naturaleza de tales objeciones que, lógicamente, según el espíritu de la Constitución, no tendrían nada que ver con el rango del novio o de la novia en cuestión.

comprar un yate como el *Fortuna*»; «La verdad es que no consigo que mi caballo caracolee como el de Elena»; «Rosarito maneja el timón como Cristina el del *Azur de Puig.*» Más accesibles, más democráticos, son los objetos que patrocinan: ¿quién no puede comprarse ese perfume que emana el aroma subliminal de la infanta Cristina? Las camisetas de Hermenegildo Zegna, que tan saludablemente contrastan el bronceado del Rey y del Príncipe, están al alcance de cualquier fortuna, así como el equipo Fumarel que patrocina la infanta Elena. ¿Qué familia no puede comprar a su pequeño una sillita de paseo Jané o vestirle con pantalones Oshkosh, tal como muestra en entrañables fotografías publicitarias el pequeño de los duques de Palma de Mallorca? Y aún más accesible resulta darse el gusto de brindar con Freixenet, que organiza una regata en Barcelona a la que no faltan los barcos tripulados por el Rey, el Príncipe y la infanta Elena, o tomarse una copa de Osborne, patrocinador de la Semana Náutica del Puerto de Santa María, en la que participa la infanta Cristina con sus reales padres. El español medio no puede vivir como los Reyes, pero sí comprar muchos de los productos que ellos usan o patrocinan. No todos, ciertamente: no sería ni comercial ni conveniente que el Rey se dirigiera al país con este mensaje: «Le recomiendo mi yate, lo último en alta tecnología, donde puede usted surcar los mares a sesenta nudos con todas las comodidades.» No obstante, hay muchos objetos en el mercado para compartir con los Reyes, el real *merchandising* que nos une a todos en una compra común, en un fenómeno en el que convergen la democracia de los objetos con cierto fetichismo.

Poco hay que decir sobre los noviazgos de las infantas, que no han elegido su media naranja entre intelectuales o artistas, ni han escarbado entre los profesionales de toda la vida: un abogado, un ingeniero de caminos, un arquitecto... o entre las profesiones de la vida moderna, las relacionadas con las tecnologías de la información. La mayor se enamoró de un autodidacta, bien dotado para las relaciones públicas para ricos, de gran utilidad para atraer cuentas importantes a un banco de negocios; la pequeña no resistió los encantos de un fornido jugador de balonmano. Ambos, el bancario y el balonmanista, han acabado en el mismo oficio: las relaciones públicas, que en definitiva no es más que el aprovechamiento de las rentas de situación que proporciona su real emparejamiento para vender productos y servicios de alto *standing*.

El más polémico es Jaime de Marichalar y Sáez de Tejada, casado con la primogénita de los reyes de España, un buscavidas simpático perfectamente preparado para el ocio, lo que tiene su mérito y exige imaginación y constancia. El Rey no gana para sustos con su yerno, quien no abandona su agitada vida a pesar de su enfermedad, y no reprime algún comentario sarcástico sobre su persona. Si un mal día el Príncipe no estuviera en condiciones de heredar la Corona, bien por muerte sin descendencia o incapacidad, Jaime de Marichalar adquiriría la condición de Príncipe como consorte de la reina Elena, y si ésta muriera o fuera incapacitada, sería, de acuerdo con el artículo 59 de la Constitución, el jefe del Estado como regente hasta que su hijo Felipe Juan Froilán de Todos los Santos alcanzara la mayoría de edad al cumplir los dieciocho años. Todo lo imprevisible está previsto en las líneas sucesorias, que para eso están, por lo que todo lo que concierne a su persona no es asunto baladí para la cosa pública.

Jaime de Marichalar, nacido en 1963, cuarto hijo entre los seis que generó el conde de Ripalda, no tiene más títulos que el discutible y provisional de duque de Lugo [4], y académicos, ninguno. Pero

---

[4] Los títulos de la Casa Real, y por tanto los otorgados por el Rey a ambas infantas, a diferencia de los títulos nobiliarios tradicionales, son personales y vitalicios. No son por tanto compartibles con los cónyuges ni pueden transmitirse a sus hijos de acuerdo con el Decreto de 6 de noviembre de 1987 refrendado por el ministro de Justicia. Por otro lado, el Código Civil suprimió en la reforma de 1981 el derecho del marido y la mujer a gozar de los honores de su consorte (antiguo artículo 64). Es evidente que el Rey, al conceder a su querida hija Elena el título de duquesa de Lugo y a su no menos querida hija Cristina el de duquesa de Palma de Mallorca, quería realzar la categoría de sus yernos, pues no era posible elevar el rango de infantas, superior al de duquesas. Las intenciones están, sin embargo, limitadas por la ley, si bien se suele admitir cortésmente que Marichalar y Urdangarín usen socialmente sus títulos.

parece que este personaje un tanto refractario a los estudios no echa en falta la titulación universitaria. Es un intrépido ciudadano que para ganarse la vida no dudó en dedicarse a la venta de pulseras magnéticas de mágicos efectos. Desde que ligó con la infanta cultiva el pluriempleo de oro, el que permite cobrar en varios sitios sin trabajar demasiado en ninguno. Se beneficia de una circunstancia asombrosa: los miembros de la Familia Real, los hijos, hermanos o yernos del Monarca, no están sometidos a ningún régimen de incompatibilidades, por lo que pueden trabajar en lo que quieran o emprender cualquier negocio. Si, por ejemplo, el Príncipe de Asturias, el heredero de la Corona de España, decidiera mañana ponerse a trabajar en el Banco de Santander o en el BBVA, abrir un casino en la Costa del Sol o montar un bar de alterne en La Mancha, podría hacerlo con entera libertad.

Según explicó Jesús Cacho en la revista *Época*, el yerno del Rey consiguió que el Credit Suisse le pusiera un cargo inventado para él, un buen despacho en su sucursal parisina y un sueldo de unos dos millones de pesetas mensuales. Ante el trasiego social al que su matrimonio le obligaba fue trasladado a Madrid, integrado en una filial, un «banco de negocios» dedicado a la administración de grandes fortunas, el Credit Suisse First Boston, con oficina al público en el paseo de Recoletos. Después le hicieron presidente de la Fundación Winterthur, integrada en Credit Suisse tras una absorción difícil de la compañía de seguros por el gran banco suizo. Era sólo el principio de su carrera en las altas relaciones públicas. Más tarde le hicieron consejero y miembro de la Comisión Ejecutiva en la cementera Portland Valderrivas, filial del grupo Fomento de Construcciones y Contratas (FCC), que preside Marcelino Oreja Aguirre. El último fichaje le viene a Marichalar como anillo al dedo, dado su dominio del mundo de la moda, las modelos y el gran lujo: ha sido nombrado consejero de Loewe, un viejo establecimiento que se ganó el título de proveedor de la Real Casa de Alfonso XIII y el derecho a colocarlo en el escaparate previo pago de un dinero para las arcas reales. La tradicional firma española de moda, piel y complementos fue adquirida en 1996 por LVMH, el gran imperio del lujo, que ha visto con ojos de lince las oportunidades comerciales que ofrecía la contratación del esposo de la infanta, que si no es el árbitro de la elegancia, nadie le niega competencia en esta materia. Una muestra de su sabiduría estilista es la transformación estética experimentada por su esposa, a la que se aplicó a fondo, lo que le hizo merecedor del sobrenombre de «Pigmalión». Sólo en lo que a la imagen exterior se refiere, naturalmente. Basta consultar la revista *¡Hola!* y similares para comprobar muy gráficamente el gancho del duque de Lugo en este fascinante y complicado mundo de los mandarines de la moda. En estas revistas ha quedado constancia de su amistad con personajes como Carolina de Mónaco, la reina de corazones de la prensa rosa; Karl Lagerfeld, el diseñador de la firma francesa Chanel; la princesa Beatriz de Orleáns, relaciones públicas de Christian Dior; Nati Abascal, una de las mujeres más elegantes de España; y tantos otros dictadores en el arte de lo que hay que ponerse.

El esposo de la infanta mayor es un genio de la promoción. En Madrid provocó sensación cuando se le vio lanzado a toda velocidad por la calle de Serrano, en el muy burgués barrio de Salamanca, a bordo de un patinete eléctrico de una marca amiga. Como se ha dicho, tanto él como su esposa la infanta gozan de las atenciones de la casa Volvo, que les envía sus nuevos modelos conforme salen de fábrica y se los hacen llegar a sus casas en Madrid, París o Nueva York, con plena conciencia de que cualquier vehículo que maneje la famosa pareja goza de una promoción segura.

¿Cómo controlar las incompatibilidades de la familia del Rey? Pueden regularse ciertamente las actividades profesionales y hasta las inversiones realizadas en Bolsa o en ladrillos pero, ¿cómo regular la ropa que se ponen, las gafas que se calan o el coche con el que recogen a sus hijos a la salida del colegio? ¿Están o no patrocinados los favorecedores vestidos de Charles Jourdan, los conjuntos de Christian Lacroix o los vaqueros Gap con los que tan graciosamente se cubre la infanta Elena en su *new look*? ¿Está haciendo publicidad

Jaime de Marichalar cuando se cuelga al cuello con singular elegancia las corbatas de Hermés y alarga su silueta con los chalecos estilo inglés que le hacen a medida? Asunto complicado que no representaría ninguna objeción en cualquier otra celebridad, pero ya hemos dicho que la Familia Real está permanentemente en el zoo dorado y no hay forma de separar en ellos su vida privada de la representación simbólica que ostentan.

Últimamente la prensa especula con una posible separación del matrimonio, a lo que dan pábulo algunos indicios como la suspensión, en febrero de 2003, del tradicional almuerzo inaugural de Arco, el prestigioso salón de arte contemporáneo patrocinado por Winterthur, que solía oficiar el presidente de la Fundación y su esposa, la infanta de España. Que la pareja decidiera trasladar provisionalmente su residencia a Nueva York, en principio para seis meses, se interpretó también como una solución para alejar a los *paparazzis* de las desavenencias matrimoniales. No obstante, también pudiera ser cierta la versión oficial que justifica el traslado a las necesidades de tratamiento médico del duque de Lugo en una clínica especializada en la rehabilitación del ictus cerebral que padece tras el infarto que sufrió el 22 de diciembre de 2002. Pero esta explicación puede tener efectos políticamente perversos: la Familia Real debe «vender España», y adoptar una decisión de este tipo implica el reconocimiento de que en su propio país no existen centros adecuados para el tratamiento de la enfermedad.

Si fueran ciertas las desavenencias matrimoniales de los duques de Lugo y llegaran al divorcio, tampoco pasaría nada. El divorcio es un hecho normal y al parecer creciente en la sociedad española, y nadie se escandalizaría de que Elena de Borbón y Jaime de Marichalar dieran por concluido su matrimonio. Ha llovido mucho desde que, hace más de un siglo, otra infanta de España, la inteligente y adelantada en su tiempo Eulalia de Borbón, la hermana menor de Alfonso XII, fuera anatemizada y excluida de la estrecha corte de su sobrino Alfonso XIII por pretender, en el año de gracia de 1900, el divorcio de su esposo y primo carnal, el infante Antonio de Orleáns.

La pobre princesa provocó el escándalo general al acudir a un juzgado madrileño para «reclamar como española lo que se me negaba como infanta», tal como cuenta en sus maravillosas memorias. [5] El escándalo fue mayúsculo cuando, diez años después, publicó en Francia un libro feminista *Au fil de la vie*, en el que, entre otros derechos de la mujer, defendía el divorcio y el de disponer de su dinero. Le costó a la intrépida infanta la prohibición de volver a España, un castigo que su sobrino Alfonso XIII no levantaría hasta 1921, once años después. Sin embargo, lo que es normal a nivel de calle, como diría Adolfo Suárez, no siempre lo es en los palacios. Preguntado Sabino Fernández Campo si creía que la monarquía española soportaría la separación matrimonial de uno de sus miembros, como le sucedió a la inglesa, respondió: «No sería nada aconsejable; además hay que tener en cuenta que la infanta Elena está en la línea de sucesión inmediata; vamos, ni se me pasa por la imaginación.»

Los duques de Palma de Mallorca parecen más discretos o al menos no aparecen tanto en los medios de comunicación de masas. La infanta Cristina es ya catalana de hecho, una inmigrante que se ha adaptado perfectamente a Cataluña y que trabaja en La Caixa, la tercera entidad financiera nacional en cuanto a la dimensión de su balance, y que está siempre buscando formas para relacionarse con la Corona, como se ha visto en el capítulo correspondiente. No obstante, Cristina de Borbón y Grecia se gana el sueldo y trabaja, aproximadamente en horario normal, como los demás empleados, a las órdenes de Luis Reverter, llamado «el Droguero» porque su familia es dueña de una conocida droguería de Barcelona. Era también uno de los hombres de mayor confianza de Narcís Serra cuando fue vicepresidente del Gobierno. Desde la Fundación La Caixa, la infanta despliega los conocimientos que aprendió en la Facultad de Políticas de la Complutense: las relaciones internacionales. Es una persona inteligente y capaz, que hizo su carrera en la masificada

---

[5] Eulalia de Borbón, *op. cit.*

Complutense como una chica más. «Es competente y sencilla, Podría ocupar cualquier cargo en esta facultad, vicedecana por ejemplo», me dice el actual decano de la misma, Patxi Aldecoa, quien conoció a la infanta cuando era estudiante. Cristina es la mascota de la Facultad de Ciencias Políticas y Sociología y se recurre a ella para que presida los actos más solemnes, como la entrega de diplomas a final de curso. La última vez, sin embargo, la guerra de Iraq frustró su anunciada presencia. Estaba prevista para el mismo día en que se rompieron las hostilidades, y el decano recibió una comunicación de la Casa de Su Majestad el Rey en la que se expresaba lo mucho que lamentaba que, dadas las circunstancias, no pudiera acudir la infanta a dicho acto.

La infanta Cristina se ha adaptado perfectamente a la vida catalana, que compatibiliza con sus obligaciones como miembro de la Familia Real. Siempre ha sido muy libre, muy moderna en sus relaciones, y la sociedad catalana ha mostrado una vez más su gran discreción. La infanta vivía en un apartamento «normal» y «salía» con chicos de idéntica normalidad. A los periodistas no les pasó desapercibido el noviazgo de la infanta con un musculoso vasco bien plantado en Cataluña, con quien vivió algún tiempo sin que aparecieran noticias ni cotilleos en la prensa. Los duques de Palma de Mallorca se ganan bien la vida, tanto con lo que ella aporta con su sueldo como con el dinero procedente de su lista civil, que le remite la Casa de Su Majestad. Complementan sus ingresos y logran llegar en buena forma a final de mes gracias al sueldo y otras percepciones que aporta su esposo. Entramos aquí en un vidrioso problema: los miembros de la Familia Real, por muy emblemáticos que sean, por mucho símbolo que lleven sobre sus espaldas, tienen el derecho y hasta la obligación social de trabajar. Sin embargo, si ese trabajo se acerca a lo que pudiéramos llamar tráfico de influencias, semejante derecho se puede convertir en un problema.

En esa frontera difusa entre el trabajo digno y las obligaciones referenciales de la Familia Real, sobre lo que no hay nada legislado, ninguna incompatibilidad contemplada, se encuentran también Iñaki

Urdangarín y la infanta Cristina. No hay, en efecto, ninguna ley que regule la actividad laboral o mercantil de la Familia Real, y menos de la familia del Rey, de la demás familia; la infanta no está coartada por ninguna incompatibilidad a pesar de que tiene su asignación por la vía presupuestaria. No hay leyes, ciertamente, aunque se supone que el jefe de la familia, que es también el jefe del Estado, puede dictarlas para uso familiar, sin necesidad de que aparezcan refrendadas en el *Boletín Oficial del Estado*. El Rey puede ejercer de puertas adentro su autoridad, y no sólo la *auctoritas* que ejerce sin leyes, por su prestigio, sobre los ciudadanos de a pie.

El problema se ha planteado recientemente en el Reino Unido, donde la reina Isabel se ha visto obligada a amonestar a su nuera, Sophie Rhys-Jones, esposa del príncipe Eduardo, por utilizar su apellido para hacer negocios con una empresa de relaciones públicas. El Príncipe, propietario de la productora de televisión Arden Productions, ya había aparecido en los periódicos por otro escándalo similar. Isabel II decidió recientemente regular la actividad empresarial de sus familiares directos y consortes para evitar el escándalo del tráfico de influencias. No hay incompatibilidades propiamente dichas ni normativa legal aplicable, pero la Reina exige que se la consulte previamente antes de iniciar un negocio. El Príncipe de Gales era partidario de una norma más radical: la incompatibilidad total de los miembros de la Familia Real para trabajar en cualquier empresa, dado la alta asignación que todos ellos reciben de los impuestos públicos.

Iñaki Urdangarín, nacido en 1968 en Guipúzcoa, jugador profesional en el equipo de balonmano del F. C. Barcelona, participó como miembro de la selección nacional en los Juegos Olímpicos de Atlanta 96, donde conoció a la infanta. Fue un amor a primera vista tan fuerte que no dudaron en romper con sus respectivos novios: ella salía con un jugador de waterpolo y él con una catalana adinerada. Un año después, el 4 de octubre de 1997, se celebraba la boda en Barcelona con el debido esplendor. El famoso diseñador gráfico Enric Satué dibujó por encargo del ayuntamiento un logotipo en el que se combinaba el balón del novio con cuatro rosas blancas en forma de aros olímpicos que simbolizaban a la infanta. Con este logotipo los ediles de la Ciudad Condal pretendieron cubrir todas las farolas, pero tuvieron que dar marcha atrás ante el disgusto de La Zarzuela, donde no parecía muy propio que se acuñara semejante escudo heráldico, procediendo a una bienvenida más convencional.

Iñaki Urdangarín no está falto de formación académica orientada a la actividad empresarial: no terminó su carrera de empresariales, pero consiguió su título en Administración y Dirección de Empresas y *master* en *Business Administration* que emite la ESADE (Escuela Superior de Administración y Dirección de Empresas de Barcelona). La infanta Cristina e Iñaki Urdangarín Liebaert, duques de Palma de Mallorca, en unión de sus dos hijos mayores y junto con el jefe de la compañía en la que trabajaba el ex jugador del Barcelona de balonmano, han constituido una empresa de asesoramiento y relaciones públicas. El nuevo negocio, una pyme con mucho *glamour*, ha sido registrado con el nombre de Namasté 97, un toque romántico que hace referencia a un saludo tradicional de la zona de Nepal donde celebraron su luna de miel; 97 es el año en que contrajeron matrimonio. Es una sociedad limitada nacida en 2002 con un capital de 3.006 euros, que es el desembolso mínimo exigido legalmente.

Según consta en el registro mercantil de Barcelona, el capital de la empresa está dividido en 3.006 participaciones de un euro cada una, repartidas entre Iñaki Urdangarín (1.000 acciones), la infanta Cristina (1.000 acciones), los dos hijos mayores del matrimonio, Juan y Pablo Nicolás (cada uno con 500 acciones), y Joan Cucó (6 acciones), este último amigo de la pareja y jefe del ex jugador del Barcelona en la empresa Octagón Esedos. Namasté 97 inició sus operaciones el 1 de enero de 2002, y su objeto social es, según los datos registrales, «el asesoramiento técnico en la elaboración de proyectos para la organización y promoción de espectáculos deportivos y culturales; relaciones públicas y asesoramiento técnico en proyectos de cooperación internacional para el desarrollo de infraestructuras y mejoras sociales». Al carecer de actividad conocida, Namasté 97 también podría ser una sociedad patrimonial que optimiza el pago de impuestos. Este tipo de sociedades se utilizan para gestionar la fortuna personal y resulta recomendable especialmente a partir de un patrimonio superior a los 600.000 euros.

No es la primera vez que Iñaki Urdangarín crea una empresa. Hace años constituyó junto a otros deportistas, como Fernando Barbeito o Manuel Doreste, la sociedad Avibo S. A., encargada de explotar el Pou, el restaurante sito en el pasaje de Lluís Pellicer de Barcelona. El duque de Palma de Mallorca abandonó la sociedad un mes antes de contraer matrimonio, porque en aquel momento no parecía muy conveniente que el nuevo integrante de la Familia Real tuviera negocios propios, un criterio que parece haber cambiado.

La empresa en la que trabaja el infante consorte desde septiembre de 2001 está especializada en la organización de espectáculos deportivos y gestiona la imagen en España de deportistas como Marc Colomer en trial, y Albert Costa o Conchita Martínez en tenis. Está participada por la multinacional Octagon World Wise, el grupo Motorpress Ibérica, editora de revistas del motor, el mencionado Joan Cuscó, y Francesc Xavier Bartrolí. Además Urdangarín es miembro del Comité Olímpico Español, organismo en el que algún día, según anuncian ciertos profetas, llegará a ocupar un puesto de la mayor relevancia. El futuro del vasco-catalán es muy prometedor. Ya hay varias empresas que se han mostrado interesadas en incluirle en sus respectivos consejos de administración, como una entidad financiera, que en su búsqueda de consejeros independientes baraja su nombre en un intento de acercar el banco a la Casa Real, tal como hace La Caixa con la infanta Cristina. Urdangarín, al igual que ella, no ha dudado en internarse en el rentable terreno de la venta de la propia imagen. Ha posado sin complejos como modelo de ropa deportiva para la firma japonesa Mizuno, y como hombre anuncio, junto a sus compañeros de la selección nacional de balonmano, de Cola Cao, poderoso reconstituyente para la juventud que fabrica Nutrexpa.

Urdangarín, como jugador de balonmano, tenía una ficha de 600.000 euros y se le calcula un sueldo en Octagón, la división de *marketing* de la multinacional Interpublic, de unos 90.000 euros anuales. La infanta Cristina, por su trabajo en la Fundación La Caixa como responsable del Programa de Cooperación Internacional, cobra unos 1.800 euros mensuales. Ambos viven en un piso del selecto barrio de Pedralbes, de trescientos metros cuadrados, que les costó 540.000 euros en 1997, el año de su boda. Además la infanta Cristina tiene a su nombre una finca en el término de Pozuelo de Alarcón, regalo del Rey por su boda con Iñaki Urdangarín.

La abundancia de imágenes de miembros de la Casa Real en la prensa rosa ha llegado a alarmar a los Monarcas. Miguel Ángel Aguilar escribía en *El Siglo* que «Doña Sofía ha pedido encarecidamente la suspensión de las imágenes de los miembros de la Familia Real en los programas del corazón». El diario *El Mundo* informaba de que «desde hace unos meses los espacios rosa de TVE tienen prohibido incluir informaciones o imágenes en las que aparezca cualquier miembro de la Familia Real. Fue la primera decisión que adoptó José Antonio Sánchez cuando tomó posesión del cargo de director general de RTVE, el pasado 23 de julio». Y añadía que, según fuentes cercanas al director, «la petición proviene directamente de doña Sofía». Según la portavoz oficial de la cadena pública, «se ha decidido que la información referida a la Familia Real esté vinculada solamente a informaciones y a actos institucionales. No se trata de ningún tipo de censura, sino de una decisión de José Antonio Sánchez en base a su criterio personal. Las imágenes emitidas de los Reyes en la boda de Ana Aznar y Alejandro Agag fueron una excepción, porque la actualidad lo requería». Durante el Gobierno socialista, Julio Feo pidió al director de Televisión Española que la información de la Familia Real se situara al principio o al final de los telediarios, en un bloque diferenciado y completamente separado de las noticias de bodas, divorcios y bautizos de los famosos. Se comprende la preocupación de los Reyes de no dar una imagen demasiado frívola de la familia, como si fueran personas

ociosas que sólo viven en la *dolce vita*, pero también es fácil de entender que los medios no se inventan la noticia y que no habría imagen de frivolidad si la Familia Real no se condujera frívolamente.

Los siguientes familiares —familia del Rey que no Familia Real
como explicamos al principio— en el orden del interés público
son, lógicamente, los sobrinos: los hijos de las dos hermanas del
Monarca, las infantas Pilar y Margarita, ambas por cierto muy dis-
cretas y dedicadas a meritorias obras de caridad. Los Gómez Acebo,
hijos de doña Pilar, hermana mayor del Rey, infanta de España y
duquesa de Badajoz según título que le concediera Franco, nacida
en 1936 y viuda de Luis Gómez Acebo, duque de Estrada y vizconde de la Torre, son cinco: Simoneta, Juan, Bruno, Beltrán y Fernando. Los Gómez Acebo recuerdan más a la banca que a la nobleza.
Simoneta, señora de Fernández, una de las más solicitadas, es jefe
de relaciones públicas para España de Cartier, la célebre firma de
joyas y productos de refinado gusto. El Fernández de Simoneta no
es un Fernández cualquiera: es José Miguel Fernández Sastrón,
sobrino nieto de un Fernández de gran mérito: Pepín Fernández,
el fundador de Galerías Preciados. Simoneta está siempre en el can-
delero, entre las fiestas y actos de alto copete y las obras filantrópi-
cas más admirables; entre la discoteca madrileña Fortuny, propiedad
de Javier Merino, el marido de Mar Flores, y el rastrillo benéfico
que la Asociación Nuevo Futuro organiza cada año con la colaboración inestimable de las damas de la alta sociedad; entre la discoteca Cool y la ONG Apoyo Positivo, dedicada a la atención de enfer-
mos terminales de sida, que dirige la sobrina del Rey en compañía de
su buen amigo, el bailarín Nacho Duato, director de la Compañía
Nacional de Danza. Simoneta se desplaza con la mayor soltura en un
ten con ten entre el cilicio y el Remy Martin. El otro hermano famoso
es Beltrán, quien empezó a ser perseguido por los fotógrafos cuando
se supo que mantenía relaciones sentimentales con Laura Ponte. La
célebre modelo, una de las más cotizadas y con mayor proyección internacional, es también propietaria de un conocido restaurante madrileño, Al Norte, especializado en comida gallega y asturiana.

Margarita de Borbón, la infanta ciega, hermana pequeña de don Juan Carlos, nacida en 1939 y casada con el doctor Zurita, tiene dos hijos. Al igual que los hijos del matrimonio Gómez Acebo, tampoco tienen derecho al título de la Corona otorgado por el Rey Juan Carlos, en este caso el ducado de Soria, que no se hereda. María Zurita pisa fuerte en la prensa rosa y es una de las habituales de la corte de Mallorca, donde participa, junto a su prima la infanta Elena, en la Copa del Rey de Vela. El resto del año no se pierde una, ya sea en la Pasarela Cibeles o en una gala benéfica. Muy bien vista por la prensa del corazón, a la que facilita considerablemente su trabajo, le fue concedido el premio T (de «Triunfadores») que concede la revista *Telva*. Siempre acude a la gala de esta revista dirigida por Covadonga O´Shea, que congrega cada año a *la crème de la crème*: la infanta Elena y Jaime de Marichalar, Ana Botella y su hija, Simoneta Gómez Acebo, Esperanza Aguirre, condesa de Murillo, Carla Royo-Villanova, la mujer de Kubrat de Bulgaria, y muchas otras celebridades.

Su Alteza Real don Carlos de Borbón-Dos Sicilias, duque de Calabria y pretendiente al trono de Sicilia, con permiso de la República de Italia, es menos conocido por el público a pesar de su gran intimidad con el Rey, de quien es primo hermano como sobrino de María de las Mercedes, condesa de Barcelona. De la misma edad que el Monarca —nació en Lausana el 16 de enero de 1938—, amigo suyo desde la infancia y compañero de estudios en el Instituto de San Isidro, Juan Carlos le ha honrado con distintas misiones protocolarias. Está casado con Ana de Orleáns, hija de los condes de París y princesa de Francia. Los duques de Calabria tienen cinco hijos: Cristina, María, Pedro, Inés y Victoria. Carlos de Borbón estudió Derecho, realizó cursos de especialización bancaria y trabajó en el Chase Manhattan Bank, en la Banca Popular Peruana y en el Banco Nacional de México, y fundó el Consorcio Hispano-Arábigo y la Central Financiera de Expansión. Es consejero de importantes empresas y posee una finca rústica, La Toledana, de 6.500 hectáreas, en la provincia de Ciudad Real. Mario Conde, en su vigorosa campaña de aproximación al Rey, le proporcionó un despacho al frente de la Fundación Banesto, donde también «trabajó» la infanta Pilar. Pedro, nacido en 1968, duque de Noto, ingeniero de montes, se dedica a la administración de la finca familiar y a la explotación de la caza. Contaba Juan Balansó en otro interesante libro [6], en nota a pie de página: «Don Pedro de Borbón-Dos Sicilias y Orleáns, duque de Noto, único hijo varón de los duques de Calabria, tuvo el coraje de reconocer al hijo habido de su relación con la joven madrileña Sofía Landaluce Melgarejo. Su hijo ha sido inscrito como Jaime de Borbón.» La hermana del duque de Calabria, Teresa de Borbón-Dos Sicilias y Borbón-Parma, duquesa de Salerno, nacida en 1937, está casada con Íñigo Moreno de Arteaga, marqués de Laula, una familia vinculada a la producción de vino con bodegas en la Ribera del Duero.

Tiene especial interés por las circunstancias históricas que concurren en él Luis Alfonso de Borbón Martínez-Bordiú, hijo de Alfonso de Borbón Dampierre, nieto de Alfonso XIII, y de Carmen Martínez-Bordiú, nieta del general Franco. Corre pues por su sangre la historia española del siglo XX y, según sus partidarios, que le reconocen como duque de Anjou, parte de la francesa. No dispone, sin embargo, de título nobiliario, ya que don Juan Carlos negó al ducado de Cádiz que concediera Franco a sus padres el derecho a transmitir el título a su descendencia. Aprovechó para ello un decreto por el que ordenaba la legislación sobre títulos. Luis Alfonso de Borbón, nacido en 1974, licenciado en Ciencias Empresariales, se dedica profesionalmente a la banca. Ha constituido la sociedad Borcorel S. L., cuyo objeto social son las actividades inmobiliarias.

De las hermanas de don Juan, la infanta Beatriz, se casó con Alessandro Torlonia, príncipe de Civitella-Cesi, y sus hijos fueron Sandra, Marco, Marino y Olimpia. Su nieto es el conocido conde Lec-

---

[6]   Juan Balansó, *Los diamantes de la Corona*, Plaza & Janés Editores, Barcelona, 1999.

quio. La infanta Cristina casó con el conde Marone, y sus hijos son Vitoria, Giovanna, Maria Teresa y Ana Sandra.

Hay muchos otros Borbones, cientos de Borbones, a los que Balansó llamaba «Borbones al bies», pues han trastocado el orden de sus apellidos para que el histórico aparezca en primer lugar. Hay otros, parientes aún más lejanos del Rey, a los que Vilallonga denomina, «los Borbones de El Corte Inglés». Mencionaré a algunos, muy brevemente, para que el lector se haga una idea, siguiendo al periodista desaparecido:

— Adán Czartoryski, hijo de doña Dolores, la hermana mayor de la condesa de Barcelona, príncipe polaco y, en sus buenos tiempos, príncipe de la noche. Tiene su residencia en Montecarlo, pero viaja con frecuencia a Madrid. Se casó en enero de 1977 con una publicista italo-egipcia, Nora Picciotto. A la ceremonia civil asistieron sus primos los Baviera, una hermana del Sha de Persia, la actriz Gina Lollobrigida y el actor Helmut Berger, entre otros famosos. La feliz pareja no tardaría en separarse, después de nacer un bebé.

— Los últimos primos carnales del Rey son auténticos príncipes imperiales, los Orleáns Braganza, pues doña Esperanza de Borbón se casó con el pretendiente al trono de Brasil, don Pedro; la princesa María Gloria, divorciada de Alejandro Karadjordjevic, jefe de la Casa Real de Yugoslavia, y casada, tras la anulación pertinente, con el duque de Segorbe y conde de Ampurias; la princesa Cristina, separada de un príncipe Sapieha; y los príncipes Pedro Carlos, Alfonso, Manuel y Francisco.

— Los príncipes de Baviera, «que no son ni príncipes ni bávaros», son primos segundos del Rey como descendientes de la infanta María Teresa, la hermana menor de Alfonso XIII, que se casó con un príncipe de Baviera nacionalizado español. Uno de sus hijos, Fernando, simpático miembro de la *jet set* y apasionado de los coches, consiguió una concesión de la BMW en España. María Teresa, «Tessa» para todo el mundo, la menor de los Baviera, empezó anunciando con pose de aristócrata el whisky Caballo Blanco y ha terminado diseñando modelos de ropa de su propia marca, que se venden bastante bien en El Corte Inglés.

— Otro primo segundo del Rey también empezó anunciando lubricantes CS de motores y va a terminar de rey de Georgia, según la prensa. Se trata de Jorge Bragation.

Entre los Borbones al bies se encuentran Elena (Barucci) de Borbón; Marisa (Yordi) de Borbón; María José (García de Lobez) de Borbón; Beatriz (von Hardenberg) de Borbón, y compañía. Concluía el periodista: «... como dice con gracia un amigo mío, podemos encontrarnos en un futuro no muy lejano con que todas las encargadas de las relaciones públicas de boutiques, discotecas o casas de alta costura de Madrid puedan ostentar con pleno derecho el mismo apellido que nuestra Familia Real. Que viste mucho, ciertamente».

Capítulo XIV

La prueba del Príncipe

El Príncipe de Asturias asestó un formidable golpe de efecto al anunciar, el Día de Todos los Santos de 2003, su compromiso con Letizia Ortiz. La operación era tan perfecta que parecía de diseño: suponía el matrimonio de un príncipe moderno con la más genuina representación de nuestro tiempo: la más bella cara del telediario de mayor audiencia. La chica elegida es un rostro que entraba cada noche en los hogares españoles; clase media media, guapa, con carrera, ambiciosa, progre dentro de un orden —se casó por lo civil pero en un matrimonio oficiado por un alcalde del Partido Popular— y divorciada también por lo civil, lo que permitía una boda real a todo trapo en la catedral madrileña de la Almudena, adosada al palacio de Oriente.

Seguro que hubo más amor que cálculo por ambas partes, pero parece evidente que se empujó un poquito al destino al socaire de la necesidad política. Ambos se habían conocido un año antes en el domicilio del periodista Pedro Erquicia, amigo del jefe de la Casa de Su Majestad, Alberto Aza, y se reencontraron poco después —octubre de 2002— en la entrega de los Premios Príncipe de Asturias de aquel año, si bien no empezaron a salir juntos como novios hasta septiembre de 2003, apenas dos meses antes de proclamarse *urbi et orbe* el feliz acontecimiento. Antes, una voz que el director general de RTVE no podía ignorar había recomendado que se proporcionara a Letizia un empujoncillo profesional. Era ya una profesional valorada en la casa, pero su promoción al puesto más codiciado necesitaba algún apoyo.

Nadie tiene derecho a dudar de la autenticidad de este amor, aunque es innegable la presencia de una mano invisible, quizás la de

Alberto Aza, que desde que se hizo cargo de la jefatura de la Casa se había propuesto como prioridad absoluta «gestionar» la boda del Príncipe como la cuestión de Estado más delicada y «vender» el acontecimiento con aplicación e inteligencia. También parece que desempeñó un papel importante Luis María Anson, quien aplicó su devoción monárquica, su larga experiencia profesional, su reconocida habilidad y el alto ascendente sobre José Antonio Sánchez, el director general de RTVE a quien éste profesa agradecimiento y devoción.

Todo ha sido muy rápido pero nada se ha dejado a la improvisación. Urgía al Príncipe mejorar su imagen y la de la institución, puestas en entredicho por su noviazgo con Eva Sannum. La Corona precisaba —el clamor era unánime— que el heredero cumpliera con su primera obligación: casarse y casarse bien. La imagen del Príncipe y las perspectivas de la institución se habían deteriorado notablemente y no sólo por sus noviazgos. Abundaban los «juancarlistas», entusiastas del Rey pero no necesariamente de la monarquía; menudeaban los «sofistas», que se declaran «monárquicos de la Reina» con un cierto retintín respecto a don Juan Carlos, pero se iba reduciendo el partido de los «felipistas», de los fans del Príncipe de Asturias. Si el Príncipe no reaccionaba, se encaminaba a dilapidar paulatinamente el inmenso capital de simpatías del que disfrutaba. Para muchos admiradores de antaño ya había dejado de ser el príncipe azul, en el mejor sentido de la palabra, y estaba a punto de convertirse en un personaje, quizás envidiado, pero menos querido y admirado que en otros tiempos; su transformación parecía ser como la de un cuento de hadas pero al revés; de la metamorfosis empezaba a surgir un joven un tanto soberbio y distante de la ciudadanía que le paga su sueldo, su majestuosa casa y sus lujos. No le beneficiaban sus aventuras amorosas ni el aparecer rodeado de un grupo de amigos de la alta sociedad pero de bajo fundamento.

Cuando, el 24 de septiembre de 1980, se constituye la Fundación Principado de Asturias, Felipe es nombrado presidente de honor. El teniente general Manuel Díez Alegría describía así al Príncipe en la lección magistral pronunciada al efecto:

«Si se nos pidiese que describiéramos al Príncipe que consideráramos ideal, buscaríamos uno de buena presencia, sano de alma y de cuerpo, robustecido en el deporte, discreto, inteligente, vivo y sagaz, y en vías de adquirir una formación cultural y, sobre todo, humana. Como corresponde a la época en que vivimos, sería simpático, llano y abierto, naturalmente democrático, sin perder de vista, los fundamentos tradicionales de nuestra patria y su dinastía. Sería alguien muy parecido a un retrato de su Alteza Real...»[1]

Esta imagen correspondía a la realidad en aquel momento, aunque, pasado el tiempo, el retrato se había deteriorado un tanto. El heredero conservaba muchas de las virtudes que le generaron tantas simpatías, pero ya no era ni tan llano ni tan abierto, ni en el sentido profundo del término, el del talante vital, tan democrático. Quizás no fuera suya toda la culpa, sino de las malas compañías, pero a los treinta y cinco años uno es responsable de la selección de sus amigos y de las personas de su confianza; el Príncipe estaba mal acompañado, mal orientado y mal aconsejado, y había pasado en los últimos años de ser la mejor garantía de la continuidad dinástica y de la consolidación de la monarquía de su padre, y hoy por hoy de todos los españoles, en su mayor fuente de incertidumbres. Este joven apuesto de 1,97 m, 10 cm por encima del Rey, a quien el mundo contemplaba fascinado en sus televisores enarbolando gallardamente la bandera española en los Juegos Olímpicos de Barcelona como símbolo de un país joven, próspero y moderno, el mejor cartel de la monarquía, empezaba a ser observado como un personaje frívolo y ocioso.

Quizás contribuyera a semejante toque de insustancialidad la resaca de su polémica relación con Eva Sannum, a quien pretendía coronar reina de España. Es posible que la frustración que le produjera la ruptura con la bella modelo noruega agudizara su deriva frívola. Ya es triste que lo poco que se conociera del Príncipe fueran

---

[1] Ismael Fuente, *Aprendiendo a ser Rey*, Ediciones Temas de Hoy, Madrid, 1988.

sus novias; poco se sabía de lo que pensaba sobre las materias que preocupan a su pueblo; poco había trascendido acerca de los intereses intelectuales de este joven tan bien preparado más allá de las motos, los coches o los yates, pero estábamos familiarizados con sus amores de cierta duración, desde Vicky Carvajal hasta Eva Sannum, pasando, y es mucho pasar, por Isabel Sartorius que le marcó muy profundamente, y sin olvidarnos de Tatiana de Liechtenstein, Gabriela Sebastián de Erice o la modelo norteamericana Gigi Howard.

No obstante, la preocupación nacional por sus novias, morbo aparte, estaba justificada por razones de alto interés nacional, ya que la primera obligación del Príncipe es casarse y reproducirse para proveer de heredero al heredero. No era muy buena la imagen que se había labrado como buscador de novias. Todavía era joven, pero la impaciencia nacional se fue generalizando. «Rezo todos los días para que Su Alteza encuentre una mujer como su madre», le confesó una monja en una visita que hizo Felipe a un centro catalán de beneficencia. Son muchos los que rezaban la misma oración en toda España, especialmente los del partido de la Reina, que es un partido muy poderoso. Sea o no sea la futura reina de España como su real madre, los clamores llegaban desde todas las esquinas: «Que se case» era el deseo unánime, repetido como un estribillo por las personas que he entrevistado para este libro. Que se case pronto y bien, naturalmente.

Todo esto ha empezado a cambiar desde que se anunciara el matrimonio con Letizia Ortiz. Se han cerrado muchas incertidumbres, el Príncipe ha quedado muy bien, salvo para algunos monárquicos de la vieja guardia y algunos nobles irreductibles en cuanto a la estricta obediencia de las viejas leyes de la monarquía y de la pragmática sanción de Carlos III sobre los matrimonios morganáticos. La futura Reina no se parece mucho a doña Sofía, pero no sólo es muy presentable sino que supone una opción políticamente audaz del Príncipe, que pretende «democratizar» la institución o al menos acercarla al pueblo. Es arriesgado porque, como hemos señalado, la monarquía tiene sus ritos, sus misterios y su parafernalia, y aún está por ver cómo transcurre en la práctica la integración de familias tan desiguales. El caso es que don Felipe se ha hecho de pronto muy popular, como en los benditos tiempos de su estado de gracia cuando todavía no se había hecho la corte de ociosos que tanto le ha perjudicado. Su futuro aparecerá mucho más diáfano si prescinde de las discutibles amistades que le han acompañado en su larga soltería y si se esfuerza en superar algunas rigideces de su carácter.

El Príncipe de Asturias, dotado por la naturaleza y la fortuna tan generosamente, situado por la historia en el lugar adecuado en el momento preciso, que ha recibido una instrucción académica muy completa, representaba un quebradero de cabeza para muchos, empezando por el Rey. La Reina misma, que adora a su hijo, no las tenía todas consigo cuando en cierta ocasión preguntó a un importante personaje de la vida pública: «¿Usted cree que mi hijo será Rey?» Algunos expertos justifican la tranquilidad pública ante el futuro en razón de los escasos poderes que posee un rey parlamentario cuya función, se estima, es meramente ceremonial. Mucha gente contempla a los monarcas como especímenes recluidos en una reserva dorada donde viven esplendorosamente en régimen de semiesclavitud, pero que, como símbolos mágicos que son, generan tranquilidad pública. Tan tranquilizadora idea no se ajusta del todo a la realidad. Nuestra Constitución otorga amplios márgenes para la actuación del Monarca; no es ciertamente éste un poder del Estado, como lo son el Ejecutivo, el Legislativo y el Judicial, pero sí un órgano de aquel que desempeña funciones tan amplias como ambiguas; esta ambigüedad permite que sea «gestionada» de muy distinta forma según la personalidad del Monarca de turno. No hay que olvidar, aunque los padres de la Constitución parece que no vieron más allá de don Juan Carlos, que la monarquía es en principio para toda la vida.

El rey parlamentario no tiene poderes, pero sí puede ejercer una enorme influencia, que también es poder. Con don Juan Carlos, que ha contribuido, en armonía con los representantes políticos de los ciudadanos, al diseño de la Constitución, no se le plantean peligros inminentes. Don Juan Carlos borda primorosamente su papel en el terreno político sin apartarse un ápice del más escrupuloso respeto a nuestra Carta Magna. Nadie tiene, sin embargo, la garantía de que tan delicado oficio será desempeñado tan escrupulosamente y con tanta habilidad por el príncipe Felipe. Un buen matrimonio es un gran paso, pero no puede ser el único. La base de la influencia real reside en su *auctoritas*, suma de las virtudes políticas y privadas del Monarca, y del reconocimiento de los riesgos asumidos por la democracia; al prestigio bien ganado hay que sumar el carisma, el efecto de los aromas «mágicos» que desprende la institución; y —no lo olvidemos— al vendaval de simpatía arrolladora del personaje, un prodigio en el arte de saber estar.

El Príncipe heredero ha recibido una esmerada educación en colegios de elite y en la universidad pública, donde profesores muy selectos le impartieron programas diseñados específicamente para él; está, intelectualmente, mejor preparado que su padre, quien con su franqueza característica ha lamentado no haber recibido la educación más adecuada, una afirmación sorprendente a la luz de los medios disponibles y de la atención que tanto su padre como Franco, dos de los cuatro o cinco padres que Juan Carlos se adjudica, prestaron a la misma. De hecho fue su educación el único motivo de las reuniones de don Juan y Franco, y prácticamente el único tema de conversación entre el eterno pretendiente y el eterno gobernante. Sin embargo, el Rey no quedó nada contento de la formación que le impartieron y, como tantos padres, hizo todo lo posible para que su heredero recibiera una educación perfecta. Suele decir el Rey con simpática campechanía: «Yo de aquí... [señalándose la sien] poco, pero de aquí... [tocándose la nariz] todo.» [2]

---

[2] A ella dedicaron sesudas reflexiones su padre, don Juan de Borbón, y Franco, y consecuentemente se dedicaron al futuro Rey los mejores talentos. Es cierto que no fueron muchas las horas lectivas que recibió en la universidad, pero más que de educación insuficiente habría que hablar de una educación sesgada políticamente y con una influencia excesiva de lo que Javier Tusell denomina «tradiopus», de gente como Federico Suárez Verdaguer y otros que combinaban elementos de la Comunión Tradicionalista y del

Felipe cursó la enseñanza primaria en Santa María de los Rosales, un colegio fundado por un selecto ramillete de aristócratas y falangistas de la vieja guardia que, sin romper con el régimen, apoyaban una evolución liberal; después cursó el COU en el Lakefield College, el más prestigioso de Canadá, integrado en la cadena privada Rond Square Conference, de la que forman parte los trece mejores colegios del mundo y donde la matrícula costaba millón y medio de las pesetas de las de 1984. Tras el paso obligado por las academias militares, en 1988 inicia estudios de Derecho en la Universidad Autónoma de Madrid, ampliados con algunas asignaturas de Económicas. Todo de acuerdo con un programa *ad hoc* confeccionado por Aurelio Menéndez, que fue ministro de Educación con Suárez, a quien se había confiado la dirección de una comisión de cinco sabios integrada por el propio Menéndez, el decano de la facultad, Aníbal Sánchez, Enrique Fuentes Quintana, Cayetano López, rector de la Autónoma durante los cinco años de la carrera principesca, así como los decanos de Derecho y Económicas en razón de su cargo que se sucedieron a lo largo del quinquenio.

El expediente académico del alumno Felipe de Borbón Schleswig-Holstein es excelente: sobresaliente en casi todas las asignaturas, una matrícula de honor —la otorgada por Vicente Fiaren y Vicente Gimeno en Derecho Procesal II— y algunos notables que no hay que atribuir a la pasión republicana de los profesores, uno de ellos Aurelio Menéndez, coordinador de los estudios del Príncipe. Éste tendría el gusto de entregarle en 1994 el premio que lleva su nombre, el Príncipe de Asturias de Ciencias Sociales. Tras licenciarse, Felipe hace un máster en Science in Foreing Service en la Universidad de Georgetown (Washington), en la Edmund A. Walsh School of Foreing Service, de la Ive Ligue, la cadena de universidades más exclusiva de los Estados Unidos, donde también habían

---

Opus Dei. Véase: Javier Tusell, *Juan Carlos I. La restauración de la monarquía*, Editorial Temas de Hoy, Madrid, 1995.

estudiado otros importantes personajes como los Kennedy y Bill Clinton.

Es ya un tópico decir que Felipe no sólo es el Príncipe más apuesto —desde luego sí el más alto, a quien llamaban en la Academia «Winston», porque era «el rubio más largo»—, sino también el mejor preparado. Ésta es, desde luego, la opinión de su orgulloso padre. [3] No obstante, preparación intelectual no es sinónimo de buena formación humana, y parece de general apreciación que parte de las deficiencias formativas del Príncipe se originan en un exceso de celo por parte de su madre, por otro lado justamente alabada como «gran profesional». La Reina, quien se ocupó de forma muy personal y con mucha atención de la educación del principito, en los momentos decisivos de la formación de una persona actuó más como madre que como Reina, una pequeña contradicción en quien tanta importancia atribuye a su estirpe; una señora que no tiene hijas sino infantas, como reveló en una ocasión. En uno de sus viajes en avión, una azafata se le acercó y, con el debido respeto, le preguntó cariñosamente: «¿Y cómo están sus hijas, Señora?» La Reina le contestó fríamente: «Querrá usted decir que cómo están las infantas.» Un buen corte para la pobre chica y también una doble moraleja: en primer lugar, la constatación del cariño que despierta entre la gente la Familia Real y, en segundo, la profunda conciencia que tiene doña Sofía de su condición. Tam-

---

[3] José Apezarena, en su exhaustiva biografía *El Príncipe* (Plaza & Janés Editores, Barcelona, 2001) relativiza la superioridad formativa de don Felipe: «Además de los estudios militares realizados por todos muchos de ellos han recibido una formación académica de máximo nivel, que nada tiene que envidiar a la de Felipe.» El heredero Guillermo de Holanda ha realizado tres licenciaturas civiles: Derecho, Economía e Historia y un máster en el Atlantic College; Federico de Dinamarca ha estudiado Ciencias Políticas en Harvard y en Aarhus; Felipe de Lieja, heredero belga, estudió en Oxford y Stanford y ha hecho un máster en Arte; Enrique de Luxemburgo es licenciado en Ciencias Políticas y máster por la Universidad de Ginebra; Alöis, heredero de Liechtenstein, es economista y Carlos de Inglaterra se graduó en Historia en Cambridge. En cuanto a Victoria de Suecia, estudia en Yale.

bién podría demostrar, en segunda derivada, el tibio monarquismo popular o, al menos, la escasa familiaridad pública con sus ritos y parafernalias.

Parece, ciertamente, que la Reina ha sobreprotegido a su retoño, un exceso muy disculpable en una madre, pero que no ayudará al futuro Rey parlamentario, que al parecer pecaría de cierta prepotencia. Ha sido muy repetida la siguiente anécdota: el 18 de abril de 1976 Felipe no fue invitado a la fiesta de cumpleaños de un compañero. Siendo quien era, semejante omisión no podía deberse a un olvido, sino a una «no invitación». Doña Sofía, ni corta ni perezosa, averiguó el teléfono del niño y, cuando se puso al habla, el padre de la criatura, inquirió, picada, por las razones de un proceder que tanto había dolido al pequeño Príncipe; el padre balbuceó aturullado que no habían invitado al ilustre compañero de su hijo porque no sabían qué protocolo aplicarle. La Reina, muy expeditiva, zanjó el asunto: «¿Protocolo? Ninguno. Ahora mismo llevo al príncipe Felipe a su casa.»

No abundan los casos en los que la Reina se salte el protocolo, que para ella es vital. Ejerce en todo momento de soberana y ese sentido mayestático parece habérselo transmitido al Príncipe. El sabio consejo paterno: «Hijo, si no nos ganamos el sueldo cada día, nos botan» lo ha venido traduciendo don Felipe de forma restrictiva y funcional, ayudado por un acusado sentido del ridículo; queda siempre muy bien en las misiones que se le encargan, como por ejemplo asistir a la toma de posesión de un presidente de Gobierno, inaugurar unas jornadas o presidir la concesión de unos premios. Lleva ya diecisiete años ejerciendo de Príncipe de Asturias y, aunque sus funciones no están delimitadas, ha alcanzado una gran soltura y el dominio de cualquier situación. Por ejemplo, en una intervención reciente en la Sociedad de Física y Química, los micrófonos no funcionaban y el Príncipe hizo un comentario jocoso que venía al pelo y, después de pronunciar su discurso en castellano, como estaba previsto, pergeñó un amplio resumen en inglés para superar el fallo de la traducción simultánea. Cuando tiene que viajar a la investidura de un presidente latinoamericano, se «chapa» como un buen estudiante los apuntes que le preparan y hace las preguntas que tiene que hacer y las observaciones más pertinentes; pero se atiene siempre en sus apariciones públicas estrictamente a lo marcado en el guión, le falta la calidez humana que derrocha su padre.

Una muestra de su carácter fue observada en los funerales que se celebraron en la base aérea de Torrejón de Ardoz, en sufragio del alma de los militares españoles que murieron en el trágico accidente del tristemente célebre Yak-42. Los Reyes supieron acercarse a los familiares de las víctimas con palabras de aliento y acompañarlos en su dolor con sinceras muestras de emoción. Allí estaba también el Príncipe con las infantas, pero como un palo, y, por cierto, sin recibir muestras de simpatía y ni siquiera de atención especial por parte del público. El Príncipe, a veces, accede a acudir a la fiesta de algún colegio, aunque nunca o rara vez ha aceptado sacar a bailar a una de las chicas que se lo solicitaban. Una foto bailando con el heredero sería para ellas un tesoro de los que se guardan toda la vida. ¿Es timidez o envaramiento? ¿Se le puede culpar de ser diferente a su padre, de haber salido más Schleswig-Holstein que Borbón? Es posible. Pero también pudiera responder a una concepción diferente de la monarquía, de su dignidad de Príncipe de Asturias, así como al desconocimiento de un hecho esencial: que esta extraña monarquía del mal menor, originada en Franco y aceptada pragmáticamente por los españoles, aún no está plenamente consolidada y sólo se consolidará demostrando en todo momento su utilidad.

Uno de los personajes mejor situados cerca de la Familia Real lo expresaba muy gráficamente: «En España hay un aprecio generalizado por don Juan Carlos, pero también un amplio republicanismo subyacente. El monarquismo es aquí de bajo calado, está a 20 metros por debajo de tierra, mientras que en otras monarquías se encuentra a 100 metros.» El Príncipe, que ha sido testigo de las dificultades de la Transición —los Reyes le obligaron a mantenerse despierto durante la larga noche del 23-F—, no parece muy consciente del trabajo todavía necesario para asentar la monarquía, imbuido quizás por la concepción «legitimista» y un tanto prusiana de la

Reina. Parece creer que será Rey por su derecho secular y es como si ello le liberara de la necesidad de hacer méritos para conservar el empleo.

Su sentido de la responsabilidad quedó en entredicho al ausentarse de los actos de la fiesta nacional del 12 de octubre de 2003. Unos días antes se encontraba el Príncipe en Nueva York inaugurando la sede del Instituto Cervantes y asistiendo a una cena con los premios Príncipe de Asturias residentes en esta ciudad; dichas ceremonias acabaron el viernes 10. Lo prudente hubiera sido volver a Madrid el sábado para llegar con tiempo a los actos programados en tan solemne ocasión; sin embargo, este día el Príncipe desapareció y no tomó un avión hasta el domingo 12, y aunque el piloto batió todos los récords de velocidad, no pudo llegar a tiempo para el desfile de la Castellana ni a las demás ceremonias organizadas para tan solemne acontecimiento, cuya fecha y hora suelen estar previstas con años de anticipación.

Quizás semejante mentalidad esté en el origen de la frialdad con la que trata a quienes trabajan para él. Una buena fuente del ámbito protocolario de cierta Comunidad Autónoma me relataba la tensión que se generó en un acto en el que participaba el Príncipe debido a su rigidez y a su intolerancia ante la menor infracción de las formalidades. La prensa informó en su día sobre la airada réplica del Príncipe a un compañero de Derecho de la Universidad Autónoma que le acercó a don Felipe una octavilla con doctrina joseantoniana y que, tratándole respetuosamente de Alteza, le hizo notar que su padre también había tenido que aprender aquello de joven. La respuesta fulminante de Su Alteza al compañero: «¡No seas ridículo!», muestra una reacción destemplada que desde luego el Rey nunca se hubiera permitido.

La forma en que se produjo la ruptura con Eva Sannum aportó también, más allá del cotilleo rosa, un valor de categoría. Le habían llegado al Príncipe las más insistentes recomendaciones de ruptura con la noruega desde distintos ámbitos. El Rey, a quien le resultaba violento plantearle directamente la cuestión a su hijo, se había servido de diferentes intermediarios e incluso se sirvió del procedimiento utilizado en otras ocasiones de enviarle mensajes por medio de la prensa. El Príncipe, que contaba con el apoyo de su madre, que no sabe oponerse a los caprichos de su hijo o que pudiera albergar mala conciencia por su oposición cerrada a Isabel Sartorius, hizo caso omiso a todas estas presiones. Hasta que al Rey se le hincharon sus borbónicas narices y ordenó al jefe de su Casa, Fernando Almansa, que comunicara a Su Alteza su inapelable decisión de que el joven debía cortar con la noruega; al Monarca no le parecía conveniente que la futura reina de España apareciera en los reportajes gráficos exhibiéndose como modelo de ropa interior. El Príncipe no podía creérselo, por lo que se dirigió a su padre en persona para obtener la confirmación del apremiante recado de Almansa. Y el Rey se lo confirmó. Ciñéndose la Corona, pronunció las palabras mágicas que rara vez emplea pero que, cuando se decide a ello, todos en palacio saben que no hay apelación posible: «Como padre y como Rey te ordeno que dejes a esa chica.»

Obligado, pues, a romper con la modelo por razones de Estado, tan discutibles como cualesquiera otras pero que entran en una materia —la elección de esposa del heredero— en la que la Constitución confiere al Monarca atribuciones concretas [4], el Príncipe dio las mejores muestras de su arrogancia. Primero: declara a la prensa que corta con Eva porque quiere y no por ninguna razón de Estado; vamos, porque le da la real gana. Segundo: fuerza el cese del jefe de la Casa de Su Majestad, Fernando Almansa, el desafortunado mensajero. Ciertamente, digámoslo de paso recordando al Caudillo, no hay mal que por bien no venga, pues el cese de Almansa, que llegó a tan alto puesto de la mano de Mario Conde

---

[4] El artículo 57.4 de la Constitución Española señala: «Aquellas personas que teniendo derecho a la sucesión en el trono contrajeran matrimonio contra la expresa prohibición del Rey y de las Cortes Generales, quedarán excluidas en la sucesión a la Corona por sí y sus descendientes.»

y se mantuvo en el mismo de forma increíble durante toda una década, fue una decisión acertada, aunque no eran éstas, obviamente, las razones del Príncipe.

Ambas anécdotas reflejan algún aspecto inquietante de la personalidad del heredero, quien está dotado de otros perfiles más positivos: inteligencia, formación, rapidez de reflejos, saber estar… Más discutibles son, sin embargo, las críticas efectuadas en algunos ambientes, especialmente en los monárquicos, por su noviazgo con Eva Sannum. En cuestiones de amor ajeno, incluso en el terreno de la amistad verdadera, parece aventurado inmiscuirse. De hecho, el heredero había pedido asesoramiento cualificado a los cuatro presidentes de Gobierno que en la democracia han sido, a quienes expuso sus razones: «Yo no soy mi padre. Mi sociedad no es la de mi padre. Mi generación es muy diferente a la de mi padre.» Adolfo Suárez, Leopoldo Calvo Sotelo y José María Aznar le aconsejaron que no siguiera adelante con sus planes matrimoniales. Felipe González se mostró más comprensivo: «Si al Príncipe se le reconoce la capacidad de ejercer la Jefatura del Estado, también se le debe reconocer el derecho a escoger su futura esposa.» Sin embargo, matizó sus palabras posteriormente en el libro que escribió mano a mano con Juan Luis Cebrián, *El futuro no es lo que era*[5]. El dirigente socialista justificó el consejo inicial por su deseo de «aliviar la posible tensión», pero concluyó temiendo que «desde el punto de vista institucional pudiera crear problemas ese matrimonio».

Aquel noviazgo del Príncipe de Asturias fue la piedra de toque de la diferencia generacional mencionada por éste. Puede uno adivinar que los Reyes habían acariciado inicialmente la idea de que el Príncipe se casara con una princesa; debió pesar lo suyo el recuerdo familiar. Don Juan fue proclamado heredero legítimo de Alfonso XIII porque éste forzó a sus dos hermanos mayores, Alfonso

---

[5] Felipe González y Juan Luis Cebrián, *El futuro no es lo que era*, Aguilar, Madrid, 2001.

y Jaime, a renunciar a sus derechos por sendos matrimonios morganáticos; éste fue, al menos, el pretexto oficial, pues el verdadero motivo parece ser la hemofilia del primero y la sordomudez del segundo. Don Juan se curó en salud casándose con María de las Mercedes, sobrina de Alfonso XIII, por quien corría la más pura sangre azul de los Borbones, los Orleáns y los Montpensier; el conde de Barcelona proclamaba con énfasis la boda de su hijo Juan Carlos con la princesa Sofía, que cumplía rigurosamente la célebre pragmática sanción de Carlos III sobre esponsales reales. Los reyes Juan Carlos y Sofía, así como la nobleza y los monárquicos más ortodoxos, tuvieron que rendirse a la evidencia de los nuevos tiempos cuando las infantas se casaron con quienes se casaron, aunque no perdieron la esperanza de una buena boda para el heredero. Juan Balansó llegó a confeccionar una lista de las princesas europeas que cumplían las exigencias de Carlos III. Pronto los Reyes rebajaron sus expectativas a que don Felipe eligiera a una plebeya ideal: buena familia unida, esmerada educación que le permitiera «saber estar» en palacio, a ser posible española, de conducta intachable, muy católica y con una profesión respetable. Pero el Príncipe parecía disfrutar más con los encantos de bellas modelos y espigadas azafatas, hijas de divorciados, no siempre católicas, de conducta desinhibida y que sabían estar muy bien, sobre todo en las discotecas.

Isabel Sartorius representó el primer rompiente en el combate generacional que perdió el heredero estrepitosa y amargamente. Con Eva Sannum, modelo de lencería fina, protestante, hija de honrados divorciados, el Príncipe tiraba nuevamente el guante del desafío. Y parecía a punto de ganar la batalla, contando en esta ocasión con el apoyo de su madre, quien no deseaba enfrentarse de nuevo con el niño de sus ojos; en efecto, se les empieza a ver juntos, viajan en compañía, vigilan la construcción de lo que sería su hogar en el monte de El Pardo…; incluso se filtra que en la Casa de Su Majestad el Rey se han cursado instrucciones para acelerar las obras. Y, de pronto, todo se desvanece: el Rey ha tomado una decisión tajante. Quizás algún día se sabrá qué pasó entre bastidores, qué caracteres, quizás épicos, llegó a adquirir este singular combate entre el Monarca, la Reina y el heredero.

El asunto Eva Sannum, aunque parezca increíble, abrió la caja de Pandora de la monarquía. Por primera vez en más de veinticinco años, una cuestión relativa a la Familia Real dividía a la sociedad española y algunos derivaron el debate sobre el futuro matrimonial del Príncipe en otro sobre la propia institución. El futuro de la monarquía es un tema que, como comentaba Felipe González en el citado libro, intriga, pero del que no se hablaba mucho hasta ese momento; y entonces se hizo «en un contexto enrarecido y bastante oportunista». Para el líder socialista no hay duda: «Se está debilitando el papel de la monarquía y ésta será una cuestión difícil para el próximo presidente, sea de izquierdas o no.» Sannum sí o Sannum no. Nadie parecía ajeno al debate. Los frentes quedaron delimitados entre los partidarios de que el Príncipe se casara con quien quisiera y los que le recordaban su obligación de buscar una esposa que pudiera ser también una buena reina. Había quien estigmatizaba su nórdica nacionalidad proclive al libertinaje, su profesión de modelo, su modesta procedencia social, su religión o el divorcio de sus padres, y quienes ya lanzados lamentaban la mentalidad de quien siempre elige a determinado tipo de chicas que sólo destacan por sus medidas corporales. No faltaron tampoco quienes lamentaron que aristócratas y cortesanos hubieran boicoteado a esta chica tan normal en lugar de seguir el ejemplo de la Casa Real noruega, que finalmente accedió a que el príncipe Haakon se casara con Mette-Marit Tjessem, de vida «salvaje» según propia calificación, a cuyo lado la de su amiga Sannum se asemejaba a la de Teresa de Calcuta.

«La Casa Real ya ha salido mal parada. Hay una graduación intermedia entre casarse con alguien de sangre real o con cualquiera» lamentaba Sabino Fernández Campo, ex jefe de la Casa de Su Majestad, en la Universidad Menéndez Pelayo. «Ni don Manuel Azaña ni don Niceto Alcalá Zamora hicieron tanto por la causa de la República en España como la señorita Eva Sannum», se desmelenaba el periodista Antonio Burgos; José Luis de Vilallonga, un aristócrata

que amenaza constantemente con hacerse republicano, volvió a ame-
nazar con ello si don Felipe —«un niño mimado que no ha dado
golpe en su vida»— se casaba con esa chica, unas palabras que, todo
hay que decirlo, suavizaría más tarde. El Rey se servía de esta pluma,
así como de la de Carlos Seco Serrano en *ABC* —con cuyas tesis
se alineaba también, por libre, Jorge de Esteban en *El Mundo*—,
para enviar mensajes al heredero, lo que fue oficialmente desmentido, como es de rigor, por el vizconde del Castillo de Almansa.
Jaime Peñafiel, cronista real, aseguraba que, por primera vez en
veinticinco años, se estaba cuestionando la monarquía: «Ya se sabía
que había republicanos de corazón, pero es ahora cuando están
empezando a aflorar. La mayor parte de las personas que están de
acuerdo con una posible boda entre el heredero y Eva Sannum se
declaran republicanos.» Otro experto en la materia, Juan Balansó,
expresaba su deseo de que alguien le explicara «cómo unos príncipes tan bien preparados eligen a novias tan poco preparadas». El
diario *La Razón*, fundado y orientado por Luis María Anson, custodio implacable de la Corona, resaltaba las diferencias que sepa-
ran la confesión luterana de la católica, llegando a la conclusión de
que el proceso de conversión «podría durar catorce meses». Me
recordaba cuando Franco se escandalizó de que el príncipe Juan
Carlos quisiera casarse con una hereje. El *ABC*, ya controlado por
el Grupo Correo —hoy Vocento—, fue el más frío. Castigó al heredero sin la portada de rigor con ocasión de la entrega de los premios Príncipe de Asturias y desplegó un editorial donde no se hacía
mención alguna de la novia, pero se impartía ortodoxa doctrina:
«Ni siquiera la legítima búsqueda de la propia felicidad puede pre-
valecer sobre el cumplimiento del deber», concluyendo que «la
Corona nunca puede provocar una división en el seno de la opinión pública».

Hoy, tras el compromiso con Letizia Ortiz, el debate sobre la
monarquía ha vuelto al primer plano de actualidad pero de forma
muy diferente: como un cálido baño de popularidad. Ni su condición plebeya, ni la de divorciada e hija de divorciados, han podido

impedirlo. La sociedad española considera normal estos hechos, pero resulta asombroso que en muy poco tiempo, desde Isabel Sartorius e incluso desde Eva Sannum, lo que parece haber cambiado espectacularmente es la mentalidad o la actitud de la Casa Real. O bien es que han tirado la toalla.

Los noviazgos del Príncipe, como los de las infantas, se sitúan entre lo público y lo privado, o dicho de otra forma, en lo privado de interés público. Es el tributo que debe pagar el joven a la naturaleza simbólica de la institución. «Todos sabemos, aunque no lo digamos, que los Reyes no han casado bien a sus hijas», me decía una persona con acceso a palacio; y añadía: «Ahora le toca al Príncipe de Asturias y eso son palabras mayores.» En efecto, la principal obligación del Rey es la procreación para asegurar su descendencia y no puede uno abstraerse del hecho de que la esposa del heredero será la reina de España y de que, según los avatares de la vida y los preceptos de la Constitución, podría desempeñar la jefatura del Estado como regente hasta que su hijo alcanzara la mayoría de edad. El prestigioso catedrático Jorge de Esteban, que escribe con frecuencia sobre la monarquía, remachaba: «Si el Rey sólo se casa con la Reina, la Reina se casa también con el país que la adopta y se convierte en un símbolo del Estado.» Como sostenía Karl Marx, el acto sexual del Monarca es el acto supremo del Estado. Es una muestra, me comentaba el catedrático de Derecho Constitucional Javier Pérez Royo, de cómo el idealismo acaba en el materialismo más grosero. [6]

El Príncipe prefiere a las mujeres más hermosas y a los amigos más divertidos, lo que es muy humano y difícilmente reprobable. Es lógico, sin embargo, que se generaran algunas suspicacias sobre quienes le rodeaban, sobre las «malas compañías» que amenizaban su soltería pero que podrían comprometer su futuro. Por otro lado, preocupaban los criterios selectivos de don Felipe, que parecían

---

[6] Véase entrevista con Javier Pérez Royo al final del libro.

mostrarnos una mentalidad un tanto frívola. Pocos amigos del alma le han quedado al Príncipe de la universidad, quienes podrían haber sido los más convenientes. En su día se aplaudió, como un hecho de honda trascendencia democrática, que Felipe asistiera a la universidad, concretamente a la Autónoma de Madrid, a estudiar Derecho «como un alumno más». Aunque, desgraciadamente, el acceso a la universidad no es todavía todo lo general que la justicia demanda, lo cierto es que a ella acuden muchachos de todas las clases sociales y de las más diversas procedencias, y representa un buen mosaico de la sociedad española. Sin embargo, don Felipe no aprovechó esta cantera para reclutar amistades «de provecho»; sólo se menciona a un joven llamado Alfonso Ruiz. Tampoco le han quedado demasiados amigos de las academias militares.

Los que ahora gozan de su confianza proceden en su mayoría de la infancia; muchos de ellos del colegio Santa María de los Rosales, al que debo dedicar por tanto una atención algo más detallada. Es éste un centro levemente elitista, aunque no escandalosamente exclusivo, donde había que pagar en 1972, cuando ingresó Felipe, 20.000 pesetas al mes de las de entonces, si bien no era el pago de esta cantidad el único criterio selectivo. Allí recibió el pequeño Príncipe, de cuatro años de edad, sus primeras letras y sus primeros números, y allí permaneció hasta los dieciséis en compañía de amiguitos de la aristocracia y de la alta burguesía que son hoy su vieja guardia. Los Rosales fue fundado en 1962, el año de la boda de don Juan Carlos y doña Sofía, por un grupo de amigos a los que no es difícil encontrar un denominador común: monárquicos, alguno de ellos del Consejo Privado de don Juan, pero que en aquella fecha todavía no habían tenido que optar entre padre e hijo, pues recuérdese que don Juan Carlos fue nombrado sucesor de Franco en julio de 1969.

Destacaban personajes que habían desempeñado altos cargos con Franco en los primeros años del régimen y conocidos aristócratas con dinero, principalmente banqueros. Brillaban entre los promotores Pedro Gamero del Castillo, de adscripción monárquica, ministro sin cartera de 1939 a 1941 en el segundo Gobierno de Franco y empresario; Alfonso García Valdecasas, fundador de Falange Española y coautor de su himno, el *Cara al sol*, que fue subsecretario de Educación Nacional en el primer Gobierno de Franco con Pedro Sainz Rodríguez de ministro, académico de la Española en 1965, presidente en 1974 de la Academia de Ciencias Morales y Políticas, y secretario del Consejo Privado de don Juan; Jesús Pabón, profesor de don Juan Carlos, miembro importante del Consejo de don Juan y delegado ejecutivo de éste en 1964; entre los aristócratas aparecían el conde de Bugallal y el duque del Infantado; entre los banqueros monárquicos, José Antonio Muñoz Rojas, poeta de la generación del 36, quien fue vicepresidente del Banco Urquijo y director de su Servicio de Estudios; el marqués de Aledo, presidente del Banco Herrero; Juan Herrera, marqués de Viesca de la Sierra, de las grandes familias tradicionales de Banesto y ex presidente de la petrolera Petromed; aparecen también en el accionariado Juan José López Ibor, Gregorio Marañón Moya, Pío Cabanillas, Jaime Carvajal y Urquijo, además de otros que se incorporaron posteriormente.

Era, pues, un colegio conservador-liberal, mixto, lo que ya en sí mismo era considerado en la época «progre», aunque no laico como se ha llegado a decir; no era ciertamente un «colegio de curas» pero dedicaba una gran atención a la enseñanza y la práctica religiosas, lo que no era incompatible con la divulgación de escritores y poetas impronunciables en los demás colegios de la época. Situado en Aravaca, a unos pasos de La Zarzuela, era el centro adecuado para la educación del Príncipe; en él se había educado el infante Alfonso, hermano del rey Juan Carlos, muerto trágicamente cuando éste manejaba, como un juego, una pistola que suponía descargada. Muchos monárquicos de corazón y algunos arribistas vieron la oportunidad de que sus hijos estudiaran con el futuro monarca. De la cuota de Los Rosales, cruzada con los hijos de los amigos de papá, proceden, con vinculación amistosa muy intensa, Álvaro y Enrique *Ricky* Fuster, hijos de Ricardo Fuster, ya fallecido, que fue presidente en España de la McDonnell Douglas, dueño de una empresa de exportación de armamento, Caesa, y muy amigo de los Reyes. Álvaro y Ricky fueron muy fotografiados en la despedida de solteros de Alejandro Agag y Ana Aznar. Ricky, algo mayor que el Príncipe, tiene ahora cuarenta años, fue su predecesor en el noviazgo con Isabel Sartorius, ha sido el mejor amigo de Felipe y, según publicó la revista *Lecturas*, alojaba en su casa a Eva Sannum cuando venía a Madrid. Posteriormente parece que el heredero se ha aficionado más a su hermano Álvaro, que es de su misma edad.

El pelotón de los alevines empresariales amigos de los Reyes es muy amplio: Francisco de Borja Prado Eulate, hijo del *alter ego* de los negocios del Rey, Manuel Prado y Colón de Carvajal; Lorenzo Caprile, hijo de otro empresario polémico, Mario Caprile, quien fuera presidente de Femsa —industria eléctrica nacida en los tiempos de la autarquía—, que después se haría con el control de Huarte, que quebraría, y Caprile sería condenado por los tribunales de justicia; las hijas del fallecido empresario Eugenio Espinosa de los Monteros y de Piedad Rosillo: Piedad —casada con el archiduque Andrés Salvador de Habsburgo Lorena—, Tatiana y Leticia, esta última dama de compañía de la infanta Elena, con quien vivió en París; los hermanos Victoria, Ana y Jaime Carvajal, hijos de Jaime Carvajal y Urquijo, presidente de Ford, marqués de Isasi y amigo de la infancia de don Juan Carlos; Victoria Carvajal, *Vicky*, que fue la primera novia de Felipe; los primos de éstos, Francisco y Juan Carvajal; José Miguel Lladó, hijo de José Lladó y Fernández-Urrutia, importante empresario dos veces ministro, de Comercio y de Transportes; y Bibiana Fierro, familia de fuerte tradición industrial, minera y bancaria. Otros hijos de los papás amigos de papá son Pelayo, hijo de Miguel Primo de Rivera, sobrino del fundador de la Falange y consejero nacional del Movimiento, que desempeñó un papel muy importante en la designación de don Juan Carlos como sucesor de Franco a título de Rey; y los niños de Simeón de Bulgaria, casado con Margarita Gómez-Acebo, que son amigos íntimos del Príncipe como sus padres lo son de los Reyes; Simeón ha acompañado al Rey en cacerías de todo tipo.

Con ayuda de José Apezarena [7], Ismael Fuente y su libro ya citado, Ricardo Parrota [8] y las revistas *Época* —su célebre lista de los que tenían acceso a La Zarzuela—, *Tiempo* y *El Siglo*, intentaré dar una nómina lo más completa posible de las amistades del Príncipe, no sin manifestar mi sensación de la existencia de lagunas dada la opacidad oficial. Portavoces de la Casa de Su Majestad el Rey se limitaron a señalarme la privacidad de tales amistades y lamentar el hecho de que en la prensa sólo aparecieran fotos del Príncipe acompañado por gente de la *jet*. Mencionaré, pues, a quienes han ido apareciendo en los periódicos y en los libros para añadir a los que acabo de nombrar: José (Pepe) Barroso, Don Algodón, cuyos negocios van desde el mundo de la moda al de la música (es dueño de Don Algodón, nombre por el que también se le conoce, y la casa discográfica Pepe's Records), es amigo también de las infantas y un habitual en las celebraciones familiares de los hijos del Rey, ya sean bodas, bautizos o despedidas de soltero; Javier Merino, alma máter de la agencia de Modelos Magic, para la que trabajó Eva Sannum, y actualmente casado con Mar Flores; Juan Antonio Jiménez Izquierdo, buen compañero para el golf y el squash; Miguel Goizueta, lo mismo para el paddle-tenis; Alfredo Vázquez y Fernando León, asiduos a las regatas; Álvaro Marichalar, un personaje aún más polémico que su hermano Jaime; los hijos de los duques de Wurtemberg; los primos Pablo, Alexia y Nicolás, hijos de Constantino, ex rey de Grecia, habituales en las revistas del corazón (la mujer de Pablo, Marie Chantal-Miller, es hija de un millonario estadounidense y una cara guapa que luce como nadie el *prêt-à-porter* de los grandes diseñadores); los príncipes Kubrat, Konstantin y Kyril, cuyas esposas, respectivamente, son Carla Royo-Villanova, colaboradora de *Telva* y nieta de Segis-

mundo Royo Villanova, antiguo profesor del Rey; María de la Rasi-
lla y la mallorquina Rosario Nadal, una de las habituales en las tra-
vesías del yate del diseñador Valentino y comensal fijo de la famosa
cena en el restaurante Sa Cranca de Palma de Mallorca en la que
coincidieron Felipe de Borbón y la actriz norteamericana Gwyneth
Paltrow; Ana Pérez Lorente y Rocío Peláez, compañeras de la infanta
Elena en el Colegio de Santa María del Camino; Rita Allendesala-
zar; los hermanos Alicia y Rodrigo Moreno y de Borbón, hijos del
marqués de Laula, Íñigo Moreno de Arteaga, y de la princesa de las
Dos Sicilias Teresa de Borbón; Marta Carrancio, hija del oftalmó-
logo Flavio Carrancio y compañera de estudios de la infanta Cristina; Natali Azcarreta, María Fernández Mayo y Myriam Fontaneda;
Isabel Olazábal Churruca, amiga de Cristina y azafata de congre-
sos; Rodrigo Quintero; Gemma Ruiz de Velasco; Javier López-
Madrid, quien, con chalé en Puerta Hierro y finca en Peñaranda de
Bracamonte, ha proporcionado espléndida hospitalidad a Isabel Sartorius y a las modelos Gigi Howard y Eva Sannum; Pablo Hohen-
loe, hijo de la duquesa de Segorbe; Joaquín Fernández de Córdoba,
hijo del duque de Arión; Belén y Blanca Domecq; Sol Bohórquez
y Balme Toledo; Gabriela Sebastián de Erice... Éstos son, entre otros
jóvenes menos conocidos de buenas casas —algunos «de alta cuna
y de baja cama», que cantaría Cecilia—, chicos de la *jet set*, príncipes de las discotecas, que proporcionaban al Príncipe un acceso
cómodo a bellas muchachas.

Demasiados nombres y escasas claves para permitir una ponde-
ración fiable de intimidad, de las «horas-Príncipe» que disfruta cada
cortesano; faltan fechas y una actualización exigente; e incluso
pudiera ocurrir que entre tantas amistades aparentes se escondiera
alguna inamistad profunda, como la que en algún tiempo aparen-
tara Felipe ante uno de sus más íntimos, Fernando Arión. Si la longitud de la lista camufla las influencias más profundas —él asegura
que no tiene «mejores amigos»—, al menos permite sacar algunas
conclusiones sobre tipos y arquetipos que le rodean, le jalean y tienen el privilegio de llamarle Felipe a secas. Hay suficiente masa crí-

tica para que los sociólogos trabajen. «La primera impresión que uno obtiene —me decía un historiador que no desea que indique su nombre— es que son amistades de cuarta.» Manuel Vicent, quien puede presumir, aunque no lo haga, de sociólogo, periodista y escritor, los llama «endogamia de amigos pijos», lo que no le impide presentar una visión positiva del Príncipe: «Aunque recriado en una endogamia de amigos pijos capaces de llevar vaqueros planchados y zapatos de tafilete con dos borlitas, al menos nos ha concedido el honor de no verle rodeado de toreros y riendo las gracias de flamencos, mozos de espada y picadores. Ha ensayado una imagen de príncipe ecologista que le sienta muy bien. No se le conoce una afición desmedida a llenar de plomo la barriga de los ciervos. Exhibe el talento discreto, tímido o reservado de quien sabe el riesgo que corre si comete un error. Se dice que los Borbones no aprenden nada pero no olvidan nada. El príncipe Felipe da la sensación de haber aprendido algo esencial: que hoy en España el Rey legitima su figura cada día con sus actos.»

Javier Marías, uno de los escritores españoles más internacionales, escribe el reverso de la medalla: «El Príncipe tiene muchas cualidades. Sin embargo, reconozco que a medida que pasa el tiempo me estoy volviendo más "juancarlista" y menos monárquico... El Príncipe debería cambiar de amistades... Se mueve en ambientes demasiado "pijos". No digo que se tenga que rodear de intelectuales, pero sí de gente normal. Don Felipe debería grabarse a fuego que, antes de los privilegios, están los deberes. El pueblo no le va a regalar nada. Al pueblo se lo tendrá que ganar a pulso, como hizo y lo está haciendo su padre.»

¿Abusan los amigos del Príncipe o el Príncipe se sirve de ellos? Felipe, seguro y suficiente, afirmó en cierta ocasión: «Soy y me siento absolutamente libre para elegir amistades», presume de calar al oportunista que se le acerca para aprovecharse. Así se lo sentenció a Ismael Fuente: «A los amigos interesados se les ve enseguida. Pero son ellos los que terminan marchándose cuando se dan cuenta de que por ese camino no tienen nada que hacer conmigo.» Pero no se marchan, lo que parece indicar que el Príncipe no necesita defenderse de las malas compañías, que éste es el tipo de compañeros que desea.

Desde esta perspectiva «legitimista» o meramente hedonista, no es de extrañar que Felipe de Borbón Schlewig-Holstein no se esfuerce en relacionarse con gente de los distintos segmentos de la sociedad española; le faltan tiempo y energías para encontrarse con trabajadores y empresarios (más allá de Don Algodón o Merino); con estudiantes y profesores; con sindicalistas y políticos; con socialistas y populares; con rojos, blancos y verdes; con médicos, enfermeras y celadores; con artistas e investigadores; con jóvenes y ancianos; con pensionistas y semipensionistas; en definitiva, no parece tener tiempo para que podamos compartir democráticamente el símbolo que es. Le sería muy útil y ganaría puntos si hiciera como José Bono, el caudillo de La Mancha en su feudo, imbatible en su comunidad porque se patea la región casa por casa y vecino a vecino; y como ha hecho durante toda su vida política Jordi Pujol, lo que habrá contribuido a su permanencia en el poder a lo largo de un cuarto de siglo. Sería el Príncipe más popular si visitara los barrios populares, si se le viera en un cine o en los mercadillos de los distintos pueblos de España, si practicara catas significativas de su reino, que es de este mundo. Una laguna importante es la de no haberse aplicado a estudiar a fondo las lenguas de España. Hace viajes «institucionales», ciertamente, pero de acuerdo con unos programas que parecen estudiados para que el Príncipe no se roce con su pueblo y sólo perciba el peloteo de las mal llamadas «fuerzas vivas». El tramo del camino de Santiago que le seleccionaron para que peregrinase durante un kilómetro y cuesta abajo merecería los honores de una buena película al estilo de La corte del faraón, de José Luis García Sánchez.

No es extraño que el Rey esté preocupado por su hijo como abiertamente reconoce; las relaciones de ambos son ahora difíciles. Parece que en una ocasión en la que el Monarca se atrevió a hacer algún reproche sobre la agitada vida amorosa de don Felipe, éste tenía la respuesta a punto: «Yo al fin y al cabo soy soltero, pero lo que no hay derecho es a lo que tú haces.» O algo así, pues evidentemente no estaba yo presente y la anécdota me ha llegado de segunda mano, de una persona con la que el Rey se desahoga de vez en cuando.

Según cierta información que nunca había trascendido y que procede de una fuente segura, hubo un momento, sin embargo, en el que el Príncipe se plantó ante el Rey con toda razón, mostrando la correcta forma de entender sus obligaciones constitucionales. Personas muy sensatas en las que don Juan Carlos confía a pie juntillas le habían calentado la cabeza sobre la conveniencia de que el Príncipe se pusiera a trabajar; a trabajar en serio, con un horario establecido. El Monarca recabó sugerencias a unos y otros sobre el tipo de trabajo más adecuado y obtuvo respuestas que coincidían en que podría ser útil una ocupación de contenido internacional. Al Rey se le encendió la bombilla y dijo: «Ya está: que vaya a trabajar al Real Instituto Elcano de Estudios Internacionales y Estratégicos.» [9]

Con esta idea en la cabeza, el Rey llamó a capítulo a su hijo. Cuál no sería su sorpresa al toparse con una frontal negativa justificada por una argumentación impecable: «El Príncipe no debe trabajar en una fundación tan sesgada políticamente hacia el Partido Popular. El Príncipe de Asturias sólo puede comprometerse con instituciones, aceptadas por todos en razón de su apoliticismo o su carácter suprapartidario, donde esté garantizado el pluralismo político interno o bien en aquellas que persigan fines sociales o humanitarios.» El Rey se quedó boquiabierto, pues sabida es su amistad con el presidente del Instituto Elcano. Eduardo Serra, que fue ministro de Defensa, es la cabeza del *lobby* que presiona a favor de la importación de material militar americano, una opción que apoya

---

[9]. El Real Instituto Elcano de Estudios Internacionales y Estratégicos ha sido el *think tank* más importante a favor de la intervención de EE.UU. en la guerra de Iraq. Funciona como un *lobby* atlantista, está patrocinado por grandes empresas españolas y gestiona los «retornos» —pedidos a estas empresas como compensación de las importaciones españolas de armamento.

plenamente el Rey. Ante la negativa rotunda del Príncipe, don Juan Carlos tuvo que envainarse el sable, aunque salvó su autoridad pidiendo a su hijo que aceptara una menos comprometida presidencia de honor que esta fundación comparte con otras instituciones. No se podía negar esta consideración a una entidad bautizada con el nombre prestigioso, pero un tanto impropio, de «Real Instituto Elcano».

La ocupación del Príncipe de Asturias es de la mayor importancia. La Constitución no le asigna función alguna quizás con el propósito de no generar algún tipo de bicefalia entre el Rey y el heredero, ya que cualquier función que se le asignara podría plantear confusiones respecto a la competencia de cada uno de ellos. Sólo se refiere al Príncipe en tres artículos: para legitimar sus títulos (56.2), para prestar juramento a la Constitución y fidelidad al Rey al alcanzar la mayoría de edad (61.2), y para ejercer la regencia en caso e inhabilitación del Rey (59.2). Por cierto, no dice nada sobre una hipotética inhabilitación del Príncipe. Sin embargo, el heredero realiza viajes oficiales, se entrevista con jefes de Estado y de Gobierno, ministros, personalidades y políticos de países extranjeros, mantiene conversaciones con autoridades nacionales y autonómicas, pronuncia discursos, preside reuniones de organismos oficiales... Cabe preguntarse qué representación ostenta y cuál puede ser su responsabilidad al no recibir la cobertura del refrendo de sus actos; el refrendo de los actos del Rey por parte de un ministro, el presidente del Gobierno o el presidente del Congreso de los Diputados es justamente lo que hace al Rey irresponsable e inviolable. ¿Es entonces violable el Príncipe? ¿Puede don Felipe ser llevado ante los tribunales? ¿Puede ser censurado por el Parlamento o por el Gobierno si no cumple con diligencia las misiones que se le encomiendan en sus viajes oficiales como «representante de España»? Son interrogantes no resueltos legalmente. La Ley de Enjuiciamiento Criminal (artículo 411) exime al Príncipe heredero, así como a la Reina, de la obligación de declarar como testigo, exceptuando a estos personajes del principio de la igualdad de todos los ciudadanos ante la ley.

Fernando Santaolalla, letrado de las Cortes y profesor de Derecho Constitucional, que confiesa sus dudas, se inclina por la inviolabilidad del Príncipe: «Las mismas razones que abonan la inviolabilidad del Rey pueden comprenderse *servata distantia* en sus inmediatos sucesores familiares. Si se quiere evitar la tensión que soportaría el Estado al ver al Monarca sufrir alguna de las vicisitudes procesales a las que están sujetas los miembros del común, esta misma exigencia, bien que rebajada, se presentaría si esas vicisitudes afectasen al Príncipe de Asturias.» Sí, pero ¿qué ocurriría si el Príncipe cometiera un delito? ¿Tendría plena impunidad? La solución de Santaolalla no puede ser más profesoral: «Lo propio sería que la persona afectada asuma voluntariamente su responsabilidad, despojándose de su condición oficial, y permitiendo así que su conducta no empañe a la Corona.» [10]

Algunos catedráticos de Derecho Político y Constitucional apuestan por una norma general, una especie de Estatuto que confiera cobertura legal a la actividad pública de Felipe e incluso a la de otros miembros de la Familia Real. Otros se decantan por dejar las cosas como están, ya que hasta ahora todo ha funcionado. Entre ellos se encuentra la propia reina Sofía, que en sus declaraciones a Pilar Urbano se alegraba de su inexistencia: «No digo que alguien no haya pensado redactarlo alguna vez (...) pero no hace falta escribirlo. Yo entiendo cuál es: todo lo que yo haga tiene que ser en beneficio de mi país.» [11] En la misma dirección se manifestaba Javier Pérez Royo en unas declaraciones a la revista *El Siglo*: «Aunque no se hable de funciones, hará lo que razonablemente él considere junto a su padre, el Rey.» El catedrático sevillano no cree necesario que exista

---

[10]   Fernando Santaolalla López en las VII Jornadas de Derecho Parlamentario. Publicaciones del Congreso de los Diputados.

[11]   Pilar Urbano, *op. cit.*

un estatuto que regule su figura y funciones. «Está perfectamente resuelto en la Constitución. La Corona es un órgano pero no un poder del Estado, y por ello el Rey, normativamente, tiene prohibido todo. Sólo ejerce funciones honoríficas. A raíz de la posible boda del Príncipe han surgido problemas inexistentes. El debate nunca debería haber saltado a la Constitución.» Desde luego, el heredero no es ni un poder ni un órgano del Estado. Ni siquiera un «vicerrey», según la interpretación que hiciera Fidel Castro del papel del Príncipe, cuando preguntó a don Juan Carlos: «¿Y este hijo tuyo tan rubio y tan guapo, qué es, una especie de vicerrey?»

En el mismo partido antiestatutario se enrola Fernando Santaolalla, esgrimiendo los mismos argumentos que la Reina: si no hemos echado de menos el Estatuto en veinticinco años, ¿cómo sabríamos qué problemas arreglar con una nueva ley? «De otra parte —cavila sensatamente el letrado de las Cortes—, la regulación tendría que vérselas con algo tan intratable como el vacío; no existiendo funciones del Príncipe de Asturias, no constituyendo un órgano en sentido estricto, no se adivina qué podría hacer esa ley sino, a lo mejor, realizar unas declaraciones tan enfáticas como probablemente huecas. Y un intento de forzar las categorías constitucionales, innovando funciones para el Príncipe, podría saldarse con una ley inconstitucional.» En general los expertos, y entre ellos Santaolalla, acuden al derecho consuetudinario, a la máxima «el uso hace la costumbre», para explicarlo.

¿Necesita entonces Su Alteza una Casa, con mayúscula —la casa con minúscula ya se la han construido—, independiente o como anexo a la de Su Majestad el Rey? En principio no parece ni razonable ni prudente. No es razonable porque no hay contenido para ello; la ley de la burocracia prescribe que todo organismo nuevo genera fulminantemente una formidable agitación, por lo general innecesaria, así como multitud de funcionarios e ingente gasto público. Y no es prudente porque generaría disfunciones con la Casa grande, así como una nueva corte y nuevos cortejos y cortijos. En la Casa de Su Majestad el Rey ya existe una Secretaría de Su Alteza Real el Prín-

cipe de Asturias, ampliable con menor gasto. Javier Cremades, catedrático de Derecho Constitucional, es de esta misma opinión. [12]

Esta Secretaría está dirigida por un secretario leal y discreto,
Jaime Alfonsín, que lleva más de siete años trabajando a sus órdenes con callada eficacia. Es un completo desconocido, por lo que
quizás sea útil proporcionar al lector algunas pinceladas sobre el
mismo. Este gallego de Lugo, nacido en 1956, ocupa la jefatura de
la Secretaría del Príncipe desde que el Rey decidió organizarla a
principios de 1996 elevando la categoría de lo que hasta entonces
sólo era una oficina de apoyo. Alfonsín, algo infrecuente en Palacio,
no es ni militar ni diplomático: es un abogado del Estado que, tras
distintos desempeños en la Administración Pública, trabajaba cuando
fue reclutado por el Rey en el prestigioso bufete Uría y Menéndez, tarea que compatibilizaba con la labor docente en la Universidad Autónoma de Madrid y en ICADE. Parece que al Rey se lo
recomendó Aurelio Menéndez, el socio del aludido bufete, quien
fue director del programa de estudios del heredero en la Universidad Autónoma y premio Príncipe de Asturias.

Jaime Alfonsín es el personaje más próximo al heredero; es su
sombra, como en su infancia y juventud lo fuera el entonces
teniente coronel de Infantería de Marina, José Antonio Alcina, su
ayudante de campo durante sus estudios entre 1982 y 1993, y oca-
sionalmente su profesor de apoyo en matemáticas, asignatura que
nunca fue el fuerte de Felipe. Alcina había sido de hecho profesor,
ayudante, consejero y tutor del Príncipe hasta que, dos años antes
del reclutamiento de Alfonsín, fuera nombrado, ya general, segundo
jefe del Cuarto Militar del Rey. Se comprende que Alcina no viera
con buenos ojos que un joven civil de treinta y nueve años asu-
miera la máxima responsabilidad respecto al Príncipe. Tampoco
Fernando Almansa le facilitó la vida. El jefe de la Casa de Su Majestad el Rey llevaba casi dos años en el puesto y no le hacía ninguna

---

[12] Javier Cremades, *op. cit.*

gracia la creación de una Secretaría del Príncipe que, aunque orgánicamente dependiera de él, le restaría poder, aunque no precisamente protagonismo. A Almansa le gustaba figurar tanto como a Alfonsín pasar desapercibido; es un experto en hacerse invisible, una virtud que no complace precisamente a los profesionales de la prensa. Un periodista se quejaba amargamente: «Si pudiéramos contrastar nuestras informaciones con él quizás no diríamos las tonterías que a veces decimos. Alfonsín es igual que el Príncipe, hermético.» Y el veterano Jaime Peñafiel remachaba el mismo clavo: «No hay manera de confirmar una noticia del Príncipe. La Secretaría nunca tiene nada que decir. Por más que he llamado nunca he logrado que Alfonsín se ponga al teléfono.» El secretario se ha ganado la total confianza y confidencias del heredero. Era el único que en la Casa estaba al tanto, minuto a minuto, del asunto Sannum, lo que fue otra causa de conflicto con Almansa, quien tuvo que zanjar definitivamente el noviazgo de la forma que he relatado. Alfonsín estuvo durante toda la evolución de este delicado asunto apoyando a Su Alteza Real.

La casa, con minúscula, del Príncipe heredero no es pequeña. Construida a un kilómetro de La Zarzuela y dentro del recinto de seguridad del monte de El Pardo, ocupa una extensión de 5.000 metros cuadrados distribuidos en cuatro plantas. La mansión fue diseñada por el arquitecto Manuel del Río, director del Patrimonio Arquitectónico e Inmuebles del Patrimonio Nacional, quien ha explicado a la prensa su distribución funcional: en el subsuelo, las cocinas y las estancias para el servicio. Los salones previstos para fiestas y recepciones ocupan la mayor parte de la primera planta y es en el tercer piso y en el ático donde el Príncipe heredero dispondrá de sus estancias privadas y cinco dormitorios adicionales. Entre los extras de la nueva vivienda se encuentran una bañera jacuzzi y un completo gimnasio. El coste de la edificación alcanza, según se ha informado oficialmente como respuesta a una pregunta parlamentaria, los 705 millones de pesetas, sin incluir, naturalmente, el precio del suelo, que es lo más oneroso en cualquier residencia. El dinero sale del Patrimonio Nacional, que lo incluyó en los Presupuestos Generales de 2000 y, por tanto, no afecta a la «lista civil» o transferencia que el Rey recibe de los Presupuestos Generales del Estado para el sostenimiento de su real Casa y de su familia. A dicha cantidad hay que añadir la decoración —unos 200 millones de pesetas— y los muebles, a lo que deben sumarse los gastos ocasionados por el abastecimiento y mantenimiento de una mansión de semejante categoría. La casa y la finca en la que está cimentada no son ciertamente venales sino propiedad del Patrimonio Nacional. Ello no ha restado críticas de la ciudadanía, especialmente de los jóvenes que sufren las crueles consecuencias de un mercado inmobiliario en ascenso libre.

El Príncipe ejerce un oficio dificilísimo. Su función es la de esperar, la de prepararse para cuando se cumplan las previsiones sucesorias, y ahora los Reyes, como todo el mundo, viven muchos años. A no ser que abdique o que le abdiquen. Ya hubo una operación en ese sentido, una especie de «Operación Hijo» que, salvando las distancias, enfrentó durante el franquismo a los partidarios de don Juan y de don Juan Carlos. La nueva «Operación Hijo» fue una intriga capitaneada, como la anterior, por Luis María Anson, cuando saltaron los escándalos Conde y Prado y Colón de Carvajal, aunque con la diferencia de que ahora el célebre periodista y académico forma parte del partido «hijista».

Hoy en día se dan más suspicacias respecto al Príncipe que en relación con el Rey. Un amigo suyo de la juventud me confió que el Rey acariciaba la idea de la abdicación en el sentido contrario al planeado por Anson: para salvar al Príncipe y con él a la monarquía; una abdicación controlada y, en cierta medida, limitada, cuando el Rey cumpla los setenta años y el Príncipe los cuarenta, manteniéndose el padre en vela como tutor. Al parecer así se lo hizo saber don Juan Carlos a la reina de Inglaterra ante el estupor de ésta, para quien no parece que tenga sentido el verbo abdicar. Otras personas que conocen muy bien al Monarca opinan —alguno, incluso, está dispuesto a jurarlo— que jamás abdicará, que morirá con las botas puestas. Joaquín Bardavío me contestó la pregunta de forma castiza: «El Rey es muy moderado con el alcohol, pero hay quien dice que eso, ni *jarto* de vino.»

El momento de la sucesión será la prueba de fuego de la consolidación monárquica. La responsabilidad del heredero es, pues, abrumadora. La primera gran prueba, la del matrimonio, parece felizmente resuelta a sus treinta y cinco años, una edad más tardía de lo habitual pero con precedentes en la familia: su abuelo griego, el rey Pablo, se casó con treinta y siete o treinta y ocho años, y fue muy feliz con la reina Federica. La gran cuestión ahora es ganarse a la gente, recuperar el cariño popular. Él confía en el «fondo de comercio» que ha acumulado su padre, pero al mismo tiempo quiere marcar su personalidad y aplicar una mentalidad más propia de su generación. Joaquín Bardavío confía en la inercia, la inercia de los pueblos satisfechos: «Qué duda cabe que al Príncipe le acompaña su figura, que sea alto, muy guapo y el garbo que tiene. A la gente le gusta que los represente. Necesita ídolos, nos americanizamos cada vez más. Eso de que sea más tieso, más tirante, lo podemos apreciar muy pocos, los que tienen algún acceso a ellos, una minoría que no cuenta.» [13]

---

[13] Véase entrevista al final del libro.

Capítulo XV

CONSOLIDADA, POR EL MOMENTO

¿Está consolidada definitivamente la monarquía en España? Mi conclusión personal es: sí, por el momento. Las respuestas obtenidas en mi encuesta, las de quienes han aceptado expresar su opinión abiertamente, con su nombre y apellidos, son también positivas. Pudiera ser significativo que quienes han mostrado sus reservas, o han contestado negativamente, optaran por el *off the record*. Tales precauciones al abordar este asunto, tan exagerados miramientos periodísticos en la información y en la crítica sobre la Corona, próximos a la autocensura, tras veintiocho años de monarquía y veinticinco de monarquía parlamentaria, indican que el tema sigue siendo tabú. Veo en todo este cúmulo de reservas, a veces demasiado obsequiosas, dos noticias, una buena y otra mala. Empecemos por la mala: existe un amplio convencimiento de que la institución es todavía vulnerable; la buena noticia es que hay un empeño no menos amplio de que se asiente, de que se consolide de una vez por todas. Hasta que no veamos al rey Juan Carlos, a la reina Sofía, al príncipe Felipe, a las infantas, y a Marichalar y Urdangarín en los guiñoles, como aparece la Casa Real en los muñecos de la televisión británica, la Corona no se debe sentir segura.

La monarquía no es en este país, como en el Reino Unido, un fenómeno tan natural como el clima, según la observación de Miguel Herrero de Miñón, uno de los escasos monárquicos de corazón que me he encontrado en la derecha. En España, a diferencia de los otros reinos europeos, es el Rey, don Juan Carlos, el sostén, la justificación y la razón de ser de la institución, y no la institución la que dota de carisma y legitimidad al Monarca. En España no brillan aparentemente las convicciones monárquicas, pero tampoco se percibe, por el momento, el menor interés por cambiar la forma de Estado. No es por ahora una cuestión central en el debate político. Podría decirse que su destino dependerá, en buena medida, de que no reparemos demasiado en ella. Es todavía planta de invernadero, una rara especie protegida, de la que sólo parece ocuparse con fruición la prensa del corazón. Los Reyes son muy populares. Son simpáticos y hacen muy bien su trabajo. No he visto en el catálogo del Centro de Investigaciones Sociológicas encuestas sobre la monarquía ni sobre quienes la encarnan. No sé si no las hacen o si no las publican, pero estoy convencido de que la Corona obtendría una alta valoración. Sin embargo, no parecería prudente que los Reyes se durmieran en los laureles pues, como recordó Sabino Fernández Campo en presencia de la Familia Real, la máxima popularidad puede trocarse rápidamente en profunda impopularidad. Y si no que se lo digan a Fernando VII, a Isabel II o a Alfonso XIII.

Hoy predomina en el imaginario colectivo que Juan Carlos I, probablemente el mejor monarca de la era contemporánea, liquidó hábil y pacíficamente el régimen de Franco, y que el 23 de febrero de 1981 nos salvó de una involución probablemente sangrienta que habría provocado graves secuelas económicas, sociales y políticas como efecto de la marginación en que nos hubiera situado el triunfo de tan atrabiliaria intentona. Fracasado el golpe, los conspiradores lo dejaron claro: «La próxima vez no será con el Rey sino contra el Rey.» Éste es su mérito y su legitimidad. Posteriormente, el Monarca parece haberse relajado excesivamente, se ha dejado llevar por amigos impresentables, ha abandonado la prudencia en los negocios y su estilo característico alejado de la ostentación, de la frivolidad y del lujo.

Los primeros noventa han sido sus *anni horribiles*: han saltado escándalos como el del banquero y confidente del Rey, Mario Conde; el de su mejor amigo, administrador privado, Manuel Prado y Colón de Carvajal; y el de los chantajes de Javier de la Rosa, que han puesto en evidencia, por lo menos, la escasa mano del Monarca a la hora de hacerse amigos. Los citados personajes que aparecen imprudentemente ligados a don Juan Carlos, junto a Alberto Cortina y Alberto Alcocer, los Albertos, compañeros del Rey en todo tipo de cacerías, han terminado en la cárcel o se aproximan a ella. El último amigo de los Reyes que ha condenado la justicia es Mario Caprile, cuya esposa hacía funciones similares a las que en la vieja monarquía ejercían las damas de la corte. Caprile ha sido condenado por apropiación indebida a dos años de cárcel por la Audiencia Nacional el mes de julio de 2003 debido a sus responsabilidades en la quiebra de la constructora Huarte.

Por otro lado, el ostentoso yate real, *Fortuna*, pagado a escote por determinados empresarios, y otros regalos comprometedores de coches fabulosos y motos portentosas, así como el patrocinio de sus actividades deportivas, que han convertido al Rey, al Príncipe de Asturias y a las infantas, en personas anuncio, están generando una nueva imagen del Rey alejada de la que se había ganado como rey-ciudadano. A todo ello hay que unir una similar deriva de la imagen del Príncipe heredero.

Todos estos pecados, que pudieran costarle el puesto a otro jefe de Estado, no han trascendido, para fortuna de la Corona, más allá de una minoría informada. La Familia Real se ha beneficiado hasta ahora de la complicidad social y del deseo de la gente de que la monarquía se asiente, conjurando así la aparición de nuevos focos de inestabilidad. Pero no sería prudente abusar de la suerte y de la benevolencia cívica. Así parece haberlo comprendido finalmente la Familia Real. Durante el verano de 2003, cuando escribo estas líneas, los Reyes han pasado desapercibidos durante su estancia en Mallorca, convertida desde hace algún tiempo en la corte de la *jet set*, la ostentación y la *dolce vita*. Por otro lado, las televisiones públicas y privadas parecen haber llegado a un acuerdo para alejar a la Familia Real de las crónicas mundanas.

Esperemos que haya sido este verano el inicio de la rectificación. Si es así, habría que esperar también otras decisiones que serían muy bien acogidas, como trocar la opacidad que rodea la gestión de la Casa de Su Majestad el Rey, por la mayor transparencia. No hay razón para que siga haciendo una interpretación restrictiva del artículo 65.1 de la Constitución, que le autoriza a gestionar como desee el presupuesto de su Casa: «El Rey recibe de los Presupuestos del Estado una cantidad global para el sostenimiento de su familia y Casa, y distribuye libremente la misma.» La libertad que le atribuye la norma fundamental no está reñida con la explicación minuciosa sobre el destino de tales fondos que salen de los bolsillos de los ciudadanos, tal como hacen las demás casas reales europeas y tal como hacían los antepasados de Juan Carlos I. Es perfectamente libre para ponerse el sueldo que estime conveniente, retribuir a su libre albedrío a la Reina, al Príncipe de Asturias y a las infantas, aplicar las partidas que estime oportunas para comprarse coches, para festejos o para financiar dictámenes, pero los españoles tenemos derecho a saber el uso que hace de su lista civil. Hay prerrogativas que algunos reyes muy sensibles a la evolución de los tiempos han tenido el buen sentido de no utilizar.

Sería también muy bien valorado que el Rey informara sobre su patrimonio personal, lo que probablemente desbarataría no pocas acusaciones formuladas por los conocidos aventureros de los negocios que han tratado de protegerse con el chantaje. Por otro lado —y eso sólo en parte depende del Rey— sería conveniente que se promulgara una ley que regulara los regalos que se hacen al Monarca, estableciendo criterios sumamente restrictivos, pues un jefe de Estado no debe recibir obsequios personales que superen las dimensiones de lo simbólico. Probablemente bastaría con que el Monarca renunciara a recibirlos, sin necesidad de una ley que le obligue.

Otra reivindicación en la que ponen mucho énfasis las personas que he entrevistado en Cataluña y en el País Vasco es que el Rey y el Príncipe se apliquen a fondo a estudiar las lenguas de su Reino. Algunos gestos del Rey en estas comunidades obtendrían una rentabilidad inmediata. Más allá de las anécdotas, lo cierto es que el Monarca puede desempeñar un papel muy importante para drenar focos de tensión en el País Vasco y Cataluña.

Los gestos del Monarca tienen una enorme importancia. El Rey se manifiesta por medio de ellos en numerosas oportunidades, incluso en su ámbito exclusivo de responsabilidad en aquellas ocasiones, muy limitadas, en las que se expresa libremente, sin el requisito del refrendo gubernamental o parlamentario. En este campo «libre» se encuentran sus mensajes navideños, que casi siempre han recibido la aprobación general. No ocurre lo mismo con la concesión de títulos nobiliarios, que han tenido, con contadas excepciones, un espectro muy reducido y un tanto sesgado. Se comprende que honrara a la viuda del Caudillo que le había coronado, seis días después de la muerte de éste, con el señorío de Meirás, y a la hija del dictador, Carmen Franco Polo, con el ducado de Franco; que premiara a título póstumo con un condado a Alejandro Rodríguez de Valcárcel, presidente de las Cortes franquistas; que despidiera a Carlos Arias, «un desastre sin paliativos» según la opinión real, con el marquesado de Arias Navarro; o que distinguiera a Torcuato Fernández Miranda, su mentor y presidente de las Cortes que posibilitaron la liquidación del franquismo, con el ducado de Fernández Miranda. Estos títulos cerraban, con los debidos agradecimientos, el ciclo franquista. El siguiente ciclo fue el de la Transición, y en él se inscribe el marquesado concedido al general Gutiérrez Mellado, que de forma tan valerosa apoyó la Transición democrática y se jugó la vida el 23-F. También recibieron títulos merecidos los presidentes de Gobierno sucesivos, con la excepción de Felipe González, que renunció a ello por razones estéticas. A éstos hay que añadir los concedidos a sus hijas, las infantas, con motivo de sus respectivos matrimonios, y los otorgados a quienes se sucedieron como jefes de su Casa, incluido Fernando Almansa, a quien no dio un título nuevo pero elevó de categoría el que ya disfrutaba, vizconde del Castillo de Almansa, al dotarle de grandeza de España. Sin embargo, el Rey ha sido muy cicatero al premiar por esta vía a personas meritorias fuera de la política: a científicos, escritores, actores, cantantes, empresarios, trabajadores o héroes de la vida civil. El Rey ha «titulado», entre otros, a Andrés Segovia, Carlos Luis del Valle-Inclán, Gregorio Marañón Moya, Alfonso Escámez y Camilo José Cela, que tienen indudables méritos, alguno en recuerdo de ilustres antepasados, pero son más los que brillan por su ausencia que los elegidos. Un título de nobleza que distinga a los auténticos nobles, honraría tanto a ellos como a la Corona.

La monarquía, como vengo señalando, tiene en este país cortas raíces, pero ello no quiere decir que su asentamiento sea endeble, ni que se encuentre en precario. La ausencia de pasión monárquica se compensa con la inexistencia de oposición al régimen, lo que parece dotar a la institución de una débil salud de hierro. No obstante, estimo que aún debe superar dos pruebas decisivas: primera, la de la transparencia informativa, la constatación de que es capaz de resistir sin resentirse la libre tarea periodística sin más cortapisas que las establecidas en las leyes. La segunda prueba —esperemos que lejana— es la de la sucesión. Sabremos entonces si, como parece, el Rey tiene bula en razón de los servicios prestados al país y si la bula del padre se transmite, con la Corona, al sucesor.

Si el Monarca no se sintió seguro hasta que gobernó la izquierda, la monarquía no habrá arraigado hasta que la personalidad singular e irrepetible de don Juan Carlos sea sustituida por la del príncipe Felipe. Éste, que ha recibido una esmerada instrucción académica, lo que no puede decirse de la formación de su carácter, tendrá que cambiar su tren de vida y aplicarse a una actividad laboral más intensa y reglada. Con la boda ya anunciada ha despejado una preocupante incertidumbre, pues la continuidad familiar es una garantía para la estabilidad del régimen y la tranquilidad pública. No hay que olvidar que si, por circunstancias impredecibles pero que nadie puede excluir en la vida humana, fuera necesario llamar a la Alteza Real situada en el siguiente eslabón de la línea sucesoria, la institución sería prácticamente inviable, no porque la infanta Elena no sea una persona excelente, sino por el rechazo que produce su esposo. «Si aquí alguna vez viene la República —confiaba la infanta Eulalia a una cortesana— no será por Altamira, ni por los libros de Galdós, podéis estar seguros. No, será por algunos monárquicos. Hay cada uno que, por el solo hecho de serlo, es un pregón republicano, hija mía.» Felipe parece confiar mucho en el fondo de simpatía acumulado por su padre, y ello cuenta, pero debe cuidarse de que su aportación no sea negativa.

Si la monarquía se desplomara, se debería a sus propios merecimientos. No hay el menor peligro de que caiga, como es costumbre, arrastrada por la revolución, para la que no hay ambiente ni razones objetivas, a pesar del impacto visual producido por la crecida de banderas republicanas en las manifestaciones. Por primera vez en la historia de España la Corona no se apoya a la derecha, y la izquierda parece ser su principal sostén. Ello se deduce claramente de mis entrevistas, algunas de las cuales puede encontrar el lector al final del libro. Ciertas personalidades de la izquierda son las más ardientes defensoras de la institución y, sobre todo, de don Juan Carlos. Santiago Carrillo garantizaba a la monarquía mil años de vida siempre que respetara la Democracia; Gregorio Peces-Barba, primer presidente socialista del Congreso de los Diputados, superaba la aceptación pragmática que impregna a su partido y encontraba razones doctrinarias que la aconsejaban como el mejor régimen para España; y en sentido similar se manifiestan en este libro constitucionalistas de izquierdas como el muy combativo Javier Pérez Royo y sindicalistas tan significados como Cándido Méndez, secretario general de la Unión General de Trabajadores, José María Fidalgo, máximo responsable de Comisiones Obreras, y el veterano dirigente de esta central sindical, Antonio Gutiérrez.

La experiencia vivida, la perfecta inteligencia del rey Juan Carlos con Felipe González, ha superado no sólo el republicanismo histórico del PSOE, sino que ha trocado el pragmatismo inicial que llevó a los socialistas a aceptar la monarquía parlamentaria en el mejor apoyo del régimen. Según cuenta Vilallonga, en una de las primeras entrevistas del Rey con Felipe González, el Monarca le preguntó por qué los socialistas eran republicanos, y el sevillano aclaró su postura con una anécdota: cuando, en los años treinta, llega al poder en Suecia el Partido Socialdemócrata que preconizaba el régimen republicano, el Rey llamó a quien estaba destinado a ser el primer ministro para asegurarle que si, de acuerdo con su programa, decidían establecer la República, respetaría escrupulosamente la voluntad popular, pero le propuso un compromiso: «Funcionemos todavía un año tal como estamos para no traumatizar aún más a la sociedad sueca. Si todo va bien, volveremos a hablar de esto el año que viene.» Pasó un año y el primer ministro socialdemócrata no volvió a abordar el tema de la República. Y hasta hoy. Cuando acabó su historia, el escritor le comentó a Felipe González: «El Rey te había preguntado por qué vosotros, los socialistas, erais republicanos, y tú le contaste una fábula sueca. Pero de hecho no contestaste a su pregunta.» «Sí, hombre —protestó Felipe—. Don Juan Carlos comprendió muy bien que si hasta entonces habíamos sido republicanos era porque la monarquía de su abuelo nunca se había puesto en contacto con nosotros.» Han pasado más de sesenta años desde que los socialistas suecos llegaran al poder y sólo ahora se están replanteando proclamar la República. En efecto, el diario *Svenska Dagbladet* ha publicado una encuesta sobre la monarquía realizada a los parlamentarios suecos, en la que 167 de ellos se mostraron partidarios de la República, frente a 162 que prefieren mantener el régimen vigente y 19 abstenciones. El portavoz de las Juventudes Socialistas llegó a proponer la presentación de una moción para despedir al rey Carlos Gustavo y establecer el régimen republicano.

La experiencia de los socialistas españoles con el conde de Barcelona tampoco fue muy positiva. El pretendiente, a quien Carrillo calificó como «el cero a la izquierda más importante de España», en su empeño de que Franco le entregara la Corona, no sólo soportó las mayores humillaciones inferidas por el dictador, sino que llegó a comprometer los acuerdos firmados con el PSOE, en 1947, en un momento en que, terminada la Segunda Guerra Mundial con la derrota de los fascismos, se produjo una presión internacional muy fuerte para restablecer un régimen democrático, monárquico o republicano. José María Gil Robles, en nombre de don Juan, e Indalecio Prieto, en el del Partido Socialista, habían acordado resolver el problema político mediante un plebiscito, de acuerdo con los deseos expresados conjuntamente por el Reino Unido, Estados Unidos y Francia, y suscritos después por las Naciones Unidas en pleno. Prieto y Gil Robles llegaron hasta el extremo de confeccionar la lista de un gobierno provisional. Sin embargo, don Juan dio marcha atrás porque temía que el pueblo optara por la República. Prefirió, pues, confiar en que Franco le entregara la Corona, asumiendo un triste papel de pedigüeño a las puertas del Caudillo, quien respondía frecuentemente a sus ruegos de forma despectiva. Así recuerda Indalecio Prieto aquellos acontecimientos, cuando delegados del pretendiente entablaron negociaciones con Prieto en 1947 para establecer un pacto ajustado al acuerdo del Partido Socialista Obrero Español. «En 1948 —recuerda "don Inda"—, cuando estaba a punto de firmarse el acuerdo, don Juan fue a entrevistarse con Franco en aguas del golfo de Vizcaya. La entrevista la solicitó Franco que, intranquilo por nuestro pacto, intentaba impedirlo. No lo impidió, mas lo quebrantó moralmente haciendo embarcar al infante en el yate *Azor*. Después, el Príncipe, con actos y palabras no acomodados al convenio, y sus consejeros con torpes maniobras en Madrid para desnaturalizarlo, acabaron arruinándolo. Los socialistas hubimos de retirar nuestras firmas de aquel compromiso, mediante el cual, si la votación popular le era favorable, ceñiría legítimamente la corona don Juan de Borbón...»[1]

Hoy, en España, la izquierda no plantea ninguna objeción a la monarquía; no ocurre lo mismo con la derecha, entre cuyas filas abundan las suspicacias, lo que, me parece a mí, no representa un misterio insondable. La izquierda ha agotado ya los cantos de las canteras para darse en los dientes, por tener un Rey sin poderes. Los diputados socialistas de las Cortes Constituyentes aceptaron la consagración monárquica a cambio de que el Rey no conservara poder alguno, de que el régimen español fuera de hecho una República coronada. Después, cuando llegaron al poder, el presidente del

---

[1] Indalecio Prieto, *Convulsiones de España*, Tomo III, Ediciones Oasis, México, 1969.

Gobierno y el jefe del Estado se entendieron perfectamente durante los catorce años de administración socialista, en los que se fijaron en la práctica los terrenos propios de cada órgano del Estado y la relación entre ambos. Sin embargo, no es precisamente buena la relación mantenida entre el Monarca y José María Aznar. Este periodo aparece marcado por el menosprecio hacia el Monarca y por silencios y gestos expresivos de disgusto por parte de éste, llegando, en privado, a la abierta descalificación de los modos autoritarios del Presidente.

Algunos socialistas y mucha otra gente de la izquierda parecen embriagados de «juancarlismo», y es que hay que reconocer que la simpatía del Monarca, su majeza borbónica, es arrebatadora. López Bulla, ex secretario general de Comisiones Obreras de Cataluña, le contó a Manuel Vázquez Montalbán que los dirigentes de esta central aprovecharon una audiencia con el Rey para recitarle la cartilla de las reivindicaciones de la clase obrera. Cuando el portavoz hubo terminado el memorial de agravios, Juan Carlos se llevó la mano a la cartera y preguntó: «¿Cuánto se debe?» El Rey se refirió, en su entrevista con el escritor catalán, a su encuentro con Pilar Rahola, que se dirigió a él como «ciudadano Juan Carlos». «Lo de ciudadano Juan Carlos —confió el Rey al escritor catalán— me hizo mucha gracia. Fue muy simpático. Ella me dijo: "No tengo nada personal, pero usted ha de comprender que yo soy republicana y he de procurar dejarle sin trabajo."» «Natural —le contestó el Monarca—, pero usted asuma que yo he de conseguir que no me lo quite.» Y Julio Feo proclamaba al autor de este libro: «Soy republicano de cabeza y juancarlista de corazón.»

En la derecha cuecen otras habas. Les produce irritación la amistad de don Juan Carlos con los líderes socialistas, añorando la tradicional complicidad de la Corona con los elementos conservadores, incluso con los autoritarios. Es probable que esperaran una mayor beligerancia en pro de los valores que defiende. Es ésta una esperanza imposible por inconstitucional, pero en España ni la derecha ni la izquierda parecen entender que el Rey no es un poder del

Estado. La ultraderecha, que no existe como partido con representación parlamentaria, pero que está inmersa en el espectro sociológico del Partido Popular, lamenta que Juan Carlos no prolongara la obra de Franco.

La monarquía española rompe todos los esquemas del género. No se sabe bien si es restaurada o instaurada, instaurada restauradoramente o restaurada por instauración. Franco pudo designar a un pretendiente de otras líneas dinásticas y hasta inventarse un príncipe nuevo para encabezar, con madre azul mahón como la camisa falangista, la monarquía del 18 de Julio. A punto estuvo de decidirse por una solución mixta, monárquico-franquista, nombrando sucesores, a título de reyes, a don Alfonso de Borbón y Dampierre, hijo del infante mudo, Jaime, y a su nieta, Carmen Martínez-Bordiú Franco. Con habilidad, pragmatismo y alguna dosis de maldad, optó por la línea ortodoxa que encabezaba don Juan, pero saltándose a éste, de quien desconfiaba y a quien puso todo su empeño en desprestigiar.

Los Reyes, los ejercientes y los que esperan en el exilio, no suelen hacer ascos a nada, con tal de ganar o conservar la Corona, movidos por el instinto de conservación dinástico. Alfonso XIII, que se portó siempre con dignidad, no dudó en hacer gestiones diplomáticas en el Reino Unido a favor de Franco. El Rey, que se exilió el 14 de abril para evitar un derramamiento de sangre, comulgaba en el fondo con el Movimiento Nacional. Cuenta Francisco de Bonmatí de Codecilo en su libro encomiástico *El Príncipe don Juan de España*, publicado en 1938 en Roma, la siguiente anécdota: «Estábamos una tarde en el suntuoso *hall* del hotel Excelsior Galia, don Alfonso XIII, el Príncipe de Asturias, don Juan, César González Ruano y yo; llevábamos toda la tarde hablando de España, y de pronto yo, que estaba distraído en conversación aparte con don Juan, sin saber de qué hablaban el rey y Ruano, oigo que éste le dice a don Alfonso: "Como yo soy el carnet número 5 de Falange..." Y el rey, rápido, con la agilidad mental que le caracteriza: "Y yo el número 500. ¡Mira tú éste! ¡¿A ver si los primeros falangistas de España no fuimos Primo de Rivera y yo?! Lo que pasa es que no siempre puede hacer uno lo que quiere, ni aún siendo rey."»

Don Juan lo había intentado todo: trató de alistarse de falangista como voluntario de la «Cruzada» y se personó en Navarra, de donde le sacó el general Mola, cortés pero fulminantemente, antes de que lo lincharan los requetés carlistas, que predominaban entre los sublevados; después intentó don Juan alistarse en el *Baleares*, a lo que se negó Franco, que no quería competidores, pretextando protegerle porque en el futuro su vida podía ser preciosa para España. El 8 de septiembre de 1943 pudo hacerse con el poder y no quiso o no se atrevió a intentarlo, pues ciertamente habría asumido un riesgo importante. Los tenientes generales Orgaz, Kindelán, Dávila, Saliquet, Varela, Monasterio, Solchaga y Ponte se dirigieron a Franco, recordándole que eran «los mismos, con variantes en las personas, algunas impuestas por la muerte, que hace cerca de siete años en un aeródromo de Salamanca os investimos de los poderes máximos en el mando militar y en el del Estado», y le pidieron que restableciera el régimen monárquico. Aprovechando la circunstancia favorable, el coronel de Aviación Ansaldo se prestó a llevar a don Juan desde Estoril al pequeño aeródromo que había en Puerta de Hierro, a ocho kilómetros de El Pardo, donde le esperarían los generales monárquicos dispuestos a llevarle en cinco minutos a Palacio por sorpresa, en el convencimiento de que Franco no se resistiría. Más tarde se le ofreció otra oportunidad a don Juan, que rechazó igualmente: debía presentarse en la Capitanía General de Cataluña, donde el general Solchaga telegrafiaría a los demás capitanes generales para comunicarles que las tropas de Cataluña habían proclamado rey a Juan III.

Don Juan no veía otra solución que la entrega voluntaria del poder por parte de Franco. A partir de entonces no cejó en un esfuerzo vano por ganarse la voluntad del Caudillo: aceptó los Principios del Movimiento, hizo suya la «monarquía tradicional, social y representativa», que había acuñado el Caudillo como señas de identidad de su reino, que no era de este mundo, o que al menos no se proclamaría mientras viviera; abominó el pretendiente de los partidos políticos, invocando como suya la «monarquía tradicional», cuyo modelo eran los Reyes Católicos; aceptó también los principios tradicionalistas que le presentaron en Lourdes los requetés del conde de Rodezno, hasta el extremo de escandalizar al conde de Romanones, un curtido monárquico liberal a quien le escamaban estas veleidades absolutistas. Todo ello le pareció insuficiente al Caudillo, que siempre reprochó a don Juan algunas reticencias y que no se entregara a él poniéndose a sus órdenes incondicionalmente y sin la menor crítica. Ese mérito, el de resistirse a ser un mero mandado del Caudillo, no debe regateársele al desgraciado pretendiente, a quien, en cambio, le faltó valor para mantener sus reivindicaciones, sus pretendidos derechos a toda costa, independientemente de los efectos que pudiera tener una actitud más firme. Estuvo siempre entre Pinto y Valdemoro, unas veces acercándose a la oposición democrática y enseguida compensándolo con descalificaciones a ésta y muestras de adhesión al Caudillo. Don Juan fue cambiando su discurso en la medida en que iba viendo que las expectativas de que Franco le pasara los bártulos de mandar no eran más que una vana ilusión. Triunfadoras las democracias en la Segunda Guerra Mundial, se atrevió con el Manifiesto de Lausana, pero cuando se le planteó una propuesta concreta avalada por los aliados triunfantes y por las Naciones Unidas en su conjunto, echó marcha atrás en cuanto Franco le citó en el golfo de Vizcaya. Y, mucho más tarde, cuando no quedaban dudas de que Franco no abandonaría el poder voluntariamente y la oposición se reunió en Munich, en lo que Franco calificó de «contubernio», don Juan expulsó al presidente de su Consejo Privado, José María Gil Robles, que había participado en el acto. Incluso le llegó a ofrecer al dictador el Toisón de Oro, el máximo honor de la realeza española, que Franco rechazó.

El colmo del pragmatismo lo ofreció la reina Victoria Eugenia cuando vino a España para amadrinar en su bautizo a su bisnieto Felipe. La anécdota procede del gran historiador monárquico Jesús

Pabón, quien fue director de la Real Academia de la Historia, a quien se la había relatado confidencialmente el duque de Alba y que Pabón transmitió a su colega y también prestigioso historiador monárquico, Carlos Seco Serrano: la Reina tuvo un breve encuentro en privado con el dictador y aprovechó la ocasión para decirle, en esencia: «Ahora tiene usted, general, a tres generaciones, tres Borbones para elegir: Juan, Juanito y Felipe, el padre, el hijo y el nieto, decídase por uno de ellos.» La veracidad de esta anécdota ha sido, sin embargo, negada vehementemente por Jaime Peñafiel, quien mantuvo con el historiador monárquico una agria polémica al respecto. Según Peñafiel se lo desmintió la propia Reina en una entrevista que mantuvo con ella en Lausana poco antes de que la viuda de Alfonso XIII muriera. Seco le rebate, indignado porque el periodista pueda dudar de la palabra de Pabón, «una persona incapaz de desvirtuar en lo más mínimo la verdad». La nota de Pabón sobre este acontecimiento se encuentra archivada con carácter de «apunte reservado» en la Academia de la Historia, con fecha de 18 de febrero de 1968.

Juan Carlos también tuvo que tragar carros y carretas con el dictador, del que nunca ha proferido la menor crítica. «A vosotros os quisiera yo ver entre los dos viejos», confesaba a sus compañeros de la academia militar el entonces príncipe de España, refiriéndose a don Juan y a Franco. Sin embargo, Juan Carlos, extremadamente lúcido, se percató enseguida de un hecho, obvio pero que al parecer no terminaban de percibir muchos franquistas: que Franco había muerto. Comprendió con su maravilloso olfato que su destino estaba unido a la democracia. Lo importante era restaurar la monarquía, aunque para ello tuviera que jurar los Principios del Movimiento y romper la legalidad monárquica saltándose el orden de sucesión. La carta que escribió al Sha de Persia, que publicamos en este libro, en la que no hacía distinciones entre las distintas monarquías, indica hasta dónde llega su pragmatismo. No obstante, la historia transcurrió como transcurrió, y nadie puede negar a don Juan Carlos el mérito de haber sido el motor del cambio.

Instaurada, restaurada, medio instaurada y medio restaurada, o «reinstaurada», la monarquía española actual representa uno de los pocos casos en que la institución ha vuelto al país después de haber sido despedida por el pueblo en movimiento casi unánime el 14 de abril de 1931. Cuando se proclama la República en un país, casi siempre por una revolución —la más trascendente fue la francesa—, los autores de las nuevas constituciones suelen establecer una «cláusula de intangibilidad», una especie de «nunca jamás» en la que se especifica que el régimen republicano es irreversible y que por tanto no se pueden hacer revisiones a la Constitución en este punto. Es, por otro lado y en otro marco político, lo que intentó Franco con los Principios Fundamentales del Movimiento, que eran, por su naturaleza, permanentes e inmutables, Así está previsto también en la Constitución de la República Francesa y en otras. De modo similar, aunque no sea lo mismo, es lo que ha introducido Fidel Castro en la cubana, que excluye para siempre el sistema capitalista. Los Borbones, sin embargo, como decíamos en el primer capítulo citando a Rafael Borrás Betriú, siempre vuelven a España, vivos o muertos.

Hay que rendirse a la evidencia de que sólo Franco, incluso contrariando algún espíritu del Movimiento, podía restaurar la monarquía, y así se lo hizo notar de forma clarísima al conde de Barcelona en una carta tan clara que llega a parecer brutal, enviada en fecha tan temprana como el 6 de enero de 1944, en la que sienta su postura en varios puntos: «a) la monarquía abandonó en 1931 el poder a la República; b) nosotros nos levantamos contra una situación republicana; c) nuestro Movimiento no tuvo significación monárquica, sino española y católica; d) Mola dejó claramente establecido que el Movimiento no era monárquico; e) los combatientes de nuestra Cruzada pasaron de un millón, y los monárquicos constituían entre ellos una exigua minoría. Por lo tanto, el régimen no derrocó a la monarquía ni estaba obligado a su restablecimiento. Entre los títulos que dan origen a una autoridad soberana, sabéis que cuentan la ocupación y conquista, no digamos el que engendra salvar a una sociedad.»

Es probable que, a la muerte de Franco, el franquismo más doctrinario, especialmente el de corte falangista, prefiriera una regencia que administrara los principios del 18 de Julio, a la monarquía, pero Franco había adoptado una decisión confiando en que el reinado de don Juan Carlos, que se había criado a sus pechos, era la mejor solución a su alcance para conseguir la continuidad de su régimen. Si Franco no hubiera muerto en la cama y hubiera sido posible una ruptura democrática, difícilmente se habría instaurado la monarquía, aun en el caso de que con toda asepsia se hubiera sometido la forma de Estado a un referéndum. La restauración fue, pues, el producto de un pacto inteligente, un buen negocio para los demócratas y para el Rey. Un matrimonio de conveniencia —como observé en el inicio de este libro— entre las fuerzas que apoyaban la democracia, algunas como la izquierda, con una fuerza más potencial que real pero con una valiosa carga de legitimidad moral, y el Monarca que, investido por Franco, consiguió que se aceptara la legalidad de su entronización poniéndose en cabeza de la manifestación. No hubo, pues, referéndum específico sobre la forma de Estado, pero se resolvió el asunto con muy buen sentido práctico con una sencilla frase que aparece en el artículo 1, pero en el punto 3 de nuestra Constitución (en la que todo está muy medido y todos los matices tienen significación): «La forma política del Estado Español es la monarquía parlamentaria.» Y punto. Previamente se establecía: 1) que «España se constituye en un Estado social y democrático de Derecho, que propugna como valores superiores de su ordenamiento jurídico la libertad, la justicia, la igualdad y el pluralismo político»; y 2) que «la soberanía nacional reside en el pueblo español, del que emanan los poderes del Estado». Todo en su debido orden. Juan Carlos I es pues rey por la gracia de Franco y la Constitución de 1978, que reconoció tácitamente, al no exigir el juramento del Monarca, que era válida su coronación por el Caudillo. Son las paradojas de nuestra Democracia y de nuestra forma de Estado que, en ningún caso, han disminuido en lo más mínimo su plenitud democrática.

Las monarquías y los pueblos no siempre se han compenetrado a la perfección. Los belgas, por ejemplo, obligaron a Leopoldo III a que abdicara en su hijo Balduino, porque los ciudadanos estimaron que había sido complaciente con los nazis; el propio Balduino abdicó por un día para no sancionar una ley sobre el aborto. La monarquía griega, muy propensa al golpismo, ha sido erradicada de ese país con escasas posibilidades de regreso. En España, salvando las distancias, un rey de origen franquista tiene más popularidad que su hijo, que no está contaminado por tal origen. Ciertamente, don Juan Carlos ha dado la vuelta a sus condicionantes de origen ganándose muy merecidamente el título de héroe de la Democracia, un mérito que habría sido imposible sin la madurez del pueblo español y el buen sentido de la izquierda.

Juan Carlos I es uno de los pocos reyes que en Europa han sido «constitucionalizados», regulando explícitamente sus funciones y estableciendo un procedimiento para despedirlos. No aparece en el frontispicio de la Constitución, a diferencia de lo usado en otras constituciones españolas y europeas, a pesar de los esfuerzos que hicieron para conseguir esto y mayores poderes para el Monarca algunos inteligentes constituyentes, entre los que hay que destacar a Miguel Herrero de Miñón. Reprocha este personaje singular —que ya en tiempos de Franco había acuñado una teoría según la cual los Principios «inmutables» del Movimiento eran legalmente mutables— que la Constitución se hiciera mirando más hacia atrás que hacia delante; orientada a reaccionar contra la dictadura pasada más que ante el futuro democrático. No obstante, se impusieron las tesis de la izquierda, a veces con la colaboración objetiva de Fraga, que caminaba por otros vericuetos con el objetivo de establecer algo lo más próximo posible a una república coronada. Pasado el tiempo habría que recordarle al brillante ponente constitucional por la Unión de Centro Democrático (UCD) que su mirada al futuro concluía en don Juan Carlos, y que si un exceso de precauciones que limitaran el poder de un Monarca excepcional podrían parecer innecesarias, nunca se sabe cómo serían utilizadas por sus sucesores. Las constituciones, como las dinastías, tienen vocación longeva.

En resumen, la monarquía en España, instaurada, restaurada o reinstaurada, es algo más que singular: es un milagro, producto de una confluencia planetaria extraña. Supongamos por el momento un imposible: que muerto Franco a finales de 1975, en las proximidades de un nuevo siglo, los españoles, reunidos en cívico consejo, como los griegos antiguos, hubiéramos encargado a los mejores técnicos del mundo una fórmula para regirnos. Difícilmente nos habrían recetado la monarquía, un sistema anticuado, basado en la magia, en una herencia secular difícilmente fiable sin ayuda del ADN, y en los privilegios de una casta que insulta la igualdad de derechos hace tiempo proclamada como conquista irreversible de la humanidad civilizada. La monarquía representa una extraña selección a la inversa en la que no cuenta el mérito; los cargos son vitalicios; garantiza la irresponsabilidad del jefe, su inviolabilidad a condición de que no haga nada sin permiso de los temporeros. Es un sistema que, si lo pensamos en abstracto, resulta difícil de tragar. Algo de esto le dijo Alfonso Guerra al Rey, según cuenta Carlos Berzosa, el rector de la Complutense, en la entrevista que publicamos al final del libro: «Señor, ni usted mismo votaría por la monarquía si no fuera Rey.» La institución parece, en principio, impropia de nuestros tiempos, una fórmula anacrónica que promete para el pasado. Y, sin embargo, nuestra monarquía parlamentaria funciona razonablemente bien. Por el momento. ¿Gracias a la fórmula que la hace inversamente proporcional: a mayor Parlamento, menor monarquía? Sólo hasta cierto punto. Gracias a que el Rey ha hecho bien su trabajo, como el buen profesional que le gusta decir que es, se han podido conjurar muchos elementos irracionales que, aunque residuales, podrían haber hecho mucho daño. La presencia de este Rey sin poderes genera una notable confianza en la ciudadanía.

Parece que los hombres necesitamos símbolos vivos que encarnen las abstracciones en gente tan imperfecta como nosotros, tan humana como nosotros, pero que pueden suplir una cierta añoranza de lo sagrado. Quizás responda a alguna conexión atávica, a la necesidad de un cierto toque mágico controlado. Las monarquías, fórmulas residuales, han ido encogiendo con el tiempo; se les ha ido arrebatando a lo largo de los años capas de poder y al final se han quedado en un mero aroma. El caso es que a este Rey, sin poderes pero con mucha gracia, se le reclama por doquier, nos halaga ser recibidos en audiencia, nos entusiasma estrecharle la mano en un acto público o nos vuelve locos si tiene el detalle de llamarnos por nuestro nombre —el célebre tuteo borbónico—, de dedicarnos una foto de la familia o cualquier otra consideración personal.

Habla Sabino Fernández Campo, como testigo presencial del hecho, de las caras de ansiedad, de entusiasmo y hasta de éxtasis de las personas que se sitúan a un lado y otro de la caravana real cuando atraviesa las calles de una localidad. Es un vínculo sentimental ambiguo, es una curiosidad semejante a la que despiertan las *vedettes*; existe un deseo subconsciente de protección paternal que se produce con fuerza en las monarquías hereditarias. Como dice André Molitor: «El Rey se considera como último recurso por los ciudadanos en dificultades, que no saben a qué santo encomendarse ni a qué ventanilla acudir en un universo burocrático cada vez más kafkiano. El Rey recibe continuamente cartas, súplicas, peticiones sobre temas que no han encontrado solución.» Y Sabino comenta: «Está claro que muchos saben que el Rey no podrá resolverles sus problemas; pero quieren, por lo menos, ponerle como testigo de la situación sin salida en que se encuentran, y hasta piensan que podrá promover o suscitar un remedio. Incluso puede decirse que se sienten con ciertos derechos sobre el Rey.» Quizás tenga razón Bahegot: «El poder regio tiene, en cierta manera, que quedar velado, como una prerrogativa secreta, porque la monarquía contiene un elemento emocional y mágico, y el misterio de la magia no puede realizarse a la luz del día.» Su poder desciende de Dios, llevan a sus espaldas estirpes milenarias, algunos han cansado a la mismísima historia, y otros descendieron tanto de Dios que se los ha llevado el Diablo. Dios guarde a nuestros Monarcas muchos años.

Anexo

ENTREVISTAS

Joaquín Bardavío

Joaquín Bardavío, zaragozano aunque residente en Madrid desde los once años, nacido en 1940, ha tenido importantes responsabilidades en el mundo periodístico y ha escrito numerosos libros sobre la monarquía y nuestra historia reciente. En 1969 publica su primera obra, *La estructura del poder en España*. En 1970 es nombrado jefe de los Servicios Informativos de la Presidencia del Gobierno, cargo en el que permanece hasta julio de 1973. Ha desempeñado las funciones de secretario general de la patronal española, la CEOE, y diversos cargos en la empresa privada. La entrevista tuvo lugar en la cafetería Milford de Madrid.

J. G. A.: ¿Estima usted que se ha consolidado la monarquía en España?

J. B.: Yo no creo que se haya consolidado al modo de otros países de Europa. Aquí la institución es mucho más joven. Tras una interrupción de cuarenta y cinco años, la monarquía fue algo nuevo. Lo que sí puedo observar es que el pueblo español, quizá por comodidad, difícilmente va a plantear un cambio en la forma de Estado, a no ser que fuera por una cuestión muy trascendente y hoy imprevisible. Lo lógico es pensar que, como con el Rey nos ha ido muy bien, pues con el Príncipe pasará lo mismo. Pero no por esas razones economicistas que a veces se manejan, de que es mucho más caro un presidente de la República, porque hay que elegirlo cada cuatro años, o cada seis o cada siete, como es en Francia. La verdad es que don Juan Carlos es un gran rey, ciertamente irrepetible, porque las circunstancias en que se ha desenvuelto también son irrepetibles. Se ha instalado como una referencia fundamental en nuestra historia del siglo XX.

J. G. A.: Curiosamente, de toda la gente con la que estoy hablando para este libro, me hablan mucho mejor de la monarquía la gente de izquierdas que la de derechas...

J. B.: Es posible. Especialmente en lugares como Puerta de Hierro (me refiero al Club), donde hay más aristócratas por metro cuadrado, durante años era frecuente oír hablar mal de la monarquía, era algo que se comentaba como chocante. El aristócrata, digamos que *chapado a la antigua*, se encontró preterido. Con Franco existía como clase social y con la monarquía (la Democracia) ha desaparecido. El Rey, después de muchos años, ofreció una recepción a los «grandes» de España, tras algunas presiones, a la que por cierto y casualmente excusó su asistencia la duquesa de Alba. Pero no la ha repetido.

J. G. A.: La aristocracia no significa mucho en la España de hoy.

J. B.: Efectivamente. Por ejemplo, el ministro de Agricultura con Adolfo Suárez y de Presidencia con Leopoldo Calvo Sotelo, Jaime Lamo de Espinosa, tiene los títulos de marqués de Mirasol y barón de Frignani. ¿Alguien le conoce por marqués de Mirasol? Y a Íñigo Cavero, tres veces ministro, ¿se le conocía como marqués del Castillo de Aysa o por alguna de sus dos baronías? Es que ya no se va de duque o de marqués. Acuérdate de que en los tiempos de Franco, en todo consejo de administración que se preciase tenía que haber al menos un general y un «título». Y en la bodas, entre los testigos tenía que haber un teniente general, un subsecretario o similar y un duque, un marqués, conde o barón para quedar bien. Es curioso, pero la aristocracia nunca estuvo mejor que con el franquismo, y tuvo privilegios sociales espontáneos, incluso, y que yo sepa uno jurídico: los grandes de España tenían derecho a pasaporte diplomático. O sea, todos los duques y aquellos títulos que tuvieran grandeza añadida. Franco represalió a alguno con la retirada de ese privilegio por cuestiones políticas respecto a don Juan de Borbón.

J. G. A.: No me refiero al aristócrata que puede estar resentido porque el Rey no haya reproducido la corte, sino a gente de la política, a la derecha de la calle. Entre esta gente me he encontrado más reticencias que en la izquierda, en la que apenas he hallado voces críticas sobre una institución a la que tradicionalmente se ha mostrado hostil. Quizás es que mucha gente de la derecha esperaba que Juan Carlos hubiera hecho de verdad la monarquía del 18 de Julio...

J. B.: A estas alturas ya queda poca gente de ésa. Pero la hubo en cantidad. En cuanto a trato personal, el Rey no distingue ideologías, sino talantes. A mí me da la sensación de que el Rey se ha llevado mejor (entendámonos, *con más risas*) con Adolfo Suárez o con Felipe González que con Calvo Sotelo o con Aznar, pero es una cuestión más de carácter que de política. Es perfectamente imaginable que Adolfo o Felipe le cuenten al Rey un chiste muy subido de tono y viceversa. Lo es mucho menos, o no lo es, imaginarse en esa misma situación a Calvo Sotelo o a Aznar. El Rey tiene su vertiente militar de cuartel porque se ha criado en eso. Incluso se ha pegado en el picadero de la Academia porque alguien había insultado a su padre. Yo, que he estado en los primeros desfiles del entonces Príncipe como miembro de las juventudes monárquicas, escuchaba cómo le gritaban: «No queremos reyes idiotas», «El Rey es tonto», «Borbón y bobón». Es que este hombre ha vivido una época muy singular, ha vivido como cualquier hijo de vecino (mejor instalado que la media pero a veces también peor tratado), que es algo muy distinto al discurrir vital del hijo.

En aquellos tiempos, durante el franquismo, don Juan Carlos estaba mal visto por algunos profesores de la Academia porque coincidió su estancia en ella con ciertas declaraciones y posturas de su padre contrarias a Franco. Como sabemos, la postura de don Juan penduleaba un tanto en razón de la coyuntura, que si estaba más fuerte un gobierno más monárquico que otro más falangista o del Opus, aquellos equilibrios del régimen. Pues bien: había quien le pegaba una patada al padre en el trasero del hijo. Así que don Juan Carlos se ha criado en la lucha, por decirlo así.

Hace poco hablé con Javier Tusell, que ya sabe que estuvo muy enfermo, y me comentaba que estuvo con el Rey en un acto de la Academia de la Historia o de una Fundación. Estaba en el comité de recepción y, al verle, le dijo el Rey: «Hombre, Javier, me alegro de que estés bien. A ti te pasa como a mí: la mala hierba nunca muere.» Es una expresión un tanto vulgar, podía decir algo más fino, pero es que no le sale. A él lo que se le ocurre es lo que diría cualquier persona del montón, y en él cobra una dimensión distinta. Y, claro, ésa es la cercanía. Él se ha criado como un chico que no sabía si iba a ser Rey o no. Sin embargo, el hijo sí, y ¿cómo puedes transmitirle esto a un muchacho que se ha criado como príncipe heredero?

J. G. A.: Ha habido momentos difíciles (Kio) en los que Luis María Anson, entre otros, llegan a proponerle que abdique. ¿Piensa que ha pasado por momentos realmente peligrosos el Rey?

J. B.: Son cosas que se dijeron cuando estalló el asunto. Pero no pasaron de rumores. El Rey no ha pasado por momentos peligrosos, exceptuando el 23-F, y, en teoría, si hubiera prosperado el intento de atentado del 27 de octubre de 1982. Lo que el Rey ha tenido, como todo el mundo, han sido momentos incómodos.

J. G. A.: El de Kio fue un momento muy duro. Yo creo que el momento más crítico para el Rey es a partir de 1993.

J. B.: Se dispararon y se publicaron muchas especulaciones y ninguna documentación. Fue una tormenta dura y superada.

J. G. A.: ¿Cómo interpreta usted la creciente afluencia de banderas republicanas en las manifestaciones?

J. B.: ¡Es que es tan sencillo sacar una bandera! Dos personas llevan dos banderas y da la impresión de que hay muchísima gente detrás. Yo creo que la gente tiene otras cosas en que pensar que en el mecanismo de la forma de gobierno. Yo creo que el pueblo español está con lo que mejor le va.

J. G. A.: Eso creo también yo: éste no es un país de monárquicos, pero tampoco de republicanos.

J. B.: Tampoco de republicanos. Por eso en este momento el Rey está seguro, porque es un país de juancarlistas. Pero, ¿por qué le preocupa el asunto? Porque él lo que quiere es consolidar la monarquía. El Rey no es como nosotros, a quienes nos preocupan los hijos y quizá hasta los nietos, pero a él le obsesiona la institución. Por lo tanto piensa en sus tataranietos.

J. G. A.: Lo de las banderas republicanas pudiera ser una forma de manifestar una repulsa contra el sistema más que una afirmación de fe republicana, aunque evidentemente también hay republicanos y éste es un país libre. En la manifestación de Iraq vi a mucha gente joven. No era como en otras ocasiones, personas mayores, nostálgicos. También es verdad lo que me decía un portavoz de La Zarzuela: es que en televisión una bandera ocupa un cuarto de la pantalla, y eso impresiona mucho.

J. B.: Y la República en España no ha funcionado bien. La Gloriosa, de gloriosa tuvo poco, y la otra...

J. G. A.: Sí, a la gente se le erizan los cabellos. Fue un periodo democrático en el que se trataron de arreglar de golpe mil injusticias seculares, pero después pasó lo que pasó...

J. B.: Estuvo mal gestionada, mal administrada, mal llevada. Se autofagocitó como sistema exactamente en el caos, entendiendo por tal la suma de fragmentos que no concuerdan entre sí.

J. G. A.: Explotaron demasiadas cosas, y en un país sin una base económica y social desarrollada.

J. B.: Tampoco es que digamos que las cosas fueran bien con algunos reyes. Ahí está Fernando VII...

J. G. A.: Tampoco. Los Borbones desde Fernando VII fueron de golpe de Estado en golpe de Estado y cuando no los daban ellos, se los daban. Y ya lo de Alfonso XIII con Primo de Rivera fue demasiado. Es posible que si a la muerte de Franco se hubiera convocado un referéndum sobre monarquía o república, a lo mejor no habría salido la monarquía, pero como no fue posible hacerlo porque estaban los sables desenvainados, se metió la monarquía en la Constitución pero de forma indirecta, como cosa que ya estaba hecha.

J. B.: Pero es que también habría costado en aquellos momentos decir sí a la república. Otra solución que dejó planteado el franquismo fue el disparate de la Regencia.

J. G. A.: Los falangistas querían la República de partido único.

J. B.: Claro, claro, la del fascio. Aunque Franco nunca fue fascista. Inventó el franquismo.

J. G. A.: La República Nacional-Sindicalista. Hay quien todavía no entiende bien lo que es una monarquía parlamentaria, como ha demostrado la reacción ante la guerra de Iraq. Había gente que reclamaba: «¿Por qué está tan callado el Rey, por qué no dice nada?» Pero, claro, un rey parlamentario no puede decir ni pío, algo difícil de entender para muchos que se preguntaban: «¿Para qué queremos un rey que no puede hacer ni decir nada?»

J. B.: Pero es que se ha demostrado después que a la opinión pública tampoco le importaba tanto la cuestión. La sorpresa que nos llevamos todos en las elecciones fue grande.

J. G. A.: Pero en aquellos momentos todas las encuestas te daban que era el 90 por ciento el que estaba en contra. Una cosa es que la mayoría estuviera en contra de la guerra de Iraq y otra que después lo trasladara al voto. Pero volvamos a la consolidación de la monarquía y a la posibilidad de una república.

J. B.: ¿Sabe la idea que yo tengo? Pues que un cambio de este tipo sería casi revolucionario, y para hacer algo revolucionario hacen falta unos elementos, hacen falta unas condiciones objetivas que hoy no se dan. Porque cuando la República, en los años treinta y tantos, la gente iba en alpargatas y comía bajo fiado; por eso vino la República. Pero ahora ya nadie se juega nada.

J. G. A.: Hay unos colchones sociales que tranquilizan mucho. Ya no te juegas la vida en cada alternativa de gobierno.

J. B.: Da igual que venga el PSOE o que venga el PP. Ser de izquierdas o de derechas es más bien una estética. Yo creo que el PSOE quita lo de Obrero (que es un anacronismo, aunque sea una intimidad estética tradicional) y los cuatro que levantan el puño dejan de levantarlo, y esto es como Inglaterra, con un partido conservador y otro laborista. De hecho ya es así.

J. G. A.: Desde luego nadie va a generar ningún tipo de incertidumbre por empeñarse en que venga la república. La monarquía era el camino más seguro para la democracia.

J. B.: Era la alternativa que dejó Franco, eso o la regencia, nítidamente contemplada en las Leyes Fundamentales.

J. G. A.:Y en su libro *El dilema* usted lo plantea muy bien: «O pequeño caudillo o gran rey.»

J. B.: Claro, porque si no habría sido una enanez de caudillo. ¿Qué legitimidad tenía? Por lo menos el otro tenía la victoria en una guerra. Pero don Juan Carlos no podía instalarse en la monarquía del 18 de Julio. Hay una cosa muy importante, pero que la gente obvia, incluso yo algunas veces, y es que no nos damos cuenta de que el Rey fue un dictador desde que murió Franco hasta la Constitución, pero no lo notamos porque él, de hecho, hizo dejación de poderes.

J. G. A.: Claro, porque él tenía todos los poderes de Franco menos el legislativo.

J. B.: Lo que pasa es que no quiso ejercerlos más que en lo imprescindible, ni siquiera fue una dictablanda. Fue un Rey que no ejerció los poderes heredados. Quitando el 23-F, cuando ya había hecho entrega del poder, y ante el rapto de la voluntad popular con el secuestro físico del Gobierno, toma el timón. Simplemente que el Rey no utilizara sus prerrogativas ya es una actuación. En 1981 nos salva la Democracia cuando llama a los capitanes generales y la sorpresa es que dicen «a las órdenes de Su Majestad», que implícitamente quiere decir: «¿Qué hago?» Y entonces a sus indicaciones, todos «quietos parados». ¿Qué pasa? Hay dos generales enfadadísimos con el golpe, porque no es el suyo, les ha pillado desprevenidos y se ha cortado la *otra* conspiración en la que andaban metidos. El Rey mismo, incluso con la oposición de los franquistas, va soltando poder.

J. G. A.:Yo creo que el Rey se expresa en gestos, y él es muy hábil en manejar estos gestos; a veces utiliza la indiscreción calculada... Al menos yo interpreté que estaba en contra de la guerra, quizás porque yo también lo estaba. Pero si cada cual consigue interpretar que el Rey quiere decir lo que él quiere, entonces es perfecto.

J. B.: Yo lo interpreté como una neutralidad exquisita, pero...

J. G. A.: Peces-Barba, en el artículo que escribió en *El País*, que tituló «El silencio del Rey», argumenta: «Puesto que el Rey tiene que salir apoyando lo que dice su presidente de Gobierno y no lo hace, su silencio quiere decir que está en contra.»

J. B.: Con todos los respetos para Gregorio, que es un intelectual como la copa de un pino, eso es un sofisma, porque si sólo se pudiera manifestar por el silencio, no significaría nada. El Rey no tiene que apoyar o no lo que hace su presidente del Gobierno. Tiene, forzosamente, que dejarle hacer. Incluso en varios casos que podrían darse, y se dan, incluso obedecerle. Creo recordar que en una ocasión manifestó su deseo de hablar ante las Naciones Unidas. Y el entonces presidente González le dijo que no, que iba él. Y se terminó el asunto. Naturalmente son cosas que se hablan y se decide lo más conveniente. Pero quiero decir que en un caso extremo, en asuntos de gobierno el Presidente se impone.

J. G. A.: El Rey se vale con frecuencia de la indiscreción calculada. Cuando quiso que Arias dimitiera utilizó a Borchgrave; y con el Príncipe ha hecho lo mismo. No se atrevió a decirle que rompiera con Eva Sannum y se sirvió de artículos en *ABC*, de Vilallonga, de Seco y hasta le dice al Papa: «Oiga, dígale algo al chico, a ver si se casa.»

J. B.: No sé si el artículo de Vilallonga estaba inspirado por el Rey, era muy duro. También dicen que fue una batalla en la que se quemó, leal y voluntariamente, Fernando Almansa. No tengo constancia, son cosas que se han dicho.

J. G. A.: Utiliza sistemas indirectos, yo creo que porque tiene mala conciencia con el Príncipe. Dicen que le dio algún corte diciéndole al Rey: «Yo al fin y al cabo soy soltero, pero tú...»

J. B.: Eso tampoco. Las relaciones del matrimonio, las que sean (y aparentemente son las de una pareja normal con más de cuarenta años de convivencia), están asumidas por los hijos. Es natural.

J. G. A.: ¿Usted cree que no han afectado realmente a la opinión pública algunos comportamientos del Rey? ¿A la gente de la calle le trae todo esto sin cuidado?

J. B.: Se han oído decir estas cosas aquí y allá, pero eso no se traduce en nada que se concrete. El Rey, por su posición, está en el vértice de muchos bulos, y sobre cada uno hay multitud de versiones. Lo importante es que la gente, en general, le quiere.

J. G. A.: ¿Qué ocurre cuando no se entienden bien el jefe de Estado y el jefe de Gobierno?

J. B.: Es que no tienen más remedio que entenderse bien. Es el Rey el que tiene que entenderse bien con el jefe del Gobierno. El único caso de enfrentamiento fue con Arias Navarro. Se llevaba mal con el Rey, y eso que tenía todos los poderes. Aunque Arias se sentía «atornillado a su sillón», porque le quedaban dos años y medio de mandato según el decreto de Franco, finalmente dimitió cuando el Rey se lo propuso. Pero mientras duró de presidente, el que tuvo que aguantar fue el Rey. Y eso que Arias no había sido elegido por el pueblo.

J. G. A.: La química ésa no parece que funcione con Aznar.

J. B.: Quizá no funciona en el chascarrillo, en el chiste, en lo que coloquialmente se llama compadreo. Pero por encima de todo está el sentido del Estado. El que haya química, eso que también se llama abusivamente *complicidad*, pues parece que hay menos que con Suárez o González. En cualquier caso eso no tiene gran relevancia.

J. G. A.: Pero ¿usted cree que le respeta realmente Aznar? Se han dado ya muchos ejemplos de menosprecio, incluso de ningunearle: «El Rey irá a Cuba cuando toque»; el paseo por La Habana, cuando se quita la chaqueta y se la echa al hombro; el ninguneo al Monarca cuando la visita de Bush, etc.

J. B.: Posiblemente el presidente del Gobierno haya subrayado con exceso en algún caso su posición constitucional, no lo sé. Creo que Felipe González lo hizo alguna vez. Adolfo Suárez no, porque le debía el puesto. Aunque quizá a veces se manifestase poco monárquico. A los que vivieron una juventud falangista les solía quedar un 20 por ciento de revolución pendiente...

J. G. A.: Desde luego a la derecha económica la ponía muy nerviosa Suárez; era un señor imprevisible que lo mismo se levantaba un día y amenazaba con nacionalizar la banca.

J. B.: Y que apenas recibía a banqueros. Lo tenía a gala. Bueno, ¿y a los militares? Dijo en privado, con ocasión de la legalización del Partido Comunista, algo así como: «Estoy deseando que se me insubordine un general para meterlo en un castillo.» Quería dar lecciones de autoridad en todos los estamentos.

J. G. A.: ¿Qué diría usted en cuatro palabras sobre la relación del Rey con cada uno de los cuatro presidentes de la Democracia?

J. B.: Lo que ya hemos hablado. Con Adolfo es muy distinta porque lo pasaron muy mal en ciertos momentos, pero quitando eso yo diría que de compadreo con Adolfo y después con Felipe; y más distante afectivamente con Leopoldo y con Aznar. Es la impresión que hay.

J. G. A.: Leopoldo era monárquico de toda la vida. Era juanista, ¿no?

J. B.: A Leopoldo lo conozco desde que yo estaba en sexto de bachillerato y él era un ingeniero de caminos ya con currículum. Fue por cuestiones de militancia monárquica. Era juanista, sí. Hasta 1969, en que Franco designó a don Juan Carlos príncipe de España, casi todos los dinásticos estaban con don Juan. Aquel año el panorama se volteó ante una decisión irreversible.

J. G. A.: Con Suárez yo creo que empezó muy bien, era el hombre suyo, pero acabó fatal poco antes del 23-F. Lo que hablaba yo antes de la indiscreción calculada: el Rey despotricaba de su presidente del Gobierno con todo el que le iba a ver, sin demasiadas precauciones.

J. B.: Pero es que también hay otra cosa. Aunque era un rey constitucional, cuando lo de Suárez, él lo había nombrado, era una criatura suya y había sido su jefe real, porque no olvidemos que era el dictador, de derecho, que nombra a un jefe de Gobierno: era su Carrero. Él se encuentra con mucha más fuerza moral con Suárez que después con Felipe. De acuerdo con que a Suárez le elige el pueblo, pero en realidad lo revalida. Y a Leopoldo no lo elige el pueblo, sino un comité de UCD.

J. G. A.: Le elige el Parlamento, es legítimo democráticamente pero no es lo mismo.

J. B.: Sí. Tiene un mandato muy positivo a mi modo de ver. Cierra el 23-F, no en falso, pero... Cuenta con un buen juez instructor para las circunstancias, como García Escudero. Aquélla fue una operación compleja y, al fin, bien llevada. Bueno, bien llevada para lo que se podía hacer, porque aquello era un poco chapuza pero, ¿qué hacías? Porque empiezas a procesar en cadena y te llevas a casi medio Ejército por delante. Además, Calvo Sotelo nos metió en la OTAN, lo que transformó las Fuerzas Armadas, entre otras cuestiones importantes, y tuvo mucho que ver con la occidentalización plena de España. En eso fue muy bien ayudado por Pérez Llorca, su ministro de Asuntos Exteriores.

J. G. A.: Lo que yo critico, y lo he dicho muchas veces en *El Siglo*, es esa especie de menosprecio de Aznar, no de la derecha, ni del PP, porque el que venga no va a ser igual. Yo creo que es una actitud personal suya, quizás de soberbia con el Rey.

J. B.: No me parece a mí tanto. Quizá el Rey, en algún momento, hizo algún chistecillo con el bigote de Aznar, por ejemplo, algo muy usual por otra parte, incluso entre sus mismos partidarios. Y quizá eso pudo molestar al entonces candidato y luego presidente. No lo sé. En cualquier caso, entre el carácter de Aznar y el de González hay casi un abismo. Hombre, ¿con quién se iría de copas el Rey? Pues con Adolfo o con González. Parece más difícil con Aznar. Pero eso no significa que para llevarte bien con el Presidente haya que irse de copas, ¿no?

J. G. A.: Aznar debe tener mucho amor propio.

J. B.: Pero independientemente de eso el talante de Aznar no es el de Felipe ni el de Adolfo. Además existe la distancia generacional. Suárez está, más o menos, cinco años arriba del Rey, y Felipe cuatro abajo. La misma generación. Aznar está como a quince años de distancia. Y ahí hay un corte generacional.

J. G. A.: El Rey lo atribuye al fondo falangista que le queda a José María Aznar.

J. B.: ¿Y Adolfo no tenía fondo falangista? Mucho más, en caso de que Aznar lo tenga. Y Adolfo lo perdió, el que tuviera, en julio de 1969, cuando don Juan Carlos fue designado príncipe de España y sucesor. Cuando Adolfo Suárez fue director general de Televisión Española mimó al Príncipe incluso hasta provocar la irritación de la mujer de Franco, que albergaba lejanas posibilidades de que su marido nombrara heredero a su yerno, Alfonso de Borbón Dampierre, en lugar de a don Juan Carlos.

J. G. A.: ¿Usted cree que, cuando se cumplan las previsiones sucesorias, el Príncipe va a contar con el mismo apoyo y complicidad del pueblo español, o ése será el momento de la verdad para saber si la monarquía está realmente consolidada?

J. B.: Al final los pueblos satisfechos, consumistas, como es éste, disfrutan de una inercia considerable. Qué duda cabe de que al Príncipe le acompaña su figura, que sea muy alto y muy guapo y el garbo que tiene. A la gente le gusta que les represente. La gente necesita ídolos, nos americanizamos cada vez más. Eso de que sea más tieso, más tirante, lo podemos apreciar muy pocos, los que tienen algún acceso a ellos, una minoría que no cuenta. Pero no por fervor, sino por cuestiones puramente acomodaticias. La gente no se hace planteamientos economicistas, como decíamos antes, como que la monarquía es más barata. Y tampoco se hace planteamientos doctrinarios. Es claro que el Príncipe no se lo ha «currado» como el padre y que no tiene que hacer ninguna Transición. La dinastía regresa a la inercia. Ahora bien: el padre le ha dejado bien preparado el camino al hijo. No podía donarle mejor herencia.

J. G. A.: ¿Usted cree que el Príncipe se está ganando el sueldo?

J. B.: Pues sí. No puede hacer otra cosa. Es disciplinado y tiene buena preparación. Creo que nos representa bien. La gente no hace mucha diferencia entre el Rey y el Príncipe en cuanto a trabajo. Aunque obviamente tiene más el padre. Y más responsabilidad. Es quien sostiene la institución. Y no hay que olvidar a la Reina, que ha sido un regalo para España.

J. G. A.: Dice el Rey que es el Príncipe mejor formado de Europa. Está muy contento con su educación. Sin embargo, en las entrevistas que estoy haciendo hay muchos que sostienen que no está cumpliendo el papel que le corresponde, que está demasiado tieso, demasiado ocioso y que no hace esfuerzos por encontrarse con los distintos segmentos de la sociedad, salir de su camarilla y verse con gente de la universidad, con artistas, con sindicalistas, con políticos de la derecha y la izquierda, con todo tipo de gente.

J. B.: No conozco la agenda del Príncipe. Quizá converse con gente interesante. Pero lo cotidiano es mediáticamente aburrido. A las revistas les interesa la foto en calzón de baño o en una discoteca... Es lo que vende. Aunque no estaría mal que trascendiera de vez en cuando que ha almorzado con un arquitecto, músico, escritor, etc.

J. G. A.: ¿Qué consejo le darías?

J. B.: Eso es muy complicado. Lo curioso es que se tiene que casar; parece una cosa muy antigua, pero es que se tiene que casar. Dicen que otro asunto muy importante es que tendría que elegir mejor las amistades, por lo que deduzco de opiniones abrumadoras en ese sentido. También es cierto que algunos exageran las amistades que tiene, pero oigo a gente que se decepciona. Aunque la verdad es que se publican nombres de amigos que, al parecer, dan imagen de frivolidad, pero es que el tipo de publicaciones que se hacen eco de vacaciones y ratos de ocio sólo están interesadas en nombres conocidos en ambientes frívolos. Lo que no sé es si en su vida cotidiana se relaciona con gente de su edad que le aporte algo más. Supongo que tendrá amigos de todo tipo. O debería tenerlos.

J. G. A.: Es raro que no tenga amigos de la universidad, que es donde se hacen las mejores amistades. Es un crisol de todas las clases y tierras de España.

J. B.: Y en la profesión, pero claro, él trabaja en casa. No es fácil. ¿Dónde encuentra la chica para casarse? No lo tiene tan sencillo como cualquiera.

J. G. A.: ¿Piensa que la prensa debe mantener ese cuidado de no entrar en determinados temas?

J. B.: Ya no lo tiene tanto. Salió aquel desnudo real tomando el sol en el barco y otros asuntos.

J. G. A.: Me refería a los negocios. En la Constitución está prevista la posibilidad de cambiar la forma de Estado. Es uno de los pocos casos en el mundo, porque en los demás sistemas de monarquía democrática sigue vigente la fórmula del Parlamento con el Rey, no está previsto echar al Rey. En la Constitución Española sí, aunque por un procedimiento muy complicado.

J. B.: Pero en el caso de que se produjera un día, muy posiblemente nosotros no lo veremos.

J. G. A.: Cuando Alfonso XII fue coronado la gente se manifestó enfervorecida y un señor le dijo: «Pues esto no es nada en comparación de cuando echamos al putón de su augusta madre.»

J. B.: Lo que pasa es que en el siglo XIX y más de la mitad del XX la gente era más propicia a echarse a la calle que ahora en cuestiones como un cambio de régimen, porque creía que en ello le iba la calidad de vida. ¿Tú ves que en Estados Unidos haya muchas manifestaciones masivas? Conforme aumenta la renta la gente se echa menos a la calle. Y cuando lo hace, generalmente va por motivos muy concretos o gremiales. La última gran manifestación habida en Gran Bretaña fue en defensa de la caza del zorro.

J. G. A.: ¿Usted cree que en algún momento le ha pasado al Rey por la cabeza abdicar?

J. B.: El Rey es muy moderado con el alcohol, pero hay quien dice que eso, ni *jarto* de vino. Aunque hay una teoría: se ha deducido que por la preocupación que él tiene por consolidar la monarquía, a los setenta años abdicará para tutelar de alguna manera los primeros pasos del hijo como Rey. Es una hipótesis más o menos plausible que no tiene precedentes. Y, al menos para mí, está indocumentada.

Sabino Fernández Campo

O vetense, nacido en 1918, licenciado en Derecho, teniente general honorífico del Cuerpo de Intervención del Ejército en la reserva, fue jefe de la secretaría militar de varios ministros del Ejército y ocupó los cargos de subsecretario de Presidencia y de Información y Turismo. Desde 1977 hasta 1993 acompañó al Rey, primero como secretario general de la Casa de Su Majestad y después como jefe de la misma. Su actuación fue decisiva para desmontar el golpe de Estado del 23 de febrero de 1981. El Rey le concedió el condado de Latores con grandeza de España. Es miembro de la Real Academia de Ciencias Morales y Políticas. La entrevista tuvo lugar por cuestionario.

J. G. A.: ¿Está consolidada la monarquía?

S. F. C.: Sí. Y tiene que seguir consolidándose día a día.

J. G. A.: ¿A qué atribuye usted la presencia creciente en las manifestaciones de banderas republicanas?

S. F. C.: A veces los símbolos no se oponen a las personas o a las instituciones, sino a otros símbolos. La aparición de algunas banderas republicanas en ciertas manifestaciones quizá trataban de oponerse a la nacional, que incomprensiblemente se quiere identificar con la derecha política.

J. G. A.: ¿Cree usted que hay buena sintonía entre el presidente del Gobierno y el jefe del Estado? ¿Qué consecuencias tendría para las instituciones si la relación entre ambos no fuera muy fluida?

S. F. C.: Creo que hay una buena sintonía y sería malo que no la hubiera.

J. G. A.: La guerra de Iraq ha generado alguna frustración en quienes esperaban una expresión más clara de la opinión del Rey e incluso, como reclamaron IU y PNV, una intervención en el Parlamento. ¿Ha hecho el Rey lo que tenía que hacer? ¿De qué forma puede expresarse el Monarca? ¿Cómo puede cumplir su función moderadora?

S. F. C.: El papel del Rey en una monarquía parlamentaria no es fácil, y alguien lo ha definido como una verdadera obra de arte. El Monarca no tiene poderes efectivos, y la facultad de moderar el regular funcionamiento de las instituciones, cuya importancia radica en la falta de concreción y regulación de la forma en que se lleva a cabo, se ejerce sin que trascienda que constantemente se está ejerciendo. Más que opinar o influir públicamente, la opinión y la influencia se ejercen a través del Gobierno y de las instituciones. Por eso sería arriesgado que el Rey, ante la guerra de Iraq, por ejemplo, compareciera ante las Cortes para expresar su opinión. Pero debemos imaginar que si llega a comparecer el Presidente, lo hace después de cambiar impresiones con el Rey. Su poder moderador se basa en la información, en su preparación, en su prudencia y en su autoridad moral.

J. G. A.: El comportamiento constitucional del Rey ha sido intachable, pero no siempre lo ha sido su ejemplaridad personal, especialmente en lo que se refiere al mundo de los negocios, a las amistades de empresarios que han terminado en la cárcel, a los regalos que recibe, los patrocinios de sus actividades deportivas, etc. ¿Piensa usted que este comportamiento terminará desprestigiando a la Corona?

S. F. C.: El comportamiento constitucional del Rey no debe quedar afectado por relaciones amistosas en cuanto a las cuales puede sufrir errores, como todos los humanos. Los Reyes han de estar agradecidos en general a todo su pueblo y a quienes les sirven lealmente, pero no a personas o entidades determinadas, como consecuencia de los favores materiales de ellos recibidos, con el riesgo que ello comporta para la institución.

J. G. A.: ¿Cree usted que la prensa debe informar sin autocensura respecto a la Corona?

S. F. C.: No estamos en tiempos que pueda imponerse la censura; pero nada impide que quien lo estime oportuno y prudente se autocensure respecto a determinados temas.

J. G. A.: ¿Piensa que los españoles aceptarán la institución después de Juan Carlos I, una figura que ha desempeñado una función excepcional en pro de la Democracia?

S. F. C.: Las personas tienen mucha importancia en la monarquía; pero la institución debe estar por encima de las personas a las que corresponde representarla y servirla en cada momento.

J. G. A.: ¿Opina que el Príncipe se está ganando el puesto? ¿Qué debería hacer para conseguirlo?

S. F. C.: Opino que sí. Y por lo tanto, que debería seguir consiguiéndolo día a día en todos los aspectos, consciente, como es, de sus obligaciones presentes y de su importante función futura.

Gabriel Cisneros

G abriel Cisneros, aragonés de Tarazona, nacido en 1940, fue
ponente constitucional por la UCD. Actualmente es el secretario general del Grupo Popular en el Congreso de los Diputados. La entrevista tuvo lugar en su despacho en el grupo parlamentario.

J. G. A.: ¿Piensa usted que está consolidada la monarquía en España?

G. C.: Yo creo que sí. Quiero creer que sí. Las encuestas muy tercamente acreditan que de todo el conjunto institucional, de todo el entramado institucional, la Corona es la que goza de un mayor prestigio y concita una mayor unanimidad. No le oculto que estaría por decir que en los últimos tiempos, no sé si en los últimos meses o los últimos años, se advierte, aunque de forma quizá criminal y en mi opinión absolutamente irresponsable y profundamente injusta, un propósito revisionista de la Transición, cuestionando incluso las condiciones de libertad plena en que se desarrolló, al calor de esa tentación revisionista, que tiene sus raíces en actitudes que están en las antípodas de lo que la Transición fue y significó como proyecto de reconciliación y como voluntad de superación de todas las discordias civiles de nuestro doloroso pasado, al calor de ese revisionismo de la Transición misma parece producirse también una pretensión de poner en cuestión la institución monárquica; pero yo creo francamente que en la muy vasta mayoría del pueblo español esa pretensión no tiene proyección, no tiene respaldo, aunque acepto que el momento pertinente para la respuesta de la pregunta será sin duda cuando, Dios quiera que lo más tarde posible, se produzca el hecho sucesorio. Es decir, cuando don Felipe de Borbón haya de encarnar la Corona. Es en ese momento en el que todas las virtualidades y también, digamos, toda la racionalidad, desde el punto de vista de racionalidad racional, no de racionalidad histórica, que tiene la institución monárquica, serán impuestas a esa prueba.

J. G.A.: ¿Se refiere usted al lado mágico que tiene la institución?

G. C.: No.Yo no lo llamaría mágico. Es histórico, es fundamentalmente simbólico. Los pueblos, como proyectos comunes, necesitan encontrar unos ejes en torno a los que articular su diversidad, y aunque difícilmente el principio sucesorio pueda explicarse en virtud de una ley racional, yo creo que la legitimidad histórica de la monarquía, su legitimidad simbólica, son incuestionables.

J. G.A.: ¿A qué atribuye usted la presencia creciente en las manifestaciones de banderas republicanas?

G. C.: Me he anticipado con la respuesta anterior, al referirme a la tentación revisionista de algunos, que lamentablemente también ha experimentado en su penosa evolución Izquierda Unida. El Partido Comunista de Carrillo, el Partido Comunista de la Transición, fue uno de los factores más determinantes del éxito de ésta y sin cuyo papel no puede entenderse cabalmente la propia Transición. Después ha degenerado en una especie de sindicato de marginales, en una especie de confederación de resentimientos antiglobalización que encuentran en esa especie de contestación que supone la bandera republicana un vehículo de expresión del rechazo. Son un «anti» más que una formación que ejerce una política. Son banderas antiespañolas o antimonárquicas y no banderas republicanas.

J. G.A.: Esa impresión tengo yo. ¿Cree usted que hay buena sintonía entre el jefe del Gobierno y el jefe del Estado? ¿Qué consecuencias tendría para las instituciones si la relación entre ambos no fuera muy fluida?

G. C.:Ya tenemos una experiencia de sucesión de tres, de cuatro, perdón, presidentes del Gobierno constitucionales. Si incluyéramos a Carlos Arias, que es un presidente preconstitucional pero ya perteneciente al tiempo monárquico, son cinco, y estoy seguro, porque es inevitable desde el punto de vista humano, que eso que los jóvenes llaman la química, en definitiva una mayor capacidad de fluidez en la relación personal, pues no habrá sido la misma en todos los casos, estoy seguro. Pero eso debe tener en el plano institucional una importancia relativa. Creo que los papeles están muy claros, y en la medida en que ambas figuras, el jefe del Estado y el presidente del Gobierno, acoten cuidadosamente sus respectivos papeles y los asuman sin interferencias, no hay por qué temer que esa relación se convierta en un problema. Y, de hecho, creo que a grandes rasgos, si huimos de meras anécdotas, así ha sido en los cuatro casos.

J. G. A.: Ya sabe que hay una impresión general de que Aznar se lleva fatal con el Rey.

G. C.: Sí, sí.

J. G. A.: La guerra de Iraq ha generado alguna frustración en quienes esperaban una expresión más clara de la opinión del Rey e incluso, como reclamaron Izquierda Unida y PNV, una intervención en el Parlamento. ¿Ha hecho el Rey lo que tenía que hacer? ¿De qué forma puede expresarse en una monarquía parlamentaria? ¿Cómo puede cumplir su función moderadora?

G. C.: Creo, y pienso que la Constitución auxilia mi creencia, que el Rey ha hecho exactamente lo que tenía que hacer. Yo creo que la intervención, por otra parte ciertamente oblicua, de España en el conflicto de Iraq está amparada por la competencia constitucional en la determinación de la política interior y exterior que corresponde al Gobierno, y cualquier pronunciamiento del Rey que hubiera supuesto la expresión de una desafección hacia el ejercicio de esa competencia constitucional habría sido manifiestamente imprudente.

J. G. A.: El comportamiento constitucional del Rey ha sido intachable, pero no siempre lo ha sido su ejemplaridad personal, especialmente en lo que se refiere al mundo de los negocios, a las amistades de empresarios que han terminado en la cárcel, a los regalos que recibe, los patrocinios de sus actividades deportivas, etc. ¿Piensa usted que este comportamiento terminará desprestigiando a la Corona?

G. C.: No tengo noticia, francamente.

J. G. A.: Me niega la mayor.

G. C.: Le niego la mayor. No soy lector de la prensa del corazón, me parece que es por ese camino por donde se atribuyen, junto a las virtudes públicas, los defectos privados de Su Majestad, pero de esas excursiones en el mundo de los negocios o de las relaciones privadas le confieso que no tengo la menor noticia. No es una respuesta política, es que no lo sé.

J. G. A.: Me refiero a todo el asunto de Kio, de Prado y Colón de Carvajal, de Javier de la Rosa, Mario Conde anteriormente, etc.

G. C.: Creo que el único asunto era el de Kio, los otros...

J. G. A.: Lo de Mario Conde antes tuvo implicaciones más preocupantes, peores. El banquero tenía algún planteamiento político por su parte, un golpe de Estado.

G. C.: No, golpe de Estado, no.

J. G. A.: Golpe de Palacio, casi. En cualquier caso fuera de las urnas.

G. C.: La convicción que tengo, y dispongo de algún dato que la fundamenta, es que por la cabeza de Mario Conde pasó la tentación de ejercer una especie de OPA hostil del Partido Popular, de adueñarse del PP. No le estoy descartando su tesis, le estoy aportando la que yo puedo fundamentar. La tuvo y concretamente la intentó instrumentar a raíz de Maastricht. Recuerda usted que Maastricht hubo de ser refrendado en Francia, aparte de en Dinamarca, en Irlanda y en algún otro país que tiene por imperativo constitucional el hacerlo; entonces Conde concibió una gran campaña de opinión reclamando el referéndum sobre Maastricht, no sé si para liderar el sí o para liderar el no, pero en todo caso concibió aquella oportunidad como una eventual plataforma de proyección política. Sé que se aproximó a algunos cuadros medios y superiores del Partido Popular; en ese contexto se produjo aquella sorprendente audiencia con el Papa (...) y yo recuerdo un artículo sin firma, y consecuentemente hay que concederle la condición de editorial, en el diario *ABC*, muy resonante, que creo recordar que se llamaba «Los tambores de Maastricht», o algo así, en el que se exigía la celebración del referéndum. Referéndum que Aznar había comprometido con González no reclamar. Evidentemente había una dificultad adicional, estaba el recuerdo del referéndum de la Alianza, y Conde encontró, circunstancialmente también puedo decirle, acogida en las páginas de *ABC* para esa pretensión. Inmediatamente desde el PP se reaccionó con mucha contundencia y Aznar consiguió abortar aquella tentativa. Lo que no sé es la otra operación de Conde.

J. G. A.: No son incompatibles ambos hechos. Conde, exagerando la gravedad de la situación política del momento, trató de buscar una solución palaciega.

G. C.: A lo Armada.

J. G. A.: Sí, a lo Armada, aunque sin Tejeros. Mi hipótesis es que la monarquía no ha salido muy mal parada de estos asuntos por una especie de pacto tácito de silencio de la prensa.

G. C.: Bueno, yo creo que ese pacto opera en todas partes, quitando quizás el Reino Unido por las características de sus medios sensacionalistas y también porque es una monarquía mucho más vieja y que puede resistir más embates. En el Benelux e incluso en los países escandinavos, ese pacto opera de alguna forma y no en virtud de ningún mecanismo censor, sino en la asunción deontológica por parte de los medios de un proceso de autocontención. Ha habido otras excepciones: recuerdo un reportaje de *Interviú* con un desnudo dorsal.

J. G. A.: Sí, ha habido alguna en los aspectos menos importantes. Yo a estas cosas del corazón no le doy más importancia, salvo que afecten a cuestiones de Estado, como a veces ha ocurrido, pero eso es otra cosa. La pregunta es: ¿cree usted que la prensa debe informar sin autocensura respecto a la Corona?

G. C.: No lo planteo en términos de autocensura sino como deontología. Si hemos convenido antes usted y yo en que las virtualidades de la institución están en lo que usted llamaba elementos mágicos y yo prefería calificar de elementos simbólicos, yo creo que, por lo mismo que hacemos una respetuosa inclinación de cabeza ante el paso de la bandera en los desfiles, podemos perfectamente asumir colectivamente un nivel de autocontención en el tratamiento del tema; y en la medida en que sea libre y que sea voluntario, no creo que se incurra en ninguna suerte de limitaciones de las libertades de expresión o el derecho a la información.

J. G. A.: ¿Piensa usted que los españoles aceptarán la institución después de Juan Carlos I, una figura que ha desempeñado una función excepcional?

G. C.: Ya le he dicho antes que creo que el trance crítico será el de la sucesión. Es lo que ha ocurrido en todas las monarquías, en las de Centroeuropa en la agitada Europa de entreguerras, en la Europa oriental… Estoy pensando en Simeón. En España, el príncipe Felipe está plenamente maduro para desempeñar su función, pero, efectivamente, en todas las monarquías el trance sucesorio parece que implica algún elemento crítico. Confío en la sensatez de todos, porque aquí el papel de las clases políticas es determinante, el papel de las elites. Los partidos tienen la función vertebradora de la opinión pública y, en la medida en que los grandes partidos estén de acuerdo en la conveniencia de que se produzca el trance sucesorio con normalidad, será mucho más fácil coordinar los procesos.

J. G. A.: ¿Opina usted que el Príncipe se está ganando el sueldo? ¿Está haciendo méritos para asegurarse el puesto? ¿Qué debe hacer para conseguirlo?

G. C.: Yo creo que debe hacer exactamente lo que está haciendo; es decir, está teniendo una proyección externa. Es verdad lo que usted apunta de que en la persona de don Juan Carlos I concurrieron unas circunstancias biográficas excepcionales, porque fue el puente por el que todos los españoles pudimos transitar pacíficamente desde el autoritarismo hasta la libertad. Para eso tenían que concitarse unas circunstancias históricas: su designación como príncipe de España por el general Franco, su aceptación como prenda de reconciliación civil por parte de las fuerzas políticas de la izquierda...Yo creo que a veces no se repara en la importancia del año 1982 en la historia contemporánea de España, porque en ese año se produce por vez primera la convivencia entre un rey y la izquierda democrática en el poder.Yo he pensado muchas veces que si ese acontecimiento, en vez de producirse en el año 1982, se hubiera producido en la década de 1920, si la izquierda, el socialismo de la época, no hubiera tenido los ingredientes revolucionarios que tenía, si Alfonso XIII hubiera tenido una mayor sensibilidad hacia las exigencias del tiempo, nuestra historia reciente habría sido completamente distinta y con toda probabilidad nos habríamos ahorrado la tragedia de la Guerra Civil. De manera que insisto en la importancia del año 1982 e insisto en que efectivamente Felipe no puede, en ningún caso, heredar ese cúmulo de circunstancias históricas que concurrieron en la figura de su padre, pero también hay que reconocer que la preparación específica para el desempeño de su función ha sido mucho más rica y más rigurosa en el caso del Príncipe que en el caso del Rey. En el caso del Rey ha tenido la sabiduría vivida, una portentosa intuición; ésa es sin duda la raza, ¿no? En el caso de Felipe de Borbón espero que se den también esos atributos de sagacidad, pero sin duda ha tenido una preparación mucho más intensa y mucho más rica.Y creo que ese papel creciente que el Príncipe va teniendo, de una forma casi insensible, en el itinerario de viajes por las comunidades autónomas españolas, y sobre todo de representación en el mundo exterior y singularmente en el mundo iberoamericano, constituye un buen bagaje.

J. G. A.: Un paréntesis: la preparación del Príncipe nadie la discute, pero hay más reticencias respecto a su actitud. El Rey es un hombre franco y la expresión que suele utilizar, ésa de «Aquí hay que ganarse el sueldo todos los días o te botan», refleja bien su mentalidad. El Príncipe yo creo que participa más de la visión de su madre, que es más legitimista.

G. C.: Evidentemente, parece que don Felipe es más Grecia que Borbón. Lo que no puede nadie exigir o pretender es que la herencia genética llegue al extremo de que Felipe tuviera las dotes de afabilidad, las dotes de llaneza que adornan a su padre. No me parece esencial. Voy a hacerle un juicio melancólico, propio de la edad y lógicamente generacional. Hace unos años, creo que con ocasión del vigésimo aniversario de la Constitución, en 1998, o quizá fue con ocasión del vigesimoquinto aniversario de la exaltación al trono de don Juan Carlos, en el año 2000, recuerdo que se celebró una recepción en esta casa, en el Congreso de los Diputados, y se invitó creo que a todos los parlamentarios de la Democracia, y cuando llegó la Familia Real al completo a la recepción y empezaron a saludarnos, a mí me asaltó una reflexión inquietante: aquí hay dos personas —don Juan Carlos y doña Sofía— que previsiblemente conocen por su nombre a un 80 o a un 90 por ciento de los asistentes, y hay otros cinco —el Príncipe, las infantas y los consortes— que probablemente conocen por su nombre a un 10 o a un 15 por ciento… Pero, insisto, ésa es una reflexión melancólica, de carácter generacional y a la que no hay por qué atribuir proyección o resonancia política.

J. G. A.: Estoy observando en mis entrevistas una cierta crítica o preocupación respecto al Príncipe; incluso me dicen que el Rey también alberga alguna inquietud.

G. C.: Hombre, yo puedo decir, por ejemplo, que en la visita institucional que tuvo lugar a esta casa, el comportamiento del Príncipe fue impecable: presidió una Junta de Portavoces. Me acuerdo de que Pilar Rahola, que estaba a la sazón en la Junta, aparte de llamarle «señor Borbón» y estas cosas que le gusta hacer, se apresuró a decirle que no se creyera que las Juntas de Portavoces ordinarias eran como ésa a la que él estaba asistiendo, que nos llamábamos de todo. Pero, aparte de eso, yo recuerdo que mostraba su interés y conocimiento del reglamento. Después tuvimos un almuerzo en el que recuerdo que, en sus palabras en el brindis final, anunció su propósito de recibir a los diputados, empezando por los de su cohorte generacional, y creo recordar que se limitó a éstos. Pero se celebró una serie de audiencias sucesivas con miembros de la Cámara en la treintena.

J. G. A.: También preocupa su apariencia de vida frívola, rodeado de gente más bien pija. Las críticas que estoy recibiendo van en esa dirección.

G. C.: Yo como contrapunto de esas denuncias le invoco mi experiencia de la visita a esta casa, y puedo contarle una anécdota más personal que tiene importancia para mí, aunque no creo que la tenga para los lectores. En el otoño del 2000, muy poquito después de las elecciones generales y cuando yo había salido diputado por Zaragoza, se encontraba muy avanzado el proyecto de una visita institucional del Príncipe a Aragón, y yo me encontré con disgusto y con sorpresa que en esa visita no estaba incluido mi pueblo, que es Tarazona de Aragón, y aparte de los sentimientos de frustración personal, yo entendía que Tarazona, que es episcopado, que ha sido sede de Cortes, que históricamente, después de Zaragoza, es la ciudad más linajuda de toda la Corona de Aragón, o tan linajuda como Caspe, Alcañiz o tantas otras; pues bien, tuve que urdir una intriga con mucha energía y mucha determinación para conseguir que se rectificara y se incluyera Tarazona. Y lo conseguí con los buenos oficios del entorno del Príncipe. Y lo que sí recuerdo, y éste sí que es un rasgo borbónico, es que cuando se produjo la primera recepción en Zaragoza a raíz de su llegada, en la fila de los saludos él me guiñó un ojo al saludarle y me dijo: «Por fin voy a tu pueblo.»

J. G. A.: Un catedrático dijo que la Constitución Europea puede afectar de alguna forma al estatus de los monarcas o de los jefes de Estado en general. ¿Comparte esta idea?

G. C.: No, en absoluto. Se lo digo con la modesta autoridad de haber sido padre de la Constitución Europea, de haber estado en la Convención que la estudia. Yo creo que se pueden producir problemas constitucionales de otra índole en razón de la prevalencia del derecho europeo sobre el derecho nacional. Esto no es una novedad, es una construcción jurídica que fundamentalmente el Tribunal de Luxemburgo ha venido elaborando, que ahora es más explícita. Si recordamos usted y yo de memoria todas las tomas de posición de alguna autoridad que se han producido, yo creo que solamente ha sido el profesor Rubio y Llorente quien ha suscitado ese tema, ciertamente no en relación con la Corona. Nosotros tenemos una ventaja y es que hay un artículo de la Constitución que claramente se redacta en el horizonte de la integración europea, de suerte que probablemente son otros países de la Unión quienes pueden tener mayores problemas constitucionales que los nuestros.

J. G. A.: ¿Puede desempeñar algún papel el Rey respecto a las cuestiones vasca y catalana?

G. C.: Lo ha tenido o lo está teniendo. De todos modos, si usted sugiere o apunta la eventual preferencia por un modelo de tipo confederal en el que la Corona representase el único vínculo de unión, pues yo francamente no soy partidario. Creo que ésa es una construcción absolutamente premoderna y que no se compadece con el principio de soberanía nacional que reside inequívocamente en el pueblo español. La encarna el Rey, pero la titularidad de esa soberanía está en el pueblo español en su conjunto. Consiguientemente ese tipo de construcciones conceptuales me parece claramente arcaico.

J. G. A.: Sin embargo, puede drenar tensiones aprovechando la simpatía que genera. Quizás le ayudara el aprendizaje del catalán, del euskera, con más viajes a estas comunidades.

G. C.: Los viajes catalanes del Rey han sido grandes éxitos, o al menos lo fueron hace unos años. Desgraciadamente el tema vasco, con sus ingredientes de violencia, desde el momento en que la preocupación por la seguridad se convierte en un plus, pues todo está perturbado, todo está viciado. ¿Cómo pretender que el Monarca goce de una adhesión, de un afecto popular, cuando desgraciadamente su presencia allí tiene que representar una movilización de escoltas y de sistemas de protección?

Julio Feo

Valenciano, nacido en 1936, sociólogo, máster en Relaciones Internacionales por la Universidad de Stanford (California), experto electoral del PSOE desde 1977, contribuyó de forma notable a la victoria de este partido en las elecciones de 1982. Fue secretario de Felipe González y secretario general de la Presidencia, cargos que ocupó entre 1982 y 1987. Volvió entonces a la actividad privada en el mundo de la comunicación. Actualmente está jubilado. Nuestra conversación tuvo lugar durante una cena en su domicilio en un pueblo próximo a Madrid.

J. G. A.: ¿Está consolidada la monarquía?

J. F.: Yo creo que está consolidada la monarquía con don Juan Carlos. La cuestión es si está consolidada la institución. Debería estar consolidada, pero tengo la impresión de que de pronto se ha producido un cierto vacío. Es muy importante que al Rey le apoyemos los progresistas, gente que por origen, familia o ideología, si hubiéramos vivido en los años treinta seríamos republicanos puros y duros, pero que ahora hemos aceptado la monarquía. Personalmente soy filosóficamente republicano, constitucionalmente monárquico y de corazón juancarlista.

J. G. A.: ¿Y cuando no esté el rey Juan Carlos?

J. F.: Pues ése es el problema. No lo tengo tan claro respecto a la monarquía de don Felipe. Ya no estoy en edad ni situación de salir gritando «España mañana será republicana», pero tengo la impresión también de que pudiera producirse una reacción entre la gente menor de cuarenta años. Tengo la impresión de que no se ha hecho nada para que esa gente se sienta identificada con la monarquía, cuyo papel no entienden, y como además no han vivido el franquismo no son conscientes de que fue esencial para la Democracia. Para ellos, la monarquía es la de unos señores que viven para hacer regatas, que esquían, que salen con tías estupendas y no dan un palo al agua. Ése es el problema, me parece a mí.

J. G. A.: ¿A qué atribuye usted la presencia creciente en las manifestaciones de banderas republicanas?

J. F.: Probablemente por lo que he dicho. Yo, que estuve en las manifestaciones —las tres grandes que hubo en Madrid— con mi mujer y mis hijos, en las que fui por libre, con un grupo de amigos, ocho o diez, y anduvimos por allí, vimos que las banderas republicanas las llevaban sobre todo gente muy joven. No las portaban viejos nostálgicos, ni siquiera la gente de Juventudes de los años setenta y ochenta, que ahora tendrían de cuarenta a cuarenta y cinco años. Eran jovencitos de quince a treinta años de edad. Supongo que había mucho ácrata, pero también otros chavales sin adscripción concreta. Supongo que influiría que ni el Rey ni el Príncipe hicieran algún gesto para desmarcarse de la actitud del Gobierno.

J. G. A.: ¿Cree usted que hay buena sintonía entre el Rey y el presidente del Gobierno?

J. F.: Hombre, no lo sé. La impresión es que hay sintonía, porque tiene que haberla, pero no sé si hay tan buena sintonía como en otros momentos. A bote pronto diría que menos buena que en otras ocasiones, pero no tengo datos.

J. G. A.: ¿Plantearía algún problema la mala sintonía entre ambos?

J. F.: Problemas graves, no. Puede haber problemas de relación y de protocolo.

J. G. A.: La guerra de Iraq ha generado alguna frustración en la opinión pública, que esperaba una expresión más clara de la opinión del Rey e incluso, como reclamaban IU y PNV, una intervención en el Parlamento. ¿El Rey hizo lo que tenía que hacer? ¿De qué forma puede expresarse el Monarca dentro de su función moderadora que está prevista en la Constitución?

J. F.: Yo creo que el Rey está obligado en política exterior a decir y hacer lo que hace y dice el Gobierno. El Rey ha hecho lo que tenía que hacer y yo creo que no podía hacer más de lo que ha hecho. Otra cosa es que yo pienso que hay válvulas de salida en torno a la Casa Real para que hubiera habido algún detalle, sobre todo, y aquí me refiero al Príncipe de Asturias: que el Príncipe hubiera hecho algún guiño, no digo declaración, sino guiño a la juventud. Si un 90 por ciento de la población estaba contra el chapapote y contra la guerra de Iraq, de la juventud, la gente de su edad, de menos de treinta y cinco o cuarenta años, tenía que estar el 99,9 por ciento en contra. Entonces, si hubiera hecho algún guiño en los dos temas a la gente joven sin criticar al Gobierno, diciendo: «Yo también soy joven y entiendo que los jóvenes estén en contra...» Pero ha estado de pasante, de no mojarse en nada; no ha ido a quitar chapapote, por ejemplo, ¿entiende? Lo lógico es que hubiera ido dos días a pringarse, a quitarlo como voluntario en Muxía o en cualquiera de las playas. Si yo hubiera sido el jefe de la Casa del Rey o su asesor de comunicación, es lo que habría aconsejado.

J. G. A.: Por eso la gente no termina de entender muy bien para qué sirve un Rey en estos tiempos. «¿Dónde está el Rey?», se decía en las manifestaciones. Pero al mismo tiempo, está el otro peligro que hemos vivido en la historia de España, que es un intervencionismo excesivo de los monarcas.

J. F.: De acuerdo, estamos de acuerdo. Quizás lo mejor habría sido que la institución se posicionara de alguna manera a través del Príncipe. Vamos a ver, yo no he hablado con el Rey jamás de esto. Si me preguntas, me juego el brazo a que el Rey estaba en contra, que estaba cabreado con el chapapote, eso seguro, no tengo ninguna duda; otra cosa es que lo pueda expresar o no. Quizás en aquellas circunstancias el silencio fuera una forma de expresarse, pero eso no es fácil de ver y se cuestiona la institución. La gente piensa: «¿Para qué tenemos a éstos aquí? ¿Qué hacen?» Además, la familia ha entrado en un momento en que las infantas y el Príncipe son ya adultos y tienen problemas de adultos y aparecen las parejas, los

Marichalar, los Urdangarín, las Eva Sannum. Se han convertido para la sociedad en «famosos con pareja»; los medios de comunicación los enfocan así, les dan ese tratamiento. Están en las revistas del corazón. El que los actos de la monarquía se reflejen sobre todo en las revistas del corazón o en los programas de corazón de la televisión me parece que perjudica. Yo recuerdo que la única vez, en mis cinco años de trabajo con el Gobierno, que he llamado a Televisión Española para decir algo, que naturalmente no me hicieron caso, es porque Sabino me pidió —y yo se lo pregunté a Felipe y me dijo que llamara— que las noticias de la Casa se dieran al principio o al final del telediario y no mezcladas con otras noticias.

J. G. A.: El comportamiento constitucional del Rey ha sido intachable, pero mi impresión es que no siempre lo ha sido su ejemplaridad personal, especialmente lo que se refiere al mundo de los negocios, a sus amistades…

J. F.: Quiero creer que él personalmente es intachable en cuanto al mundo de los negocios. Otra cosa son las amistades peligrosas. Este hombre, en efecto, ha tenido amigos que, cuando menos, han intentado utilizar su nombre y ha tenido gente que ha acabado en la cárcel. Creo que ahí ha habido un problema, pero da la impresión de que ha logrado navegar en aguas procelosas y llegar a buen puerto. Fue un gran error el acercamiento de Mario Conde; Tchokotoua y Manolo Prado, muy amigos del Rey, lo utilizaron; Javier de la Rosa, otro que tal baila, también intentó acercarse. Se aproximaron por donde se le puede abordar y lisonjear, es decir, la náutica, el mar. En el caso de Mario Conde, a través de don Juan en la clínica. En el fondo entiendo que el Rey incluso estuviera agradecido, pero luego han intentado ir más allá y afortunadamente no lo han conseguido. Creo que Javier de la Rosa pensaba que el Rey iba a salir en su socorro, como está haciendo la Generalitat.

J. G. A.: ¿Tuvieron ustedes, los socialistas, algún disgusto en esta materia?

J. F.: No. Yo a éstos les he conocido después, porque da la casualidad de que soy muy amigo —antes de entrar en Moncloa, durante

Moncloa y después— de cinco amigos del Rey: de Agustín Gómez Acebo, que falleció; era muy muy amigo de Ruibal, que falleció también y que era hijo del dueño de Spantax; yo estaba en el grupo de amigos de Mallorca, porque iba mucho allí, tenía apartamento y barco y trataba con esta gente. Conocí a Tchu, que está casado con Marieta Salas; Miguel Arias también es viejo amigo mío y amigo del Rey; y, por si fuera poco, Ignacio Caro, también amigo mío de la vela, iba con el Rey en el *Fortuna*. Entonces, de puñetera casualidad resulta que conozco a mucha gente que es amiga del Rey, pero nunca he dicho que yo sea amigo del Rey. El Rey me trata con mucho afecto, pero no soy un amigo suyo.

J. G. A.: Es difícil creer que el Rey no supiera que se estaba sacando dinero en su nombre, pero haciendo un esfuerzo para creerlo, lo que parece evidente es que, por lo menos, ha generado una apariencia de complicidad mala para su imagen.

J. F.: Ahí estamos de acuerdo. La apariencia de complicidad está ahí porque ha dejado que esta gente manche su nombre.

J. G. A.: A lo mejor porque tiene un gran corazón, porque no sabe decir que no, porque Prado le había prestado mil servicios desde antes de que fuera Rey, por lo que sea, no lo sé. Y el Rey es muy humano, muy generoso. Habrá una explicación, pero me parece peligroso.

J. F.: Absolutamente peligroso. Pero me da la impresión de que se ha alejado de eso. Y también de los asuntos de faldas. Evidentemente, porque si no, habría que aplaudirle. Si siguiera igual que en mi época, entonces habría que hacerle un homenaje. Pero los dos temas son muy diferentes.

J. G. A.: Y respecto a los regalos que recibe, el *Fortuna*, los patrocinios deportivos...

J. F.: Vamos por partes. A mí no me parece mal que el *Fortuna* se lo pagaran a escote los empresarios de Mallorca, que pagaran el impuesto revolucionario por así decirlo, para que todos los veranos pase allí el Rey sus vacaciones, lo que tiene un valor incalculable. Lo que en cambio me parece mal, tanto por parte del Rey como

del Príncipe, es que regateen en barcos patrocinados. El Rey no
puede ir en el *Telefónica Movistar* de su amigo Cusi. Si va en el barco
de su amigo Cusi, que se llama *Bribón*, que vaya sin que lo patrocine nadie, que se busque Cusi las pelas como pueda, pero no que
lo patrocine Telefónica Movistar, que compite con Siemens. Y además luego las cosas se tuercen y dan lugar a malentendidos, como
en la última Copa del Rey, que no han dejado salir a Siemens por
un error mecanográfico respecto a las medidas del barco, la eslora
y todo eso; la gente piensa mal. ¿Cómo se mete el Rey en una competencia entre dos firmas comerciales, Telefónica contra Siemens,
que luchan por vender sus respectivos modelos de teléfonos móvi-
les? No tiene sentido que el Príncipe vaya con una camiseta de
Camp, o que la infanta Cristina navegue en un barco de Agua Brava.

J. G. A.: ¿Cree usted que la prensa debe informar sin autocensura respecto a la Corona?

J. F.: Evidentemente la prensa se ha autocensurado respecto a la
Corona y tal vez eso ha sido bueno hasta un momento, pero creo
que fue bueno hasta que se consolidó todo. A partir de ese momento
no hay por qué autocensurarse. Yo diría que desde 1992 no debería haber habido autocensura. Al que Dios se la dé, san Pedro se la
bendiga. Hasta 1992 aquí había que jugar con muchos hilos, había
que ser muy delicado, pero una vez que nos normalizamos, se nor-
malizó el país y nos hicimos europeos y de la OTAN y de todo y
ya ibas con el mismo pasaporte que Inglaterra o Alemania...

J. G. A.: ¿Subsistirá la institución tras Juan Carlos I?

J. F.: Me gustaría que así fuera, pero gratis no puede ser. Yo quiero
un rey que me guste. Lo de la herencia, en principio, no se lo traga
nadie: tiene que ser útil. Si en el futuro no lo es, si no aglutina sino
que separa, podría llegar un momento en que estemos hasta el gorro
de la institución. Hoy por hoy, don Juan Carlos aglutina, aunque
sólo sea dándote unas palmadas cuando te ve y te dice: «Hola, Pepe,
¿cómo estás?» Eso lo borda, pero claro, el hijo no tiene ese carácter, es más griego... Formalmente está mejor preparado que el padre,
pero eso no es todo.

J. G. A.: ¿Lo está haciendo bien el Príncipe? ¿Qué le aconsejaría?

J. F.: Desde luego yo no soy Maquiavelo, ni siquiera Emilio Romero, y por tanto no voy a escribir ninguna carta ni al Príncipe ni al Rey. Todo depende de su mentalidad: si él sabe que se tiene que ganar el puesto día a día, vamos bien; si piensa que está ahí por derecho divino, vamos fastidiados: tenemos monarquía para veinte años como mucho.

J. G. A.: En su libro *Aquellos años* se explica que usted y Sabino «inventaron» el modelo de relación de la Corona con el Gobierno.

J. F.: Quienes decidían cómo se hacían las cosas eran el Rey y Felipe González. Ellos nos decían a Sabino y a mí que nos pusiéramos de acuerdo para desarrollarlo, y yo, por mi cuenta, llevaba el protocolo del Estado, que estaba en Exteriores, a Moncloa. Y montamos un nuevo protocolo desde el Rey hasta el último. Esto del protocolo tiene más importancia de lo que parece: la gente puede matar si se considera que no le han sentado donde le corresponde en la mesa. Luego organizamos los despachos de Felipe con el Rey, los miércoles a las once, y eso era sagrado: si estaban en Madrid los dos, se veían. El despacho debía llevar una orden del día por escrito. Yo hacía una lista y Sabino otra, y las coordinábamos.

J. G. A.: Usted tuvo que hacer alguna gestión cerca del Gobierno griego para que la familia de la Reina recuperara sus bienes...

J. F.: El Rey debía de estar preocupado porque a su esposa y a su cuñado no les devolvían lo que habían dejado en Grecia. Un día me llama Felipe y me dice que me vaya a ver al Rey y a su cuñado Constantino a Marivent para hacer una gestión. Allí estuve con ambos, que me explicaron la historia. Así que me fui a Grecia a ver a Papandreu, a quien planteé el tema. Me recibió en un *bungalow* que tenía en su casa, un chalé en una especie de urbanización. Le regalé una pipa de madera que compré en Madrid. La entrevista fue muy agradable y me aseguró que intentarían arreglar las cosas. La solución de principio fue que le devolvieran el contenido de los palacios, pero no los edificios. De allí me fui a Londres, adonde había regresado Constantino, para explicarle la situación. Estaba rodeado de gente más papista que el Papa. No comprendían que el afecto griego por su Familia Real estaba bajo mínimos; a la única persona a la que toleraban un poco era a la reina Sofía.

J. G. A.: Esta historia demuestra el grado de confianza de Felipe González con el Rey, pues se presta a realizar una gestión particular.

Gregorio Peces-Barba

Gregorio Peces-Barba, madrileño, nacido en 1938, fue ponente constitucional por el PSOE y presidente del Congreso tras las elecciones de 1982, que dieron a este partido la mayoría absoluta. Catedrático de Filosofía del Derecho, es rector de la Universidad Carlos III desde su fundación. La entrevista transcurre en el Rectorado.

J. G. A.: ¿Cree usted que está consolidada la monarquía?

G. P.-B.: Yo creo que sí. En este momento no hay un peligro que se vea inminente, aunque siempre el momento de la transición, el momento del paso del padre al hijo, será delicado.

J. G. A.: ¿A qué atribuye usted la presencia creciente de banderas republicanas en las manifestaciones?

G. P.-B.: Hay menos banderas republicanas que antes. No se olvide de las que había en 1977. Ahora por lo menos, los militantes del PSOE, en general, no llevan banderas republicanas, y entonces sí las llevaban. Creo que eso no es trascendente, eso es un signo de libertad, entre otras cosas, y de gente que no se siente atada. Pero no son necesariamente banderas antimonárquicas ni suponen una voluntad de derrocar la monarquía.

J. G. A.: ¿Cómo afecta a las instituciones la evidente antipatía entre el jefe del Ejecutivo y el jefe del Estado? ¿Qué opina usted de las muestras dadas por Aznar de reducir el papel del Rey a la mínima expresión?

G. P.-B.: Eso es un signo de que no sabe hacer sus deberes. El presidente del Gobierno debería tener un respeto reverencial por el Monarca, entre otras cosas porque el Monarca no es más que la expresión de la unidad y la permanencia del Estado. Es un símbolo, y como tal símbolo tiene que ser preservado, sabiendo sobre todo, y no debe tener en eso ninguna mala conciencia el presidente del Gobierno, que quien manda realmente es él.

J. G. A.: La guerra de Iraq ha generado alguna frustración entre quienes esperaban una expresión más clara de la opinión del Rey e incluso, como reclamaron Izquierda Unida y PNV, una intervención directa en el Parlamento. ¿Ha hecho el Rey lo que tenía que hacer? ¿Se justifican las posiciones de quienes opinan que la monarquía no sirve para nada?

G. P.-B.: Me remito al artículo que escribí en *El País*, que yo creo que está muy claro. Lo que PNV e Izquierda Unida reclamaban no tiene ningún sentido, porque aceptarlo representaría que el Rey recuperase una prerrogativa que no debe tener, que se puede usar para bien pero también para mal.

J. G. A.: Usted parece haber evolucionado desde un «juancarlismo pragmático» hacia un defensor doctrinal, un entusiasta de la monarquía. ¿Qué le ha hecho evolucionar en esa dirección?

G. P.-B.: Entusiasta no, porque yo creo que un profesor universitario tiene que ser más bien racional. Lo que no parece muy racional es mantener las críticas republicanas tradicionales a la monarquía refiriéndolas a la monarquía parlamentaria, en la que el Rey carece de prerrogativas, pues no es ni poder legislativo, ni ejecutivo ni judicial.

J. G. A.: Usted afirma que la monarquía parlamentaria es, o puede ser, más democrática que la república. Muestra una opinión muy positiva de la monarquía en la historia de España, y hace grandes elogios incluso de don Juan. ¿Puede usted sacarme de mi asombro?

G. P.-B.: De la historia de España, no. Y de la monarquía en la historia de España, no creo que yo haya elogiado ni a Alfonso XIII ni a Isabel II. A Carlos III, sí. Yo defiendo la monarquía que tenemos hoy. Anteriormente, yo más bien estaba en una tradición republicana. Lo que pasa es que también trajo muchos problemas para España la tradición republicana, igual que la monárquica produjo muchas tensiones. Lo importante es ver quién es más capaz de cerrar un consenso lo más amplio posible. En este momento eso lo consigue la monarquía y, por consiguiente, no hay que pensar más. Pero no se asombre usted, porque yo históricamente nunca he sido monárquico.

J. G. A.: ¿No le parece a usted, que al menos desde que Alfonso XIII acepta, en el mejor de los casos, la dictadura de Primo de Rivera, la monarquía ha quedado fuera de la ley?

G. P.-B.: Eso va a misa, no tengo nada que decir.

J. G. A.: ¿Por qué se deja fuera de la historia la II República, uno de los pocos períodos verdaderamente democráticos de nuestra historia? Se ha quedado como en un extraño paréntesis.

G. P.-B.: La II República es muy importante. Todos los maestros de los que he bebido intelectualmente, especialmente uno, que es don Fernando de los Ríos, así como don Manuel Azaña, son constructores de la República. Y yo no renuncio en absoluto a esa tradición. Creo que esa tradición se incorpora al sistema de la monarquía parlamentaria del 78. Y que, por consiguiente, se cierra con la mayor parte de las virtudes de la II República, que tuvo errores, que yo llamaría secundarios, pero que fueron aprovechados como primarios cuando don Manuel Azaña le dice a Fernando de los Ríos: «Querido Fernando, nada de lo que hicimos es lo que debíamos haber hecho.» Pues está señalando sobre todo esos errores secundarios que eran difíciles de evitar, por otra parte, en una situación económica y social mucho más complicada que la actual.

Para mí la II República… Yo vengo de allí, es decir, mi padre es un republicano. Hasta que murió en el año 1996, él aceptó muy bien ese cambio que se produjo con la Constitución de 1978.

J. G. A.: El comportamiento constitucional del Rey ha sido excelente. Pero no así en algunas ocasiones —habrá que matizarlo—, su ejemplaridad personal. Especialmente en lo que se refiere al mundo de los negocios, amistades, que en buena medida han terminado en la cárcel, a los regalos que recibe, etc. ¿Piensa usted que este comportamiento terminará desprestigiando a la Corona?

G. P.-B.: A mí no me consta todo eso. Me consta lo constitucional, lo demás no me consta. Y los elementos donde eso se dice no son elementos científicos indubitados, que es a los únicos que debe tender un profesor universitario. Pero probablemente tenga parte de verdad eso que se dice, y eso es una cosa que debe controlarse. Si ha sido verdad, eso ya ahora mismo está muy en retirada. Y yo espero que esta última etapa, que yo deseo que se alargue, la de la madurez del Rey, sea una etapa donde lo que predomine sea el respeto a la Constitución.

J. G. A.: ¿Piensa usted que los españoles aceptarán la institución después de Juan Carlos I?

G. P.-B.: Yo creo que sí, porque tendrán que valorar (salvo que pasen situaciones insostenibles, que produzcan escándalo, etc.) esa idea, que ya estaba en los clásicos medievales, de que hay que ver si el esfuerzo que produciría un cambio en esa materia traería más daños que bienes, y si no vale la pena por eso mantener la situación. Y dar tiempo a que el heredero pueda tener una legitimidad, no solamente la de la Corona, ni la de su padre, sino la que pudiera también derivar de su propio comportamiento, que en definitiva es lo importante.

J. G. A.: ¿Opina usted que el Príncipe está haciendo bien su trabajo? ¿Qué debería hacer para mejorar o para conseguir lo que esperamos todos de él?

G. P.-B.: El Príncipe tendría que tener una ocupación fija, un trabajo fijo. No basta con representar a las instituciones del Estado, sustituir a sus padres en alguna ocasión, en viajes oficiales o viajes de Estado, sino que él debería tener un sitio donde ir a las nueve de la mañana a sentarse en una mesa y trabajar. Y creo que el ámbito adecuado debería ser el del mundo de las relaciones internacionales. Lo que ocurre es que creo que hasta ahora las instituciones que se han creado para eso no obedecen al principio de neutralidad, que es imprescindible para que el Príncipe se pueda sentir cómodo.

J. G. A.: ¿Qué razones hay para que el pueblo no pueda elegir a su jefe de Estado?

G. P.-B.: En la monarquía eso es así. La elección se circunscribe a quienes tienen el poder, que son el Parlamento, el Gobierno, y también los parlamentos autonómicos y los gobiernos autonómicos. No habría ninguna razón para no elegirle si el jefe de Estado fuera un poder del Estado, pero al no ser un poder del Estado, es un nuevo sistema al que hay que acostumbrarse, y abandonar, quizás a veces, los viejos prejuicios de las críticas republicanas que no son aplicables a esta forma de monarquía.

J. G. A.: ¿No le parece que el hecho de que el pueblo no pudiera manifestarse en su día sobre monarquía o república ha generado un déficit democrático en nuestras instituciones?

G. P.-B.: Se manifestó en dos ocasiones. Se manifestó primero en el debate parlamentario (yo además era el que llevaba ese tema) con la enmienda a la totalidad en donde defendimos la república, y se votó en la Comisión de Asuntos Constitucionales y perdimos la votación. Y luego, por segunda vez, en el referéndum.

J. G. A.: Sí, indirectamente. Me refería al hecho de que no se planteó un referéndum explícito sobre monarquía o república.

G. P.-B.: En aquel momento habría sido una locura; aquello no habría sido posible. Habríamos durado menos que un pastel en la puerta de un colegio.

J. G. A.: Relacionado con esto, ¿no ocurre lo mismo (me refiero al déficit democrático) con el hecho de que el Rey refrendara pero no jurara la Constitución por estimar que lo era desde su proclamación franquista?

G. P.-B.: Había que respetar en eso la conciencia del Rey, que no quería romper un juramento. Él ya facilitó que ese juramento que él hizo a las Leyes Fundamentales no fuera obstáculo para que fueran cambiadas. Pero obligarle a perjurar era un poco fuerte. El hijo sí ha jurado.

José Federico de Carvajal

M alagueño, nacido en 1930, abogado, ingresó en el PSOE en
1954. Fue presidente de la gestora de este partido que se
formó cuando Felipe González dimitió en el XXVIII Congreso,
celebrado en 1979. Fue presidente del Senado entre 1982 y 1989.

J. G. A.: ¿Está consolidada la monarquía?

J. F. C.: Entiendo que sí, por la excelente actuación de Su Majestad el Rey.

J. G. A.: ¿A qué atribuye usted la presencia creciente en las manifestaciones de banderas republicanas?

J. F. C.: Yo no me he dado cuenta de esta presencia, por lo que realmente no tengo opinión sobre ello.

J. G. A.: ¿Cree usted que hay buena sintonía entre el presidente del Gobierno y el jefe del Estado? ¿Qué consecuencias tendría para las instituciones si la relación entre ambos no fuera muy fluida?

J. F. C.: No lo sé.

J. G. A.: La guerra de Iraq ha generado alguna frustración en quienes esperaban una expresión más clara de la opinión del Rey e incluso, como reclamaron IU y PNV, una intervención en el Parlamento. ¿Ha hecho el Rey lo que tenía que hacer? ¿De qué forma puede expresarse el Monarca? ¿Cómo puede cumplir su función moderadora?

J. F. C.: Como tuve ocasión de decirle a Su Majestad con ocasión de una audiencia al Consejo de Mayores, en esta cuestión ha actuado de forma irreprochable, conforme ordena la Constitución.

J. G. A.: El comportamiento constitucional del Rey ha sido intachable, pero no siempre lo ha sido su ejemplaridad personal, especialmente en lo que se refiere al mundo de los negocios, a las amistades de empresarios que han terminado en la cárcel, a los regalos que recibe, los patrocinios de sus actividades deportivas, etc. ¿Piensa usted que este comportamiento terminará desprestigiando a la Corona?

J. F. C.: Ignoro a lo que se refiere.

J. G. A.: ¿Cree usted que la prensa debe informar sin autocensura respecto a la Corona?

J. F. C.: Creo que todos los españoles debemos velar por el prestigio de la máxima institución del Estado.

J. G. A.: ¿Piensa que los españoles aceptarán la institución después de Juan Carlos I, una figura que ha desempeñado una función excepcional en pro de la Democracia?

J. F. C.: Pienso que sí. Precisamente por la función excepcional que ha desempeñado don Juan Carlos en pro de la Democracia.

J. G. A.: ¿Opina que el Príncipe se está ganando el puesto? ¿Qué debería hacer para conseguirlo?

J. F. C.: Creo que la actuación del Príncipe es de lo más discreta y será un digno sucesor de su padre.

Narcís Serra

Barcelonés, nacido en 1943, en 1977 fue *conseller* de Política Territorial en la Generalitat provisional de Tarradellas. Fue alcalde de Barcelona en las primeras elecciones municipales democráticas, desde 1979 a 1982, fecha ésta en la que dimitió para ocuparse del Ministerio de Defensa en el Gobierno de Felipe González, en el que también ocupó el cargo de vicepresidente. Ha sido presidente del Partido de los Socialistas Catalanes, PSC-PSOE. En la actualidad preside la Comisión de Régimen de las Administraciones Públicas en el Congreso de los Diputados. No desempeña en estos momentos ningún cargo en el PSC. Dirige la Fundación CIDOT.

J. G. A.: ¿Considera usted que la monarquía está consolidada definitivamente?

N. S.: Los ingleses tienen la expresión, que es antigua pero que a mí me parece muy razonable, que es «*the foreseeable future*». Porque *foreseeable* sirve para un horizonte de muchos años en temas históricos e incluso para un horizonte de días o semanas en asuntos puntuales. Aplicado a esta medida, ya más bien histórica, en lo que históricamente, no políticamente, podemos llamar *foreseeable future*, la monarquía española está complemente consolidada y ha consolidado la Democracia de una manera ejemplar. Somos exportadores del *know how* de la Transición a la Democracia. Estudian, admiran y elogian la Constitución Española en Corea del Sur, en la antigua Yugoslavia o en Perú, por mencionarle algunos casos.

Creo que hemos hecho una Transición modélica, que no era fácil, porque a los problemas de cambio de régimen, de la dictadura a la Democracia, teníamos que añadir los de la integración de un país plural. Es tan difícil que, del todo, del todo, no lo tenemos resuelto, aunque Aznar crea que con un «¡Santiago y cierra España!» se resuelve este tipo de problemas. Lo cual es radicalmente falso. Precisamente en la medida en que nuestro pluralismo exige soluciones específicas, incluso en algún caso imaginativas, yo estoy convencido del papel de la monarquía como factor aglutinador de esa pluralidad. Y que incluso, cuando encontremos formas más abiertas, más federales, si se puede, de articular esa pluralidad, más útil será la monarquía.

J. G. A.: ¿A qué atribuye usted la presencia creciente en las manifestaciones de banderas republicanas?

N. S.: Yo no vi tantas en Barcelona. No vi más que las que veía en las grandes manifestaciones anteriores que se movilizaban por la autonomía, en los inicios de la Transición, cuando el regreso del presidente Tarradellas, en las grandes concentraciones del 11 de septiembre celebradas en Barcelona durante los últimos años setenta. No creo que haya, ni mucho menos, más republicanismo que hace años. En cualquier caso, el termómetro me parece que no sería el de las banderas republicanas. Las instituciones que son útiles son las que se consolidan. Las que no son útiles es muy difícil que se consoliden, aunque parezcan razonables, o aunque obedezcan a razones históricas.

J. G. A.: ¿Pero sigue siendo útil como lo fue en su día o se mantiene por inercia?

N. S.: Cuando yo le digo que creo que está consolida es porque creo que es útil y que la gente la acepta de una manera tranquila, pero mayoritaria…

J. G. A.: ¿Cree usted que hay buena sintonía entre el presidente del Gobierno y el jefe del Estado? ¿Qué consecuencias tendría para las instituciones si la relación entre ambos no fuera buena?

N. S.: En los últimos años no se han dado a la Corona ocasiones de intervención en los asuntos que le competen, ni desde el Gobierno se está utilizando suficientemente la institución monárquica. Está claro que no se han buscado las ocasiones para que la Corona ejerza con mayor asiduidad el papel que le corresponde, no otro. Creo que el beneficiado de que funcionen bien las relaciones entre la Corona y la presidencia del Gobierno es, en primer lugar, el país, pero en segundo lugar, tanto la Corona como la presidencia del Gobierno. Eso me parece que no se ha entendido así en los últimos ocho años.

J. G. A.: ¿Lo entendieron bien los socialistas cuando fueron Gobierno?

N. S.: Felipe González entendió totalmente que cualquier cesión de protagonismo a la Corona beneficiaba a la presidencia del Gobierno y que, por lo tanto, no habría nunca problemas de protagonismo.

J. G. A.: ¿A qué atribuye usted la actitud de Aznar: a posiciones ideológicas del Partido Popular o a razones personales de su presidente?

N. S.: Todos los analistas que están enjuiciando decisiones de política española, tan serias como la actitud en relación a Iraq o en el conflicto vasco, las explican como una posición personal del presidente del Gobierno.

J. G. A.: La guerra de Iraq ha generado alguna frustración en quienes esperaban una expresión más clara de la opinión del Rey. ¿Ha hecho éste lo que tenía que hacer? ¿De qué forma puede expresarse el Monarca? ¿Cómo puede cumplir su función moderadora?

N. S.: La actitud del Rey ha sido modélica. Su función moderadora no puede pasar en ningún caso por mantener posiciones públicas contrarias a las de su Gobierno. Ha hecho exactamente lo que podía y lo que debía hacer (que pocas veces coinciden). Ha hecho lo que podía porque ha tenido un par de intervenciones en ocasiones, que no eran excesivamente políticas, en relación al conflicto y a la guerra. Y ha hecho lo que debía, que es evitar que sea utilizada por una parte del posicionamiento político del país en contra de la otra parte.

J. G. A.: Peces-Barba escribió un artículo en el que interpretaba el silencio del Rey como disentimiento.

N. S.: Lo ha dicho Gregorio Peces-Barba, y de otra manera también lo dijo Javier Pérez Royo. Tómelo como quiera. El Rey ha hecho lo que podía y lo que debía, sobre todo porque ha sabido callar.

J. G. A.: No deja de ser curioso que hayan sido los «comunistas» y los «separatistas» los que han reclamado la presencia del Rey.

N. S.: Querían arrimarle a sus posiciones sin demasiadas reflexiones sobre el papel de la institución.

J. G. A.: En la Constitución se dice que para participar en una guerra es necesario el acuerdo del Rey y del Parlamento. No sé si hay alguna posibilidad de que el Rey recurriera al Tribunal Constitucional.

N. S.: Ninguna. Es decir, si las decisiones que se han tomado no son constitucionales, que hay alguna base para pensarlo, quienes deben recurrir al Constitucional son los grupos parlamentarios que no están de acuerdo. Pero nunca hay que pensar que el Rey nos saque a los representantes políticos las castañas del fuego, cuando tenemos capacidad de hacerlo nosotros mismos.

J. G. A.: ¿Cree usted que la prensa debe informar sin autocensura respecto a la Corona?

N. S.: La prensa no tiene que trabajar con autocensura en ningún tema. Tiene que aplicar el sentido común, observar respeto institucional y responsabilidad política y social. Esto de la autocensura es como exigir crítica constructiva. Es una contradicción.

J. G. A.: ¿Piensa usted que los españoles aceptarán la institución después de Juan Carlos I? ¿Opina usted que el Príncipe se está ganando el puesto? ¿Qué debería hacer para conservarlo?

N. S.: Lo que conviene es que el heredero de la Corona tenga un programa continuo de conexión con la realidad española y, sobre todo, con la evolución de la realidad española. Pero no pensar que debe adoptar una determinada actuación política.

J. G. A.: ¿Puede desempeñar algún papel el Rey respecto a Cataluña y el País Vasco?

N. S.: Las cuestiones vasca y catalana son distintas. Veo al Rey mucho más aceptado, como institución «normal» del país, en Cataluña. Cuando he dicho que en el futuro y con un país plural, como el que tenemos, incluso avanzando en soluciones, el Rey puede desempeñar un importante papel, estaba pensando, sobre todo, en Cataluña.

J. G. A.: La presencia de la infanta Cristina allí tiene algún efecto en todo esto.

N. S.: Muy positivo en sentido muy amplio y no sólo desde la perspectiva catalana. El hecho de que un miembro de la Familia Real viva con normalidad, y de una forma natural, en cuanto a domicilio, en cuanto a trabajo, en cuanto a relaciones sociales, es muy positivo. Yo conocí a la infanta Cristina hace bastantes años. La empecé a conocer cuando era alcalde, por lo tanto, hace veinticinco años. Recuerdo que el Príncipe era un crío. Entonces hablábamos castellano, por descontado. En la última recepción en el Ayuntamiento de Barcelona, que saludé a la infanta Cristina y a su marido, Iñaki, hablamos en catalán con toda normalidad. Empezaron ellos, no yo. Iñaki Urdangarín habla catalán un cien por cien, y ella también.

Creo que éste sería un tema importante si no hubiera sucedido lo que ha sucedido, y es que el primer político español relevante en los últimos cincuenta años que habló en catalán en Barcelona en una visita oficial fue el príncipe Juan Carlos, que hoy es el Rey. Creo que en Cataluña se le agradece que pronuncie sus discursos en catalán.

J. G. A.: ¿El Príncipe debería dedicarse por entero a su formación profesional para Rey, aprendiendo bien todas las lenguas del Estado?

N. S.: Yo he escuchado al Príncipe leer en un catalán… vamos a llamarlo «razonable».

J. G. A.: ¿No deberían viajar más por Cataluña, dejarse ver más por allí?

N. S.: Éstas son decisiones que deben estar conectadas con el Gobierno y el Parlamento. Esa actitud que yo intuyo en el Gobierno actual, de que quien se tiene que ocupar de la Corona y de sus actividades es la propia Corona, es una actitud inaceptable. En nuestra Constitución, en nuestra estructura política, quien se tiene que ocupar de ello es el Gobierno, no la Casa Real. Ésta sirve de apoyo personal del Rey, pero la relación del Rey con los españoles debe ser tarea del Gobierno.

J. G. A.: Hablemos de los nacionalistas vascos. ¿Qué le parece lo del pacto con la Corona?

N. S.: Eso de quererse conectar con la Corona no se lo han inventado los nacionalistas vascos. También lo intentó el Ejército con Alfonso XIII. Lo hacían para librarse del control del Gobierno y del Parlamento, y por tanto del verdadero control. Aquellos que dicen: «Yo sólo dependo del primer ministro», como el primer ministro tiene tanto trabajo, no dependen de nadie. Pero en cambio hay una dimensión positiva en todo esto. Los países confederales necesitan potenciar la figura del Monarca, un árbitro no implicado en la política diaria o, en el caso de que sean repúblicas, un presidente de la República alejado de la contienda entre partidos, etc. Los partidos de los países de estructura plural necesitan estas soluciones más que los países muy homogéneos. Insisto: la monarquía puede desempeñar un papel importante en la vertebración de esta España plural, y de ahí parte el reconocimiento de la necesidad de esa institución.

Francesc Homs y Marc Puig

Francesc Homs y Marc Puig son figuras en ascenso en el nacionalismo catalán. Ambos desempeñaron un papel importante con Artur Mas cuando fue *conseller en cap* de la Generalitat de Cataluña. Algunos les han incluido dentro del núcleo de los «jóvenes talibán». El lector comprobará lo impropio de esta adscripción: su madurez y moderación saltan a la vista junto con su muy sentido nacionalismo catalán. En el momento de la entrevista, Marc Puig desempeñaba el cargo de secretario de Comunicación de la Generalitat, en contacto muy directo con el *conseller en cap*. Francesc Homs ocupaba un cargo de difícil definición: una especie de coordinador de consejerías, y es una persona de mucha confianza política en Convergència i Unió. La entrevista tuvo lugar durante un almuerzo en el restaurante Pasadís de'n Pep de Barcelona.

J. G. A.: ¿Cómo se ve al Rey y a la monarquía desde la perspectiva del nacionalismo catalán? ¿Piensan ustedes que puede desempeñar algún papel en Cataluña?

F. H.: Quiero decir antes de nada que la figura del Rey, de la monarquía en general pero principalmente del rey Juan Carlos I, es en Cataluña apreciada y muy bien valorada. Esto es una realidad. Usted pregunta si hay papel para su Majestad el Rey en Cataluña, o desde el punto de vista de Cataluña. Yo personalmente creo que sí, y muy importante, lo que no tiene que ser un papel cotidiano, en todos los elementos, digamos, coyunturales, en los vaivenes que tiene la política, la vida social, la vida económica. Si hiciéramos un análisis histórico, yo no podría decir lo que voy a decir ahora, pero en un análisis de presente, de la historia más reciente y, sobre todo, de cara al futuro, para los catalanes o para muchos catalanes, el Rey representa una oportunidad de configurar una articulación distinta, que sea más cómoda para nosotros, de lo que es la organización del Estado Español o de España, en definitiva. De algún modo ha sido así desde la Transición y a lo largo de la consolidación de la Democracia, el puntal, la referencia que de algún modo tenemos en común todos los pueblos de España y, por lo cual, desde la óptica de un nacionalista catalán que busca un encaje distinto de Cataluña en España, la figura del Rey puede y debe tener un papel tremendo.

J. G. A.: ¿Sería vuestra posición parecida a la que el PNV adoptó cuando la Constitución, que ellos denominaron «Pacto con la Corona», o es un planteamiento diferente?

F. H.: La visión de los nacionalistas vascos será la suya, que además por tradición histórica es una visión muy influida por el carlismo; es otra cosa. Aquí ha habido una tradición republicana importante durante la República y también durante la poca resistencia que se notó durante el franquismo que, no nos engañemos, fue escasa. Hay una aproximación, digamos, mucho más republicana en Cataluña en cuanto a lo que es el concepto, pero una cosa es el concepto y otra cosa es la figura del Rey en el contexto español. Una cosa es la monarquía en España y otra el sistema político de la monarquía parlamentaria.

J. G. A.: ¿Es muy diferente entonces a la visión del nacionalismo vasco?

F. H.: Sí. En algún punto puede haber coincidencias, como puede haberlas con la posición que pueda tener un señor de Madrid.

J. G. A.: Lo comprendo, porque ellos parten desde la perspectiva de sus fueros. Ellos arrancan de lo que has señalado, de las guerras carlistas; es más, se remontan más aún, se remontan a la Edad Media, cuando la monarquía era absoluta. Yo nunca he entendido muy bien que se trasladara la institución de la monarquía absoluta a los tiempos de la monarquía parlamentaria, pero me gustaría poder matizar un poco las diferencias. ¿Marc, quiere decir algo sobre esto que hemos hablado de si el Rey puede desempeñar algún papel específico en Cataluña?

M. P.: Yo diría que el papel que ha tenido históricamente ha sido útil y pienso que en el futuro también lo debiera ser. Porque ese papel, en concreto el de árbitro, a nosotros nos va bien. Es evidente que Cataluña es una nación y es una nación que tiene una historia durante la cual se ha relacionado con sus vecinos, primero con unos y a continuación con otros. Ha tenido épocas de encuentro y épocas de desencuentro, épocas de conquistas y épocas de crisis, de unos y de otros, porque normalmente cuando uno se expandía el otro estaba en crisis; de colaboraciones y de competencias. Entonces, las funciones que el Rey tenía en Cataluña y tenía en Castilla en su momento, evidentemente no pueden ser las mismas ahora que antaño. Sin embargo, el origen de los acuerdos —hablo de hace siglos— que permiten una conjunción de los reinos hispanos, por llamarlo llanamente, puede seguir inspirándonos. Hay que plasmarlo de forma muy diferente, pero yo creo que tenemos que recordar cuál es el papel de la Corona en el momento de la unión de los reinos, cuál es la estructura jurídico-política que se desprende de aquellos tiempos en que los reyes no eran monarcas ocultos, porque tenían, al menos en Cataluña, unas Cortes, una serie de principios que debían respetar y que forman parte de la tradición política catalana. La monarquía es útil como nexo de unión. Ya sé que me he ido muchos años atrás y el papel del Rey hoy ha sido otro, pero tener un referente más allá de la política, un referente que represente a las personas o a los pueblos más que a un pueblo determinado, es muy necesario. Si el rey de España fuera no el rey de Castilla sino el rey de España de verdad, de Castilla, de Cataluña y de otros reinos, sería perfecto. Porque esto enlaza con la historia y garantiza un futuro cómodo para todos, para nosotros también. Yo creo que deberíamos evolucionar en ese sentido, yo creo que en la Transición los catalanes incluyen algo de eso, y en base a eso el nacionalismo catalán apuesta por la figura de la monarquía como una garantía de ello. Hay que pensar en la monarquía como algo necesario.

J. G. A.: Francesc, ¿ha habido en su partido una evolución sobre este tema o se mantiene desde el principio una línea invariada?

F. H.: Yo no creo que haya habido ninguna evolución. De hecho soy joven, por lo cual no fui actor del papel de Convergència i Unió en la Transición. Lo que pueda saber lo sé porque me lo han contado, pero yo creo que no ha habido una variación. Siempre ha habido en relación al rey Juan Carlos la impresión de que encierra dos tipos de personaje: el oficial, que actúa en nombre y representación del Gobierno de turno, y que cuando actúa así pierde contacto con la población de Cataluña; y el otro Juan Carlos, que actúa como institución. Pongo dos ejemplos para ilustrarlo: dentro de estos años de democracia ha habido dos momentos, que no son los únicos pero sí son especialmente significativos, muy emblemáticos. El primero, que pasó más inadvertido en el conjunto de España pero que fue importante para nosotros, cuando hicimos los actos de celebración del milenario de Cataluña como país, que tuvieron lugar a lo largo de casi un año, y en los cuales tuvo un protagonismo muy principal Su Majestad el Rey, que actuó como institución encajando muy bien su papel presente, su papel histórico y su papel futuro, y que generó una gran adhesión por parte de la gente. Otro ejemplo, en un sentido opuesto, es el día de la inauguración de los Juegos Olímpicos, otro evento de gran intensidad, en este caso no sólo ya de Cataluña sino de España y del mundo. Hubo un momento en que el Rey se equivocó cuando en el acto protocolario de inicio de los Juegos sonaron los himnos oficiales de Cataluña y de España y, durante la escucha, cuando sonaba el himno de Cataluña, Su Majestad el Rey estuvo con la mano alzada saludando al público y cuando, justo a continuación y sin pausa, que esto tenía un elemento simbólico muy claro, empieza a escucharse el himno español, Su Majestad el Rey se cuadra. Yo creo que ahí actuó por indicaciones políticas, que a veces le han jugado una mala pasada, y esto fue un matiz que, aunque no fue muy comentado en la prensa, desilusionó a mucha gente, porque entrañaba un gran simbolismo. Tanto Marc como yo vivimos muy de cerca muchas negociaciones en torno al acto de la inauguración, y todo estaba muy calculado, todo estaba muy estudiado para encontrar un encaje positivo para todo el mundo.

J. G. A.: Luego volveremos sobre ese tema. Ahora decía que si ha habido alguna evolución a lo largo del tiempo sobre la relación del nacionalismo catalán con la monarquía.

M. P.: Yo creo que básicamente no. En el sentido más o menos profundo, no. Ha habido vaivenes, pero yo creo que se mantiene bastante bien. Como ya le decíamos antes, la monarquía es una institución bastante bien valorada. Lo importante es que la valoración que pueda tener en Cataluña depende de lo que quiera representar la monarquía en Cataluña. Esto enlaza con lo que contaba Francesc. La monarquía puede ser una institución que sea vista como un elemento de legitimación o de reconocimiento de la existencia plural de España o puede ser lo contrario. Yo creo que ha habido momentos en que se ha mantenido esa sensación de equilibrio y habrá habido momentos de desencanto. Los catalanes lo decimos con una cierta tristeza: ¡qué más querríamos nosotros que tener un Rey que nos representara con orgullo y que nos defendiera cuando haya que defendernos! Yo creo que, básicamente, las formas se han mantenido bastante bien. Le puedo poner un ejemplo, que es una anécdota, pero yo creo que el hotel Juan Carlos Primero no se debería llamar en Cataluña hotel Juan Carlos Primero, se debería llamar hotel Joan Carles Primer. Si viniera el Rey y dijera: «He pedido a la empresa de ese hotel, cuyo nombre se inscribe ahí arriba en tubos fluorescentes, que lo cambie por el nombre que ha de recibir en Cataluña», le aseguro que a la mitad del nacionalismo, como mínimo, le saltan las lágrimas de emoción. Es un símbolo, pero los símbolos significan algo.

J. G. A.: A mí me da la impresión de que Pujol ha aplicado al Rey la ducha escocesa: agua fría seguida de agua caliente. Da la impresión de que Pujol es un artista para administrar, para tensar y destensar, es un político de primera.

F. H.: Es una visión influida por los vaivenes políticos, pero la vocación de tener relación, para ser más redundante, ha sido siempre la misma. Jordi Pujol y el rey Juan Carlos han trabado desde hace tiempo una gran complicidad. La consigna que ha dado Jordi Pujol al partido, en momentos en los que ha habido interpretaciones mediáticas y políticas de alguna cosa que había hecho el Rey, era siempre la de estar al lado del Rey. En eso Pujol ha estado siempre inamovible. Y yo creo que lo mismo va a hacer Mas. Esto puede variar en el futuro, porque las cosas siempre en el futuro pueden variar, ¿no? Depende de la actitud que tome la monarquía española, el rey Juan Carlos y su hijo en relación con nosotros. Nosotros no vamos a mover nuestro planteamiento político en función de la monarquía, lo vamos a mover como siempre en función de los intereses de la gente de Cataluña, de las relaciones con la política de Madrid. La monarquía es una cosa con la que no se juega, con lo cual no va a haber ni más radicalización ni menos, y si la hay no tendrá nada que ver con unas ganas de buscar una relación distinta con la monarquía que tiene que ser intensa y proporcionada a la valoración que la ciudadanía haga.

M. P.: Estoy de acuerdo.

J. G. A.: ¿En la política de gestos de que hablaba antes Marc, lo del hotel y demás, vosotros pensáis que tanto el Rey como el Príncipe deberían conocer perfectamente el catalán y expresarse en catalán?

F. H.: Sí, absolutamente. Produciría el sentimiento de que habla de lo mismo, pero también de que se relaciona con los derechos históricos. Los reyes que ha tenido Cataluña hablaban en castellano en Aragón y en catalán en Cataluña. Hablaban como les entendían sus súbditos, en las lenguas de los países en los cuales eran reyes.

J. G. A.: ¿Qué tal llevan la lengua los dos, el Rey y el Príncipe?

F. H.: Yo he oído en alguna ocasión, incluso en directo, a Su Majestad el Rey, en un acto oficial haciendo el discurso en catalán, y la verdad no se le da mal. Su Alteza Real el Príncipe no lo sé. Supongo que lo debe de saber y se habrá preocupado de ello. El

Príncipe tiene que saber el inglés, tiene que saber el castellano, tiene que saber el francés, tiene que saber algo de alemán seguramente, cuantas más lenguas mejor, pero sobre todo tiene que dominar todas las lenguas de los pueblos de España. ¿Cómo va a ser si no el Rey de todos los españoles?

M. P.: Se cae por su propio peso.

J. G. A.: Todo el mundo sabe que no hay buena química entre Aznar y el Rey. ¿Cómo valoran ustedes esta situación que se produce por primera vez en la Democracia y qué repercusiones puede tener sobre Cataluña, si tiene alguna?

F. H.: Todo tiene repercusiones sobre Cataluña porque estamos dentro del mismo marco en estos momentos. Yo quiero pensar, lo digo así, quiero pensar que es una posición personal del señor Aznar y que no es la aproximación del centro derecha o de la derecha española. Porque si fuera así, si la actitud de Aznar fuera un reflejo de los sentimientos del centro derecha o de la derecha española, esto sería muy grave. Querría decir que la derecha española de algún modo no acepta el papel que tuvo el Rey en favor de la Democracia, no acepta el papel que ha tenido el Rey durante todo el proceso de consolidación de la Democracia, que no se termina con la Constitución en 1978, ¿eh? Todos sabemos esto, ¿no? La consolidación de un nuevo régimen, sobre todo si es democrático, conlleva una cultura nueva, una forma nueva, y esto necesita siempre tiempo y no poco tiempo, mucho tiempo, y aquí el Rey ha jugado una carta muy importante. Si esto es una visión personal del señor Aznar, bueno, como sabemos que termina su mandato ahora en unos meses, pues no hay ningún problema. Yo creo que Aznar ha hecho un mal servicio al conjunto de las instituciones españolas, al conjunto de las relaciones interterritoriales. Ha tenido una visión muy estrecha, de muy poca visión histórica en su conjunto, muy para hoy, muy en función de la coyuntura, de los intereses más inmediatos, de poca perspectiva. Pero si esta visión es algo que tiene que ver con el reflejo de una parte importante o casi total de lo que es la derecha en España, que tiene que existir como existe en cualquier país democrático, ¿no?, entonces es un grave problema. Pero yo confío en que no, en que es un problema estrictamente personal del señor Aznar.

M. P.: Francesc dice que Aznar ha tenido una visión muy del día a día, muy a corto plazo. Que tenga una visión estrecha de miras sí, pero que tenga una visión a corto plazo yo no estoy seguro de eso. Yo creo que tiene una visión a largo plazo pero muy estrecha, una visión de que Castilla es España. Parece que menosprecia el papel del Rey y lo quiere poner al servicio de lo que en su mentalidad es España, que es excluyente. La monarquía, en tanto puede representar algo más, le resulta un estorbo. Esto me pone absolutamente al lado de la monarquía.

J. G. A.: El último ejemplo es la guerra de Iraq. La gente exigía un compromiso del Rey, que en su papel de rey parlamentario no podía hacer, pues el Presidente había tomado una decisión muy distinta. Si apenas hay posibilidades de encuentro se complican las cosas. Éste es el punto de vista desde el que planteaba yo la cuestión.

F. H.: A mí la guerra de Iraq, en este contexto de lo que estamos hablando, me importa un pepino. A mí me preocupa el silencio del Rey en las cosas más de fondo. En este periodo que ha habido, digamos, de convivencia con el Gobierno de Aznar, se trata de las cuestiones más de fondo: el tema del conflicto vasco, que conlleva cómo se tiene que enfocar el esquema de la articulación del conjunto del territorio, o el tema nuestro, el catalán. El Partido Popular ha sufrido un fracaso histórico: que después de contar con una mayoría absoluta como la que ha tenido en las últimas elecciones, las del 25 de junio, sea la cuarta fuerza política en Cataluña, es un gran fracaso. Con todo lo que representa Cataluña en extensión, población, contribución al PIB, contribución fiscal, ¡que este partido sea la cuarta fuerza política, teniendo en su mano la mayoría absoluta con la que podía hacer lo que quisiese en Cataluña!

J. G. A.: En Cataluña, ¿no ha habido banderas republicanas?

M. P.: No, no las ha habido.

J. G. A.: Una pregunta casi resumen: ¿Piensan que está «definitivamente» —entre comillas porque no hay nada definitivo en la política— consolidada la monarquía en España?

F. H.: Yo creo que, hoy por hoy, sí.

M. P.: Yo no tengo datos concretos, pero creo que sí.

F. H.: Si analizamos la figura del Príncipe en relación a su padre nunca le va a salir bien nada, ¿no? Si la analizamos como tendríamos que analizarla, que es en relación a la función que tiene que hacer, esto es otra cosa; ahí tiene campo y creo que puede hacer un papel digno.

J. G. A.: ¿Piensan que en el momento de la sucesión habría que hacer un referéndum o dejar que funcione la dinastía de acuerdo con las leyes de la monarquía?

F. H.: No, no, no. Un referéndum en ese momento sería una barbaridad.

M. P.: Para eso ponemos un presidente de la República, que un día saldrá fascista, otro día anarquista y otro día saldrá masón.

F. H.: Y se podría cambiar cada cuatro, cinco o seis años. No, no. Yo creo que si eso pasa y alguien plantea un referéndum sería un error de consecuencias impredecibles. Porque si alguien quiere discutir si España tiene que tener una monarquía parlamentaria, que lo haga ahora.

Pascual Maragall

P ascual Maragall, barcelonés, nacido en 1941, doctor en Ciencias Económicas y licenciado en Derecho, ha desempeñado
importantes responsabilidades en la vida política catalana. Fue uno
de los alcaldes de la Ciudad Condal que alcanzó mayor popularidad, tanto por la gestión del municipio como por la perfecta organización de los Juegos Olímpicos de 1992. En las elecciones autonómicas de 1999 consiguió más votos que Pujol, aunque el sistema
electoral le dio menos escaños en el Parlamento, por lo que no
pudo acceder a la presidencia de la Generalitat. Es el presidente del
Partido Socialista de Cataluña, PSC-PSOE. La entrevista tuvo lugar
en casa de un amigo común en vísperas de las elecciones catalanas
del 16 de noviembre, en la que de nuevo fue el cabeza de lista de
su partido.

J. G. A.: ¿Cree usted que la monarquía está plenamente consolidada en España?

P. M.: Sí, está plenamente consolidada. Totalmente. Creo que lo
máximo que se puede decir es que en las últimas manifestaciones
de este año 2003, realizadas por acontecimientos muy importantes,
sea el chapapote o Iraq, había bastantes banderas republicanas, pero
me reservo mi opinión sobre las causas de esto. El Rey la conoce
porque se la he dicho.

J. G. A.: ¿Se ha podido deteriorar la imagen de la monarquía en
la última década, a partir de Mario Conde, Javier de la Rosa, Manuel
Prado y Colón de Carvajal y otros amigos del Rey?

P. M.: Habría que ver con detalle a esos «amigos» que dice usted.
De alguno que yo conozco un poco más, como Javier de la Rosa,

ignoro el grado de intimidad que pudiera tener con el Rey, pero me parece que no mucha.

J. G. A.: Con De la Rosa quizás no mucha, pero Prado y Colón de Carvajal ha sido y creo que sigue siendo su mejor amigo y el más antiguo. Ha sido siempre su hombre de confianza. Además me refiero a las polémicas que han tenido lugar con los noviazgos del Príncipe y que, de alguna forma, parecen haber afectado a la institución.

P. M.: Todo esto quizás sea más un tema propio de la política madrileña que de la española. En el resto de España y en la periferia, de donde somos algunos, se debe notar menos. Yo soy de familia, por parte de madre, republicana; la familia por parte de padre era más agnóstica en materia institucional. En cierta manera también, mi padre fue profesor del Instituto Escuela durante la República, ése fue su gran momento vital. Por tanto yo no estaba para nada predispuesto a entender el peso de la monarquía en España, pero lo ha tenido.

J. G. A.: Ciertamente lo ha tenido y todos sabemos el papel del Rey en la Transición y en el 23-F, pero las circunstancias pueden estar cambiando.

P. M.: Repito que quizás sea una cosa más de la vida política madrileña. En Barcelona no he oído nada de eso.

J. G. A.: En la izquierda no parecen plantearse muchas objeciones, quizás algo más en la derecha.

P. M.: Trevijano, por ejemplo.

J. G. A.: ¿Cree usted que el Rey, cumpliendo su papel moderador, puede desempeñar algún papel respecto al País Vasco y Cataluña?

P. M.: No creo que tenga mucho campo específicamente en los problemas del País Vasco. Ahora, en la España plural como proyecto constitucional que es, sí. Claramente. En un momento en que, pasados veinticinco años de Democracia y de autonomía, nos disponemos a releer los textos y los valores de esa Democracia y de esas autonomías, nos damos cuenta de que hay grandes lagunas. Es lógico, porque muchas de las cosas que hoy es preciso abordar no existían.

El otro día Rodríguez Ibarra me decía: «Hicimos la Constitución, hicimos el Estado autonómico, pero como autonomías no había, el Senado lo tuvimos que hacer con las provincias. Pues bien, ahora ya tenemos las autonomías. ¿Usted sabe que las autonomías no salen, ni siquiera su nombre, el nombre de cada una de ellas, en la Constitución? La Constitución las creaba, creaba la vía para que existieran las comunidades autónomas, para que pudieran constituirse.

J. G. A.: ¿Hay que hacerlo ahora?

P. M.: Hombre, ahora, veinticinco años después, podemos poner en los estatutos y también en la Constitución lo que hemos hecho, no las condiciones para hacerlo. Es el momento de abordarlo.

J. G. A.: ¿Y en esto el Rey puede desempeñar una función importante?

P. M.: En este proceso va a ser muy importante el equilibrio institucional. Debe quedar claro que todo el mundo juega a conseguirlo, y pienso que el Rey puede tener un papel, como habitualmente se dice, moderador; moderador de pasiones y, al mismo tiempo, intuitivo de lo esencial. Como pasó en su primer periodo, desde 1975 hasta 1982.

J. G. A.: ¿Qué consejos le daría al Monarca respecto a Cataluña? ¿Que viajara más por allí? ¿Que aprendiera mejor el catalán?

P. M.: En primer lugar, yo no le puedo dar consejos al Rey. Si me los pide se los doy a él, no a usted (risas).

J. G. A.: ¿No los puede participar con los demás?

P. M.: No. Hay una cosa que no me cuesta nada decir porque se lo he dicho muchas veces, incluso en público: que algunos de los hábitos que tiene la monarquía británica, que son simbólicos, que es, en definitiva, el terreno en que se mueve la monarquía, podría adoptarlos el rey de España.

J. G. A.: Como por ejemplo...

P. M.: Eso no se lo voy a decir. Hay gestos que él ha hecho muy acertadamente y hay otros que podría hacer, pero que no soy yo quien debe decirlo en público. Hay uno concreto, una idea que le he propuesto pero que no sería prudente anticipar.

J. G. A.: ¿Y al Príncipe le aconsejaría algo?

P. M.: Bueno, yo con el Príncipe tuve una relación discretamente continuada, digamos, en mi época de alcalde. Yo creo que tiene mucho que aprender del padre, y como esto todo el mundo lo sabe, no tiene demasiado interés. Lo que sí tengo es ganas de hablar con él. Una conversación larga, pues la última vez que nos hemos visto fue en Brasil, en la toma de posesión de Lula.

J. G. A.: ¿Y cómo fue?

P. M.: Fue durante una cena en casa de Pepe Coderch, nuestro embajador, y tuvimos un intercambio de opiniones, pero no de una forma muy privada, ya que en aquella cena había más gente. Se habló en la mesa y también fuera de la mesa, pero muy de pasada y con alguien más que había delante, fueron unos momentos *a peu dret*, como decimos en Cataluña, de pie. Por eso digo que tengo ganas de hablar con él, tranquilamente, y darle alguna información que no tiene sobre Cataluña.

J. G. A.: O sea, que el Príncipe estaba mal informado.

P. M.: (Risas.) No digo tanto, pero digamos que si usted hubiera estado presente, habría estado igual de bien o mal informado. Lo que quiero decir es que hay cosas en Cataluña que no se saben. Y no es culpa del Príncipe, ni suya, ni mía, sino de otros.

J. G. A.: ¿Debería ponerse a aprender el catalán?

P. M.: Algo sabe. Le voy a hacer una reflexión: las lenguas cooficiales, según las leyes fundamentales, no las debe defender solamente, incluso diría ni principalmente, el Gobierno representativo de aquel territorio donde se hablan. Porque si fuera así se generaría una pelea competitiva entre el Gobierno del Estado y los gobiernos de las autonomías, una cadena de reproches mutuos y demás. Yo creo que lo que distingue a un país plural, o lo que debe distinguirle, es que es el Estado quien defiende la pluralidad, no los plurales. El Estado debe hacer de la pluralidad bandera, baluarte, capital patrimonial, riqueza, llámelo como quiera, y entonces la impone aunque provoque el disgusto de alguno que no la considera necesaria y dé gran alegría a las minorías.

Javier Pérez Royo

Javier Pérez Royo, sevillano, nacido en 1944, es catedrático de Derecho Constitucional en la Universidad de Sevilla, de la que fue rector. Formó parte del Comité Central del Partido Comunista en 1967. Abandonó la militancia en 1981. Es autor de varios libros, entre ellos el muy consultado *Introducción a la teoría del Estado*. Escribe en los periódicos y participa en tertulias radiofónicas, en las que se ha manifestado como un brillante polemista. Mi charla con él tiene lugar en la Residencia de Estudiantes de Madrid.

J. G. A.: ¿Cree usted que está consolidada la monarquía en España?

J. P. R.: Yo creo que está más de lo que razonablemente se podía pensar que iba a estarlo al comienzo de la Transición, pero consolidada no está, porque la monarquía es una especie amenazada de extinción, es un elemento irracional dentro de una organización racional del poder, que es en lo que consiste el Estado constitucional. El Estado constitucional no es nada más que el intento de racionalizar el ejercicio del poder y una magistratura hereditaria es un elemento irracional que es cuña de otra madera, y por eso digo que es una especie amenazada de extinción. La monarquía ha sido expulsada dos veces, en 1868 y en 1931. España es el único país que la ha restaurado. No es una institución que haya experimentado el tránsito del antiguo régimen al Estado constitucional; no se ha consolidado, sino que ha tenido unos altibajos muy grandes.

J. G. A.: Es que la dinastía borbónica no ha sido precisamente ejemplar.

J. P. R.: Fíjese que todos los ciclos constitucionales de la historia de España desde el principio del XIX, es decir desde la Revolución Francesa y la invasión francesa, empiezan siempre con una crisis de legitimidad de la institución monárquica. En la abdicación de Carlos IV en Fernando VII, y de éste en Napoleón; en la familia Bonaparte y la reacción del pueblo español, con la afirmación de la soberanía nacional con la Constitución de Cádiz; en la muerte de Fernando VII sin descendiente varón en 1833, que pone a Isabel II, de donde va a venir la génesis del Estado constitucional y el principio de soberanía nacional en 1837; en 1868 con la Gloriosa; en 1931 con las elecciones que traen la República. Y ese mismo problema de legitimidad se plantea en 1975 con una monarquía instaurada por Franco, saltándose el orden sucesorio. Llega un momento en que decimos: «Bueno, esto lo tenemos que dejar de lado y, en consecuencia, no ya hacer un referéndum, sino que ni siquiera se puede debatir en Cortes Constituyentes, de manera que el problema queda resuelto antes de que empiece.» Una vez que se ha despejado esa incógnita se hace la Constitución, y ahora con relativa libertad.

J. G. A.: Pero teniendo que aceptar la legitimidad del nombramiento de Franco. El Rey no jura la Constitución, sino que la sanciona, porque dice: «Yo ya soy Rey desde 1975, ustedes no me hacen Rey.»

J. P. R.: Esto es lo que tenemos. La relación de amor-odio que ha tenido la sociedad española con la monarquía no la ha tenido ninguna otra sociedad europea. Es uno de los elementos diferenciadores de nuestra historia constitucional. Todos los demás países, cuando se pone fin a la monarquía, establecen de manera definitiva la cláusula de intangibilidad inventada para impedir su retorno: en 1875 en Francia; en Portugal, en 1911; en Alemania, en 1919. Siempre las cláusulas de intangibilidad han servido para proteger la república frente al eventual retorno de la monarquía. En España sucede lo contrario: se fija un procedimiento casi imposible de transitar para proteger la monarquía frente al eventual advenimiento de la república.

J. G. A.: Los Borbones siempre vuelven a España.

J. P. R.: Aquí es todo al revés. Por eso la monarquía ha sido hasta ahora una institución muy resistente, muy entorpecedora. Esta vez no lo está siendo, pero lo ha sido en el pasado. Ni con ella, ni sin ella...

J. G. A.: ¿De qué depende ahora, en la España de hoy, la consolidación de la monarquía?

J. P. R.: Depende en primer lugar de que los miembros de la Casa Real lo hagan muy bien, de que no cometan errores que pueden tener graves consecuencias; y, en segundo lugar, de que no existan conflictos internos en el sistema político español que acaben salpicándola. No depende solamente de que el Monarca actúe correctamente y de que los miembros de la Casa Real actúen correctamente y cumpliendo el pacto constitucional que se hizo en el momento de la Transición, sino que además depende de que las fuerzas políticas democráticamente legitimadas actúen de una manera que no genere conflictos en el interior del sistema que acaben salpicando por arriba a la monarquía. No depende solamente de ellos, sino también del funcionamiento del sistema político español. La actuación del Gobierno en la guerra de Iraq ha sido un elemento que yo creo que ha generado tensiones que han salpicado, en cierta medida, hacia arriba, que han planteado entre la opinión pública española la pregunta: «¿Y el Rey para qué está?»

J. G. A.: Yo creo que el comportamiento del Rey desde el punto de vista constitucional ha sido correcto. Sin embargo, su ejemplaridad no siempre ha sido la deseable. El problema es que el Rey además de ser un símbolo es una persona.

J. P. R.: Vamos a ver: yo creo que hay dos cosas que hay que tener en consideración en esto. En primer lugar lo que hace referencia al comportamiento institucional. Todas las fuerzas políticas aceptamos la monarquía con la condición de que se estableciera de hecho una arquitectura republicana. El principio de legitimación democrática se expresa sin interferencias de ningún tipo y se constitucionaliza la monarquía parlamentaria. El artículo 1.3 de la Constitución, el referente a la monarquía, viene detrás, y no por casualidad, del 1.2, que declara que la soberanía reside en el pueblo. Se hace todo eso de tal manera que el Monarca, normativamente, no sólo *de facto*, sino *de iure*, no puede y no debe intervenir, y eso lo ha cumplido el Monarca hasta ahora. La única vez que ha intervenido fue el 23-F y lo hizo adecuadamente.

Respecto a la segunda cuestión, el terreno personal, hay algo de lo que se ha beneficiado extraordinariamente el rey Juan Carlos y de lo que no se va a beneficiar su sucesor, y es que ha habido una cierta autocensura, un pacto implícito de silencio. Los medios de comunicación han dejado que el Monarca haya tenido su vida privada sin investigar, o lo que se sabía no se daba a conocer, que prácticamente es lo mismo.

J. G. A.: Eso ha sido una cosa muy mala.

J. P. R.: O buena. Yo creo que era conveniente en la fase inicial. Yo creo que la monarquía, con Juan Carlos, ya no corre riesgos, que se ha instalado. El problema es la sucesión de Juan Carlos y la continuidad. El Príncipe no tiene nada que se le pueda imputar a él personalmente, y si cumple su tarea yo creo que puede estabilizarse la monarquía.

J. G. A.: ¿Puede afectar la Constitución europea a la monarquía?

J. P. R.: Ya veremos cómo se insertan cada uno de los Estados porque, claro, hasta ahora el Estado nacional era el Estado nacional, y el jefe del Estado era el jefe del Estado, pero en la medida en que estamos construyendo una nueva comunidad... No estamos hablando de una cosa inmediata, sino de algo que tiene una proyección más larga en el tiempo. Ése es también un elemento que puede influir.

J. G. A.: ¿A qué atribuye usted la presencia en las manifestaciones de banderas republicanas?

J. P. R.: Bueno, yo creo que ésa es una de las secuelas que ha traído la guerra de Iraq. Se han roto ciertos diques, temporalmente nada más, porque eso no ha tenido continuidad, no ha habido forma de canalizarlo, en buena medida porque yo creo que el único partido al que le encajaba el republicanismo es a Izquierda Unida, el único que no tenía que modificar nada de su discurso, pero tiene muchas limitaciones estructurales y económicas para canalizar un movimiento de esa envergadura, lo mismo que las tuvo para canalizar el movimiento del «No a la OTAN», que le dio un poco de oxígeno y le permitió seguir, pero con unas limitaciones extraordinarias. A raíz de eso se produjo también la presencia del republicanismo, que es algo que está ahí, dormido o anestesiado, y que puede reaparecer.

J. G. A.: ¿Cree que hay buena sintonía entre el jefe del Gobierno y el jefe del Estado? ¿Qué consecuencias tendría para las instituciones si la relación entre ambos no fuera muy fluida?

J. P. R.: Con Aznar no se traga.

J. G. A.: ¿Qué pasa cuando el Rey no se entiende con su primer ministro? Con Felipe parece que no había problemas.

J. P. R.: Con Felipe todo lo contrario. Aznar es un resentido contra todos.

J. G. A.: Dice el Rey en privado que padece un antimonarquismo o un republicanismo de tipo falangista.

J. P. R.: La derecha es monárquica en la medida en que el Monarca sea suyo, pero si el Monarca no es suyo, entonces no es monárquica.

J. G. A.: Estoy encontrando, en mis entrevistas, muchas más críticas a la monarquía en la derecha que en la izquierda.

J. P. R.: La izquierda ha actuado muy pragmáticamente y yo creo que razonablemente. ¿Se imagina en la legislatura de 1993 a 1996 lo que habría sido tener un Presidente en vez de un Rey? La presión que habría habido para que se sumara a la presión de elecciones anticipadas. En España nos viene bien la monarquía. Está funcionando y es más barata que una República

J. G. A.: ¿Seguro? Es uno de los capítulos que tengo que investigar.

J. P. R.: Estoy seguro. En cuanto llega un presidente de la República empieza a rodearse de asesores, muy consciente de la dignidad del cargo, y genera una burocracia y unos gastos tremendos. Normalmente, en los partidos, la gente que se va promocionando va desarrollando un ego... Acuérdese de Pertini. Yo creo que es mejor tener un sistema político en el que el jefe del Estado esté absolutamente fuera de juego y para eso es mejor la monarquía ahora en España.

J. G. A.: La guerra de Iraq ha generado cierta frustración en quienes esperaban una opinión más clara por parte del Rey e incluso,

como reclamaron IU y PNV, una intervención en el Parlamento.
¿Ante eso el Rey qué tenía que hacer? ¿De qué forma puede expresarse el Monarca? ¿Cómo puede cumplir su función moderadora?

J. P. R.: Yo creo que el Rey ha hecho lo que tenía que hacer. La
función moderadora es pura literatura. Lo explico en mi *Manual de
Derecho Constitucional*. La Constitución española ha hecho una cosa
que no ha hecho ninguna Constitución del mundo, que es constitucionalizar una monarquía parlamentaria.

Las monarquías parlamentarias no están constitucionalizadas, son
monarquías que han devenido parlamentarias, que en el tránsito del
antiguo régimen al Estado constitucional se han convertido en parlamentarias. Por ejemplo en la Constitución belga y en la holandesa,
el Rey es el jefe del Estado y aparece como titular del poder ejecutivo. Lo que ocurre es que por convención y proceso constitucional
el Rey ha devenido monarca parlamentario. Aquello que hizo Balduino de dejar de ser Rey un día para no votar, eso no se puede
hacer. Entonces, ¿qué es lo que ocurre? Todos esos países se han convertido en monarquías parlamentarias por usos y convenciones constitucionales, pero no son normativamente monarquías parlamentarias, porque no ha hecho falta la norma. ¿Por qué lee la reina de
Inglaterra el Discurso de la Corona todos los años? Todo el mundo
sabe que el discurso es del primer ministro, pero lo lee el jefe del
Estado. En una monarquía parlamentaria todo el mundo sabe que
quien manda es quien manda y que la Corona no interfiere, pero
en España no se podía hacer eso porque la situación era completamente distinta. Ha habido que constitucionalizar una monarquía en
la que el Monarca es un órgano pero no es un poder del Estado.

J. G. A.: Tiene funciones que, según como se ejerzan, pueden
tener distintas consecuencias.

J. P. R.: Eso es lo que yo sostengo. El Constituyente tiene que configurar un órgano que tiene que ser lo que Bahegot llamaba su función dignificadora, pero no una función eficiente. Por eso en el
artículo inicial se hace una definición de la Jefatura del Estado en la
que se incluyen casi todas las justificaciones que se han hecho de

la misma en la literatura constitucional desde principios del XIX. Pero no significa nada; si se interpreta normativamente ese artículo, entonces la Constitución se viene abajo. Es incompatible con el principio de la legitimación democrática del poder. La Constitución española es clara, el título 2 es un paréntesis que se abre. El 1.3 viene detrás del 1.2 como le dije. El 1.2 es la legitimación democrática, la soberanía nacional de la que emanan los poderes del Estado, y el 1.3 la forma política del Estado Español: la monarquía. En casi todas las constituciones españolas la monarquía no aparece en el artículo 2, sino en el mismo frontispicio de la Constitución. Nunca se habla de la monarquía en el articulado, sino que se dice que es la Constitución de la monarquía española, mientras que en el texto de 1978, el título de español se reserva para el Estado y para la Constitución, y la monarquía es parlamentaria y está definida con base en el principio de legitimación democrática. Aparece en el título 2 como una suerte de paréntesis. En las anteriores constituciones aparece primero el Título de las Cortes y después el del Rey, como titular del poder ejecutivo, mientras que en la actual se habla de la Corona, no del Rey, potenciándose el elemento objetivo y no el subjetivo, y además se sitúa por delante de todos los títulos. ¿Por qué? Porque es la forma de aislar a la Corona del juego político, de sacarla del principio de legitimación. Es como ponerlo en una especie de paréntesis de «esto está aquí por lo que ya sabemos». Si todo eso se interpreta normativamente, se viene abajo todo el edificio constitucional.

J. G. A.: Pero puede llegar a interpretarse así.

J. P. R.: Es que si eso llega, entonces sí que estamos en una situación de crisis.

J. G. A.: El Rey pudo actuar frente al 23-F porque los militares creyeron que tenía el mando supremo.

J. P. R.: Es un resto del pasado.

J. G. A.: Pero en el futuro puede replantearse. Si se une que es el garante de la unidad de la patria y el mando supremo de las Fuerzas Armadas, puede plantearse una situación inquietante. Imaginemos, por ejemplo, que el conflicto vasco se envenena aún más...

J. P. R.: Ése sería el fin del sistema político.

J. G. A.: Es que esa apariencia del mando supremo no se tenía que haber dicho, porque ya se supone que es el jefe del Ejército, como de la Administración en general, en su sentido simbólico.

J. P. R.: Pero la legislación de desarrollo lo deja muy claro. Lo que pudiera ocurrir es que fácticamente llegue otra cosa porque se ha roto el sistema. Si llega un momento en que eso ocurre, es que habremos puesto fin a este sistema.

J. G. A.: Pues toquemos madera. Vamos a otra cosa: el comportamiento constitucional del Rey ha sido intachable, pero no siempre lo ha sido su ejemplaridad personal, especialmente en lo que se refiere al mundo de los negocios, a las amistades de empresarios que han terminado en la cárcel, los últimos, los Albertos a los que, por cierto, les ha echado una mano el Tribunal Constitucional…

J. P. R.: No les van a dar el amparo en ningún caso.

J. G. A.: Bien es verdad que el Rey no pudo ni al parecer quiso impedir que Mario Conde, otro de sus amigos, fuera a la cárcel, ni Javier de la Rosa, ni Manuel Prado y Colón de Carvajal. ¿Piensa usted que el comportamiento privado del Rey terminará desprestigiando a la Corona?

J. P. R.: Depende del conocimiento que se tenga y de la publicidad que se le dé a lo que se conozca.

J. G. A.: Lo que pasa es que el pacto de silencio está empezando a terminar.

J. P. R.: Evidentemente, si todo eso se convierte en un tema que llega a la opinión pública de manera masiva, yo creo que puede afectar muy seriamente. Ahora, eso depende. No basta con que se utilice por algún medio de comunicación.

J. G. A.: ¿Cree usted que la prensa debe informar sin autocensura respecto a la Corona?

J. P. R.: Yo creo que eso es algo que va a ocurrir en todo caso, y que no ha ocurrido en el pasado porque ha habido una contención explicable y tal vez justificable, no lo sé. En todo caso porque todos teníamos mucho miedo de que el experimento que estábamos poniendo en marcha se nos viniera abajo. Por eso todos hemos tenido muchísimo cuidado y nos hemos censurado en relación con este tema, en relación con la Guerra Civil. Esto se ha mantenido con mucho miedo y muchas reservas y eso ya se está perdiendo y se irá perdiendo cada vez más. Yo creo que hasta ahora el Rey, la Casa Real en su conjunto, se ha beneficiado de ello, pero con esto ya no se puede contar de cara al futuro, y el Príncipe lo vio con lo de su novia. El Rey da una buena imagen y cada vez que habla con alguno va trasladándole esa imagen, y eso tiene una proyección.

J. G. A.: La cuestión es ver si la seducción va a resistir la transparencia informativa. ¿Piensa usted que los españoles aceptarán la institución después de Juan Carlos I, una figura que ha desempeñado un papel excepcional en la Democracia?

J. P. R.: Ahí también hay un momento de prueba para la monarquía, el momento de sustitución de la figura que ha puesto otra vez la monarquía en el sistema político español. Hasta ahora ha habido una vinculación entre la institución y la persona que ha favorecido el mantenimiento y la inserción de la institución. ¿Qué es lo que pasará cuando esta persona desaparezca y venga su hijo? Eso lo veremos, es imprevisible. Depende fundamentalmente de cómo lo haga. Una de las cosas que no tiene el hijo es la autoridad que ha tenido el padre, entre otras cosas porque ya llevan veinticinco años de monarquía parlamentaria y el Rey ya no es lo mismo. La figura del Rey ya no es la misma que era en los momentos iniciales de la Transición. Ahora mismo el Rey ya no tiene esa autoridad que tenía porque el sistema democrático está más asentado.

J. G. A.: ¿Sería conveniente que en cuanto se cumplan las previsiones sucesorias se hiciera ese referéndum que nunca se hizo sobre la monarquía?

J. P. R.: No, yo creo que no, en ningún caso, eso es que lo prohíbe la Constitución.

J. G. A.: Pero hay un sistema para despedir al Rey, ¿no?

J. P. R.: El artículo 168. Tendría que hacerse una propuesta de reforma de la Constitución que debería ser aprobada por mayoría de dos tercios en cada una de las cámaras, disolverlas después, convocar nuevas elecciones... Ése es el camino, pero al margen de ese camino no se puede hacer. El problema de la monarquía en España no se va a plantear jurídicamente. Si se plantea es porque hay una crisis política, porque la institución se deslegitime, que llegue un momento en que los ciudadanos digan: «Esto no lo soportamos porque nuestra autoestima no es compatible con mantener una jefatura del Estado como ésta, que nos da vergüenza que esté ese Rey ahí.»

J. G. A.: ¿Opina que el Príncipe se está ganando el puesto? ¿Qué debería hacer para conseguirlo? ¿Qué consejos le daría?

J. P. R.: Yo ahora mismo, desde fuera, me da la impresión de que la agenda del Príncipe debe de estar muy determinada por la Casa Real, y yo creo que lo que se está viendo desde fuera es que está cumpliendo con su trabajo. Ahora actúa en segundo plano y se beneficia de la imagen de su padre y de su madre. Va chupando rueda, le van marcando el camino y, hasta ahora, eso lo está haciendo bien. ¿Qué ocurrirá cuando sea él la primera figura? Eso es imprevisible. Hay una ventaja, y es que cuando ocurra ya no será un joven, sino un hombre de cuarenta o cuarenta y tantos años.

J. G. A.: También puede llegar un momento en el que el Rey decida abdicar.

J. P. R.: Todo el mundo me dice que ni hablar, que no lo deja ni loco. Una de las cosas que se comentaban es que ésa era su intención para consolidar la monarquía: abdicar en un tiempo razonable y proteger al nuevo Rey.

J. G. A.: Hubo incluso una maniobra, pero era casi golpista.

J. P. R.: Sí, hubo una «Operación Hijo». Ahora sería más por cálculo, para empujar la consolidación de la monarquía, quedando Juan Carlos de tutor.

J. G. A.: Las tutorías no funcionan.

Carlos Berzosa

M adrileño, nacido en 1945, catedrático de Estructura Económica en la Universidad Complutense de Madrid, ha sido decano de la Facultad de Económicas durante catorce años. En 2003 fue elegido rector. Ha escrito varios libros, entre ellos, *Conciencia del subdesarrollo*, en colaboración con José Luis Sampedro; *Los socialistas utópicos*, con Manuel Santos; y *Los desafíos de la economía mundial en el siglo XXI*. La conversación tiene lugar en su despacho de rector.

J. G. A.: ¿Piensa usted que la monarquía está consolidada?

C. B.: Yo creo que de momento sí, pero no se puede decir que sea para siempre. De hecho, la monarquía se tiene que seguir ganando, por así decirlo, esa consolidación día a día, semana a semana, mes a mes. Y también pienso que el heredero de la Corona no lo va a tener tan fácil como su padre. Pienso que su padre se ha ganado la simpatía de todos, es un hombre campechano, que se gana a cuantos trata, cuenta con el respeto de los partidos políticos. Santiago Carrillo dice en sus memorias: «Yo soy republicano, pero comprendo que el Rey tiene mis simpatías porque ha desempeñado un papel muy importante.» Esa figura del Rey, que ha merecido un respeto general en este país, sí está consolidada, a no ser que sucediera algo, que no es previsible en estos momentos, que cambiara la situación. También hay que tener en cuenta que como las competencias del Rey son muy limitadas y el país es rico, moderno, dotado de un sistema democrático que funciona más o menos, con sus restricciones que a veces son preocupantes con el Gobierno del Partido Popular, pues no hay ninguna razón para necesitar un cambio de régimen. Lo que le puede preocupar a la sociedad española no es monarquía o república sino, fundamentalmente, que haya instituciones que funcionen y que respeten la libertad y los derechos de todos. En la medida en que la monarquía permita que puedan gobernar las izquierdas o las derechas y que ese juego funcione como funciona ahora, pues no tiene que ponerse en cuestión. Ahora, otra cosa será el hijo, porque a lo mejor el hijo no tiene esas simpatías.

J. G. A.: ¿Conoce usted a don Juan Carlos?

C. B.: Muy poco. En una visita protocolaria le he dado la mano y no he tenido mucha ocasión de hablar con él. En algunos actos de la universidad se ha acercado al grupo en el que estábamos, nos ha saludado, ha sido un hombre simpático. Y ahora de rector todavía no he tenido ocasión.

J. G. A.: Él cuida mucho la relación con las distintas entidades sociales, como la universidad, los sindicatos...

C. B.: Eso le gusta. Además él tenía sus consejeros —no sé si los sigue teniendo— a los que cita para que hablen con él. Que yo sepa, directamente le visitaban Antonio Gutiérrez, Tomás y Valiente... Siempre ha recibido a personas de la vida social, en vez de a los cortesanos típicos.

J. G. A.: ¿A qué atribuye usted la presencia creciente en las manifestaciones de banderas republicanas?

C. B.: Ése es un hecho que yo lo he podido observar también porque he participado en ellas, y he observado que llevaban las banderas muchos chicos jóvenes, más que los mayores. Antes era gente mayor la que llevaba la bandera republicana, en manifestaciones y en las fiestas del Partido Comunista. Ahora no, ahora se ve a muchos jóvenes. Seguramente será porque la idea de la República sigue estando presente en este país, porque la República tiene un recuerdo muy positivo, en cuanto que fue una época de gran explosión de las libertades democráticas y sociales. El otro día, precisamente, estuve en la Fundación Largo Caballero, que celebraba su vigesimoquinto aniversario, y recordaban los logros que había conseguido este líder como ministro. En tan poco tiempo la República hizo muchas cosas socialmente avanzadas: en alfabetizaciones, cultura, en instrucción pública; y esto yo creo que todavía está presente. Lo que llama la atención es que también los jóvenes tengan presente ese ideal republicano. Yo creo que entre los sectores progresistas se defiende la república aún, y por eso en las manifestaciones aparecen las banderas republicanas, porque consideran que la república es un sistema más razonable que la monarquía, en la que un jefe de Estado hereda el cargo de otro.

J. G. A.: Es que la monarquía es un sistema irracional, aunque pueda ser útil.

C. B.: Absolutamente irracional. Otra cosa es, en efecto, que pueda servir. Los reyes hacen bien estando ahí reinando, pero no gobernando. Hay países como los nórdicos que tienen unos sistemas sociales muy avanzados y han podido coexistir con la monarquía.

J. G. A.: Aquí las reticencias proceden de la derecha. Eso es lo chocante. Antes a la monarquía la arropaba la derecha. Es la primera vez en la historia que no ocurre eso.

C. B.: Claro, porque la derecha en este país se ha ido reciclando, convirtiendo a la democracia, pero yo todavía observo muchos sectores retrógrados que ven al Monarca con desconfianza. Primero porque ha sido lo que él decía: el Rey de todos, y le consideran un hombre abierto a admitir otras tendencias políticas, que tiene diálogo con gente de izquierdas, contactos con gente de la universidad y, sobre todo, que tiene una relación muy buena con Felipe González. La gente de la derecha que tenemos, poco evolucionada, ve que la monarquía no responde a lo que ellos quieren: una monarquía tradicional, con una corte en la que haya fiestas a las que vayan ellos, porque ir a una fiesta del Rey y encontrarte allí a los sindicalistas, que a lo mejor no visten como ellos y no son de «buena familia», no es plan. Esa derecha, la de toda la vida, no admite esta monarquía parlamentaria.

J. G. A.: Me contó Carrillo que en la primera recepción que fue a Palacio vio a esa gente que usted dice y se encontró muy solo, muy aislado, pero se le acercó el Rey y le dijo: «No te preocupes, que es la última vez que vienen todos éstos.»

C. B.: Yo he veraneado en La Granja de San Ildefonso cuando niño y he conocido a toda esa derecha. Era una derecha totalmente decadente, que a lo mejor no tenía dinero, era clase media, pero tenía aires de grandeza. Ésta era la típica gente añorante de la monarquía, de aquella monarquía que iba a veranear a La Granja, que tenía su corte, y a esta otra la ve cercana al pueblo. Además, un Rey que rompe el protocolo, que saluda a la gente... Eso no les puede gustar.

J. G. A.: Algunos no le perdonarán que haya traicionado a la monarquía de Franco.

C. B.: Claro. Y la izquierda, pues lo ve bien, porque dice: «Hombre, el Rey ha sabido estar, ha sido consciente que para perdurar en la Corona tenía que ser demócrata.» Él mismo favoreció el cambio. Y luego vino el 23-F, que no sabemos muy bien lo que pasó, pero que a él le ha dado un buen cartel y un buen prestigio, porque sale como fundador de la Democracia. Ha sido inteligente, me imagino que aprendería la lección de su abuelo y la de su cuñado en Grecia. Nadie pensaba que podía durar este hombre mucho, le llamaban «el Breve», y ya lleva su tiempo ahí.

J. G. A.: Carrillo le garantizó mil años: «Si usted respeta la Constitución, mil años.»

C. B.: Es más, yo creo que la izquierda que decíamos antes ve con mejores ojos la figura del Rey que, por ejemplo, la de Aznar. Dice: «Menos mal, imagínate si fuera Aznar el presidente de la República, preferimos al Rey.» A mí me pasa igual.

J. G. A.: ¿Cree usted que hay buena sintonía entre el presidente del Gobierno y el jefe del Estado? ¿Qué consecuencia tendría para las instituciones si las relaciones entre el jefe del Estado y el presidente del Gobierno no fueran buenas?

C. B.: Yo creo que no son buenas. Por lo que dicen los medios de comunicación, por lo que veo en las propias imágenes que transmiten los medios, la frialdad de los saludos. Eso contrasta con un abrazo que le dio hace poco el Rey a Felipe González en un sitio determinado. Yo creo que el Rey trató muy bien a Felipe González y Felipe González a él también muy bien. Me imagino que era un matrimonio de conveniencia, porque realmente a la monarquía le venía muy bien un gobierno socialista para consolidarse, y al Partido Socialista le venía muy bien que el Rey les apoyara, se llevara bien con ellos y tuviera una relación muy buena. Yo creo que Felipe González supo estar. Respetó siempre la figura del Rey y le dio el papel que le corresponde. Esto no sucede ahora. Parece claro que Aznar y el Rey tienen malas relaciones, que el Presidente no respeta la figura del Rey. Se salta a veces normas esenciales del protocolo, y no me refiero únicamente a lo de la chaqueta en La Habana, sino a muchas más cosas. E incluso creo que han querido ocupar, tanto él como su mujer, el espacio de la monarquía. Ella ha querido suplantar a la Reina. Así como Carmen Romero, con buen sentido, se alejaba del poder porque quien gobernaba era su marido y no ella, Ana Botella se empeña en competir con la Reina y eso yo creo que al Rey le tiene que molestar mucho.

J. G. A.: La guerra de Iraq ha generado alguna frustración en alguna gente que esperaba una expresión más clara de la opinión del Rey, incluso como reclamaron Izquierda Unida y el PNV en una intervención en el Parlamento. ¿Ha hecho el Rey lo que tenía que hacer? ¿De qué forma puede expresarse el Monarca? ¿Cómo puede cumplir su función moderadora?

C. B.: Hombre, yo realmente pienso que es una situación complicada porque, como han señalado algunos tratadistas como Peces-Barba o el propio Carrillo, el Rey con su silencio ya decía bastante. Por una parte es el papel que le reserva la Constitución, y el silencio era muy importante porque él no podía estar en contra del Gobierno. No puede el Rey llevar la política contraria, pero si no decía nada ese silencio se podía entender como que tampoco estaba avalando claramente al Gobierno. Él también podía haber salido a decir «esto no está bien hecho» y, sin embargo, no lo hizo. El silencio se puede interpretar como que no apoyaba la posición del Gobierno. A mí me habría gustado particularmente una declaración de este tipo: «El Rey está con su pueblo. En el caso de que el pueblo esté contra la guerra, yo también tendría que estar contra la guerra.» Habría quedado mucho mejor. Es curiosa esta situación, cuando en el pasado este Rey parlamentario ha tenido que intervenir tanto en la vida política. Tenía que intervenir mucho, precisamente en esa Transición tan problemática que tuvimos; tuvo que hacerlo el 23-F, el Rey tuvo que intervenir para frenar al Ejército en un momento determinado. La Constitución limitaba sus poderes, pero luego resulta que, a la hora de la verdad, el Rey tenía que intervenir mucho en la vida política apaciguando a unos, calmando a otros y generando una sensación de calma y tranquilidad en un país que estaba viviendo un cambio que para las fuerzas retrógradas era mucho y para las fuerzas progresistas era poco. Y luego teníamos todo el problema del terrorismo, que sigue estando, que en la Transición era un peligro para la Democracia. En este momento, cuando el Rey no tiene que intervenir, es especialmente problemático que tenga una mala relación con el presidente del Gobierno. El Rey fue a las playas de Galicia a ver lo del chapapote, pero tardó en ir, y yo creo que tardó porque el Gobierno le retuvo, porque el Rey es muy rápido de reflejos para estas cosas. Sabe que tiene que estar allí y va, pero aunque llegara un poco tarde gustó que fuera, la gente se emocionó, se veía que le ovacionaban. Sin embargo, Aznar no podía ir porque le abucheaban. Yo creo que le está perjudicando a la monarquía el Gobierno del PP, porque le está limitando mucho el acercarse a la gente, a sus problemas, y como ellos no lo hacen...

J. G. A.: El Rey dijo, cuando la guerra de Iraq, que apoyaba a las instituciones, dando a entender que se refería tanto al Gobierno como a la oposición.

C. B.: Sí, era una cosa ambigua, pero a mí me habría gustado que el Rey hubiera dicho que estaba con su pueblo, y si el pueblo no quiere la guerra, el Rey está con el pueblo. Una declaración así, en condicional: si el pueblo está contra la guerra, el Rey está con el pueblo.

J. G. A.: El comportamiento constitucional del Rey ha sido intachable, pero parece que no siempre lo ha sido su ejemplaridad personal, especialmente en lo que se refiere a sus negocios. ¿Piensa usted que este comportamiento terminará desprestigiando a la Corona?

C. B.: Podría haberle desprestigiado, es cierto. Sin embargo, yo creo que se ha sorteado el peligro, que los medios de comunicación no han hablado de ello. Ha habido una especie de pacto de silencio o hay un pacto por el que no se puede criticar la figura del Rey. Alguno lo intentó indirectamente, en un momento determinado: *El Mundo*. Pero como tampoco los medios de comunicación han insistido mucho en eso, la información no ha pasado de cierta gente enterada, la que está en los circuitos del rumor, de la información boca a oído, pero el resto de la sociedad no está en esos circuitos, y menos fuera de Madrid. Tampoco estoy yo seguro de que el Rey estuviera bien informado, si se había dejado asesorar por gente que él no sabía que era realmente lo que era. Como él había vivido penurias y privaciones trataría de prevenirse: «A mí no me vuelve a suceder, si me tengo que ir de aquí, pues me voy con una fortuna, por si acaso.»

J. G. A.: La Reina también debía de estar preocupada por lo mal que lo pasó la familia.

C. B.: Yo creo que también. «Vamos a que no nos suceda lo mismo. Vamos a cubrirnos las espaldas para que no nos suceda cualquier cosa que pueda venir; porque nunca se sabe, a veces te apoya el pueblo y al día siguiente te chilla y te silba. Las monarquías nunca se sabe lo que pueden durar.» Yo creo que se ha debido a eso, pero ha sido un mal paso que él ha dado y no ha tenido más trascendencia precisamente porque no ha trascendido.

J. G. A.: ¿Cree usted que la prensa debe informar sin autocensura respecto a la Corona?

C. B.: Pues pasado el tiempo que ha pasado, sí. A lo mejor al principio no era conveniente, pero ahora, respetando ciertas cosas: la intimidad personal... Pero claro, es muy difícil decir dónde acaba la intimidad personal de un personaje público.

J. G. A.: Pero en el Rey la vida privada se confunde con la pública.

C. B.: Sí, pero cuando yo me refiero a la vida privada pienso en la vida íntima que tenga el Rey, siguiendo la tradición de los Borbones.

J. G. A.: En eso no nos metemos.

C. B.: En eso soy muy liberal y eso es cosa de él y de Sofía. Ahora, de los demás temas, sobre todo en los económicos, sí que se debe hablar, porque la sociedad tiene derecho a saber lo que hace su jefe de Estado. Y todos tenemos derecho a la información, y si realmente ha cometido actos no muy nobles, pues no tiene por qué tener inmunidad.

J. G. A.: ¿Piensa usted que los españoles aceptarán la institución después de Juan Carlos I? ¿Opina que el Príncipe se está ganando el puesto? ¿Qué debería hacer para conseguirlo?

C. B.: El Príncipe se lo tiene que ganar. No va a tener lo que ha tenido el padre: el 23-F, el haber estado cuando ha ganado el PSOE. Don Juan Carlos es un hombre campechano, y eso yo creo que a la gente le gusta y la verdad es que a mí también me gusta. Si veo que de pronto en un congreso el Rey rompe el protocolo y va a saludar a los de *Caiga quien caiga*, pues yo creo que eso está muy bien, que es simpático. Y la gente le compara con Aznar y Botella y dice: «Fíjate qué diferencia con esos bordes.» El Príncipe es más seco, más serio, menos campechano, pero estará dentro de su personalidad, tampoco habría que reprochárselo. Sin embargo, el otro día asistí a un acto de la Sociedad de Física y Química y fue el Príncipe a la inauguración. Luego tuve oportunidad de estar con él. Pero lo que quiero contarle es que en el acto no funcionaron los micrófonos, y él dijo: «Esto no funciona», y lo tomó con mucha tranquilidad y con mucha soltura, que a mí me llamó la atención. Le dieron un micrófono de mano y él lo cogió ante el terror de su servicio de seguridad. Salió bien de la situación y luego tuvo la delicadeza de decir: «Y ahora voy a decirlo en inglés porque veo que los extranjeros no tienen traducción simultánea.» Lo dijo con soltura y luego, aunque más serio de lo que es su padre, fue amable con la gente que saludaba y recibía. Yo le veo más tímido, creo que le cuesta tener relaciones con la gente. Se tiene que ganar el puesto y creo que el Rey es consciente de eso. En las audiencias que he tenido, en una que fue más amistosa porque estaba Manuel Varela Parache, que ha sido profesor suyo y el Rey tiene con él una atención especial, estuvo muy distendido. En aquel momento, que se mascaba la crispación contra el PSOE, el Rey comentaba: «Yo les digo a los políticos que no se peleen tanto, que yo estoy aquí un poco de paraguas, pero que no puedo estar aquí siempre aguantando todo esto.» Y luego nos dijo: «A los partidos les votan para cuatro años, pero uno se gana esto de la monarquía todos los días. El Rey tiene que estar cada día ganándose el puesto.» El Rey es muy consciente de ello.

J. G. A.: En cambio el Príncipe no lo es tanto. Dicen que es el mejor preparado de los herederos europeos, le han preparado para rey.

C. B.: Pero en eso de ser rey debe de haber mucho de intuición. En estos puestos la preparación es sólo un dato adicional.

J. G. A.: Lo que quiero decir es que por ahí no hay ninguna preocupación; sí la hay sobre lo que usted decía referente al Rey: «Esto tengo que ganármelo todos los días», el Príncipe parece que participa más de la mentalidad legitimista de su madre.

C. B.: Eso es más peligroso. También se ha dicho que sus ideas son muy de derechas.

J. G. A.: En cambio de eso yo no estoy muy convencido. Lo que pasa es que en una monarquía parlamentaria, en la que el Rey no tiene poderes pero desarrolla funciones importantes, hay unos márgenes de ambigüedad que pueden resultar inquietantes según quien sea el titular de la Corona. El Rey ha sido muy escrupuloso de no inmiscuirse donde no le corresponde, de no borbonear como hiciera su abuelo, pero no sabemos cómo actuará Felipe cuando sea coronado. Ésas son las incertidumbres de la monarquía.

C. B.: Estoy de acuerdo, pero tenían que pasar acontecimientos muy graves para que la gente dijera: «Fuera la monarquía.»

J. G. A.: Son instituciones que prometen para el pasado, no son para este siglo. Están ahí porque generaría más problemas quitarlas.

C. B.: Son instituciones anacrónicas, «carcas». Alfonso Guerra escribió algo sobre este tema y el Rey le pidió explicaciones con buen humor. Guerra le replicó: «Majestad, pero si usted tampoco podría estar a favor de la monarquía, porque esto de que el cargo se herede es un poco fuerte, ¿no?»

J. G. A.: Rompe el principio de igualdad y la racionalidad democrática. Es una figura decorativa que tiene algo de mágica, un residuo de otras épocas.

C. B.: Claro que el presidente de la república también puede ser una pieza ornamental. Tampoco tiene muchas funciones que desempeñar. Y a veces incluso puede salir peor, porque si en España el presidente fuera Aznar, pues íbamos apañados. Pero yo, a pesar de todo, opto por la república porque me parece que la monarquía es algo anacrónico.

J. G. A.: Hay que ver cómo se ha marginado a la República, y fue el periodo más democrático de la historia de España, aunque fuera corto. Se ha quedado como en un paréntesis de la historia de España, casi como si nunca hubiera existido.

C. B.: Claro, claro. Elorza decía en *El País* que el Rey tenía que implicarse más porque si no cada vez habrá más banderas republicanas en las manifestaciones. Ese espíritu republicano yo creo que sigue perviviendo en las gentes más de izquierdas, más progresistas, que ven la república como un factor de progreso frente a estas instituciones un tanto anacrónicas y arcaicas. Otra cosa es que digas: ¡Hombre, en el momento en que nos ha tocado vivir hay que valorar la función de este Rey!

J. G. A.: Es una monarquía casi republicana.

Francisco Aldecoa

F rancisco Aldecoa Luzárraga, vasco nacido en Madrid el 23 de abril de 1944, es catedrático de Relaciones Internacionales en la Universidad Complutense de Madrid, y anteriormente en la del País Vasco, de la que ha sido rector. Especialista en temas relacionados con la Unión Europea, escribe habitualmente en la prensa y dirige la revista *Tiempos de paz*. La entrevista tuvo lugar en su despacho de la Facultad de Ciencias Políticas, de la que es decano.

J. G. A.: ¿Cree usted que la monarquía está consolidada en España?

F. A.: Claro que está consolidada. Lo que hay que pensar es cuál es el futuro de las monarquías en la Unión, tras la Constitución europea, cuál es su papel en el futuro de la integración europea. Tenga en cuenta que la Constitución entrará en vigor en un año y medio y las jefaturas del Estado van a tener otro papel en el futuro.

J. G. A.: Pues hay un montón de monarquías. ¿Qué van a hacer con la reina de Inglaterra?

F. A.: Pues ésa es la pregunta. Lo que está claro es que no van a tener el mismo papel que tienen ahora. Es lo poco que me atrevo a decir: la monarquía española está consolidada. Las monarquías en Europa están en transformación, como están en transformación los Estados nacionales. Acaba de presentarse, el 20 de julio, el proyecto de tratado de Constitución Europea, que es un paso más para la consolidación de la Unión Europea como actor fundamental y donde se empieza a vislumbrar un equivalente de jefe del Estado, que es el presidente del Consejo, que se renueva por dos años.

J. G. A.: ¿Eso quiere decir que la Constitución Europea va a modificar el estatus de las monarquías?

F. A.: En la práctica, sí. Si va a haber una especie de superjefe de Estado, tienen que producirse cambios en el estatus de los distintos jefes de Estado nacionales, sean reyes o presidentes de repúblicas.

La Constitución Europea establece por primera vez un presidente de Europa que deja de ser rotativo. Ese presidente de Europa es equivalente a un jefe de Estado por dos años y medio, y no por seis meses, y además elegido. Si hay un jefe de Estado del conjunto, de algún modo tiene que afectar a los jefes de Estado de cada país miembro. Este modelo desdibuja las monarquías. Estoy seguro de que en el futuro van a tener menos relevancia. En un horizonte de treinta o cuarenta años las jefaturas de Estado van a ser distintas, tenderán a desaparecer, se cambiarán por un jefe de Estado europeo. En cambio, las monarquías probablemente no desaparezcan, porque tienen un carácter más simbólico, histórico, cultural o de identidad.

J. G. A.: ¿A qué atribuye usted la presencia creciente de banderas republicanas en las manifestaciones populares?

F. A.: Si he de ser sincero, yo no me había dado cuenta de ese fenómeno. Aquí en esta facultad las he visto siempre.

J. G. A.: ¿Cree usted que hay buena sintonía entre el jefe del Gobierno y el jefe del Estado? ¿Si no la hubiera podría afectar a la Corona?

F. A.: Hombre, yo creo que existe una cierta sintonía, y pienso que deberían estar reguladas las desintonías posibles, que deberían estar previstas y que probablemente no están suficientemente reguladas.

J. G. A.: Por ejemplo en lo de Iraq, todo el mundo intuía que el Rey estaba en contra.

F. A.: Yo creo que el Rey sí se manifestó con signos inteligibles. Aquí, en esta facultad estaba prevista una ceremonia con una persona de la Familia Real que se suspendió por ese motivo. Yo sí que saqué la impresión de que estaba en contra. Pienso que el Rey hizo lo que tenía que hacer. Sus gestos fueron perceptibles.

J. G. A.: ¿Qué opina sobre la conducta personal del Rey en asuntos de negocios? ¿Los problemas surgidos pueden afectar a la imagen de la Corona?

F. A.: No me constan esos problemas de los que usted habla.

J. G. A.: ¿Cree usted que la prensa debe expresarse con libertad al respecto?

F. A.: Sí, ¿por qué no?

J. G. A.: ¿Piensa usted que los españoles seguirán aceptando la institución después de Juan Carlos I?

F. A.: Será más difícil. Yo creo que sí.

J. G. A.: No se volverá a plantear el debate sobre monarquía o república.

F. A.: No, en la medida en que el sucesor se legitime en el ejercicio de su cargo. Yo creo que la ciudadanía española es accidentalista: en la medida en que sea útil en el ejercicio de su función, desempeñe un papel equivalente al que ha desempeñado el rey Juan Carlos, se legitimará. Si no es así, se planteará el debate.

J. G. A.: ¿Opina que el Príncipe se está ganando el puesto? ¿Qué debería hacer para conseguirlo?

F. A.: Es un tema difícil, pero tiene menos apoyo que el padre. Aquí hay otro problema de fondo que no se ha mencionado y creo que la sociedad española no acaba de aceptar la Ley Sálica. En este aspecto la Constitución hay que reformarla, porque hay una contradicción en el principio de igualdad. Incluso la Constitución Europea establece el principio de igualdad por encima de todo. Además, en la medida en que no fue una restauración, sino una instauración de la monarquía, se debería haber recogido el principio de igualdad.

J. G. A.: Pero existía el hecho consumado, porque el Rey nombró Príncipe de Asturias a su hijo antes de la aprobación de la Constitución española. ¡Y la Constitución tenía que haber ido contra lo que acababa de decidir el Rey!

F. A.: Claro, pero es que tenía y tiene que hacer eso. Pero creo que tiene que recogerse que el principio de igualdad prima sobre todos los demás. En una institución democrática moderna no tiene que haber prelación.

J. G. A.: Tiene mal arreglo ahora. ¿Qué se hace ahora? ¿Se pone a la infanta Elena?

F. A.: No, eso es otra cuestión. En todo caso, creo que es un problema que hay que resolver. Quizá el tema principal es que la sociedad española y europea no acaban de aceptar la ignorancia del principio de igualdad.

J. G. A.: Casi todas las monarquías europeas se han reformado para reconocer la igualdad.

F. A.: Precisamente porque es un problema. La otra cuestión que tampoco se ha tratado es que las inmunidades que tiene el Rey en la Constitución son probablemente excesivas, y sobre esto hay un consenso general. Yo percibo esto.

J. G. A.: ¿Puede el Rey desempeñar un papel específico en el problema vasco?

F. A.: Siempre que el jefe del Estado tenga una función moderadora, de conciliación, de mediación, de búsqueda de soluciones.

J. G. A.: Ya en el debate de la Constitución, Arzalluz planteó el pacto con la Corona. Dice Anasagasti que el proyecto de Ibarretxe viene a resucitar este pacto.

F. A.: No acabo de ver que esto salga de ahí. En la medida en que no entiendo la lógica de la independencia, sino que lo que entiendo es que hay que consensuar y buscar soluciones pragmáticas, no acabo de ver ese camino, sobre todo en la lógica europea.

J. G. A.: ¿Qué imagen tiene el Rey en el País Vasco? ¿Es distinta de la que tiene en el resto de España?

F. A.: No hay una animadversión general, pero tampoco hay más simpatía que en otros sitios. Probablemente influya el hecho de que el tema general se ve de forma diferente.

J. G. A.: ¿Es importante que el Rey y el Príncipe aprendan el euskera?

F. A.: Sí, es imprescindible en la medida en que sirve para consolidar el Estado de las Autonomías. No en la lógica de la independencia.

J. G. A.: ¿Tienen que viajar más por el País Vasco?

F. A.: Ahora, por las circunstancias, no es fácil, pero al menos el Rey ya lo hace. Viaja unas cuatro o cinco veces al año. Tengo la impresión de que lo hace con más frecuencia que el presidente del Gobierno.

J. G. A.: ¿Conoce al Rey?

F. A.: Muy poco. Le he saludado en dos o tres ocasiones con motivo de que la infanta Cristina era alumna de esta facultad.

J. G. A.: ¿Con la infanta ha tenido más relación?

F. A.: Sí, con la infanta he tratado más, y aún nos seguimos tratando. Tengo el mejor concepto de ella.

Cándido Méndez

Nacido en Badajoz en 1952, ingeniero técnico químico, miembro de la primera ejecutiva del PSOE de Andalucía, fue diputado por Jaén y secretario general de UGT de Andalucía. Fue elegido secretario general del sindicato en 1995 y reelegido en varios mandatos. Es presidente de la Confederación Europea de Sindicatos. La entrevista tuvo lugar por cuestionario.

J. G. A.: ¿Está consolidada la monarquía?

C. M.: Sí, sin la menor duda. Lo está desde el punto de vista jurídico porque la Constitución de 1978 ha sido aprobada y ratificada por una amplísima mayoría del pueblo español; y lo está también en el plano de la aceptación social, como demuestran las encuestas una y otra vez.

J. G. A.: ¿A qué atribuye usted la presencia creciente en las manifestaciones de banderas republicanas?

C. M.: La II República fue un acontecimiento de enorme importancia para España y para Europa, uno de los más destacados del siglo XX. Como han señalado muchos historiadores, fue una revolución no sólo de carácter político, sino también de carácter social. Su enseña es legal, legítima y democrática en términos históricos.

Me parece lógico que haya personas o asociaciones que se mantengan fieles a la idea republicana, porque se está produciendo una reafirmación de nuestra memoria histórica, incluso entre los jóvenes, que también llevan la bandera republicana.

J. G. A.: ¿Cree usted que hay buena sintonía entre el presidente del Gobierno y el jefe del Estado? ¿Qué consecuencias tendría para las instituciones si la relación entre ambos no fuera muy fluida?

C. M.: No conozco cuál es el grado de sintonía entre el presidente del Gobierno y el jefe del Estado y no tengo motivos para pensar que la sintonía no sea buena. Sobre estas cosas nunca hay declaraciones oficiales, y los rumores que pueda haber no me merecen crédito ni comentario.

J. G. A.: La guerra de Iraq ha generado alguna frustración en quienes esperaban una expresión más clara de la opinión del Rey e incluso, como reclamaron IU y PNV, una intervención en el Parlamento. ¿Ha hecho el Rey lo que tenía que hacer? ¿De qué forma puede expresarse el monarca? ¿Cómo puede cumplir su función moderadora?

C. M.: El Rey ha cumplido con su papel constitucional. Quienes reclaman de él intervenciones políticas para unas cosas (por ejemplo, la guerra de Iraq) suelen quejarse cuando hace declaraciones políticas sobre otras que no son de su agrado (por ejemplo, sobre la unidad de España).

J. G. A.: El comportamiento constitucional del Rey ha sido intachable, pero no siempre lo ha sido su ejemplaridad personal, especialmente en lo que se refiere al mundo de los negocios, a las amistades de empresarios que han terminado en la cárcel, a los regalos que recibe, los patrocinios de sus actividades deportivas, etc. ¿Piensa usted que este comportamiento terminará desprestigiando a la Corona?

C. M.: El comportamiento personal del Rey es de suma importancia para la aceptación de la monarquía, por lo que creo que debe extremarse el cuidado en este aspecto. El ejemplo de una corte sujeta a permanentes escándalos (como es el caso del Reino Unido) es suficientemente ilustrativo de los problemas que pueden generarse. Aquí no estamos en una situación igual.

J. G. A.: ¿Cree usted que la prensa debe informar sin autocensura respecto a la Corona?

C. M.: Sí, completamente, como ocurre en el Reino Unido y en otros Estados de Europa con régimen monárquico. La autolimitación que se impone la prensa en España es un resabio del pasado.

J. G. A.: ¿Piensa que los españoles aceptarán la institución después de Juan Carlos I, una figura que ha desempeñado una función excepcional en pro de la Democracia?

C. M.: No tengo duda si el nuevo monarca ajusta su reinado a la Constitución Española.

J. G. A.: ¿Opina que el Príncipe se está ganando el puesto? ¿Qué debería hacer para conseguirlo?

C. M.: La actuación del Príncipe es, a mi juicio, correcta, y no es necesario que haga nada distinto de lo que está haciendo.

José María Fidalgo

José María Fidalgo, leonés, nacido en 1948, doctor en Medicina, especialista en Cirugía Ortopédica y Traumatología, ingresa en Comisiones Obreras en 1977 y es elegido secretario general en abril de 2000. La entrevista tiene lugar por cuestionario.

J. G. A.: ¿Está consolidada la monarquía?

J. M. F.: Considero que la monarquía goza de un elevado grado de aceptación en el seno de la mayoría de la población española, y no está siendo cuestionada desde el punto de vista político. En consecuencia, creo que su consolidación al día de hoy es un hecho.

J. G. A.: ¿A qué atribuye usted la presencia creciente en las manifestaciones de banderas republicanas?

J. M. F.: No sabría decirlo con certeza, pero creo que no son el fruto de un debate político específico sobre la propia institución monárquica. Más bien parecen responder a actitudes muy minoritarias que, a nivel político, están en los márgenes del sistema.

J. G. A.: ¿Cree usted que hay buena sintonía entre el presidente del Gobierno y el jefe del Estado? ¿Qué consecuencias tendría para las instituciones si la relación entre ambos no fuera muy fluida?

J. M. F.: No tengo datos para opinar sobre el grado de sintonía existente entre el actual presidente del Gobierno y el jefe del Estado. En cualquier caso, nuestra forma de Estado se configura como una monarquía parlamentaria y a ella han de atenerse las diferentes instituciones intervinientes, que están obligadas, por sus deberes, a hacer que las relaciones entre las mismas sean tan fluidas como resulte necesario.

J. G. A.: La guerra de Iraq ha generado alguna frustración en quienes esperaban una expresión más clara de la opinión del Rey e incluso, como reclamaron IU y PNV, una intervención en el Parlamento. ¿Ha hecho el Rey lo que tenía que hacer? ¿De qué forma puede expresarse el Monarca? ¿Cómo puede cumplir su función moderadora?

J. M. F.: De acuerdo con nuestra condición de monarquía parlamentaria, la conducción de la política corresponde al Gobierno y al Parlamento. En consecuencia, el Rey ha venido respetando las orientaciones que emanan de los órganos legitimados para ello, y a través del respeto a los mismos es como mejor puede ejercer y ejerce su función moderadora.

J. G. A.: El comportamiento constitucional del Rey ha sido intachable, pero no siempre lo ha sido su ejemplaridad personal, especialmente en lo que se refiere al mundo de los negocios, a las amistades de empresarios que han terminado en la cárcel, a los regalos que recibe, los patrocinios de sus actividades deportivas, etc. ¿Piensa usted que este comportamiento terminará desprestigiando a la Corona?

J. M. F.: Yo no tengo datos que me permitan opinar fundadamente sobre la ejemplaridad personal del Rey. Sí reclamo que su comportamiento en lo constitucional y en lo personal sea todo lo ejemplar que se espera de una institución que encarna la Jefatura del Estado en un país democrático y, en consecuencia, opino que, de no cuidar suficientemente ese aspecto, se contribuiría a un desprestigio altamente inconveniente.

J. G. A.: ¿Cree usted que la prensa debe informar sin autocensura respecto a la Corona?

J. M. F.: Creo que en un Estado democrático la prensa debe informar de todas las instituciones sin ningún tipo de autocensura, pero debe hacerlo con rigor y veracidad, puesto que ése es su compromiso con la propia Democracia, en cuyo seno ejerce libremente su función.

J. G. A.: ¿Piensa que los españoles aceptarán la institución después de Juan Carlos I, una figura que ha desempeñado una función excepcional en pro de la Democracia?

J. M. F.: Estoy bastante convencido de ello.

J. G. A.: ¿Opina que el Príncipe se está ganando el puesto? ¿Qué debería hacer para conseguirlo?

J. M. F.: Considero que la educación y el aprendizaje que viene realizando le han permitido entender perfectamente cuál debe ser su función en un Estado moderno y democrático, y en ese sentido ha de ser consciente de que de él se espera ejemplaridad en su función constitucional y en su proceder cotidiano. De lo contrario generaría una notable frustración en una sociedad que creo que le aprecia muy sinceramente.

Antonio Gutiérrez

A licantino de Orihuela, nació en 1951. Ha cursado estudios de Ciencias Físicas y de Economía. Se afilió al Partido Comunista de España en 1966. Fue elegido secretario general de Comisiones Obreras, cargo que ocupó durante toda la década de 1990, hasta que en abril de 2004 fue sustituido por José María Fidalgo. Actualmente es asesor de la Fundación Caja Madrid.

J. G. A.: ¿Está consolidada la monarquía?

A. G.: Está consolidada paradójicamente porque es el propio Rey quien más convencido está de que el futuro de la institución depende de la voluntad del pueblo español. Y que éste puede cambiar sus criterios respecto de la forma de Estado, si así lo desea y aprueba democráticamente.

J. G. A.: ¿A qué atribuye usted la presencia creciente en las manifestaciones de banderas republicanas?

A. G.: Que las banderas republicanas en las manifestaciones sean más llamativas que otros símbolos no significa que aumenten considerablemente su presencia. En todo caso, pienso que son más una muestra de rechazo al «españolismo» del Gobierno Aznar y a su recurrente instrumentalización partidista de la Constitución que una contestación a la monarquía.

J. G. A.: ¿Cree usted que hay buena sintonía entre el presidente del Gobierno y el jefe del Estado? ¿Qué consecuencias tendría para las instituciones si la relación entre ambos no fuera muy fluida?

A. G.: Acerca de la relación entre el Rey y el presidente del Gobierno sólo se pueden expresar impresiones personales, ya que los datos objetivos sobre la misma sólo los tienen ellos dos, y al menos el Rey suele ser muy discreto al respecto. Mi impresión personal es que la «sintonía» es manifiestamente mejorable... por parte del presidente Aznar. Toda falta de coordinación entre ambas instituciones es siempre achacable al presidente del Gobierno, puesto que el Rey no puede ni debe tomar iniciativas políticas por su cuenta, sino que es el segundo quien está obligado a garantizar la más fluida coordinación con aquél para el mejor ejercicio de sus funciones como jefe del Estado. Supongo que en los fallos que se hayan podido dar, la Casa Real ha optado por evitar que tengan mayor trascendencia sobre el funcionamiento institucional.

J. G. A.: La guerra de Iraq ha generado alguna frustración en quienes esperaban una expresión más clara de la opinión del Rey e incluso, como reclamaron IU y PNV, una intervención en el Parlamento. ¿Ha hecho el Rey lo que tenía que hacer? ¿De qué forma puede expresarse el monarca? ¿Cómo puede cumplir su función moderadora?

A. G.: Es preferible que algunos se sientan «frustrados» por no entender que el Rey debe supeditarse en todo momento y circunstancia al Parlamento, que la quiebra del orden Constitucional que se habría producido si el Rey hubiese expresado sus opiniones sobre la actitud a mantener en la guerra de Iraq o, más aún, si hubiese tomado por su cuenta la iniciativa de intervenir en el Parlamento. Era éste el órgano competente para dilucidar si la participación de España en la guerra de Iraq exigía la previa declaración de guerra y si, en consecuencia, competía o no al jefe del Estado firmar dicha declaración, como contempla la Constitución. No habiéndose producido tal pronunciamiento en el Parlamento, por el criterio mayoritario de la Cámara, es responsabilidad única y exclusivamente del Gobierno y del grupo popular, que ostentan la mayoría absoluta, el equívoco que se ha generado. El Rey se ha comportado dentro del más escrupuloso respeto a la Constitución.

J. G. A.: El comportamiento constitucional del Rey ha sido intachable, pero no siempre lo ha sido su ejemplaridad personal, especialmente en lo que se refiere al mundo de los negocios, a las amistades de empresarios que han terminado en la cárcel, a los regalos que recibe, los patrocinios de sus actividades deportivas, etc. ¿Piensa usted que este comportamiento terminará desprestigiando a la Corona?

A. G.: De la conducta de alguna persona en la esfera de los negocios, no es responsable el Rey. No obstante, todo indica que tras algunos fiascos, la Casa Real ha extremado las cautelas en las relaciones personales del Rey y se pone más cuidado en el patrocinio privado de algunas de sus actividades extra-institucionales.

J. G. A.: ¿Cree usted que la prensa debe informar sin autocensura respecto a la Corona?

A. G.: Efectivamente debe informarse sin autocensura. Entre otras razones porque de lo que no se informa con objetividad se construyen las peores lucubraciones, y éstas son más perjudiciales para la institución que la información clara. Ninguna institución del Estado debe ampararse en la opacidad. Por el contrario, todas han de ser transparentes en sus actos y conductas, incluida la monarquía, y la ciudadanía tiene derecho a conocerlas.

J. G. A.: ¿Piensa que los españoles aceptarán la institución después de Juan Carlos I, una figura que ha desempeñado una función excepcional en pro de la Democracia?

A. G.: Las previsiones de cada cual no son del todo ajenas a las propias preferencias. Por ello, siendo republicano, desearía que en un futuro, que no puedo determinar, mi país cambiara cabal y democráticamente hacia la forma de Estado republicana. Pero ante todo prefiero la consolidación de la Democracia, sin convulsiones. Hoy por hoy, pienso que en el futuro previsible tras el reinado de Juan Carlos I, la ciudadanía de nuestro país seguirá viendo en la monarquía una garantía de estabilidad democrática.

J. G. A.: ¿Opina que el Príncipe se está ganando el puesto? ¿Qué debería hacer para conseguirlo?

A. G.: El príncipe está demostrando la prudencia requerida para ser Rey algún día. Es lo que debe seguir haciendo.

Antonio Garrigues Walker

M adrileño, nacido en 1934, es un abogado prestigioso y un elocuente propagador de las ideas liberales, lo que le ha llevado a la fundación de asociaciones y partidos de esta ideología. En la actualidad es el presidente de Garrigues Abogados y Asesores Tributarios. La entrevista tuvo lugar por cuestionario.

J. G. A.: ¿Está consolidada la monarquía?

A. G. W.: En términos teóricos y prácticos, sí. Pero nada en esta época se consolida con carácter permanente. La monarquía tendrá que continuar mejorando, que es lo que ha hecho hasta ahora.

J. G. A.: ¿A qué atribuye usted la presencia creciente en las manifestaciones de banderas republicanas?

A. G. W.: Ser republicano es mucho más natural y más fácil que ser monárquico. Por otra parte, yo no he visto que la presencia de las banderas republicanas sea creciente. No creo que esté aumentando el republicanismo.

J. G. A.: ¿Cree usted que hay buena sintonía entre el presidente del Gobierno y el jefe del Estado? ¿Qué consecuencias tendría para las instituciones si la relación entre ambos no fuera muy fluida?

A. G. W.: Pienso que la relación hasta ahora siempre ha sido buena, aunque a veces se planteen problemas de competencia e incluso de celos, problemas que son positivos para ir refinando esa relación.

J. G. A.: La guerra de Iraq ha generado alguna frustración en quienes esperaban una expresión más clara de la opinión del Rey e incluso, como reclamaron IU y PNV, una intervención en el Parlamento. ¿Ha hecho el Rey lo que tenía que hacer? ¿De qué forma puede expresarse el Monarca? ¿Cómo puede cumplir su función moderadora?

A. G. W.: El Rey ha hecho lo que tenía que hacer y lo ha hecho muy bien. Es así como se cumple la función moderadora: respetando los papeles respectivos de las distintas instituciones.

J. G. A.: El comportamiento constitucional del Rey ha sido intachable, pero no siempre lo ha sido su ejemplaridad personal, especialmente en lo que se refiere al mundo de los negocios, a las amistades de empresarios que han terminado en la cárcel, a los regalos que recibe, los patrocinios de sus actividades deportivas, etc. ¿Piensa usted que este comportamiento terminará desprestigiando a la Corona?

A. G. W.: Las amistades de los Reyes siempre plantean problemas. Los Reyes no deben tener amigos en el sentido convencional de la palabra y deben intentar relacionarse con todos los estamentos de la sociedad de forma equilibrada. Cuando esas relaciones se limitan a los más poderosos y a los más pudientes, los problemas aparecen con facilidad. Pienso que nuestros Reyes han hecho las cosas bien en este sentido y que los aciertos superan con mucho los errores, errores que, como es lógico, se magnifican.

J. G. A.: ¿Cree usted que la prensa debe informar sin autocensura respecto a la Corona?

A. G. W.: Sí, desde luego. No debe haber otra autocensura que la de evitar manipulaciones groseras y vulgares.

J. G. A.: ¿Piensa que los españoles aceptarán la institución después de Juan Carlos I, una figura que ha desempeñado una función excepcional en pro de la Democracia?

A. G. W.: Pienso que sí, y de forma muy natural justamente por la labor excepcional de Su Majestad el Rey y el comportamiento de todos los miembros de la Corona y en especial de Su Majestad la Reina, que es todo un ejemplo de calidad humana, de buen sentido, de solidaridad y de grandeza.

J. G. A.: ¿Opina que el Príncipe se está ganando el puesto? ¿Qué debería hacer para conseguirlo?

A. G. W.: Tengo una admiración creciente por Su Alteza Real el Príncipe. Ha madurado en todos los aspectos y se ha enriquecido culturalmente en muchos ámbitos distintos. Es persona seria que quiere conocer el saber de su tiempo. Si sigue haciendo lo que viene haciendo —y además se casa y tiene descendencia—, se habrá ganado el puesto *cum laude*.

Índice onomástico